한국어와 한국어교육 연구

한국어와 한국어교육 연구

김 선 효

역락

저서 간행을 축하하며

임 홍 빈

서울대학교 명예교수

대만의 문화대학에서 한국어 교육에 힘을 쏟고 있는 김선효 선생이 한국어학 및 한국어교육에 관하여 그동안 쓴 논문들을 모아 책을 낸다고 한다. 서점에 가 보면, 서가에 수많은 책들이 쌓여 있어, 그중에 하나가 될 책 한 권을 낸다는 것이 뭐 그리 대수냐고 생각할 사람이 있을지 모른다. 그러나 혼신의 힘을 기울인 전공서적 하나를 세상에 내놓는다는 것은, 비록 그것이 이전에 쓴 논문들을 모아 내는 책이라고 하더라도, 매우 힘든 일이라는 것을 아는 사람은 안다. 그런 의미에서 김 선생이 박사학위 논문 이후 써 온 논문 중에서 일부를 골라 저서로 출판하게 된 것을 기쁘게 생각하고, 또 경하해 마지않는다.

김 선생과의 인연은 김 선생이 서울대학교 박사학위 과정에 입학하면서부터 시작된 것으로 생각한다. 나는 김 선생이 박사학위 과정을 거치면서 공부하는 모습을 옆에서 죽 지켜보았다. 또 학위를 받은 뒤 여러 가지 경력을 쌓으면서 힘든 시기를 꿋꿋하게 이겨 나가는 모습도 지켜보았다. 김 선생은 워낙 인품이 온아하여, 아무리 어려운 상황에서도 불평을 말하는 법이 없었다. 다른 사람을 폄하하는 일도 없었다. 김 선생은 주변에 적을 만들지 않으면서 학문을 하는 탁월한 인품을 가지고 있었다. 많은 업적을 쌓아, 언젠가는 좋은 기회가 오겠지 하고 생각하였다.

김 선생이 일본의 오사카대학교 외국어학부 조선어과에서 초빙교수로 근무하게 되었을 때에는, 외국어 실력이 남다른 김 선생에게 날개를 펼 수 있는 기회가 온 것은 아닌가 생각하였다. 그 뒤에는 서울대 기초교육원에서 강의교수로 근무하기도 하였다. 대만의 중국문화대학교 한국어문학과에 추천을 하였을 때에는, 외국어 실력이 뛰어난 김 선생이 중국어도 쉽게 익힐 것으로 생각하였다. 아무쪼록 좋은 업적을 많이 내면서, 남들이 부러워하는 생활을 이루어 가기를 바란다. 또 그것을 믿어 의심하지 않는다.

2016년 7월
서울대학교 명예교수 임홍빈 씀.

간행을 즈음하여

기시다 후미타카(岸田文隆)

일본 오사카대학교 교수

이번 김선효 선생님의 고저 『한국어와 한국어교육 연구』 간행을 진심으로 축하드립니다.

김선효 선생님은 2005년 10월에 제가 근무하는 오사카외국어대학(현 오사카대학교) 외국어학부 조선어학과에 초빙교수로 부임하셨고 4년 6개월 간 한국어 전공 학생들을 대상으로 하여 한국어교육과 한국어연구에 종사하셨습니다. 그동안에 늘 높은 학식과 깊은 애정으로 학생들을 지도해주셨으며 같이 일하는 동료 교수로서 저는 늘 깊은 감명을 받고 있었습니다. 선생님은 한국어 문법론, 특히 관형어에 관한 연구로 2002년에 서울대학교에서 박사학위를 받으셨으며 이미 신진기예의 연구자로서 두각을 나타내셨을 뿐만 아니라 그 후에도 계속 남다른 노력으로 학문의 길을 전진해 오셨습니다. 이 책은 그동안의 선생님의 학문적 노력의 알찬 결실로서 옆에서 선생님의 연구 활동을 지켜봤던 사람으로서 마음으로 경의를 표하는 바입니다. 특히 선생님은 저희들이 2007년부터 시작한 공동연구 프로젝트 '「隣語大方」の新研究－早稲田大学服部文庫所蔵「朝鮮語訳」に着目して'에 적극 참가해 주셔서 이 새 자료를 정확히 해독하고 한국어 자료로서의 가치를 규명하는 데 큰 공헌을 해주신 바가 있으시고 그 연구 성과도 이 책에 포함되어 있어서 저에게는 더없이 의의 깊은 서적으로 느껴집니다.

김선효 선생님의 이 귀한 성과가 한국어를 연구하는 모든 사람들에게 읽히게 되는 것을 바라며 붓을 놓겠습니다.

2016년 8월
일본 오사카에서
기시다 후미타카

머리말

이 책은 국어학 및 한국어교육에 관한 필자의 기존 논문들을 묶은 것이다. 국어학은 근대국어의 조사 '의'에 대한 연구와 현대국어의 몇 가지 논점을 다루었고, 한국어교육은 일본어권 한국어 학습자를 대상으로 한 연구와 학문목적 한국어 글쓰기에 대해 주로 논하였다. 박사학위논문을 마치고 10년 이상의 연구가 이 책에 묻어나고 있다. 물론 일부 연구들은 박사학위논문을 대폭 수정하여 간행한 『한국어 관형어 연구』(2011)에 들어가기도 하였으나 그 외 다수의 연구들은 이 책에 포함되었다.

근대국어는 국어의 음운, 형태, 어휘, 문법 등 각 영역에서 격변을 보인 시기이다. 격조사 '의'도 근대국어의 음운 체계에 영향을 입어 형태 및 기능상 변화를 보였다. 필자가 조사 '의'에 관심을 가지게 된 것은 의사관형구조 '에의'로부터 시작된다. '진리에의 추구'에서의 '에의'와 같은 의사관형구조가 1920년대부터 국어 체계에서 확인된 것을 발견하면서 그 원인에 의구심을 갖게 되었고 그 과정에서 조사 '의'가 지역이나 문헌에 따라 격 표지의 기능이 다르다는 것도 확인할 수 있었다. 특히 일본에서 필사되거나 간행된 자료는 국내 자료와 달리 대부분 부사격조사의 대표형이 '의'로 실현되는 것을 확인하면서 그 궁금증은 점점 더해갔다. 19세기 말 의사관형구조 '에의'가 출현한 동기가 무엇이며, 근대국어의 부사격 '의'가 특이처격조사와 어떤 상관성이 있는지, 일본 근대 한국어 관련 자료에서는 왜 '의'가 부사격조사의 대표형으로 쓰이는지 등 현대국어에서는 해결할 수 없는 의혹이 하나씩 더해갔다. 이러한 의문점은 개화기 및 일본 자료를 통시적으로 접근함으로써 6년 이상 끌고 가던 의문의 종지부를 찍을 수 있었다.

한국어교육은 일본의 오사카대학교 외국어학부 조선어학과에 초빙교수로 4년 6개월 간 재직한 것이 가장 큰 동기였다. 오사카대학교의 학생들은 한국어 학습 능력이 뛰어났으며 열정도 남달랐다. 그들은 필자에게 한국어를 객관적으로 볼 수 있는 안목을 주었고 또 어떻게 가르치는 것이 가장 효율적인가를 고민하게 하였다. 이런 고민은 일본어권 한국어 학습자를 대상으로 하는 한국어교육 관련 논문으로 이어졌고 한국어교육에 관심을 가지게 하였다.

그 이후 서울대학교의 기초교육원(교양학부)으로 전직하면서 한국어교육과 거리를 두는 듯하였다. 그러나 외국인을 위한 한국어 글쓰기 강좌를 담당하면서 학문목적 한국어에 관심을 갖게 되었고 한국어 피어 튜터링(peer tutoring)을 담당하면서 외국인 학생을 위한 대학 글쓰기 연구에도 깊이 관여하게 되었다. 한국어 피어 튜터링은 외국인 학생이 원활한 대학 생활을 할 수 있도록 한국인 학생이 외국인 학생을 도와주는 학습 보조 프로그램이다. 국내 대학에서는 외국인 학생을 위한 한국어 피어 튜터링이 초기 단계이므로 이에 대한 활동과 과정을 다룬 연구가 유의미하다고 판단하였다.

앞에서 언급한 바와 같이 이 책의 중심 주제들은 오사카대학교에서 시작되었다고 할 수 있다. 그곳에서 일본인 학자의 학자다움을 보여주신 기시다 교수님과 고니시 교수님, 한국어를 사랑하는 조선어과 학생들을 만난 것은 큰 행운이었다. 특히 기시다 교수님을 중심으로 한 <朝鮮語譯> 프로젝트는 일본의 한국어 관련 자료들을 볼 수 있는 길을 열어 주었고 고민을 해결하는 데 큰 도움이 되었다. 그런 기회를 주신 기시다 교수님과 그곳으로 추천해 주신 고영근 교수님께 이 자리를 빌려

진심으로 감사를 드린다.

국어학 관련 연구들은 지도교수이신 임홍빈 교수님을 비롯한 여러 스승님들과 학문적 소통을 열어준 서울대학교 국어학 선후배들 덕분이다. 뭐라 감사를 드려야 할지 모르겠다는 말은 이럴 때 쓰는 것 같다. 그리고 '한국어 통사론 연구회'는 나의 고민들을 들고 가면 해결할 수 있는 열쇠를 던져주는 듯한 공간이었다. 그곳에서 같이 고민도 해 주시고 의견도 주신 모든 선생님들께 감사를 드린다.

지금은 대만의 중국문화대학교 한국어문학과에서 한국어에 대한 열정과 관심으로 가득 찬 교수님들과 학생들을 만나는 기쁨을 누리고 있다. 새로운 언어 세계를 직접 체험한다는 것은 학문 영역이 확장될 수 있는 발판이자 매우 귀중한 도전이다. 이런 환경을 통해 또 다른 학문의 세계를 눈뜨게 되지 않을까 스스로 기대하게 된다.

어려운 출판 상황에도 흔쾌히 승낙해 주신 역락 출판사에도 깊은 고마움을 표한다. 이 책은 사랑하는 부모님과 가족, 그리고 학문이 무엇이며 어떻게 해야 하는지를 늘 고민하지만 해답은 명쾌하다는 것을 가르쳐주시는 하나님께 바친다.

2016년 8월
대만 양명산 기슭에서
필자 씀

차례

제1부
근대한국어의 조사 '에'와 '의'

제1장

의사관형구조 '에의'의 형성 과정과 요인

1. 서론

이 장에서는 의사관형구조 '에의'의 형성 과정을 통시적으로 살펴보고 그 원인을 분석하는 데 목적을 둔다. 의사관형구조는 심재기(1979 : 109-110)에서 처음 제시한 개념으로 부사격조사 '에'와 관형격조사 '의'가 결합한 조사구이다.[1]

  (1) 진리에의 추구, 한글전용에의 길, 조국에의 기대

심재기(1979)에서는 (1)과 같이 격조사 '에'와 '의'가 결합한 구조를 '의사관형구조'라 명명하고 그 출현 시기를 1950년대 이후로 추정하고 있다.[2] 이러한 구조가 현대국어에서는 '에의'뿐 아니라 격조사와 보조

---

1) 이숭녕(1981 : 149)에서 제시한 바와 같이 중세국어에서는 조사 '에'가 처격, 향격, 비교격, 원인격 등으로 쓰였는데 본고에서는 이들을 총칭하여 부사격으로 쓴다. 그러나 '에'의 의미적 기능을 고려하여 구체적으로 제시할 필요가 있을 때에는 하위 개념을 사용한다.
2) 여기에서 한 가지 짚고 넘어가야 할 부분이 있는데, 심재기(1979)에서 말하는 의사관형구조가 '에의' 구조에 국한되는 것인지 아니면 다른 복합격조사구 전체를 포함하는 것인지

사의 결합형 '에는, 에도' 등도 활발히 사용되고 있는 것을 고려해 볼 때, 의사관형구조가 20세기에 새롭게 형성된 요인이 무엇이며 그 변천 과정은 어떠한지 의구심이 들지 않을 수 없다. 그리하여 본고에서는 지금까지 크게 관심을 받지 못했던 의사관형구조 '에의'의 출현과 그 형성 요인에 대해 살펴보고자 하며 주요 논점은 다음과 같다.

(2) 가. 의사관형구조는 과연 새로운 통사구조인가.
　　나. 의사관형구조는 언제부터 국어의 통사 구조에 나타나기 시작하였는가.
　　다. 의사관형구조가 국어의 통사 구조에 나타난 원인이 무엇이며 어떤 과정을 거치는가.

(2)의 논점을 중심으로 하여 의사관형구조가 국어의 통사구조와 어떠한 상관성을 가지는지 살펴보고자 한다. 의사관형구조의 통시적 현상을 살펴보기 위하여 1890년대부터 1910년대 개화기 문어 말뭉치, 1900년 대부터 1950년대 소설 말뭉치, 일본어 개화기 잡지『太陽』말뭉치,『조선일보』데이터베이스를 참고하고자 한다.[3]

2. 의사관형구조의 출현

현대 국어에서 사용되고 있는 '에의' 구조가 처음 나타나는 시기를

정확히 알기 어렵다. 심재기(1979)에서 제시하고 있는 예가 (1)에 국한되므로 본고에서는 '에'와 '의'의 결합형인 '에의'를 의사관형구조로 한정한다.

3) 여기에서 사용하는 개화기 문어 말뭉치로는 1890년대 832,872어절, 1900년대 1,086,410어 절, 1910년대 150,934어절이며, 소설 말뭉치는 1900년대부터 1950년대까지 소설 1,064,623 어절이며, 일본어 말뭉치로는 <太陽コーパス>(2005)를 참고한다. 그리고 데이터베이스는 『조선일보』(http://srchdb1.chosun.com)와 국사편찬위원회(http://db.history. go.kr), 일본의 아 오조라문고(靑空文庫, www.aozora.gr.jp)를 참고한다.

확인하기 위해 개화기의 말뭉치와 데이터베이스를 검색해 본 결과, (3)
의 용례가 가장 먼저 확인되었다.

> (3) 試觀ᄒ라 日本에셔 本年 三月 末日에의 郵便貯金의 郵便貯金의[4]
> 狀況을 示ᄒ면 如左ᄒ니 實노 盛大ᄒ 事業이라 謂ᄒ리로다(國內郵便要
> 覽 : 47, 밑줄 및 띄어쓰기 필자)

(3)은 1907년에 출판된 『서우』 제12호의 국내우체요람에 있는 내용
으로서 '에의'의 구조가 처음 확인된다. 그러나 국어의 의사관형구조가
(3)을 기점으로 형성되었다고 보기에는 한계가 있다. 왜냐하면 그 시기
의 다른 문헌이나 자료에서 '에의'가 전혀 검출되지 않았고 무엇보다 (3)
과 동일한 시대의 『대한매일신보』(274,399어절)와 같은 신문에서도 그런
용례가 일절 발견되지 않았기 때문이다. 그러므로 (3)의 예만으로 국어
의 의사관형구조가 1900년대부터 형성되기 시작했다고 말하기에는 설
득력이 부족하다.

그러나 1920년대에 들어서면 신문이나 잡지에서 '에의'가 조금씩 발
견되기 시작한다.

> (4) 가. 卽 이 解放이라는 語句는 女子의 人格上 自由 平等을 實現 함에
> 의 術語로 用할 수 없슴을 明케 합니다.(『개벽』5호 1920 : 88, 띄
> 어쓰기 필자)
> 나. 적어도 文字 上에의 말로 나타나힌 以上에는 그대로 잠잠코
> 잇슬 수는 업쇼(『개벽』제7호 1921 : 111, 띄어쓰기 필자)
> 다. 共産政治에의 過程을 陳述케(조선일보, 1927. 4. 10, 2면)
> 라. 露領서 密令 씌고 온 李白坡 踪跡은 杳然, 주의자 검거 사건으
> 로 경계하다가 뜻밧게의 정보로 갈팡질팡하는 중(조선일보,

---

4) 원문에 동일한 구가 반복되어 나타나는데 편집 과정의 착오로 보인다.

1928. 4. 25, 2면)

(4)에서 확인할 수 있는 바와 같이 1920년대부터 한자어나 고유어 뒤에 의사관형구조가 조금씩 나타나기 시작한다. 1920년은 한국의 신문 역사에서 중요한 해이다. 일본은 1910년 한일병합 이후 한국어로 된 신문이나 잡지의 발행을 금지시켰으나 1920년에 이것을 해지하면서 신문이나 잡지가 대대적으로 발행되었다. 의사관형구조가 (4)와 같이 『조선일보』(1920. 3. 5.), 『동아일보』(1920. 4. 1.), 『개벽』(1920. 6. 25.) 등에 출현한 것은 시대적 상황을 고려해 볼 때 20세기 초부터 서서히 쓰이고 있었을 가능성이 높다.5) 이에 의하면 국어에서 의사관형구조가 확인되기 시작하는 시기는 심재기(1979)에서 제시한 1950년대보다 더 이른 시기인 1920년대부터임을 알 수 있다.

1930년대에 들어서면 이들의 결합 양상은 조금 더 활발하게 나타난다.

(5) 가. 제가 지금 쓰려는 이 글은 아버지<u>에의</u> 항의(抗議)라는 가당치
도 안흔 데목임니다.(『별건곤』 제39호 1931)
나. 朝鮮<u>에의</u> 影響, 不利한 特殊性.(조선일보 1930. 1. 12, 6면)
다. '第九씸포니'를 中心으로 한 大紛爭, '즐거움<u>에의</u> 頌歌'를 原語
아닌 첵코 · 스로바키아의 國語로(조선일보 1930. 7. 2, 4면)
라. 資本家들의 본 日本 不況의 實相(上), 國際商議<u>에의</u> 報告書(조선
일보 1931. 3. 24, 8면)

1930년대부터는 (5)에서처럼 '에의'의 쓰임이 신문이나 잡지를 중심으로 좀더 활발하게 쓰인다. 이처럼 국어의 의사관형구조는 1920년대부

---

5) 1910년대의 말뭉치나 방대한 용량의 데이터베이스에서는 아직 확인되지 않았지만 1910년대의 유일한 중앙지인 『每日申報』가 말뭉치로 구축되면 좀더 정확히 드러나리라 본다.

터 서서히 쓰이기 시작하였고 1930년대부터는 좀더 적극적으로 국어의 통사구조에서 실현되고 있었다.

그렇다면 어떤 요인에 의해 국어의 의사관형구조가 쓰이기 시작하였을까. 국어의 통사구조에 전혀 없던 새로운 구조가 어떤 외부의 환경 요인에 의해 새롭게 형성되었는가 아니면 국어의 통사구조가 가지는 어떤 고유한 환경이나 속성이 의사관형구조를 실현하게 하였는가 하는 것이다. 이제부터 그 변천 과정의 요인에 대해 살펴보도록 하자.

3. 의사관형구조의 형성 요인

앞에서 살펴본 바와 같이 의사관형구조는 1920년대부터 조금씩 나타나기 시작하여 지금도 활발하게 쓰이고 있는 구조이다. 이기문(1972/1998 : 242)에서는 '에의, 에서의'와 같은 새로운 표현이 번역체에서 온 것으로 추정하고 있다. 그러나 새로운 통사구조가 번역체의 영향만으로 쉽게 수용될 수 있었는가 하는 의구심이 든다. 개화기는 외국어의 영향 아래 신생어의 출현과 고유어의 소멸이 가장 극심했던 시기이며 문체의 변화도 크게 나타난 시기이지만 새로운 통사구조가 외국어의 영향으로만 나타났다고 할 수 있는가 하는 의구심을 떨쳐 버릴 수 없다.6) 이를 위해 중세국어의 조사 '에'와 '의'의 실현 양상을 우선 살펴보도록 하자.

3.1. 국어의 조사 결합 양상

국어의 수식 구조를 통시적으로 살펴보면 의사관형구조와 같은 조사

---

6) 개화기의 언어와 문법의 변화는 정광(1995), 최경옥(2003) 등, 문체는 김동언(1996), 김미형(1998), 한영균(2008) 등 참고

구는 새로운 통사구조가 아니다. 결론적으로 말하면, 국어의 문법 체계에서 격조사의 결합 양상은 그 유형과 빈도에서 차이는 있으나 중세국어에 이미 실현되고 있던 구조이며 근대국어 시기까지 지속적으로 사용되던 국어의 통사구조 체계의 일부이다.

우선 각 시대별 부사격조사 '에'와 관형격조사 '의'의 대표 형태들을 제시하면 아래와 같다.

[표 1] 부사격조사 '에'와 관형격조사 '의'의 시대별 대표형

	전기 중세국어	후기 중세국어	근대국어	개화기
부사격조사 '에'	ᄒ(아), +(긔), ᄒ+(아긔)	애/에/예, 의/의	에, 예, 의	에
관형격조사 '의'	ᄒ(의), ㄴ(ㅅ)	의/의, ㅅ	의, 의	의

[표 1]의 시대 구분은 이기문(1972)과 홍윤표(1994)에 근거하여 구분한 것이며,[7] 격조사의 대표형은 남풍현(1977)과 홍윤표(1994 : 343)를 참고한 것이다.[8] 이들 격조사를 바탕으로 하여 각 시대별 조사의 결합 양상을 살펴보면 다음과 같다.

3.1.1. 전기 중세국어

남풍현(1977)에 의하면 전기 중세국어의 구결 자료에서 나타나는 부사격조사는 '+(긔), ᄒ(아), ᄒ+(아긔)'가 있다. 기원적으로는 '+'와 'ᄒ'가 먼저 형성되고 그 다음에 결합형 'ᄒ+'가 선행 요소들과 공존하여 쓰이다가 전기 중세국어에 와서는 'ᄒ+'가 대표적으로 쓰이고 있다고 하

---

7) 이기문(1972)에서는 현대국어의 시작을 개화기로 두고 있지만 이에 대한 문제점도 없지 않다. 이에 대한 문제 제기는 이현희(1994, 2007), 민현식(2008) 등 참고.
8) 전기 중세국어의 격조사 표지는 고려시대 석독구결에 한하며 남풍현(1977, 1999), 김영욱(1997), 박진호(1998), 황선엽(2006) 등을 참고하였다.

였다.[9]

그러나 전기 중세국어의 부사격조사와 관형격조사의 결합 유형은 '⺀ 七(앗)'의 형태에 국한하여 나타난다.[10] '⺀ 七(앗)'은 15세기 이후에 나타나는 '앳/엣'의 소급형으로 부사격조사 '애/에'와 관형격조사 'ㅅ'이 결합한 유형이다.

(6) 가. 皆七 {是}ㄲㄱ 假誑ソㄱ 矢 空中⺀ 七 花 {如}ㅣソナㄱㄲ罒 (舊14 : 12-13) (모두 이는 거짓으로 되어 있는 것이 공중에 있는 꽃과 같은 것이므로)

나. 彼 他方 佛國七 中⺀ 七 南方⺀ 七 法才菩薩ㄱ 五百億大衆ㄲ 俱(七)ソㄱし 共七 來ソ⺀ 爫 {此}ㄲ 大會⺀ 十 入ソニ丷(舊3 : 6-8) (저 他方 佛國의 가운데의 南方의 法才菩薩은 五百億 大衆이 함께한 것과 함께 와서 이 대회에 入하시며)

(6)에서 확인되는 바와 같이 관형격조사와 결합하는 부사격조사로는 '⺀ 七'만 나타난다. 다른 부사격조사와는 왜 결합하지 않았는지 그 이유를 명확히 알기 어렵지만 남풍현(1977 : 17-18)에서는 15세기의 '앳/엣'에 대응하는 형태가 이미 발달하여 그것을 표기하기 위해 '⺀ 七'이 쓰인 것이 아닌가 하고 추측하고 있다. 비록 부사격조사와 관형격조사의 결합형이 '⺀ 七'으로 국한되어 나타나지만 전기 중세국어에서는 두 조사의 결합형이 활발하게 쓰이고 있었다는 것을 알 수 있다.

9) 이 형태들은 고대국어에서부터 쓰이고 있던 것으로 '十(긔)'는 '中', '⺀(아)'는 '良', '⺀ 十(아긔)'는 '良中'가 각각의 선대형들이다. 그리고 황선엽(2006)에서는 고대국어의 부사격조사 '良中(아긔)'의 발전 양상이 향가에서부터 발견된다고 하였다. 즉 '良中(아긔)>阿希(아희)>良矣(아의)'의 모든 형태들이 나타난다는 것이다. 그렇다면 '아긔'의 형태적 변화는 이미 고대국어에서부터 진행되고 있었음을 알 수 있다.

10) 이건식(1996 : 143, 205)에서는 '⺉七'도 부사격과 관형격의 결합형으로 제시하고 있지만, 그 예가 '衆生⺉七'에 국한되어 나타나고 무엇보다 '衆生'이 유정체언이며 구결자료의 '衆生⺉'이 항상 속격형이라는 점을 감안할 때 적합하지 않다고 판단된다.

3.1.2. 후기 중세국어

후기 중세국어에서는 전기 중세국어보다 더 활발한 결합 양상을 보인다. 특히 후기 중세국어에 오면 조사 결합형이 다양해지고 활발하게 나타나는데, 부사격조사뿐 아니라 다른 격조사나 보조사와도 관형격조사가 적극적으로 결합한다.11) 여기에서는 부사격조사와 관형격조사가 결합한 예를 제시하면 (7)과 같다.

(7) 가. 언제사 世俗앳 찍롤 떠러 브리고(두시언해초간본 6 : 20ㄴ)
　　나. 九天엣 門은 宮殿을 열오(두시언해초간본 6 : 5ㄱ)
　　다. 열희옛 이롤(두시언해초간본 6 : 16ㄱ)
　　라. 또 하눌 우흿 諸天香올 마타(석보상절 19 : 18ㄱ)

(권용경 2001 : 70-71 인용)

(7가)에서 (7다)는 부사격 '애/에/예'와 관형격 'ㅅ'이 결합한 것이며 (7라)는 특이처격조사 '의/의'와 관형격 'ㅅ'과 결합한 예로서 부사격조사 '에'는 '처소'나 '시간'의 의미를 가진다.12) 부사격조사 '에'는 이외에 '원인이나 이유, 기준' 등의 다양한 의미를 가지는데, 이승희(2009)에서는 중세국어의 'NP$_1$엣 NP$_2$' 구성에 나타나는 조사 '에'가 기존에 알려진 의미보다 훨씬 다양하게 나타나고 있음을 제시하고 있다.13) 이것은 중세국어에서 두 격조사의 결합형 '엣'이 활발하게 쓰이고 있었다는 것을 간접적으로 반영하는 것이라 할 수 있다. 이처럼 후기 중세국어에

---

11) 관형격조사가 격조사나 보조사와 결합하는 양상은 김선효(2009) 참조.
12) 이러한 특이처격조사를 취하는 명사는 안병희·이광호(1990 : 177-178), 처격조사의 발달에 대한 논의로는 남풍현(1977) 참조. 한편 조호 사토시(2007)는 부사격조사 '의/의'와 '에/애'의 선택이 모음조화에 의해 일어나지만 고유어/한자어, 음절수, 악센트에 따라서도 구별된다고 보고 있다.
13) 이승희(2009)에서는 '에'의 의미 유형을 '처소, 출발점, 시간, 작용이 미치는 대상, 원인이나 이유, 목표, 목적 대상, 제한된 범위, 상태'로 나눈다.

서는 부사격조사와 관형격조사가 활발한 결합성을 보였고 이러한 현상은 현대국어의 결합성과 큰 차이를 보이지 않는다고 할 수 있다.

3.1.3. 근대국어

근대국어에 들어서면 조사 결합형 '엣'의 의미적 기능이 서서히 약화되기 시작하면서 격조사의 결합에 큰 변화를 보인다. 이선영(2006)에서는 'NP₁엣 NP₂' 구성의 두 명사구가 17세기부터 간접적인 관계에서 직접적인 관계로 변화하고 19세기에 오면 '엣'의 용법의 변화로 어휘화가 형성된다고 하였다. 즉 18세기의 '눈엣동자'(몽어유해 상, 12ㄱ)나 19세기의 '초엣디'(한불ᄌ뎐 607)와 같은 구성은 '엣'의 기능 변화로 어휘화한 것이라는 것이다. 그러나 근대국어의 자료를 살펴보면 '엣'이 어휘화하였거나 과정 중에 있는 것도 있지만 여전히 부사격조사 '에'와 관형격조사 'ㅅ'이 독립적인 의미 기능을 하고 있는 것도 확인할 수 있다.

> (8) 가. 홰엣 거시나 궤엣 物件을(박통사중간본 35ㄴ)
> 나. 열세힛 쏠과(동국신속삼강행실조 6 : 8ㄴ)
> 다. 아직 小宗앳 法으로뻐 불키노니(가례언해1, 18ㄴ)
> 라. 百年읫 집이 업서(가례언해1, 13ㄱ)
> (9) 가. 뒤엣 술의를 命ᄒ샤(어제내훈언해 2 : 104ㄴ)
> 나. 지극ᄒᆫ 덕읫 말을 발ᄒ며(경신록언해 81ㄴ)
> (10) 가. 압닉엣 고기와 뒷 닉엣 고기를(가곡원류 509)
> 나. 길 우힛 두 돌부체ㅣ 벗고(가곡원류 582)
> (권용경 2001 : 119-120, 140-141, 154-155 참조)

(8)은 17세기 문헌에서 확인된 것이며, (9)는 18세기, (10)은 19세기 문헌에서 확인된 예문이다. 위의 예들에서 확인할 수 있는 것은 이들의

결합 양상이 후기 중세국어에서 보이던 격조사의 결합 구조와 그 차이를 구별하기 힘들다는 것이다. 다시 말해, 근대국어에서 '엣'이 부사격과 관형격의 기능을 완전히 상실한 것이 아니라 부분적으로 그 기능을 유지하고 있다는 것이다.[14]

무엇보다 후대로 갈수록 '엣'의 유형은 빈도수도 낮아진다.[15] 이러한 현상은 관형격조사 'ㅅ'의 기능 약화와 밀접한 관련을 가진다. 이기문(1972/1999 : 219), 홍윤표(1994 : 434)에서는 근대국어의 'ㅅ'이 문법적 기능을 상실하고 단어 형성에만 참여한다고 하지만 (10)과 같은 예를 본다면 미미하게나마 소수의 예에서 문법적 기능을 하고 있다는 것을 알 수 있다.

무엇보다 이러한 현상은 20세기의 한국 소설에서도 극소수이지만 그 흔적을 발견할 수 있다.

> (11) 가. 나는 그 片紙를 바닷슬 째엣 그의 모양을 想像하엿나이다.
>   (이광수, 어린 벗에게, 1917)
>
> 나. 그 때엣 나의 心中은 엇더케 形言할 수가 업섯나이다(이광수, 어린 벗에게, 1917)
>
> 다. 이번에는 마음조차 조조해 온다. 집엣 광경이 자꾸 눈 압혜 어른거리어(나도향, 운수조흔날, 1924)
>
> 라. 풀덕 하며 가마 안엣 불을 활활 피우고 잇고(주요섭, 인력거꾼, 1925)
>
> 마. 그러면 김동무! 당 안엣 불결할 것이 청산된 거와 가티(현진건, 연애의 청산, 1931)

---

14) 조재형(2008)은 15세기까지는 '엣'이 복합조사로서 기능하지만 16세기부터는 융합 형태의 관형격조사로 처리해야 한다고 주장한다. 물론 18세기나 19세기에 발견되는 '엣'은 점점 각 조사의 기능을 상실하는 예가 증가하는 것은 확실하지만 모든 '엣'을 복합조사로 기능한다고 보기도 어렵다.

15) 권용경(2001 : ii), 김선효(2009 : 178) 참조

물론 (11)의 '엣'을 후기 중세국어에서 나타난 두 격조사의 결합형과 동일한 가치를 둘 수 있느냐 하는 것은 문젯거리이지만 그렇다고 '눈엣가시'처럼 완전히 어휘화한 것으로 처리하기에도 문제가 있다. 근대국어 이후의 '엣'을 하나의 조사로 처리하는 방안도 있지만, 우리가 여기에서 관심을 두는 것은 이러한 형태들이 20세기에 이르기까지 일부 예에서라도 그 형태와 기능을 유지하면서 쓰이고 있다는 점이다.

지금까지 전기 중세국어부터 근대국어에 이르기까지 부사격조사와 관형격조사의 결합 양상을 통해 확인할 수 있는 것은 이들의 결합 구조가 현대국어의 결합 구조와 크게 다르지 않으며, 무엇보다 '에의'의 소급형인 '3 七(앗)'이나 '엣'이 현대국어의 '에의'와 통사적으로나 의미적으로 유사한 기능을 담당하고 있다는 것을 알 수 있다. 즉 의사관형구조는 외부로부터 새로운 통사구조가 국어에 유입한 것이 아니라 중세국어에서부터 존재하던 국어의 통사 구조였음을 확인할 수 있다. 국어의 문법 체계에서 격조사의 결합 양상은 그 유형과 빈도에서 차이는 있으나 중세국어 문헌에 이미 보이기 시작해서 근대국어까지 지속적으로 사용된 국어의 통사 구조 체계의 일부이다.

4. 의사관형구조의 변화 양상의 원인

4.1. 관형격조사 'ㅅ'의 통사적 기능 약화

이 절에서는 국어의 통사구조에서 활발한 양상을 보이던 '엣'이 어떤 요인에 의해 그 쓰임이 급격히 저하되었는지 그 원인을 규명해 보도록 하자. 중세국어에서 활발히 쓰이던 '엣'이 근대국어에 들어와서 급격히 약화되는 현상을 보이는 것은 관형격조사 'ㅅ'의 기능 약화와 밀접한 관련을 가진다. 이런 현상은 이미 여러 선행 연구들에서 논의되어 왔다. 후기 중세국어에서는 'ㅅ'과 '이/의'이 선행 명사의 유정성과 무정성, 존칭과 비존칭에 따라 구별되어 사용되었고 관형격조사로서의 기능도 뚜렷하였다(안병희 1968). 그러나 근대국어에 이르면 이들 관형격조사가 서서히 변화를 보이기 시작한다. 홍윤표(1994 : 424-438)에 의하면 'ㅅ'은 16세기부터 선행 명사의 의미적 변별성이 사라지고 17세기부터는 격기능이 약화되고 17세기 중엽에서는 격기능이 상실되면서 복합어 형성 표지로만 사용되었고 18세기 중엽에서는 몇몇 어휘에 화석화되어 남고 모두 '의'로 대치되었다고 한다.

> (12) 가. 如來ㅅ 몸(석보상절 14 : 26ㄴ)
>   나. 부텨의 슈긔을 만나리니(지장경언해 하 : 10ㄴ)
>   다. 핏 마시 ᄧ모로(언해두창집요 下 : 11ㄴ)
>   라. 三年ㅅ 喪을 定ᄒᆞ야(맹자언해 5 : 5ㄱ)

  (12가)에서처럼 존칭체언 뒤에 실현되는 'ㅅ'이 (12나)에 오면 그 변별성이 완화되고 (12다)와 (12라)에서는 복합어 표지 내지 사이시옷의 기능으로까지 쓰인다는 것이다.

  그러나 근대국어에 모든 관형격 'ㅅ'이 복합어 표지나 사이시옷으로 쓰인 것은 아니다. 앞에서도 확인한 바와 같이 '엣'이 처소의 의미와 수식의 기능을 소수 예에서 유지하고 있었다. 그리고 이러한 현상은 17세기의 『老乞大諺解』(1670)와 18세기의 『重刊老乞大諺解』(1795)를 통해서도 확인할 수 있다.

> (13) 가. 내 山東 濟寧府엣 東昌 高唐의 가 깁과 능과 소음을 거두어
>   <老乞上 11ㄴ>

나. 내 山東 <u>濟寧府</u>엣 東昌縣 高唐縣에 가 져기 깁과 綾과 소옴과
　　<老乞重上 11ㄴ>

(13가)는 17세기 중엽 문헌이지만 '엣'이 '~에 있는'의 의미를 가지
면서 후기 중세국어의 '엣'과 유사한 기능을 가지고, (13나)에서도 그
기능이 유지된다. 두 문헌에서 '앳'은 하나의 용례도 발견되지 않고 모
두 '엣'만 검출되는데『노걸대언해』에 32개,『중간노걸대언해』에 6개가
나온다. 그리고 전자 문헌의 '엣'의 약 81%가 후자 문헌에서 '에'로 바
뀌었고, 후자 문헌 중에서도 (13나)의 '엣'을 제외하고는 '엣'의 기능이
구체적으로 무엇인지 설명하기 어렵다. 이러한 현상이 발생하게 된 것
은 결국 관형격조사 'ㅅ'의 기능 약화와 밀접한 관련을 가진다.

4.2. 부사격조사와 관형격조사의 형태 혼용 현상

근대국어에 접어들면서 관형격 'ㅅ'의 기능이 약화되자 부사격조사
'엣'의 기능도 더불어 약화되었다. 그리고 18세기 중엽에 이르면 관형
격조사 'ㅅ'이 거의 '의'로 나타난다. 이 과정에서 우리가 추정해 볼 수
있는 것은 관형격조사가 'ㅅ'에서 '의'로 대치되었으므로 부사격조사
'에'와 결합한 '에의'가 출현될 것으로 기대할 수 있다. 그러나 특이하
게도 근대국어 어느 자료에도 '에의'의 형태를 찾아볼 수 없다. 부사격
조사 '에'와 관형격조사 '의'가 각 격조사의 대표형으로 사용되고 있었
던 상태에서 이 두 조사의 결합형 '에의'가 전혀 나타나지 않는다는 것
은 기이하기까지 하다.

그렇다면 왜 근대국어에서 '엣'의 형태는 존재하고 '에의'는 존재하
지 못하는가 하는 것이다. 이러한 현상이 발생하게 된 것은 근대국어에

들어와서 부사격조사와 관형격조사의 형태에 큰 변화가 생기면서 나타
난 것으로 볼 수 있다. 우선 근대국어의 두 격조사 유형을 제시하면 아
래와 같다.

> (14) 가. 관형격 조사 : 의/인, 에
>   나. 부사격 조사 : 에, 예, 의/인

(14나)의 부사격 '예'를 제외하면 두 격조사의 형태가 동일하다. 관형
격조사 '에'의 형태는 17세기 초 문헌에 등장하기 시작하며(홍윤표 1994 :
431), 근대국어의 부사격조사 '의'의 형태는 중세국어의 특이처격조사
'인/의'보다 더 다양한 명사와 결합하여 분포적 확장을 보인다.

> (15) 가. 도치롤 알 안는 <u>둙의</u> 둥주리 아래 ᄃ라 두면(諺解胎産集要
>   11ㄴ)
>   나. 효도와 공손한 거와 튱성과 밋분 거슨 <u>사롬에</u> 근본이오(關聖
>   帝君明聖經諺解 22ㄴ)
> (16) 가. 인셩이 <u>세샹에</u> 잇으미(過火存神 3ㄴ)
>   나. 母親이 <u>집의</u> 계셔(伍倫全備諺解 1 : 13ㄱ)

(홍윤표 1994 인용)

(15)는 관형격조사로 쓰인 것이고 (16)은 부사격 조사로 쓰인 예들이
다. (15가)는 관형격조사 '인/의'가 음운론적 이형태가 되지 못함을 보여
주고 있고, (15나)는 '에'가 관형격조사로 쓰인 것이다.[16] 그리고 (16가)
는 모음조화가 지켜지지 않았음을 보여 주며 (16나)는 '의'가 부사격 조

---

16) 근대국어의 관형격조사 '에'는 국어의 조사 유형에서 독특한 현상이므로 그 형성 과정에
   의문을 제기할 수 있으나 관형격 '에'는 중세국어의 '인'와 밀접하다고 판단된다. 한편
   홍윤표(1994)는 관형격조사 '의'의 발음이 실제 [에]로 쓰이므로 '에'가 출현하였을 것으
   로 보았다.

사로 쓰인 경우로 18세기에는 '의'가 우세하게 쓰였다.

이러한 현상을 통해 추정할 수 있는 것은 근대국어에 들어서면서 관형격조사의 형태에 '에'가 새롭게 나타나고 부사격조사 '의'가 분포적 확장을 하면서 두 격조사의 격 형태가 혼기(混記)되었다는 것이다. 이러한 혼기 현상은 근대국어 이전까지 활발히 쓰이고 있던 부사격조사와 관형격조사의 결합 양상을 형태론적으로 저지하게 된 것으로 판단된다. 통사론적으로는 혼란을 야기하지는 않으나 형태론적으로 혼란을 야기하므로 '에의'의 결합을 저지한 것으로 보인다. 즉, 근대국어에서 '에의'의 결합형이 충분히 실현될 수 있었음에도 불구하고 관형격과 부사격의 격 표지가 변별성을 지니지 못하므로 근대국어에서 '에의'의 실현이 저지되었다는 것이다.

조사 '의'의 쓰임과 분포는 다음 자료를 통해서 비교할 수 있다.

(17) 가. 네 이둘 그몸끠 北京의 갈가 가디 못홀가 모로리로<老乞大諺解 上 2ㄱ>

나. 집의 가 밥 먹고 쏘 흑당의 가 셔폼 쓰기 하고<重刊老乞大諺解 上 2ㄴ>

(17가)는 17세기 중엽의 『노걸대언해』에 나타난 부사격조사 '의'이며 (17나)는 18세기 말의 『重刊老乞大諺解』에 나타난 부사격조사 '의'이다. (17)에서와 같이 조사 '의'는 형태적으로는 구별할 수 없고 문맥을 통해 부사격과 관형격을 구별할 수 있다. 그렇다면 '의'가 두 문헌에서 어떠한 빈도수의 차이를 가지는지 확인해 보자.[17]

---

17) 두 언해본에서 '의'는 [표 2]와 같이 부사격과 관형격으로 각각 쓰였으나 '에'는 관형격으로는 소수만 쓰였고 대부분 부사격으로 쓰인 것을 확인할 수 있었다.

[표 2] 부사격조사 '의'와 관형격조사 '의'의 빈도수

	부사격 '의'	관형격 '의'
老乞大諺解	84	53
重刊老乞大諺解	15	58

　[표 2]에서 확인할 수 있는 바와 같이 17세기에는 부사격조사 '의'가 관형격조사 '의'보다 높은 빈도수를 보이지만 18세기 말에 이르면 부사격조사 '의'의 빈도수가 낮아진다. 비록 빈도수가 낮아졌지만 18세기 말에도 '에'와 '의'의 형태적인 혼기 양상이 지속적으로 나타나고 있었으므로 두 조사의 결합형인 '에의'가 결합할 수 없었던 것으로 보인다. 다시 말해 두 조사의 형태적 혼기 현상은 중세국어에서 적극적인 결합 관계를 가지던 '엣'을 '에의'로 발전하는 것을 저지하고, 점점 소멸 단계로 나아가게 한 중요한 요인 중의 하나로 판단된다.

5. 의사관형구조의 변천 과정

　의사관형구조의 약화 현상은 18세기 말에 이르면 급격히 나타나고 19세기부터 20세기 초까지는 거의 확인되지 않는다. 그러다가 1920년대에 이르면 신문과 잡지의 발행 허가와 더불어 재활성하기 시작하는데, 이러한 상황에서 우리의 주목을 끄는 것은 '에의'의 실현이 장르에 따라 현격한 차이를 보인다는 것이다. 앞에 제시한 (4)나 (5)에서와 같이 신문 기사나 잡지에서는 1920년대부터 '에의'가 나타나기 시작하지만 소설에서는 1940년대가 되어서야 나타난다.

　먼저 1920년대부터 1950년대까지 『조선일보』의 표제만을 대상으로 하여 '에의'의 빈도수를 검출해 보면 다음과 같다.

[표 3] 『조선일보』 표제에 나타난 '에의'의 빈도수

	개체수	전체 표제 수	백분율
1920년대	5	266,691	0.002
1930년대	270	423,930	0.064
1940년대	60	85,973	0.069
1950년대	143	196,117	0.071

[표 3]에서와 같이 『조선일보』의 표제에서 나타나는 '에의'는 시대에 따라 점점 높은 분포를 보인다. 1920년대에는 극히 적은 빈도수를 보이지만 1930년대부터는 점점 높아지는 것을 확인할 수 있다.

그러나 소설 텍스트에서는 1900년대와 1930년대 문학 말뭉치에서 하나의 용례도 발견되지 않다가 1940년대 중반이 되어서야 비로소 소수의 예가 보이기 시작한다.[18)

(18) 가. 극적 협력도 하기 위한, 이른바 당국의 방침에의 순응이었지만 실상은 구실이요.(채만식, 민족의 죄인, 1946)

　　 나. 소 순사가 거만하게 던지고 간, 본서(本署)에의 출두명령은 한결같이 불쾌한 것이었다.(이태준, 해방전후, 1946)

　　 다. 화에 길들었어도 사람의 마음 한구석에는 야성에의 향수가 늘 대기하고 있은 듯하였다.(이태준, 해방전후, 1946)

(18)과 같은 현상은 '에의'가 신문이나 잡지의 논설문이나 설명문 등에서 먼저 쓰이다가 소설이나 다른 텍스트로 확산되었다는 것을 알 수 있다. 그 이유는 문체와 깊은 상관성을 가진다고 볼 수 있는데 1900년대의 국한문판 『대한매일신보』나 『만세보』, 1910년대의 『매일신보』 등

---

18) 소설 말뭉치는 1900년대부터 1950년의 소설을 연대별(각 약 20만 어절)로 구축한 1,064,623어절로서 1900년대 11편, 1910년대 15편, 1920년대 41편, 1930년대 34편, 1940년대 21편, 1950년대 19편 총141편의 장단편 소설을 참고하여 검출하였다.

의 신문에서 기사는 국한문체를 사용하였지만 소설은 순한글체를 사용한다는 편집 방향을 가지고 있었다. 특히『매일신보』는 현상소설 모집에서 문체는 구어체를 사용해야 하고 문자는 '가장 통속적인 순조선어'를 쓸 것을 요구하였다(김영민 2006 : 14-18). 그리하여 앞의 (4)나 (5)와 같은 신문이나 잡지의 국한문체에서는 '에의'가 활성화되었지만 소설에서는 이러한 문체의 요구로 인해 늦게 나타났으리라 추정된다.

다음으로 한 가지 짚고 넘어가야 할 것은 의사관형구조의 재활성에 일본어 'への'가 직접적인 영향을 끼쳤을 것으로 추정하기도 하지만 '에의'의 재활성화에 'への'가 어느 정도 영향을 끼쳤는지 입증하기는 쉽지 않다. 국어는 격조사 결합형이 중세국어부터 지속적으로 쓰이다가 형태론적 요인으로 인해 약화 내지 소멸 과정을 거친 반면, 일본어는 이러한 약화 내지 소멸의 과정을 보이지 않았다는 차이가 있다. 하시모토(橋本進吉 1969 : 96)에 의하면 일본어에서 'への'의 결합형이 나타나기 시작한 것은 가마쿠라시대(1192-1333)부터이며 이러한 결합형이 현대에 이르기까지 지속적으로 쓰이고 있다고 한다.[19]

의사관형구조가 1920년을 전후하여 재활성하기 시작하였을 때, 이 시기의 일본어는 어떠한 분포를 보이는지 확인하기 위해 19세기 말과 20세기 초의 대표적인 잡지인『太陽』을 말뭉치로 구축한 <太陽コーパス>(2005)를 구동시켜 본 결과,[20] 'への'가 문어와 구어에서 많지는 않

---

19) 이시가키 겐지(石垣謙二 1955 : 76-79)는 일본어의 'への'의 결합형이 무로마치 시대 (1392-1573) 이후부터 나타나기 시작했다고 하지만 하시모토(1969)에서는 더 이른 시기의 결합형을 발견하여 제시하였다.

20) 일본국립국어연구소에서『太陽』(1895, 1901, 1909, 1917, 1925)을 말뭉치로 구축한 <太陽コーパス>(2005)는 각 연도별로 대략 60만에서 80만 어절이다. 그중에서 'への'가 검출된 개체수는 1895년에 42개, 1901년에 42개, 1909년에 31개, 1917년에 50개, 1925년에 84개이다. 비록 높은 빈도수를 보이지는 않지만 소수의 예가 지속적으로 확인된다. 개화기의 번안 소설이나 문헌을 비교·검토하면 'への'와 '에의'의 상관성을 좀더 명백히 확인할 수 있지 않을까 기대한다.

지만 (19)과 같이 모두 쓰이고 있었다.

(19) 가. 軍家光と云ふ人が外國<u>への</u>渡航を禁ずる爲め(1895)
　　나. 其他の者は近所<u>への</u>店用の外(1901)
　　다. 全然日本正教會<u>への</u>寄附金なる(1909)
　　라. 勿論國家<u>への</u>貢獻も含んで居ります(1917)

그리고 김선효(2009)에서도 밝힌 바와 같이 '에서의, 으로의, 부터의'와 같은 결합 구조도 1920년대를 기점으로 하여 재활성하기 시작하였다.

이러한 점을 고려해 볼 때, 의사관형구조의 재활성의 촉매제는 국어의 내적 요인보다 외적 요인에 있을 것이라는 것에 더 무게를 두게 된다. 즉, 일본어나 아니면 외국어의 번역체 영향에 의해 의사관형구조가 재 활성 되었을 가능성이 높다. 그러나 이것은 추정만 가능하고 아직 검증되지 않은 부분이므로 지속적으로 확인 작업이 필요하다. 여기에서 중요한 것은 '에의' 구조가 1920년대에 새로 등장한 구조가 아니라 중세국어부터 활발히 쓰이다가 잠재 과정을 거쳐 재활성한 구조라는 것이다. 지금까지의 의사관형구조의 변천 과정을 간단히 요약하면 (20)과 같다.

(20) 의사관형구조의 변천 과정
　　활성(중세국어) → 약화(근대국어) → 잠재(19세기~20세기 초)
　　→ 재활성(1920년 전후)

6. 결론

국어의 의사관형구조 '에의'는 20세기에 새로 형성된 통사구조가 아

니라 중세국어 이전부터 근대국어에 이르기까지 지속적으로 사용되다
가 1920년대에 재활성화한 구조이다. '에의'의 소급형인 '엣'이 약화 현
상을 보인 것은 관형격조사 'ㅅ'의 통사적 기능이 약화되고 무엇보다
17세기부터 관형격조사 '에'의 등장과 부사격조사 '의'의 활발한 쓰임
이 '엣'이 '에의'로 발전하는 것을 저지한 것으로 보인다. 그러다가 개
화기 이후에 외적 요인에 의해 다시 등장한 통사 구조이다.

　지면 관계상 여기에서 논의하지 못한 일본어 'への'와 한국어 '에의'
의 상관성, 다른 격조사와 관형격조사의 결합성 등이 균형 있게 검토되
면 이 연구의 명암이 좀더 두드러질 것으로 기대된다.

참고문헌

권용경(2001), 「국어 사이시옷에 대한 통시적 연구」, 서울대학교 박사학위논문.

김동언(1996), 「개화기 번역 문체 연구-'텬로력뎡'을 중심으로」, 『한국어학』 4, 한국어
학회, 141-170.

김미형(1998), 「한국어 문체의 현대화 과정 연구-신문 문장을 중심으로」, 『어문학연구』
7, 상명대학교 어문학연구소, 123-147.

김선효(2004), 「관형격조사 '의'의 격 지위와 기능」, 『우리말 연구 서른 마당』, 태학사.

_____(2009), 「관형격조사구에서의 조사 결합과 변천 양상」, 『어문연구』 37(3), 한국
어문교육연구회, 105-127.

김영민(2004), 「근대계몽기 신문의 문체와 한글 소설의 정착 과정」, 『현대문학의 연구』
22, 47-88.

_____(2006), 「한국의 근대 신문과 근대 소설」, 『현대소설연구』 29, 9-29.

김영욱(1997), 「14세기 문법형태 '-ㅅ/ㄴ(의/ㅅ)'의 교체에 대하여」, 『구결연구』 2.

남윤진(1998), 「현대 국어의 계량언어학적 연구」, 서울대학교 박사학위논문.

남풍현(1977), 「국어 처격조사의 발달」, 『이숭녕선생고희기념 국어국문학논총』, 탑출
판사.

_____(1999), 『국어사를 위한 구결 연구』, 태학사.

니시다 나오토시[西田直敏](1977), 「助詞(1)」, 『日本語7 : 文法Ⅱ』, 精興社.

민현식(2008), 「19세기 국어에 대한 종합적 검토」, 『국어국문학』 149, 23-68.

박진호(1998), 「고대문법」, 『국어의 시대별 변천연구 3』, 국립국어원, 121-205.

심재기(1979), 「관형화의 의미기능」, 『어학연구』 15(2), 109-121.

안병희(1968/1993), 「중세국어의 속격어미 'ㅅ'」, 『국어사 연구』, 문학과 지성사.

안병희·이광호(1990), 『중세국어문법론』, 학연사.

이건식(1996), 「고려시대 석독구결의 조사에 대한 연구」, 단국대학교 박사학위논문.

이광호(1991/2001), 「중세국어 복합격조사의 연구」, 『국어문법의 이해 1』, 태학사.

이기문(1972/1999), 『국어사개설』, 태학사.

이선영(2006), 「한국어의 'NP₁+엣+NP₂' 구성과 'NP₁+ㅅ+NP₂' 구성」, 『형태론』 8(2).

이숭녕(1981), 『중세국어문법』, 을유문화사.

이승희(2009), 「중세국어 'NP₁엣 NP₂' 구성의 의미 유형에 대한 고찰」, 『국어학』 54,

197-224.

이시가키 겐지[石垣謙二](1955), 『助詞の歷史的変遷』, 岩波書店.

이현희(1994), 「19세기 국어의 문법사적 고찰」, 『한국문화』 15, 57-81.

＿＿＿(2007), 「19세기 초기부터 20세기 초기까지의 한국어는 어떤 모습이었나 : 주로 문법사적 기술을 중심으로」, 『우리말글』 41, 1-40.

일본국립국어연구소[日本國立國語硏究所編](2005), <太陽 コーパス>, 博文館新社.

전정례(2000), 「한·일 두 언어의 관형격조사와 열거격 조사의 변천연구」, 『구결연구』 6, 229-254.

정　광(1995), 「일본어투 문장 표현」, 『새국어생활』 5(2), 87-107.

조재형(2008), 「소위 복합격조사 '엣'의 통시적 고찰」, 『어문연구』 36(2), 193-216.

조호 사토시(2007), 「15세기 한국어의 처격 체계」, 『구결연구』 18, 289-315.

최경옥(2003), 「개화기 외래번역한자어의 수용」, 『일본학보』 55(1), 207-222.

하시모토 신키치[橋本進吉](1969), 『助詞·助詞句の硏究』, 岩波書店.

한영균(2008), 「현대 국어 혼용 문체의 정착과 어휘의 변화」, 『국어학』 51, 국어학회.

황선엽(2006), 「고대국어의 처격 조사」, 『한말연구』 18, 305-328.

홍윤표(1969), 『15세기 국어의 격연구』, 서울대학교 석사학위논문.

＿＿＿(1994), 『근대국어연구 I 』, 태학사.

제2장

관형격 조사구의 조사 결합과 변천

1. 들어가기

이 장에서는 국어의 관형격 조사구의 조사 결합 현상이 통시적으로 어떤 변천 과정을 거치며 그 변천의 근본적인 요인이 무엇인지 천착하는 데 목적을 둔다. 현대국어의 조사 결합 양상은 남윤진(1997 : 174~177)에서 말뭉치를 바탕으로 하여 전체적으로 조명한 바 있는데, 그중에서 관형격조사에 선행하는 조사들의 유형들을 정리하여 제시하면 다음과 같다.1)

(1) 가. 격조사와의 결합형

    서의, 에서의, 에의, 와의, 으로써의, 으로의, 하고의

나. 보조사와의 결합형

    만의; 까지의, 부터의, 대로의, 마다의, 만치의, 만큼의, 뿐의;

    가량의, 께의(어림), 끼리의, 들의, 썩의, 짜리의, 째의, 쯤의

---

1) 현대국어의 조사 결합 양상에 대한 연구는 임홍빈(1987), 황화상(2003), 임동훈(2004) 등을 참고.

(1)에서 확인할 수 있는 바와 같이 현대국어에서는 관형격조사 '의'에 先行하는 격조사나 보조사가 많이 있다. 이들 유형 중에서 '에의, 에서의' 등의 격조사 결합형을 이기문(1972/1998 : 242)에서는 서양 제어의 번역체에서 온 새로운 표현으로 추정하고 있고 심재기(1979 : 109~110)에서는 '진리에의 추구'의 '에의'를 '의사관형구조'로 명명하고 1950년대에 출현하였을 것으로 추정하였다. 그러나 김선효(2009)에서는 개화기 말뭉치에 근거하여 의사관형구조 '에의'가 1920년부터 확인된다는 것과 '에의'가 국어의 새로운 표현이 아니라 중세국어에서부터 활발히 결합하고 있었던 통사구조임을 밝혔다. 여기에서는 다른 격조사나 보조사가 관형격조사와의 결합에서 어떤 양상을 띠며 통시적으로 어떤 변화를 보이는지 살펴보고자 한다.

(1)의 결합형 중에서 빈도수가 높은 유형을 21세기 세종계획 500만 어절 형태소 분석 말뭉치에서 추출한 결과 (2)와 같은 유형이 검출되었다.

　　　(2) 가. 에서의, 으로의, 으로써의, 에게의, 와의
　　　　　 나. 부터의, 까지의, 만의, 마다의

(2)는 현대국어에서 높은 빈도를 보이는 결합형이므로 이들을 중심으로 하여 조사의 결합 양상을 통시적으로 검토하면 국어의 관형격조사 결합형이 어떤 양상을 거쳤는지 어느 정도 윤곽이 드러나지 않을까 한다.

2. 관형격 조사구의 조사 결합 양상에 대한 통시적 현상

2.1. 전기 중세국어

전기 중세국어의 조사 결합형에 대한 연구는 이건식(1996)에서 전체적으로 검토한 바 있고 남풍현(1977, 1999), 김영욱(1997), 박진호(1998), 황선엽(2006) 등에서도 부분적으로 논의하고 있다. 이들 연구와 여러 문헌을 검토해 보면 현대국어에 비해 전기 중세국어에서는 조사 결합형이 존재하기는 하나 유형이 많지 않다는 것을 확인할 수 있다.[2] 그것은 이들 결합형들이 문법화 과정을 거치지 않았거나 당대에서 실질 형태소의 기능을 담당하고 있었던 것이 많았기 때문인 것으로 보인다. 특히 보조사는 대부분 문법화 이전 단계에 있다. 그리하여 전기 중세국어에서 관형격조사 'ㅅ'와 결합하는 조사는 부사격조사 '아', 접속조사 '과' 그리고 보조사 '마' 등에 국한하여 확인된다.

(3) 가. 皆ㄷ {是}ㅣㄱ 假誑ㅅㄱ 矢 空中3ㄷ 花 {如}ㅣㅅ ㅈ ㄱ ㅣ ㅁ (舊譯仁王經 上 14 : 12-13)

　　나. 十住菩薩ㅅ 諸ㄷㄱ 佛ㅅㄷ 五眼刀 幻諦乙 {如}ㅌ 而ㅗ 見ㄷㅏㄱ ㅣ ㅏㅣ (舊譯仁王經 上 14 : 13)

　　다. 若 諸 有智ㅅㄱ 同梵行者ㅣ 見聞疑ㄴ 由3 惑 其罪ㄴ 擧ㅅㅎ 惑 憶 念ㅅ [令]ㅣ ㅎ 惑 隨學ㅅ [令]ㅣ ㅎㅅ ㅁㄱ [於]彌所ヶㄷ 時ㅗ十 議 論ㄴ 堪忍ㅅㅎㅅ ㅎ (瑜伽師地論 6 : 17-7 : 2)

(3가)는 후기 중세국어의 부사격조사 '앳/엣'의 소급형으로 부사격조

사 '阝'에 관형격조사 '七'이 결합한 유형이다. 전기 중세국어의 부사격조사에는 '十(긔), 阝(아), 阝十(아긔)'가 있었지만 관형격조사 '七'와 결합하는 것은 '阝(아)'에 국한하여 나타난다. (3나)는 접속조사 '人'이 관형격조사 '七'와 결합한 유형이다. 전기 중세국어에서 명사구들의 접속을 담당한 조사로는 '人(와/과), ⺀/亠(여)'가 있었지만 관형격조사 '七'와의 결합은 '人'만 담당하였다. '⺀/亠(여)'는 일반적으로 뒤아우름의 동사 'ソ(호)-'와 함께 쓰이기 때문에 관형격조사 '七'과의 결합에 제약이 있었던 것으로 보인다.[3)](3다)는 보조사 '亇(마)'와 결합한 유형이다.[4)]지금까지의 논의에 의하면 전기 중세국어에서 관형격조사 '七'와 결합하는 유형은 적지만 그 분포는 활발한 양상을 띤다는 것을 알 수 있다.

2.2. 후기 중세국어

후기 중세국어의 조사 결합 양상은 전기 중세국어보다 조금 더 다양한 결합 유형을 보인다. 특히 보조사와 관형격조사의 결합에서도 빈도는 높지 않으나 전기보다 다양한 결합형을 보인다. 이광호(1991/2001 : 170)에서는 후기 중세국어에서 나타나는 격조사의 결합 유형을 (4)와 같이 제시하고 있다.

(4) 가. { 부사격조사(에/애, 의/ᄋᆡ) / 부사격조사(으로/ᄋᆞ로) } + 관형격조사(ㅅ)

3) 중세국어의 명사구 접속 및 아우름 표현에 대해서는 이현희(1994 : 29~54), 전기 중세국어의 접속에 대해서는 박진호(1998 : 61~2)를 참조.

4) 이건식(1996 : 205)에서는 보조사로 처리하였지만 하귀녀(2005 : 77~81)에서는 '亇'가 동명사 어미 '尸'의 수식을 받는 점을 중시하여 보조사로 보지 않았다. 여기에서는 일단 '亇'를 보조사로 처리하고, '亇'의 구체적인 기능은 후속 연구에서 더욱 명백히 밝혀질 것을 기대한다.

나. 접속조사(와/과)+

- 주격조사(이)
- 관형격조사(의/이, ㅅ)
- 목적격조사(롤)
- 부사격조사(애, 이)
- 부사격조사(로)
- 호격조사(이여)

(4)에서 확인할 수 있는 바와 같이 관형격조사와 결합하는 조사는 부사격조사와 접속조사이며 전기 중세국어에 비해 부사격조사 '으로/ᄋ로'와도 결합한다고 하였다. 단 부사격조사와 달리 접속조사는 여러 격조사와 활발한 결합성을 보이며 관형격조사도 'ㅅ'뿐 아니라 '의/이'와도 결합하는 특별한 현상을 보이는데, 이에 대해 이광호(1991 : 171)는 관형격조사와 접속조사가 본질적으로 다른 계층 구조를 가지고 있기 때문에 다른 결합 현상을 보이는 것이라고 한다. 그러면 (4)의 결합형 중 관형격조사와 관련되는 예문을 보면서 확인해 보자.

(5) 가. 언제ᅀᅡ <u>世俗앳</u> 뻐를 뻐러 ᄇ리고(杜詩諺解 初刊本 6 : 20뒤)

　　　 나. ᄯᅩ 하ᄂᆞᆯ <u>우흿</u> 諸天香올 마타(釋譜詳節 19 : 18앞)

(6) 가. 이런 緣은 곧 根과 <u>識과이</u> 緣ᄒᆞᄂᆞᆫ 여러가짓 法이라(楞嚴經諺解 2 : 17)

　　　 나. 善과 惡괏 魔ㅣ 오거든 저티 말며 깃디 마롤디어다(蒙山法語 水鉢庵 11앞)

(7) 大菩薩ㅅ德이시니 <u>地롯</u> 알픠 업스니라(法華經諺解 1 : 39)

(5)은 부사격 '애/에/예'나 특이처격 조사 '의/이'가 관형격조사 'ㅅ'와 결합한 것이다. 특히 이러한 '앳/엣'의 결합형은 전기 중세국어부터 사용

되어 왔고 후기 중세국어에서도 활발한 결합 양상을 보인다.[5] (6)은 접속조사와 결합한 유형으로, (6가)의 관형격조사 '의/익'와 결합한 유형인 '과익'가 16세기 초까지는 자주 나타나고 있었으나 그래도 (6나)의 '괏' 형이 더 높은 빈도수를 보인다. (7)의 '으롯'은 해석의 관점에 따라 격조사의 결합형으로 처리할 수도 있고 그렇지 않을 수도 있지만 여기에서는 형태·통사적 기능에 준하여 '으롯'의 'ㅅ'을 관형격조사로 처리하지 않고 조사의 결합 유형에서 제외하는 바이다.[6] 그리하면 후기 중세국어에서 관형격조사에 선행하는 조사는 부사격 '에'형과 접속조사 '와/과'임을 알 수 있다.

한편 후기 중세국어의 '애셔, ᄋᆞ로뻐, 이손ᄃᆡ / 익그에 / 익게'가 문법화된 하나의 조사인지 아니면 각각 다른 형태소가 결합한 것인지는 관점에 따라 다를 수 있지만,[7] 중요한 것은 후기 중세국어에서는 이들 조사와 관형격조사가 결합한 유형이 발견되지 않는다는 것이다. 이들이 문법화의 정착 과정 중에 있거나 아니면 정착된 지 얼마 안 되어 관형격조사와의 결합에 소극적이기 때문에 이런 현상을 보인다고 추정된다.

후기 중세국어에 관형격조사 'ㅅ'과 결합하는 보조사로는 'ᄆᆞᆫ, 브텃,

---

5) 본고에서는 고대국어까지는 논의하지 않았으나 황선엽(2006)에 의하면 이러한 결합 양상은 고대국어에서부터 존재한 것으로 확인된다고 한다.

6) 이광호(1991)에서는 '으롯'을 부사격 '으로'와 관형격 'ㅅ'의 결합형으로 보았고 이숭녕(1981 : 196~8)에서는 조격과 사이시옷이 결합한 복합격으로 처리하였다. 그러나 하귀녀(1997)에서는 중세국어의 '(ᄋᆞ/으)롯'과 '(ᄋᆞ/으)록'이 'ㅅ'과 'ㄱ'의 교체 관계에 있는 첨사이므로 'ㅅ'을 관형격으로 보는 것은 적절하지 않다고 하였고 박진호(1998 : 61)에서도 'ㅅ'을 격조사가 아닌 강세 보조사로 처리하고 있다. 한편 홍윤표(1969 : 119)에서는 '으롯'의 후행 체언이 항상 상하의 시간적, 장소적, 위치 비교에 쓰인다는 점을 발견하였지만 격조사의 통합으로 보았다. 사실 후대 연구에서 '으롯'의 'ㅅ'에 대한 논의가 연구되어 왔고, '으롯'이 다른 결합형과 달리 '으록, 으론'도 발견되는 점은 '으롯'의 'ㅅ'을 관형격으로 처리하기에는 무리가 따른다.

7) 허웅(1975 : 376), 이숭녕(1981 : 205~219), 안병희·이광호(1990 : 178, 198) 등에서는 부사격조사에 보조사가 결합한 것으로 보는 반면, 고영근(1996 : 101)에서는 '애셔, ᄋᆞ로뻐'를 부사격조사로 처리하고 있고 '익그에'를 관형격조사와 의존명사가 결합한 것으로 처리하고 있다.

마닷'이 확인된다. 중세국어에서 '만'은 '정도'와 '한정'의 의미를 가지고 있지만 보조사로서의 '한정'의 의미는 16세기에 와서야 확인되며, '브터'도 후기 중세국어에서부터 '븥-'(由, 自, 從, 附)의 의미 기능이 아닌 '출발'의 의미를 지니면서 보조사로 기능하기 시작한다(하귀녀 2005 : 203~224). 즉, '브텃'이 나타나는 것을 볼 때 '브터'는 문법화의 정도성이 중요한 변인이 되었으리라 본다. 그러나 '브터'와 비슷한 시기에 문법화한 것으로 추정되는 'ᄭᆞ지'는 조금 다른 양상을 보인다. 'ᄭᆞ지'의 소급형은 'ㅅ+ᄀᆞ장'으로 16세기에 'ᄭᆞ지'로 문법화되었으나 'ᄭᆞ짓'의 결합형은 후대에 가서야 나타난다.[8]

> (8) 가. 알픠 호오사 ᄆᆞᅀᆞᆷ몰 불기시고 이에 境을 조쳐 불기시니 心境
> 萬法이 다 本來 괴외흔 體 잇ᄂᆞ나. <u>本ᄋᆞ로브텃</u> 밧ᄀᆞᆫ 다 客塵이
> ᄃᆞ외얫논 디 소니 펴락 쥐락 ᄒᆞ며 머리 搖動호미 ᄀᆞᆮᄒᆞ니라(楞
> 嚴經諺解1 : 113앞)[9]
>
> 나. 이 經 니ᄅᆞ샨 마론 곧 <u>사롬마닷</u> 妙性이니 이 니ᄅᆞ샨 佛種이라
> (法華經諺解 2 : 162앞)
>
> 다. 무틔 <u>술윗바회맛</u> 靑蓮花ㅣ 나며 이운 남기 고지 프며(月印釋
> 譜 2 : 31앞)
>
> (권용경 2001 : 76 인용)

그러나 (8)과 같이 보조사와 결합하는 현상은 후기 중세국어에서는 그 빈도가 높지 않다. 보조사의 문법화의 정도성과 밀접한 연관성이 이러한 현상을 초래한 것으로 보인다.[10]

---

8) 신윤희(2005)에서 '까지'의 통시적 변화를 참고할 수 있다.
9) 다음의 '브텃'은 동사인지 조사인지 좀더 논의가 필요하다.
　(예) 弟子ㅣ 뉘 흰 뛰로 니욘 지븨 브텃 ᄂᆞ니오 <두시언해 9 : 5ㄱ>
10) 보조사의 문법화와 관련된 구체적 논의는 §3.1.2 참조

2.3. 근대국어

근대국어에 들어서면 관형격 조사구에서의 조사 결합 양상이 현격히 줄어들고 소수의 예에서만 발견된다. 대표적인 결합형으로는 '앳/엣', '읫'이며 그 외에 접속조사 '와/과'에 '의'가 결합한 유형도 18세기와 19세기에 들어서면 극소수밖에 보이지 않는다.

(9) 가. <u>좌우엣</u> 사룸이 권ㅎ여 피ㅎ라 ㅎ거놀(東國新續三綱行實圖 충
　　　신1 : 38뒤)
　　나. 이제 本註룰 依거ㅎ야 아직 <u>小宗앳</u> 法으로써 볼키노니(家禮諺
　　　解 1 : 18뒤)
　　다. 五世오 或 祖룰 繼ㅎ는 者는 <u>同堂읫</u> 兄弟로 더브러 宗을 삼아
　　　(家禮諺解 1 : 16뒤)
(10) 가. 아의 아둘과 아둘의 사돈과 겨레며 아의 <u>사돈과의</u> 겨레룰 입
　　　으로 극진이 칭찬치 아니리 업스니(明義卷首下 존현각일긔 :
　　　58앞)
　　나. 帝國과 締盟호 <u>列國과의</u> 交際는 和親益厚를 加ㅎ고(大朝鮮獨立
　　　協會會報)

근대국어에서는 (9가)의 '엣'이 주로 쓰이지만 (9나)와 (9다)의 '앳'이나 '읫'도 나타난다.[11] 근대국어의 이러한 유형은 두 조사의 결합형으로 처리할 수도 있지만 'ㅅ'의 의미 기능이 근대국어에서는 이미 상실되었기 때문에 '앳/엣/읫'을 조사의 결합형이 아닌 문법화한 하나의 형태소로 처리해야 한다는 관점이 있다.[12] 그러나 김선효(2009)에서도 언급한 바와

---

11) 근대국어의 격조사 분포는 홍윤표(1994), 이지연·김민국·윤정원(2008) 등 참조
12) 권용경(2001 : 120)에서는 (9나)의 '애'와 (9다)의 '의'가 형태적으로는 부사격조사로 쓰였
　　지만 의미적으로는 관형격에 근접한다고 보고 있고 조재형(2008)에서는 16세기부터 '엣/
　　앳'을 융합 형태의 관형격조사로 처리하고 있다.

같이 근대국어의 모든 '엣'을 문법화한 하나의 조사로 보기 어렵고 두 조사의 의미적 기능이 변별성을 가지고 있는 것도 있음을 확인하였다. (10)은 접속조사와 관형격조사의 결합형으로 후기 중세국어와 동일한 양상을 보인다. 물론 이들의 결합형도 지속적으로 나타나는 것이 아니라 18세기의 말뭉치에서는 발견되지 않다가 19세기말에서야 재활성한다.13)

그러나 근대국어부터는 보조사와의 결합에서 큰 변화를 보인다. 즉 근대국어에서는 보조사와 결합하는 관형격조사의 용례가 전혀 발견되지 않는다.14) 후기 중세국어에서는 높은 빈도수는 아니었지만 몇 보조사와 결합하는 현상을 보였으나 근대국어에 들어서면 보조사와 관형격조사가 결합한 유형을 찾기 어렵다. 이런 현상은 다음 장에서도 살펴보겠지만 관형격조사와 부사격조사의 형태적 혼기 양상이 가장 중요한 변인으로 작용한 것으로 보인다. 그리고 조사 결합 양상에서 'ㅅ'이 형태적 보수성을 가지고 있었기 때문인 것으로 판단된다. 근대국어에서는 관형격조사 '의'가 형태적 안정성을 찾아가고 있었으므로 중세국어와 같이 다른 조사와 결합할 가능성이 높을 것으로 추정할 수 있지만 그러한 형태가 발견되지 않는 것은 관형격조사 'ㅅ'의 형태적 보수성이 강한 영향력을 끼치고 있었기 때문인 것으로 보인다.

---

13) 이러한 현상은 '과의'가 후기 중세국어와 근대국어에서 동일한 형태를 보이지만 과연 동일한 기능을 한다고 볼 수 있는가 하는 의문을 품게 한다.

14) 'ㅼ지'에 'ㅅ'이 결합한 유형은 19세기 사전류에서 '그ㅼ짓 것'에서 보인다. 그러나 'ㅼ지'와 의미와 기능이 다르므로 우리의 연구에는 부적합하다.
   가. 그 ㅼ닭으로 其故 그ㅼ짓 것그게<한불자뎐 1880>
   나. 그ㅼ짓것<한영자전 1897한영자전>

2.4. 개화기 이후

개화기의 조사 결합 양상에는 큰 변화가 나타난다. 근대국어의 17세기에서는 소수의 조사에서나마 결합하던 양상이 19세기에 이르면 일부 단어나 구를 제외하고는 결합 관계를 보이지 않고 사실상 국어의 통사 구조에서 거의 힘을 잃었다고 해도 과언이 아니며 이런 현상은 1900년 대까지 이어진다. 그러다가 1910년대에 이르면 극소수의 예이지만 접속조사 '와/과'와 관형격조사 '의'의 결합형이 확인되고 1920년대에 이르면 부사격조사와 관형격조사의 결합형뿐 아니라 보조사의 결합형도 많지는 않지만 확인된다.[15) 그러면 우선 이들 결합 유형부터 살펴보자.

(11) 가. 네 누의를 너가 낫치만 안이 횟지 <u>뎌와의</u> 모녀를 명훈 이후
　　　　로 나를 친어미로 알고(김용준, 「月下佳人」, 1911)
　　나. 只今 어듸쯤에나 왓는가, 나선 곳과 검은 <u>끗과의</u> 距離가 얼
　　　　마나 되는가.(이광수, 「어린 벗에게」, 1917)
　　다. 夜半 鍾聲到客船을 咏하던 분네의 '기쁨'의 <u>요소와의</u> 오날밤
　　　　나의 自笑하는 '기쁨'의 요소와의 합치가 잇겟다고 跋扈的 사
　　　　고를 하였다.(『開闢』 제1호, 1920년 06월 25일, 愚思, 李而隱)
(12) 가. 五名의 日人朝鮮人을 刺殺. 일본 <u>병고현에서의</u> 참극(朝鮮日報
　　　　1920. 6. 22, 3면)
　　나. 今日 中流 이상의 <u>계급에서의</u> 보는 것과 생각하는 것과 당하
　　　　는 것과는 판이합니다.(『開闢』 제5호, 1920년 11월 01일, 農
　　　　村改善의 緊急動議, 金起廛)
(13) 가. 외국에 遊하여 新文明을 배워 <u>앞으로의</u> 문명이 朝鮮에서 發
　　　　源되도록하라(朝鮮日報 1921. 9. 27, 4면)

---

15) 1910년 전까지는 신문들이 활발한 활동을 하였으나 1910년부터는 <每日申報>(1910.
8.~1938. 4.) 외에는 출판이 허용되지 않았다. 그러다가 1920년에 <朝鮮日報>나 <東亞
日報>, 『開闢』 등의 출판이 허용되면서 신조어나 문체의 변화를 확인할 수 있다.

나. 내가 이제 쓰고저 하는 새 사람은 遠한 과거에 무텨인는
그들의 새 사람이 안이며 딸아서 정치, 문예, 학술, <u>군략으
로의</u> 새 사람도 안이오(『開闢』 제1호, 1920년 06월 25일,
人乃天의 研究, 夜雷)

(14) <u>물질로써의</u> 평등, <u>정신으로써의</u> 자유를 그들에게 許與하는 眞釖
한 新思想家의 指導下에 在할 뿐이니(『開闢』 제43호, 1924년 01
월 01일, 癸亥와 甲子)

(15) 가. <u>君에게의</u> 答(『開闢』 제7호, 1921년 01월 01일, 注文치 아니한
詩의 定義를 일러주겟다는 玄哲君에게, 黃錫禹)

나. <u>탐관오리에게의</u> 반항을 목적한 작은 民擾가 辛未年 李弼의
난을 비롯하야(『동광』 제37호, 1932년 09월 01일, 東學亂의
前夜, 大變動의 前夜, 趙容萬)

(11)은 접속조사와 관형격조사가 결합한 유형이다. 접속조사가 관형
격조사와 결합하는 현상은 후기 중세국어에서부터 자주 나타난 구조이
며 근대국어에서도 극소수의 예에서 나타나고 있었으므로 (11)의 결합
형은 다른 결합형보다 좀더 강한 결합 관계를 가진다고 할 수 있다.
(12)에서 (15)까지는 부사격조사와 관형격조사가 결합한 것으로 1920년
을 전후하여 조금씩 나타나기 시작한 것으로 보인다. '에서, 으로, 으로
써, 에게' 등과 '의'가 결합한 예가 확인된다.

다음으로 보조사와 관형격조사가 결합한 유형을 살펴보자. 보조사는
격조사보다 훨씬 소극적인 결합 양상을 보인다.

(16) 가. 安東으로 <u>奉天까지의</u> 歷路에는 별로 여쭐 것이 업사온 중 다
만 高麗門이라는 대서 異感을 가지엇섯고(『開闢』 제1호, 1920
년 06월 25일, 京城 P兄에게, ㅅㅎ生 ㅅㅎ생)

나. 崔麟에게 심문, 梁甸伯을 심문, 조선독립선언을 <u>발표하기까</u>

지의 경과(朝鮮日報 1920. 07. 15, 3면)

(17) 가. 조선인만의 번영회. 포항유지가 조직(朝鮮日報 1925. 07. 09, 1면)

　　 나. 어서 어서 저를 全的으로 先生님만의 것을 만들어 주십시오.(이상, 「종생기」, 1937)

(18) 가. 아아─ 쓸쓸한 소위 세상의 儀節이라는 것─ 사람이 나기 전부터의 儀節인가(『開闢』 제1호, 1920년 06월 25일, 儀式의 拘束보다도 愛情─ 그대로, 金起瀍)

　　 나. 전부터의 계획 대개는 잉구작 군수의 이야기(朝鮮日報 1925. 03. 13, 2면)[16]

(19) 가. 때때로 곳곳마다의 바든 靈感이 그네들 종교에 그네들 철학에 그네들 예술에 얼마나 영향을 주엇습닛가(『開闢』 제25호, 1922년 07월 10일, 文學과 靈感, 江戶學人)

　　 나. 재차 불안한 재령 북률면 작인들은 날마다의 논증(朝鮮日報 1925. 03. 08, 2면)

　　(16)에서 (19)까지는 보조사 '까지, 만, 부터, 마다'가 관형격 '의'와 결합한 것으로 어느 정도 적극성을 띠는 것은 '까지'이며 그 다음이 '부터'이다. '만'이나 '마다'는 극소수에 불과하다. 물론 이러한 결합형은 1920년대에 극소수의 예에서만 확인되다가 1930년대에 들어서면 좀더 활발하게 쓰이기 시작한다.

　　지금까지 관형격 조사구의 조사 결합 양상을 살펴본 결과, 전기 중세국어보다 후기 중세국어에서 더 활발한 결합 양상을 보였고 근대국어에 와서는 점점 감소되다가 19세기부터 1900년대까지는 일부 극소수의 예를 제외하고는 보이지 않는다. 그러다가 극소수의 접속조사와 관형격조

---

16) 中國大連으로부터의 勞動者 入京과 日本人근로자의 移民은 우리의 生活을 더욱 곤궁케 하니(朝鮮日報 1923. 03. 22, 4면.).

사의 결합형이 먼저 확인되고 1920년대에 이르면 여러 부사격조사와 관형격이 결합성을 가지기 시작하고 1930년대에 이르면 다양한 조사와 결합 관계를 보인다. 이러한 조사 결합 양상을 요약하여 표로 제시하면 다음과 같다.

[표 1] 관형격 조사구의 통시적 조사 결합 양상

	격조사						보조사			
	에서의	에의	와의	으로의	으로써의	에게의	까지의	만의	부터의	마다의
전기 중세국어	×	ㅅ논	ㅅ논	×	×	×	×	ㄱ논	×	×
후기 중세국어	×	옛	왓/와이17)	×	×	×	×	맜	브텃	마닷
근대국어18) 17세기	×	옛/앳/엣 (748) 왓(30)19) 잇(30)20)	와의(4) 왓(14) 와이(2)	×	×	×	×	×	×	×
근대국어18) 18세기	×	엣(111) 앳(15) 왓(66)	×	×	×	×	×	×	×	×
근대국어18) 19세기	×	엣(3) 옛(1)21) 왓(1)	과의(1)22)	×	×	×	×	×	×	×
개화기 이후23) 1900~1910년대	×	옛 (26)	와의 (2)	×	×	×	×	×	×	×
개화기 이후23) 1920년대	에서의 (6)	옛(10) 에의(1)	와의 (18)	으로의 (13)	으로써의 (4)	×	까지의 (36)	만의 (1)	부터의 (4)	×
개화기 이후23) 1930년대	에서의 (9)	옛(1) 에의(2)	와의 (16)	으로의 (13)	으로써의 (1)	×	까지의 (5) 까지의 (4)	만의 (2)	부터의 (8)	마다의 (1)

* ( )의 숫자는 각 시대별 말뭉치에서 추출한 빈도수이다.

---

17) 접속조사는 '왓/괏, 와이/과이, 와의/과의' 등이 발견되는데 시대에 따라 그 대표형을 [표 1]과 같이 임의적으로 정한다.

18) 근대국어의 말뭉치는 국어사 자료실에서 구축하고 있는 'eon.zip'파일로서 17세기 471,380어절, 18세기 698,457어절, 19세기 1,897,837어절이다.

19) '왓'과 관형격 '의'의 의미가 혼란스러운 것도 있다.

20) 모두 'ㄱ잇+명사구'의 예들만 검출되었다.

21) 가. 시냇 가온대 긔특훈 곳과 보빅옛 실과롤 니로 긔록디 못홀러라<태평광기 47ㄴ>

[표 1]을 통해 알 수 있는 것은 부사격조사 '에'와 관형격조사 'ㅅ'의 결합형 '엣'은 기능적으로는 변화가 있으나 형태적으로는 개화기에 이르기까지 지속되고 있었고 접속조사는 18세기부터 관형격조사 'ㅅ'과 결합하지 않고 19세기부터는 '의'와만 결합한다. 그것은 이현희(1994 : 45)에서 밝힌 바와 같이 중세국어의 확장명사구 구조에서 접속조사와 결합하는 관형격 'ㅅ'는 선행 명사구와 후행 명사구를 동격적인 관계로 만드는 기능을 하므로 이런 구조는 19세기 말에는 보이지 않는다. 접속조사와 결합하는 관형격조사 '의'는 후행명사구를 수식하는 기능으로만 봐야 한다.[24]

조사 결합형 '엣'은 19세기에 이르면 급격히 그 빈도수도 낮아지고 20세기에 들어서도 '에의'의 실현에 적극적이지는 않다. 반면에 다른 부사격조사나 보조사에서 서서히 나타나기 시작한다. 그렇다면 후기 중세국어에서 활발한 결합 양상을 보이던 이들이 더 적극적으로 국어의 통사 구조에 나타나지 않고 왜 급격한 저하를 보였는지 그리고 1920년대를 시작하면서 왜 서서히 쓰이기 시작하였는지 그 원인을 규명해 보는 것이 필요하리라 본다.

나. 내 주근 후의 엇디 신션읫 존관을 범후야<태평광기 52ㄱ>

22) 본문의 (10나) 참조.

23) 개화기 이후의 말뭉치는 소설 말뭉치 795,279어절(1900년대 194,063어절, 1910년대 206,937어절, 1920년대 193,720어절, 1930년대 200,559어절)과 문어 말뭉치 1,495,493어절(1900년대 1,086,410어절, 1910년대150, 934어절, 1920년대 198,243어절, 1930년대 59,906어절)이다. 다만 말뭉치가 시대적으로 균등 분배되지 못한 문제점이 있지만 출현 시기와 빈도수에 중점을 뒀기 때문에 가능한 많은 말뭉치를 사용하였다.

24) 중세국어에서는 '어울면 法과 法 아닌 두 相이오 열면 有와 無와 中괏 세 相이니(금상 5 : 30)'에서와 같이 관형격 'ㅅ'이 아래의 '有와 無와 中과'와 '세 相'을 동격적인 관계로 만들지만 개화기 이후에는 이러한 기능이 없어지고 수식하는 기능만 담당한다.

3. 관형격 조사구의 助詞 結合 樣相의 變遷 要因과 構造的 特性

3.1. 관형격 조사구의 조사 결합 양상 변천 요인

앞 장에서 확인한 바와 같이 조사 결합 양상은 조사에 따라 다르지만 공통적으로 근대국어 이후에 급격히 감소한다. 이러한 감소 현상에는 관형격 조사구의 구조적 현상 자체에 기인하기보다는 국어의 언어 내적 요인에 의한 것으로 보인다. 이에 대해 좀더 구체적으로 제시하면 아래와 같다.

3.1.1. 관형격조사의 형태·기능적 변화

전기 중세국어의 관형격조사에는 'ㅅ'와 '의'가 있었고 후기 중세국어에는 'ㅅ'과 '의/이'가 있었지만 다른 조사나 문장 단위 뒤에서는 각각 'ㅅ'과 'ㅅ'만 사용되었다. 안병희(1968)에서는 후기 중세국어의 관형격조사 '의/이, ㅅ'가 선행성분의 의미적 자질에 따라 결정된다고 하였지만 이런 변별성이 15세기 문헌까지는 나타나지만 16세기부터는 점차 사라지고 17세기 초에 오면 '이/의'와 'ㅅ'이 경어법에서 중립적으로 변천한다(홍윤표 1985 : 85).

'ㅅ'의 이러한 기능 변화는 격조사의 결합 양상에도 변화를 가져오게 된다. 다시 말해, 'ㅅ'의 기능 약화는 수식어 표지 기능에도 영향을 끼치게 되어 근대국어에 와서는 그 결합 유형과 빈도수에까지 영향을 끼쳤을 가능성이 높다. 다시 말하면, 중세국어에서 명사구의 결합 관계를 강화시키던 관형격조사 'ㅅ'이 근대국어에 와서 그 기능이 약화되었으며 '의'가 그 기능을 대행할 것으로 기대할 수 있다.

그러나 이러한 기대 현상은 명사와 명사의 수식 구조에서만 나타나고 조사의 결합 양상에서는 나타나지 않았다. 근대국어부터는 '의'가 관형격조사의 기능을 담당하는 중점적인 문법소로 쓰이고 있었지만 관형격조사로 '에'의 형태도 나타나기 시작했고, 또 한편으로 부사격조사에도 '에'뿐 아니라 '의/이'도 활발하게 쓰이기 시작했기 때문이다. 이러한 부사격조사 '의/이'의 활발한 양상은 김선효(2009)에서 제시한 17세기 <老乞大諺解>의 용례를 통해서도 확인할 수 있다.25)

  (20) 가. 네 이둘 그몸끠 <u>北京의</u> 갈가(老乞大諺解 上 1뒤)
       나. 우리 <u>오늘밤의</u> 어듸 자고 가료(老乞大諺解 上 9뒤)
  (21) 또 소옴과 깁을 사 <u>王京에</u> 가 프노라 ᄒ면(老乞大諺解 上 13뒤)

  17세기 문헌에서는 (20)에서처럼 부사격조사 '의'가 더 많이 쓰인 것을 확인할 수 있다. 물론 (21)에서처럼 '에'도 나타나지만 17세기에는 부사격으로 '의'가 더 높은 빈도수를 보인다.

  그러나 이러한 형태적 혼기(混記) 양상은 부사격조사에만 국한되지 않고 더 나아가 국어의 다른 통사구조에도 큰 영향을 끼친 것으로 추정된다. 즉 부사격 '의'의 활발한 쓰임은 부사격조사와 관형격조사의 결합성을 약화시키고 게다가 이러한 현상은 다른 조사와 관형격의 결합마저 저지시키는 결과를 초래한 것으로 보인다. 예를 들어, 부사격조사(에1, 의1)와 관형격조사(에2, 의2)가 있다고 가정하면, 두 조사의 결합형인 '의1, 의2' 또는 '에1, 에2'와 같은 동형이의적 결합형이 도출될 가능성이 있고 그렇게 되었을 때는 이들 구조가 기존의 조사 결합형과 동일한 궤도에 있지 않다는 것이 문제가 된다. 근대국어에서는 관형격조사 '의'가 서서히

---

25) 김선효(2009)의 조사 결과에 의하면 <老乞大諺解>의 부사격조사 '의'의 개체수는 84개, 관형격조사 '의'는 53개이며 <重刊老乞大諺解>에서는 부사격 '의'가 15개, 관형격 '의'가 58개로 부사격조사 '의'의 빈도수가 감소하는 것을 확인할 수 있었다.

자리를 잡고 있는 시기에 부사격조사 '의'도 적극적으로 쓰이고 있었기 때문에 부사격 '의₁'과 관형격 '의₂'가 결합한 '의₁, 의₂' 구조가 실현될 가능성도 없지 않다. 그러나 이러한 결합형은 기존의 국어 조사 결합 체계에 존재하지 않았기 때문에 두 조사의 결합 자체가 실현되기 어려 웠을 것으로 보인다. 그리고 이런 현상은 다른 격조사들이 관형격과 결 합하는 데마저 영향을 끼쳤을 가능성이 높다. 무엇보다 중세국어에서부 터 지속적으로 쓰이고 있던 '엣'이 여전히 쓰이고 있었고 관형격 'ㅅ'의 기능이 중세국어의 관형격 기능과 동일한 역할을 하는 것은 아니지만 형태적 보수성은 계속 유지하고 있었으므로 관형격 조사구의 조사 결합 현상이 약화된 것으로 보인다.

3.1.2. 선행 요소의 문법화 정도

현대국어에서 조사 '의'에 선행하는 조사의 결합 유형을 통시적으로 파악해 본 결과, 조사 유형에 따라 다른 양상을 보였다. 조사 '와'와 '에' 는 기능의 변화는 있었지만 형태적으로 맥을 유지하고 있었고,[26] 반면 에 '에셔, 으로써, 의손디 / 의게 / 의그에'는 두 형태가 결합한 구조이기 때문에 관형격조사와의 결합에 적극적이지 않다. 이들이 형태적으로든 의미적으로든 문법화의 과정 중에 있었기 때문에 관형격조사와 결합하 기 쉽지 않다. 이러한 현상은 보조사의 결합에서도 동일한 양상을 보인 다. 보조사 '까지, 부터, 만, 마다'가 문법화 과정 중에 있을 때에는 결합 이 힘들 수밖에 없다. 허웅(1975 : 384)에서는 '브터'를 중세국어에서부터 보조사로 처리하였지만 '-을 브터' 구조의 '브터'는 용언 '븓-'의 활용으 로 보았다. 그러나 김진형(1995 : 70~76)에서는 '브터'가 '븓-'에서 의미가

---

[26] '으로'는 형태적으로 안정되어 있었지만 관형격의 결합에 불안전한 형태를 보인 것은 하 귀녀(1997)에서 제시한 것처럼 '으롯'이 부사격 '으로'와 관형격 'ㅅ'의 결합이 아닌 것을 입증하는 것이 될 수도 있다.

추상화되면서 문법화가 되어 16세기 경부터 하나의 형태소로 쓰이기 시작한 것으로 보고 있고 '까지'도 'ㅅ▽장'이 재분석된 뒤 융합(fusion)의 과정을 거쳐 16세기 말경 <小學諺解>에서부터 보조사 '신지'가 보이기 시작하였다고 한다. 중세국어 시기에서는 '브터'와 '신지'가 완전히 문법화하지 못했으므로 관형격 'ㅅ'과의 결합에 제약을 받은 것으로 보인다.27)

그러나 '맜'이나 '마닷'도 소수의 예가 확인되지만 '엣'이나 '왓/와읫'의 분포에 비하면 매우 적은 분포를 보인다.

> (22) 가. 무틔 술윗바회맜 靑蓮花ㅣ 나며 이운 남기 고지 프며(月印釋
> 譜 2 : 31앞)
> 나. 헝空콩애 絲숭毫馨맜 念념도 막디 아니홀시 이런ᄃᆞ로(金剛經
> 三家解 2 : 15뒤)
> (23) 가. 이 經 니ᄅᆞ샨 마론 곧 사롬마닷 妙性이니 이 니ᄅᆞ샨 佛種이
> 라 信티 아니ᄒᆞ야(法華經 2 : 162앞)
> 나. 法마닷 本體ㅣ 數量올 여희어늘 하며(法華經 5 : 85뒤)

(22)는 보조사 '만'과 'ㅅ'의 결합형이며 (23)은 '마다'와 'ㅅ'의 결합형이다. 물론 이들 유형도 관점에 따라 보조사나 의존명사로 처리하기도 한다.28)

중세국어에서 관형격 'ㅅ'은 부사격 '에' 및 접속조사 '와'와 결합하는 빈도수는 높지만 '신지, 브터, 만, 마다'와 낮은 것은 후자의 예들이

---

27) 물론 '브텃'이 아래 예에서처럼 1회 검출되지만 이때 '브터'를 문법화한 것으로 봐야 하는지 용언의 활용으로 봐야 하는지는 더 논의될 필요가 있다.
"境萬法이 다 本來 괴외흔 體 잇ᄂᆞ니 本ᄋᆞ로 브텃 밧ᄀᆡ 다 客塵이 드외얫ᄂᆞᆫ 디 소니 펴락 쥐락 ᄒᆞ며"<楞嚴1 : 113a>

28) 허웅(1978)은 '마다'는 보조사로 처리하고 김진형(1995)은 '만'과 '마다'를 의존명사로 처리한다.

문법화와 밀접한 관련성을 가지고 있다는 것을 입증한다.

3.2. 관형격 조사구의 조사 결합 양상에 나타나는 구조적 특성

관형격 조사구에서 조사가 결합하는 '에의, 에서의' 등과 같은 것을 선행 연구에서는 새로운 통사구조로 추정하였지만 지금까지의 논의에 의하면 '에의, 에서의' 등과 같은 조사 결합 현상은 국어의 새로운 통사 구조가 아님을 확인할 수 있었다. 국어의 관형격 조사구에서 조사가 중 첩되어 나타나는 구조는 중세국어 이전에서부터 지속적으로 쓰이고 있 던 구조이다. 단지 관형격조사 'ㅅ'의 기능이 약화되고 무엇보다 17세기 부터는 부사격조사 '의'가 활발히 쓰이면서, 즉 '의'가 동형이의적으로 쓰이면서 조사 결합 구조의 활성화를 저지하게 된 것으로 보인다.

관형격 조사구에서 조사의 결합에 적극적이던 부사격과 관형격의 결 합형이 국어의 언어 내적 요인에 의해 활성이 저하되면서 다른 조사와 의 결합에도 영향을 끼친 것으로 보인다. 그리고 이러한 현상은 결국 약 2세기 동안 잠재되어 있다가 1920년에 신문이나 잡지의 출판이 허 용되면서 조금씩 재활성된다. 그리고 1930년대에 이르면 여러 보조사들 과 결합하면서 현대국어와 비슷한 결합 양상을 보이기 시작한다.

관형격의 결합형이 근대국어 이후에 약화 및 잠재된 요인은 국어의 언어 내적 요인에 의한 것이라는 것을 확인할 수 있었지만 1920년을 전 후하여 재활성할 수 있었던 요인은 그리 쉽게 밝혀지지는 않는다. 이기 문(1998 : 242~243)에서는 서양 제어의 번역체에서 온 것으로 추정하고 있 지만 그러한 상관관계를 입증할 만한 근거를 찾기는 쉽지 않다. 또 한 편으로 생각할 수 있는 것은 일본어의 영향이다. 일본어는 국어와 유사 한 통사 구조를 가지고 있고 그 당대의 시대적 상황을 고려해 볼 때 일본어의 영향도 무시할 수 없다.

우선 일본어의 격조사 결합형에 대한 연구를 살펴본 결과, 일본어의 관형격조사 'の'에 선행하는 조사들은 대략 'へ, から, で, より, と' 등이다. 하시모토(橋本進吉 1969 : 96, 149, 157, 167)에 의하면 일본어에서 'の'가 'へ, から, より'와 結合하는 현상은 가마쿠라시대(鎌倉時代 1192~1333)부터 나타나기 시작하고 'で'와 結合하는 것은 무로마치시대(室町時代 1392~1573)라고 한다.[29]

> (24) 가. 鳥羽殿への御幸
> 　　 나. 鎌倉よりの使
> 　　 다. 內からの御使
> 　　 라. かの國での事ども
>
> 　　　　　　　　　　　　　　　　　　 (橋本 1969 : 96, 167 인용)

(24)와 같은 예가 가마쿠라시대(鎌倉時代)부터 서서히 쓰이기 시작하다가 현재에는 적극적으로 쓰이고 있다는 것이다.[30] 그렇다면 국어의 관형격 조사구에서 조사 결합 현상이 잠재되어 있던 19세기 말이나 개화기 초에는 일본어의 조사 결합 현상이 어떤 양상을 보이고 있었는가 하는 의문이 든다. 그 당대 일본어의 조사 결합 양상을 살펴보기 위해 일본의 대표적 근대잡지인 <太陽>의 말뭉치를 살펴보자.

---

29) 이시가키 겐지(石垣謙二 1955 : 76~79)는 'への'의 결합형이 무로마치 시대 이후부터 나타났다고 하고 있지만 더 이른 시기인 鎌倉時代부터라고 보는 것이 더 타당하다.

30) 모리노(森野宗明 1973 : 121)는 일본어에서 격조사 결합 양상은 논리적으로 있을 수 없고 '부사어+서술어'의 구문이 심리적으로 형성된 뒤에 그것이 단축되어 나타난 것으로 보고 있다. 예를 들어, '昔よりありしこと(예전부터 있었던 것)'가 '昔よりのこと(예전부터의 것)'로 단축되어 나타난 것으로 봐야하지 않는가 하는 것이다. 그러나 이러한 해석은 구문 자체의 의미를 임의적으로 해석할 수 있고 그 대응 관계가 '일대일'이 아닌 '일대다'가 되므로 적합한 해석으로 보기 어렵다.

(25) 가. 京と東への街道とはなりぬれど(前田曙山「富士の麓」, 1895)

　　나. 是れは太陽から我地球への距離に遠近があるから(寺崎留吉「季
　　　　節の話」, 1909)

(26) 가. 習つて居る人の手からの響きであるか(江見水蔭「朝顔」, 1895)

　　나. 今日は園遊會からの歸途御近所まで用達し(川上眉山「左卷(承前)」,
　　　　1901)

(27) 가. 本編は同地よりの通報に係る(松田學鷗「南征漫錄」, 1895)

　　나. 卽ち外界よりの刺戟は絶えず襲來し(高比良英雄 「斷食の生物
　　　　學的考察」, 1925)

(28) 가. 今日の聽衆での美形の頭(嚴谷小波「興醒草」, 1895)

　　나. 自分の成長した寺での出來事とは知らず(田山花袋「ある僧の
　　　　奇蹟」, 1917)

(29) 가. 論ずれば彼明國との和睦の如き(小倉秀貫「石田三成」, 1895)

　　나. 陸羽街道と舊街道との兩線より(坪谷水哉「大演習陪觀記」, 1909)

　　(25)는 'への', (26)은 'からの', (27)은 'よりの', (28)은 'での', (29)
는 'との'의 결합형이다. 일본어는 위의 예들에서 확인되는 바와 같이
19세기에서도 쓰이고 있었다는 것을 알 수 있다. 그렇다면 이들 각 유
형들이 그 시대에 어느 정도 쓰이고 있었을까. <太陽コーパス>를 사
용하여 그 빈도수를 확인하면 [표 2]와 같다.[31]

---

31) <太陽コーパス>(2005)는 일본국립국어연구소에서 구축한 것으로 1895년(제1권 1호~12
　　호) 3,335,367문자수, 1901년(제7권 1호~14호) 3,154,563문자수, 1909년(제15권 1호~16
　　호) 2,860,352 문자수, 1917년(제23호 1호~14호) 2,647,455문자수, 1925년(제31권 1
　　호~14호) 2,453,905문자수로 구성되어 있다.

[표 2] 일본어의 연도별 격조사 결합 양상 비교

	への	からの	よりの	での	との
1895년	42	26	100	10	1344
1901년	42	37	77	7	1490
1909년	31	81	58	16	1339
1917년	50	105	58	24	1462
1925년	84	178	18	38	957

[표 2]에 의하면 일본어의 격조사 결합 현상은 13세기에 形成된 후 조금씩 사용되기 시작하였고 메이지시대에서도 낮은 빈도수이지만 지속적으로 쓰이고 있었음을 알 수 있다. 조사 중에서 가장 활발한 결합 양상을 보이는 것은 접속조사 'と'이며, 가장 흥미로운 결과를 보이는 것은 'より'와 'から'이다. 두 조사는 상반된 분포도를 보이는데 'より'는 점점 줄어들고 'から'는 점점 늘어난다. 그것은 원래 'より'가 '비교의 기준, 출발점, 경유의 장소, 수단' 등의 광의적 기능을 가지고 있다가 무로마치시대에서부터 'から' 세력이 강해지기 시작하면서 의미 기능 일부가 'から'에 전가되었기 때문이다(橋本 1969 : 150, 156). 이러한 현상은 'の'의 결합에서도 영향을 끼친 것으로 보인다. 반면에 'より'를 제외한 나머지 조사는 'の'와의 결합 분포가 점점 높아지고 있음을 확인할 수 있다.

[표 2]의 결과는 국어의 조사 결합 양상에 일본어의 영향이 있었을 가능성이 높다는 것을 시사한다. 이러한 가능성은 아직 추정만 할 수 있고 본고에서 입증할 수 있는 단계는 아니지만, 당대의 언론 관련자나 작가들이 일본어의 능력이 탁월했던 점을 미루어 볼 때 직간접적으로 영향을 받았을 가능성이 높다.32)33)

---

32) 정광(1995), 김영민(2004, 2006) 등 참조.

그러나 여기에서 중요한 것은 개화기 이후 관형격조사 앞에 조사가 나타날 수 있었던 것은 중세국어에서 조사 결합형이 활발히 쓰이고 있었기 때문에 급격히 재활성할 수 있었을 것이다. 국어의 외적 요인, 즉 일본어나 다른 외국어의 번역체와 같은 요인에 의해 조사 결합형이 급격히 활성화할 수 있었지만 1920년을 전후하여 급격한 변화 현상을 보인 것은 중세국어의 통사구조에서 관형격 조사구에서의 조사 결합형이 활성적으로 쓰인 적이 있었기 때문인 것으로 보인다. 다시 말해, 조사 결합형이 국어 내적 요인에 의해 약화 내지 소멸의 단계를 거치다가 국어 외적 요인에 의해 재활성한 것으로 보인다. 국어 외적 요인이 작용하지 않았다면 관형격 조사구의 조사 결합형은 재활성되지 못하였을 것이다.

4. 결론

지금까지의 논의에 의하면 국어의 관형격 조사구에서 조사가 중첩되어 나타나는 것은 1920년을 전후로 하여 새로 등장한 통사구조가 아니라 중세국어에서부터 활발하게 쓰이던 구조이며, 관형격조사 'ㅅ'의 형태·기능적 약화와 더불어 관형격조사 '의'와 부사격조사 '에'가 형태적으로 혼기되어 쓰이면서 관형격 조사구에서 조사가 결합하는 현상을 저지한 것이다. 이러한 현상에 의해 약 2세기 이상 잠재되어 있다가 1920년을 전후하여 재활성한 것으로 추정된다. 격조사나 보조사가 관형격조사와 결합하는 현상이 재활성할 수 있었던 것은 중세국어에서 활발히

---

33) 한국어의 조사 결합 양상에 일본어의 영향이 있는지, 있었다면 어떤 문장이나 구조에서 나타나는지 등을 연구하고자 한다. 지금까지는 암묵적으로 인정하고 있었지만 번안소설이나 번역문을 통해 그 영향 관계를 살펴보면 좀더 구체적으로 나올 것으로 기대한다.

쓰이고 있었기 때문에 수용할 수 있었던 것으로 보인다.

조사 결합형의 재활성에 일본어나 다른 외국어의 번역체의 영향이 있었을 것으로 추정하였는데 개화기의 번안 소설이나 번역 소설 등을 일본어와 비교·검토하거나 다른 외국어의 번역 자료를 참고하면 더 유익한 결과가 도출되지 않을까 한다.

참고문헌

고영근(1996), 『표준중세국어문법론』, 집문당.

권용경(2001), 「국어 사이시옷에 대한 연구」, 서울대학교 박사학위논문.

김선효(2009), 「의사관형구조의 형성 과정과 요인」, 『國語學』 55, 국어학회, 105-124.

김영민(2004), 「근대계몽기 신문의 문체와 한글 소설의 정착 과정」, 『현대문학의 연구』 22, 한국문학연구학회, 47-88.

_____(2006), 「한국의 근대신문과 근대소설」, 『현대소설연구』 29, 한국현대소설학회, 9-29.

김영욱(1997), 「14세기 문법형태 '-ᄀ/ᆮ(의/ㅅ)'의 교체에 대하여」, 『口訣研究』 2, 구결학회, 243-264.

김진형(1995), 「중세국어 보조사에 대한 연구」, 『國語研究』 136, 서울대학교 국어연구회.

남윤진(1997), 「현대국어의 계량언어학적 연구」, 서울대학교 박사학위논문.

남풍현(1977), 「國語 處格助詞의 발달」, 『이숭녕선생 고희기념 국어국문학논총』, 탑출판사.

_____(1999), 『國語史를 위한 口訣 研究』, 태학사.

박진호(1998), 「고대문법」, 『국어의 시대별 변천 연구3』, 국립국어원, 121-205.

신은희(2005), 「보조사 '조차, 까지, 마저'에 대한 통시적 연구」, 서울대학교 석사학위논문.

심재기(1979), 「관형화의 의미 기능」, 『語學研究』 15권 2호, 서울대학교 어학연구소, 109-121.

안병희(1968/1993), 「中世國語의 속격어미 'ㅅ'」, 『國語史 研究』, 문학과 지성사.

안병희·이광호(1990), 『中世國語文法論』, 학연사.

이건식(1996), 「고려시대 석독구결의 助詞에 대한 研究」, 단국대학교 박사학위논문.

이광호(1991), 「中世國語 복합格助詞의 研究」, 『진단학보』 70·71 합병호, 진단학회(이광호 2001, 169-190에 다시 실림)

_____(2001), 『국어문법의 이해1』, 태학사.

이기문(1972, 1998), 『신정판 국어사 개설』, 태학사.

이숭녕(1981), 『中世國語文法』, 을유문화사.

이지연·김민국·윤정원(2008), 「근대 계몽기의 격조사 목록과 기능 연구」, 『국제어문』 44, 국제어문학회, 107-141.

이현희(1994), 『中世國語 構文 研究』, 신구문화사.

임동훈(2004), 「한국어 조사의 하위 부류와 결합 유형」, 『國語學』 43, 국어학회, 119-154.

임홍빈(1987), 「국어의 명사구 확장 규칙에 대하여」, 『國語學』 16, 국어학회, 379-430.

정　광(1995), 「일본어투 문장표현」, 『새국어생활』 5권 2호, 국립국어원, 87-107.

조재형(2008), 「소위 複合格助詞 '엣'의 통시적 고찰」, 『語文硏究』 36.2, 한국어문회, 193-216.

하귀녀(1997), 「중세국어의 '(ᄋ/으)롯'과 '(ᄋ/으)록'」, 『冠岳語文硏究』 29, 서울대학교 국어국문학과, 383-404.

_____(2005), 「국어 보조사의 역사적 연구」, 서울대학교 박사학위논문.

허　웅(1975), 『우리 옛말본 : 15세기 국어 형태론』, 샘 문화사.

홍윤표(1994), 『近代國語硏究(Ⅰ)』, 태학사.

황선엽(2006), 「고대국어의 처격 조사」, 『한말연구』 18, 305-328.

황화상(2003), 「조사의 작용역과 조사 중첩」, 『國語學』 42, 국어학회, 115-141.

石垣謙二(1955), 『助詞の歴史的変遷』, 岩波書店.

日本國立國語硏究所(2005), 『太陽コーパス』, 博文館新社.

橋本進吉(1969), 『助詞・助動詞の研究』, 岩波書店.

森野宗明(1973), 「格助詞」, 『品詞別 日本文法講座』, 明治書院.

제 3 장

『交隣須知』의 격조사 '의'와 '에'의 특성

1. 서론

이 장에서는 『교린수지』(交隣須知)에서 조사 '의'와 '에'가 어떠한 통시적 변화를 보이며 국내의 문헌 자료와 어떤 차이점을 보이는지를 살펴보는 데 목적이 있다. 근대국어는 음운, 형태, 문법 등에서 큰 변화를 보이는 격변기 시기로서 조사 '의'와 '에'도 그러한 변화의 한 단면에 포함된다. 조사 '의'와 '에'는 근대국어에 관형격조사와 부사격조사로 모두 쓰이면서 형태적 혼기(混記) 양상을 보였고 또 이런 현상이 국어의 격조사의 결합 양상에도 영향을 끼치게 되었다(김선효 2009ㄴ). 근대국어의 이러한 변화를 확인하기 위해서는 문헌 자료들을 시대별로 면밀히 살펴보는 것이 가장 적절한 방법이겠지만 근대국어의 모든 자료를 살펴보기에는 한계가 따르므로 『교린수지』와 같이 시대적 편차를 두고 필사 및 간행된 자료를 통해 언어의 변천을 살펴보는 것도 한 방법이 되리라 본다.

『교린수지』는 에도시대부터 메이지시대에 이르기까지 200년 이상 일

본인에게 가장 널리 알려진 한국어학습서로서 사본과 간본을 합쳐 15
본이 넘게 있고 근대국어의 회화문으로서 국어의 통시적 변화를 살펴볼
수 있는 귀중한 자료이다. 『교린수지』는 지금까지 자료의 계보와 음운
형태론적 변화를 검토하는 데 중점을 두어왔으나 국어의 조사, 특히 조
사 '의'와 '에'에 대한 양상을 집중적으로 논의한 바는 없다. 그리하여
여기에서는 『교린수지』권1의 자료를 바탕으로 하여 조사 '의'와 '에'가
두 세기 이상을 넘나들며 어떠한 분포와 변화를 보였으며 국내 언해서
의 분포와 어떠한 차이점을 지니는지 검토하고자 한다.

2. 『교린수지』의 특성

『교린수지』는 18세기 초 대마번(對馬藩)의 유학자 아메노모리 호슈(雨
森芳洲)가 집필한 것으로 필사본으로만 전해지다가 메이지14년(1881)에
우라세 히로시(浦瀬裕)가 수정 및 보완하면서 처음으로 『교린수지』를 상
재(上梓)하기에 이르렀다.[1] 『교린수지』가 이처럼 간본으로 상재될 수
있었던 것은 강화조약(1876)으로 인하여 부산, 원산, 인천 등이 개항되
고 이에 따라 한일 무역이 활발해지면서 한국어의 필요성이 부각되었
기 때문이다. 『교린수지』(1881)가 간행되었으나 문제점이 발견되면서 2
년 후에 『再刊交隣須知』(1883)를 다시 간행되게 된다.[2] 그러나 마에마

---

1) 마에마 교사쿠(前間恭作)는 아메노모리 호슈가 『교린수지』의 저자가 아니라 그 당시의 대마
도의 통사(通史)가 편찬한 것에 아메노모리 호슈가 힘을 더한 보았지만, 후쿠시마 구니미치
(1990)에 의하면 아메노모리 호슈가 36세에 조선에 가서 2년간 공부하면서 『교린수지』를
편찬했다는 기록이 「詞稽古之者仕立記錄」에 있으므로 『교린수지』는 아메노모리 호슈가 쓴
것이 정설로 받아들여졌다.
2) 『재간교린수지』의 출판 배경에는 두 가지 설이 있다. 오구라 신페이(1937 : 27)에 의하면
교정과 증보를 담당한 우라세 히로시(浦瀬裕)와 인쇄자인 호세코 시게카츠(寶迫繁勝)가 서
로 의견이 맞지 않아서 재간이 나왔다는 것이고, 후쿠시마 구니미치(1990 : 25-27)에 의하
면 『교린수지』(1881)가 인쇄상 문제가 원인이 되어 호세코 시게카츠가 책임을 받아들이게

교사쿠(前間恭作)가 기존 간행물을 검토하면서 한국어 표현이나 일본어 대역에 대한 문제점을 다시 제기하였고 이에 메이지37년(1904)에 『校訂 交隣須知』를 재차 간행하기에 이른다.

『교린수지』에 대한 연구는 누사하라 타다시(幣原坦)(1904), 오구라 신페이(小倉進平)(1936), 후쿠시마 구니미치(福島邦道)(1968, 1983), 기시다 후미타카(岸田文隆)(1998) 등 일본에서 일찍부터 논의되어 왔으며 한국에서는 이강민(1998), 최창완(2004), 편무진(2005), 편무진·기시다 후미타카(2005), 사이토 아케미(齊藤明美)(2004, 2009), 김문기(2009) 등에서 지속적으로 연구되어 왔다.[3]

지금까지 발견된 『교린수지』는 사본(寫本)이 고사본계(古寫本系)와 증보본계(增補本系)를 합쳐 11본이 있고, 간본(刊本)이 4본 있어 총 15본이 있다.[4] 고사본계는 교토대학본(1804~1847경), 심수관본(沈壽官本)(1813, 1842, 1852), 아스톤본 권1의 일부가 있으며, 증보본계는 서울대학교본(1868~1873), 제주본(1880경?), 나카무라본(中村本), 오다본(小田本)(1795), 대마도(對馬)본, 아스톤본(1846, 1842, 1885), 나가사키대학본(長崎大學本), 마츠바라본(松原孝俊教授發見本)이 있다. 간본으로는 메이지 14년(1881)의 『교린수지』, 메이지 16년(1883)의 『재간교린수지』, 호세코 시게카츠(寶迫繁勝)의 『교린수지』(1883), 메이지 37년(1904)의 『교정교린수지』가 있다.

『교정교린수지』는 표제어 한자의 배열과 예문, 대역 일본어 등을 참고해 보면 호세코본(1883)의 『교린수지』보다 메이지 16년(1883)의 『재간교린수지』를 참고하여 교정한 것으로 보인다. 무엇보다 『교정교린수지』는 기존의 문헌 자료에서 보인 방언, 오류 등을 보완하고 교토의 가미

되었다는 설로 나누어진다.(사이토 2004 : 110-2)
3) 『교린수지』의 선행연구는 사이토(2009 : 14~5)를 참고하기 바란다.
4) 서지에 대한 구체적인 정보는 편무진·기시다 후미타카(2005 : 12-3), 사이토 아케미(2004, 2009)를 참조한다.

카다어(上方語)적 표현보다 당대의 일본어의 언어 현실을 반영하였기 때문에 일본어의 연구에도 중요한 자료가 되어 왔다. 예를 들어, 원인이나 이유의 조사를 사용할 때 메이지 16년본까지는 'により'가 쓰였으나 메이지 37년본에서는 현대 일본어에서 사용하는 'から, ので'가 나타나며, 문말 표현에서도 'ござる'에서 'です, ます'로 교체되어 나타난다(사이토 2009 : 47~85). 이처럼 메이지 37년본은 다른 간본보다 20세기 초의 일본어를 잘 반영하여 상재하였으므로 일본 학계에서 관심을 많이 받고 있는 자료이다.[5]

이러한 여러 간본의 간행은 일본어의 연구뿐만 아니라 국어의 통시적 연구에도 귀중한 자료가 된다. 음운론적으로 국어의 자음이나 모음이 어떠한 변화를 겪었는지 참고할 수 있고 어휘사적으로든 형태통사론적으로든 국어의 통시적 현상을 파악할 수 있기 때문이다.[6] 그리하여 본고에서는 근대국어 이후 형태적 혼기 현상을 보이는 국어의 조사 '의'와 '에'가 『교린수지』에서는 어떤 분포를 보이는지 다음 장에서 살펴보고자 한다.

3. 근대국어의 언해 자료와 『교린수지』의 조사 '의'와 '에' 분포 양상

『교린수지』의 선행연구는 음운론적 또는 형태론적 관점에서 주로 전개되어 왔고 조사 '의'나 '에'를 중점적으로 다룬 연구가 없다. 그리하여 이 장에서는 근대국어 이후 형태·통사론적으로 특이한 양상을 보이

---

5) 『교린수지』는 저자, 작성 시기가 명확하지 않는 사본들로 인하여 일본어의 연구에는 『첩해신어』보다 적은 편이지만, 새로운 자료가 발굴되면서 중요성이 점점 강해지고 있다.
6) 채영희(2000), 김문기(2009) 등에서는 『교린수지』를 통해 국어의 어휘가 가지는 특징을 서술하고 있다.

는 조사 '의'와 '에'의 분포가 『교린수지』에서는 어떻게 나타나는지 그리고 국내에서 간행된 다른 자료들과 어떠한 차이점을 보이는지를 살펴보고자 한다. 다만, 여기에서는 『교린수지』 권1에 국한하며 사본으로는 아스톤본과 대마도본을, 간본으로는 메이지 14년본, 메이지 16년본, 메이지 37년본을 검토하고자 한다. 그러면 『교린수지』를 살펴보기에 앞서 국내 언해 자료에서의 조사 분포 양상부터 먼저 살펴보도록 하자.

3.1. 국내 언해 자료에서의 조사 '의'와 '에' 분포 양상

근대국어 이후 조사 '의'는 관형격조사뿐 아니라 부사격조사로도 기능하고, '에'도 부사격조사와 관형격조사로도 쓰여 두 조사가 형태적으로 혼기되어 나타난다. 이런 형태적 혼기 양상은 조사 '의'의 통사론적 중화 현상과 단모음화된 변이형 '이'가 원인이라 할 수 있다. 홍윤표 (1994 : 431-4)에 의하면 관형격조사 '에'는 17세기 초 문헌에서부터 비롯되며, 처격조사 '에'가 '의'와 통사론적 중화를 일으키자 '에'도 관형격조사로도 표기된 것이라 하였다. 이러한 조사 '의'의 중화 현상은 '진리에의 추구'에서의 '에의'와 같은 조사 결합형이 18~19세기에 실현되지 못하고 1920년대에 들어서야 실현되는 요인으로 작용한다(김선효 2009ㄱ).

그러면 먼저 조사 '의'와 '에'가 쓰인 예문을 먼저 살펴보자.

    (1) 가. 도치롤 알 안는 <u>둙의</u> 둥주리 아래 ᄃ라 두면(諺解胎産集要 11ㄴ)

        나. 효도와 공손한 거와 츙셩과 밋분 거슨 <u>사롬에</u> 근본이오(關聖
        帝君明聖經諺解 22ㄴ)

    (2) 가. 인싱이 <u>세상에</u> 잇으미(過火存神 3ㄴ)

        나. 母親이 <u>집의</u> 계셔(伍倫全備諺解 1 : 13ㄱ)

                              (홍윤표 1994 : 427-433 인용)

'의'와 '에'가 (1)에서는 관형격조사로 쓰였고 (2)에서는 부사격조사로 쓰였다. 즉 두 조사의 격 기능은 형태론적으로는 변별되지 못하고 통사론적으로 선후행하는 요소나 수식 관계 또는 문맥을 통해 파악할 수 있다. 그렇다면 이러한 형태적 혼기 양상이 『교린수지』와 비슷한 시기인 국어의 문헌 자료에서는 어떤 양상을 보이는지 우선 살펴보자. 여기에서는 18세기 후반의 『十九史略諺解』(1772)와 19세기의 『閨閤叢書』(1869)를 대표적으로 검토해 보고자 한다.7)

[표 1] 『十九史略諺解』와 『閨閤叢書』에 나타난 조사 분포

	의			에		
	관형격	부사격	전체	관형격	부사격	전체
十九史略諺解 (1772)	345	301	646	0	136	136
閨閤叢書 (1869)	42	65	107	0	298	298

[표 1]의 『십구사략언해』와 『규합총서』에서 확인할 수 있는 바와 같이 근대국어 후기의 자료에서 조사 '의'는 여전히 형태적 혼기 양상을 보이고 있다. 관형격조사 '의'는 근대국어에서 대표형으로 굳어졌지만 부사격조사는 '의'와 '에'의 분포가 차이점을 보인다. 즉 18세기 후반에서는 부사격 '의'의 빈도수가 높았지만 19세기에 이르면 '에'가 높게 나타난다. 이것으로 '의'의 형태적 혼기 현상이 점점 약화되어 감을 확인할 수 있다. 두 문헌에서 확인되는 예를 제시하면 다음과 같다.

(3) 가. 일홈은 현효니 황뎨의 아들이라 『사략1 : 8b』

---

7) 『십구사략언해』는 백두현·김주원(2003)을 참고하였다. 다만 역주나 해제 자료가 전체적으로 되어 있지 않아서 정확한 문맥을 이해하기 힘든 것이 많아, 정확히 판단할 수 있는 자료에 한하여 어절수를 인정하였다. 이 부분은 좀더 확인 작업이 필요한 부분이다.

  나. 불덕으로뻐 님금 되고 <u>평양의</u> 도읍ᄒ야 쒀롤 버히지 아니코
    『사략 1 : 10ㄴ』
  (4) 가. 빅즈 갈날 쎄허 반만 마르거든 <u>노인의</u> 반찬ᄒ면 죠흐니라『閨
    閤11a』
  나. 소쥬을 부엇다가 <u>칠일만의</u> 쩌보면 기얌이가 쓰고 마시 됴흐
    니라『閨閤4a』

  (3가)와 (4가)의 '의'는 관형격조사로 쓰인 것이며, (3나)와 (4나)는 부
사격조사로 쓰인 예들이다. 이처럼 『십구사략언해』와 『규합총서』에서도
'의'는 여전히 형태적 혼기 양상을 보이고 있다. 물론 이러한 현상은 19
세기 말에 이르면 '의'는 관형격조사, '에'는 부사격조사로 각각 통사론
적 격 기능을 굳혀 가지만 (3)이나 (4)에서와 같이 19세기 중엽까지 여
전히 형태적 혼기 현상을 보인다.

3.2. 『交隣須知』에서의 조사 분포 양상

3.2.1. 아스톤본(1846)과 대마도본(1854)의 조사 '의'와 '에'의 분포 양상

  『교린수지』에서 '의'와 '에'가 각각 어떠한 양상을 보이는지 확인해
보자. 우선 여기에서는 증보본계 사본인 아스톤본(1846)과 대마도본(1854)
의 권1을 중심으로 하여 조사 '의'와 '에'의 분포를 비교해 보고자 한
다.[8]

  (5) 가. 鼻孔 <u>코구멍의</u> 털을 바히옵소(ハナノスノ毛ヲヌカシャレマ
    セイ)(1 : 56ㄴ)

---

8) 아스톤본(1846)은 기시다 후미타카(1998)에 의해 처음으로 소개된 것으로 러시아의 동방학
  연구소에서 발견된 『Manual of Korean』의 제1책에 수록되어 있다. 아스톤본의 발굴로 인해
  『교린수지』의 연구가 한층 더 깊어졌음은 두말할 필요가 없다.

나. 洲 쥬는 강변의 잇ᄂ니라(スハ江ノ辺ニアル)(1 : 29ㄱ)

(6) 가. 사회는 늚의 ᄌ식이라 빅년 손이오니(ム子ハ人ノ子デ百年ノ
客シヤ)(1 : 50ㄱ)

나. 초닷샛날은 집의 잇슙데(五日ハ家ニイマシタ)(1 : 17ㄴ)

(5)는 아스톤본이며 (6)은 대마도본으로 (5가)와 (6가)는 관형격조사 '의'로 쓰였고 (5나)와 (6나)는 부사격조사 '의'로 쓰였다. 『교린수지』에서 보이는 이러한 '의'의 쓰임은 앞에서 살펴본 (3)과 (4)의 쓰임과 일맥상통한다. 즉 19세기의 국어 문헌 자료에서도 조사 '의'는 관형격조사와 부사격조사로 혼기되어 나타난다. 그렇다면 유사한 시기에 필사된 『교린수지』에서는 '의'가 어떠한 분포 양상을 보일까. 『교린수지』이든지 국내 문헌 자료이든지 조사 '의'의 격 기능 분포 양상은 그리 큰 편차가 나지 않을 것으로 추정된다. 왜냐하면 국내 자료이든 국외 자료이든 당대의 언어 현실이 반영될 것이라는 기대는 무리가 아니기 때문이다. 이제 이러한 추론이 과연 그러한가를 살펴보자.

『교린수지』에서 나타나는 조사 '의'와 '에'의 분포를 살펴보기 위하여 우선 편무진 · 기시다(2005 : 402-403, 409, 433-436, 455)의 색인 중에서 조사 '의'와 '에'를 추출한 다음, 『교린수지』의 여러 사본과 간본을 비교 대조한 편무진(2005)을 참고하여 각 예문들의 통시적 변화를 살펴보고자 한다. 편무진(2005)은 『교린수지』의 여러 사본과 간본의 변화 양상을 한눈에 볼 수 있도록 정리하였다는 점에서 『교린수지』의 통시적 연구에 큰 도움이 된다. 이제 증보본계의 아스톤본과 대마도본의 '의'와 '에'의 분포 양상을 추출해 보자.

[표 2] 『교린수지』 권1의 아스톤본과 대마도본의 조사 양상

	의			에		
	관형격	부사격	전체	관형격	부사격	전체
아스톤본 (1846)	19	116	135	0	4	4
대마도본 (1854)	17	96	113	0	1	1

[표 2]를 통해 『교린수지』에서의 조사 '의'의 형태적 혼기 양상을 뚜렷하게 확인할 수 있다. 관형격조사의 격 형태로는 '의'만 확인되고 빈도수도 상대적으로 매우 낮다. 그러나 부사격조사의 경우는 '의'가 대표성을 가진다. 이러한 분포 양상은 [표 1]의 국내 문헌 자료 분포와 상당히 다르다. 다시 말해, 『교린수지』의 경우에는 관형격조사의 대표형도 '의'가 되고 부사격조사의 대표형도 '의'가 된다. '에'의 변이형인 '예' (각주 10)나 '익'(각주 14)의 빈도를 고려한다고 하더라도 '의'가 부사격조사로 쓰인 빈도가 월등히 높으므로 아스톤본과 대마도본에서는 부사격의 대표형을 '의'로 처리하더라도 무리가 되지 않는다.

국내 언해서와 확연한 차이를 보이는 [표 2]의 결과는 몇 가지 가설 내지 가능성을 열어 둘 수 있다. 국내의 문헌에서 보이지 않는 이러한 문법 현상이 왜 발생하였으며 그 원인이 무엇인지 천착할 필요가 있다. 여기에서 고려할 만한 가설로는 첫째, 아스톤본과 대마도본이 사본이었으므로 한국어 화자의 검증을 거치지 않았을 가능성이 있다. 둘째, 간본에 비해 사본에서는 방언적 표현이 더 많았으므로 부사격조사 '의'가 방언의 한 양상일 수도 있다.9) 셋째, 『교린수지』는 회화문이므로 회화 상

---

9) 오츠카 타다쿠라(2003)는 교토대학본과 메이지14년본을 음운·형태·통사론적 관점에서 비교하여 분석하였고 간본의 어휘나 표현은 중앙어를 배경으로 한다고 한다. 그러나 아메노모리 호슈가 부산의 초량에 있었으므로 영남방언의 영향에 의한 것일 수도 있다. 그리고 부사격조사 '의'의 높은 빈도도 영남방언의 문헌자료가 있으면 비교해 볼 만하다고 추

황에서는 '의'와 '에'의 음운론적 변별성이 더 약화되었을 가능성이 높다는 것이다. 그러나 이러한 의문점은 여기에서 해결하기에는 무리가 따르므로 앞으로 더 많은 자료를 참고하면서 앞으로 풀어보고자 한다.10)

3.2.2. 간본『교린수지』의 조사 '의'와 '에'의 통시적 분포 양상

앞에서 살펴본 바와 같이 사본『교린수지』에서는 조사 '의'의 격 기능이 국내 언해서와 확연한 차이를 보였다. 국내 안에서는 '의'가 관형격조사의 대표형으로 정착되었고 부사격조사도 '의'와 '에'가 비슷한 분포도를 보이다가 '에'가 대표형으로 정착되어 갔지만『교린수지』에서는 관형격조사의 대표형도 '의'가 되고 부사격조사의 대표형도 '의'로 실현되는 매우 예외적인 현상을 보인다.

그러나 이러한 분포 양상은 간행본으로 수정·보완되면서 국내 언어 현상과 유사한 양상을 보이게 된다. 메이지 14년본의 서문에 의하면 한국어는 강원도 선비 김수희와 상담하여 교정에 임하였다고 하고 일본어도 일본어 화자에게 교정을 맡겼다고 한다. 즉 일본어이든 한국어이든 교정 및 수정을 통해 당대 언어 현실에 적합한 표현으로 수정하였다는 것이다.

우선 조사 '의'가 사본과 간본에서 어떠한 통시적 변화를 보이는지 살펴보자.

정된다.
10) 이에 대한 해답은 김선효(2013)에서 확인할 수 있다.

[표 3] 『교린수지』 권1에서의 조사 '의'의 변화 양상

	사본		간본			조사	비고
	아스톤본 권1 (1846)	대마도본 (1854)	초간본 (1881)	재간본 (1883)	교정본 (1904)		
1	댱가락의(59ㄴ)	댱가락의	쟝까락의	쟝까락의	쟝(長)까락의	관	中指
2	개[각]락의	가락의	손까락의	손까락의	손까락으로	부	
3	가슴의(60ㄴ)	가슴의	가슴의	가슴의	가슴에	부	
4	갓의(70ㄱ)	갓의	벙거지에	벙거지에	벙거지에	부	
5	강변의(29ㄱ)	江邊의	강ᄉᆞ이에	강ᄉᆞ이에	×	부	
6	거번의(49ㄱ)	거번의	거변(去番)에	거변(去番)에	지난번(番)에	부	
7	겨울의(24ㄴ)	겨울의	겨울의	겨울의	×	부	
8	고믈의(34ㄱ)	고믈의	고믈에	고믈에	고물에	부	ともに
9	고올의(35ㄱ)	×	×	×	고올	관	
10	골슈의(58ㄴ)	골슈의	골슈에	골슈에	골슈(骨髓)에	부	
11	공듕의(72ㄴ)	공즁의	공즁에	공즁에	공즁(空中)에	부	
12	공의(40ㄴ)	公의	공(公)의	공(公)의	딕(宅)	관	
13	공쟉의(70ㄱ)	공쟉의	공쟉의	공쟉의	공쟉(孔雀)의	관	
14	괴셕의(25ㄱ)	괴셕의	괴셕(怪石)의	괴셕(怪石)의	고셕(怪石)에?	부	
15	구일의(72ㄴ)	구일의	구일에	구일에	구일(九日)에	부	
16	그늘의(13ㄴ)	그늘의	그늘에	그늘에	그늘이	부	
17	그들의(9ㄱ)¹¹⁾	그들의	방(房)에	방(房)에	방(房)으로	부	구들
18	길의(32ㄱ)	×	×	×	×	부	
19	남긔(31ㄱ)	남긔	남게	남게	남게	부	나무
20	남방의(1ㄴ)	남방의	남방의	남방의	남방(南方)의	부	
21	늄의(37ㄱ)	늄의	늄의	늄의	늄의	관	
22	늄의(50ㄴ)	늄의	늄의	늄의	늄의	관	
23	녀룸의(11ㄱ)	녀룸의	녀름에	녀름에	×	부	
24	넘통의(60ㄴ)	넘통의	넘통에	넘통에	넘통(念筒)에	부	
25	녹슈의(70ㄱ)	녹슈의	녹슈에	녹슈에	녹슈(綠水)에	부	
26	논의(25ㄴ)	논의	논에	논에	×	부	
27	눈의(4ㄴ)	눈의	눈의	눈의	눈에	부	
28	눈의(14ㄴ)	눈의	눈이	눈이	눈이	부/주	
29	눈의(58ㄴ)	?	?	?	?	부	
30	니마의(55ㄱ)	니마의	니마에	니마에	니마에	부	
31	니믈의(33ㄴ)	니믈의	니믈에	니믈에	니믈에	부	おもて
32	듕슌의(18ㄴ)	中旬의	×	×	×	부	
33	듕의(8ㄱ)	中의	즁의	즁의	즁(中)에	부	
34	듕의(49ㄴ)	中의	즁에	즁에	즁(中)에	부	
35	들의(73ㄱ)	들의	들에	들에	들에	부	野

	사본		간본			조사	비고
	아스톤본 권1 (1846)	대마도본 (1854)	초간본 (1881)	재간본 (1883)	교정본 (1904)		
36	들밤의(71ㄱ)	들밤의	×	×	×	부	
37	둙의(73ㄴ)	둙의	둙의	둙의	둙의	관	
38	디골의(55ㄱ)	디골의	머리에	머리에	×	부	
39	동산의(19ㄱ)	동산의	동산에	동산에	동편(東偏)으로	부	
40	만의(11ㄱ)	만의	만에	만에	만에	부	삼년 만의
41	만의(11ㄴ)	만의	만의	만에	만에	부	긔년 만의
42	명산의(7ㄴ)	명산의	명산의	명산의	×	부	
43	몸의(3ㄱ)	몸이	몸에	몸에	×	부	
44	믈ㄱ의(24ㄱ)	믈ㄱ의	믈ㅅ에	믈ㅅ에	믈ㅅ에	부	
45	믈의(28ㄴ)	믈의	믈의	믈의	×	부	
46	믈의(30ㄱ)	믈의	물의	물의	물에	부	
47	믈의(31ㄱ)	믈의	물에	물에	물에	부	
48	믈의(31ㄴ)	믈의	물에	물에	물에	부	
49	믈의(32ㄱ)	믈의	?	?	?	부	표제어 : '浮'
50	바다ㄱ의(20ㄱ)	바다ㄱ의	바다ㅅ의	바다ㅅ의	×	부	
51	발의(62ㄴ)	발의	발의	발의	×	관	
52	밧긔(21ㄴ)	밧긥	밧게	밧게	밧그로	부	
53	방니의(21ㄱ)	방니의	집 속에	집 속에	×	부	スミ
54	방의(52ㄱ)	×	×	×	×	부	
55	봉닉산의(39ㄴ)	蓬萊山의	봉닉산에	봉닉산에	봉닉산(蓬萊山)에	부	
56	부모의(48ㄱ)	부모롤	부모를	부모를	부모(父母)를	목	
57	부모의(50ㄴ)	부모의	×	×	×	관	
58	브람벽의(64ㄱ)	브람벽의	브롬쩍에	브롬쩍에	벽(壁)에	부	
59	사롬의(3ㄱ)	사롬의	사롬의	사롬의	×	관	
60	사롬의(58ㄴ)	사롬의	사롬의게	사롬의게	사롬에게	부	
61	산골의(36ㄴ)	×	×	×	×	부	
2	산산집집의(4ㄴ)	산산집집의	산산집집의	산산집집의	×	부	
63	산소의(12ㄱ)	×	산소의	산쇼(山所)의	산쇼(山所)에	부	
64	산의(7ㄴ)	?	?	?	?	부	
65	산의(75ㄱ)	산의	산에	산에	×	부	
66	삼공의(1ㄴ)	삼공의	삼공의	삼공의	삼공을	목	
67	삼일의(72ㄴ)	삼일의	삼일에	삼일에	삼일(三日)에	부	
68	새벽의(13ㄴ)	새벽의	새벽에	새벽에	새벽에	부	
69	샹뎐의(61ㄴ)	샹뎐의	샹뎐(上典)의	샹뎐(上典)의	샹뎐(上典)의	관	
70	셔산의(19ㄱ)	셔산의	셔산에	셔산에	셔산(西山)에	부	
71	셔울의(47ㄱ)	京都	나라	나라	나라	관	

	사본		간본			조사	비고
	아스톤본 권1 (1846)	대마도본 (1854)	초간본 (1881)	재간본 (1883)	교정본 (1904)		
72	섬의(72ㄱ)	섬의	섬에	섬에	섬에	부	
73	속의(32ㄱ)	속의	속에	속에	×	부	
74	속의(38ㄱ)	속의	속에서	속에서	속에	부	
75	손가락의(59ㄴ)	손가락의	손까락에	손까락에	손까락에	부	
76	손등의(60ㄱ)	손등의	손쯩의	손쯩의	손쯩에	부	
77	손의(30ㄴ)	손의	손의	손의	손의	관/부	
78	손의(59ㄱ)	손의	손에	손에	손에	부	
79	손톱의(60ㄴ)	손톱의	손톱 밋테 든	손톱 밋테 든	손톱 밋헤	관	
80	솔가지의(74ㄱ)	솔가지의	솔까지에	솔까지에	솔가지에	부	
81	스승의(37ㄱ)	스승의	스승이	스승이	스승이	보	
82	슬하의(50ㄴ)	슬하의	×	×	×	부	
83	시내ㄱ의(27ㄴ)	시내ㄱ의	시내ㅅ의	시내ㅅ의	시내에	부	
84	시졍의(35ㄱ)	시졍의	시졍(市丼)에	시졍(市丼)에	시졍(市丼)의	관	
85	아츰의(6ㄱ)	아츰의	아침에	아침에	아침에	부	
86	앗츰의(13ㄱ)	아츰의	아침에	아침에	아츰에	부	원본확인
87	앗츰의(75ㄱ)	×	아침에	아침에	아츰에	부	
88	엄지손가락의(59ㄴ)	엄지손가락의	엄지손까락에	엄지손까락에	엄지손까락에	부	
89	오래만의(15ㄱ)	×	오래간만에	오래간만에	오래간만에	부	
90	오상의(49ㄴ)	오상의	오상에	오상에	×	부	五常
91	오좀통의(63ㄱ)	오좀통의	오좀통에	오좀통에	방광(膀胱)에	부	
92	우도의(3ㄴ)	右道의	우도(右道)에	우도(右道)에	우도(右道)에	부	
93	일신의(64ㄱ)	일신의	일신에	일신에	일신(一身)의	관	
94	일읍의(47ㄱ)	×	×	×	×	부	
95	입의(59ㄴ)	입의	×	×	×	부	입의 넛소
96	장방의(34ㄱ)	장방의	장방(樯房)에	장방(樯房)에	장방(樯房)에	부	
97	적의(1ㄴ)	적은	적의	적의	째에	부	
98	져녁의(13ㄴ)	져녁의	져녁의	져녁에	×	부	
99	젼의(5ㄱ)	젼의	젼의	젼의	젼(前)에	부	
100	젼의(6ㄱ)	젼의	젼에	젼에	젼(前)에	부	
101	집의(17ㄱ)	집의	집의	집의	집에	부	
102	집의(21ㄱ)	집의	집의	집의	방(房)에	부	
103	집의(71ㄱ)	집의	집의	집의	집에	부	
104	창의(2ㄴ)	?	?	?	?	부	窓
105	쳐쳐의(8ㄴ)	×	쳐쳐에	쳐쳐에	×	부	
106	초나흔날의(17ㄱ)	초나흔날의	초(初)나흔날노	초(初)나흔날노	초(初)나흔날노	부	
107	초아흐렌날의(17ㄴ)	초아흐렌날의	초(初)아흐렌날의	초(初)아흐렛날	초(初)아흘헷날	부	

	사본		간본			조사	비고
	아스톤본 권1 (1846)	대마도본 (1854)	초간본 (1881)	재간본 (1883)	교정본 (1904)		
108	츔통의(64ㄱ)	츔통의	츔통의	츔통의	타구에	부	
109	코구멍의(56ㄴ)	코구멍의	코쑤영에	코쑤영에	콧구녕의	관	
110	코의(56ㄴ)	코의	코에	코에	코에	부	
111	텬상의(6ㄴ)	텬상의	×	×	×	부	天上
112	통ᄉ의(47ㄱ)	통ᄉ의	통ᄉ의	통ᄉ의	통ᄉ(通事)가	부	
113	통의(1ㄴ)	통의	통의	통의	통(桶)에	부	
114	통의(31ㄴ)	통의	통에	통에	통에다	부	桶
115	파텽의(29ㄱ)	波汀의	샤뎡(沙汀)에	샤뎡(沙汀)에	모리톱?에	부	
116	평명의(14ㄴ)	평명의	평명(平明)에	평명에	평명(平明)에	부	
117	풀닙희(5ㄴ)	풀닙희	풀닙헤	풀닙헤	풀닙헤	부	
118	풀의(59ㄱ)	풀의	풀에	풀에	풀에	부	
119	하눌의(1ㄱ)	하눌의	하늘의	하늘의	하눌에	부	
120	히변의(4ㄱ)	海邊의	히변의	히변의	히변(海邊)에	부	
121	형님의(48ㄴ)	형님의	형님의	형님의	형(兄)님의	관	
122	혼인의(37ㄱ)	혼인의	×	×	×	관	
123	화원의(47ㄱ)	화원의	화원(畵員)을	화원(畵員)을	환장(畵匠)이를	부	화원의 쳥ᄒ셔
124	후편의(19ㄴ)	후편의	후편에	후편에	×	부	
125	후원의(25ㄴ)	후원(後園)의	후원(後園)의	후원(後園)의	동산(東山)에	부	
126	흰즈의(55ㄴ)	흰즈의	흰즈(子) 위에	흰즈(子) 우에	흰즈의	부	
127	긁기의(58ㄴ)	?	?	?	?	부	긁기에
128	간악ᄒ기의(42ㄱ)	×	간악허니	간악허니	간악ᄒ니	부	간악하기에
129	가기의(49ㄱ)	가기의	가는 거시	가는 거시	×	부	가기에
130	낫ᄉ의(62ㄴ)	낫습기예	셩히셔	셩히[힝]셔	셩(盛)ᄒ여서	부	낫기에/나서
131	부ᄋ기의(4ㄴ)	부니	부니	부니	부니	부	
132	춍춍ᄒ기의(16ㄱ)	×	춍춍(悤悤)허니	춍춍(悤悤)허니	춍춍ᄒ니	부	바쁘니
133	사름이기의(42ㄴ)	사름이오매	사름이기에	사름이기에	×	부	
134	움쑥ᄒ기의(26ㄴ)	움쑥ᄒ기의	오목허기에	오목허기에	오목ᄒ니	부	
135	무상ᄒ기의(52ㄴ)	무상ᄒ기의	무상허기예	무상허기예	무상(無常)ᄒ여서	부	

* [표 3]에서 '×'는 의역하면서 번역되지 않았거나 없는 경우이며, '?'는 아스톤본에는 있지만 편무진(2005)의 제본별 대조 항목에서 없어서 확인되지 않는 경우이다.

---

11) '구들'의 잘못된 표기일 가능성이 높다. 고사본류에서는 '구들(7ㄴ)로 표기되어 있고, 아 스톤본의 고사본에서도 '구들'로 표기되어 있다. 증보본 아스톤본과 대마도본에서는 '그 들'로 표기되어 있다.

[표 3]에서 확인한 바와 같이 사본 『교린수지』에서는 조사 '의'가 관형격조사보다 부사격조사로 쓰인 예가 월등히 높을 뿐 아니라 부사격조사의 대표형이 '의'로 나타난다.12) 이런 현상은 국내의 언해 자료에서 보기 어려운 분포 양상이다. 아메노모리 후슈가 『교린수지』를 저술할 당시 조사 '의'와 '에'가 형태적으로 혼기되는 현상을 보이기 시작하였고 외국인 학습자에게는 두 조사가 형태적으로 큰 변별성이 없다고 판단하여 이런 분포가 발생하였을 가능성이 높다. 『교린수지』가 한국어학습서이고 회화문 중심이기 때문에 관형어보다 부사어를 필수적으로 요구하는 문형이 많고, 집필 당시에 조사 '의'가 형태적 혼기 양상을 가져 부사

---

12) 부사격조사 '의'의 변이형 '인'가 쓰인 예들을 확인해 보고 그 통시적 변화를 확인해 본 결과, '우회'를 제외하면 모두 '에'로 변하였다. 그리고 다른 조사와의 결합 유형 '의나, 의논, 의도, 인도'도 대부분 '에'로 변했으며 '의나'는 '이나'로 변했다.

	아스톤본(1846)			대마도본	초간본	재간본	교정본
	전체	권1	예문	(1854)	(1881)	(1883)	(1904)
인	15	11	굿틴	굿틴	맞테	맞테	콧둥에
			놋치	놋치	놋테	놋테	놋헤
			모시	모시	못셰	못셰	못
			무어시	무어시	어데	어데	무어세
			밋틴	밋틴	밋테	밋테	밋
			볏틴	볏틴	볏테	볏테	×
			볏히	볏히	볏테	볏테	볏테
			짜히	다히가	쌍에	쌍에	쌍에
			쌍히	쌍히	×	×	×
			우희	우희	우희	우희	우희
			졋시	졋시	졋셰	졋셰	졋셰
의나	3	2	삼월의나	삼월의나	삼월이나	삼월이나	삼월이나
			이월의나	이월의나	이월이나	이월이나	이월이나
의논	12	7	구월의논	구월의논	×	×	×
			ᄀ올의논	ᄀ올의논	ᄀ올의논	ᄀ울[올]의논	가을은
			드러가기의논	×	×	×	×
			봄의논	봄의논	봄의논	봄의논	봄에논
			이월의논	이월의논	이월의논	이월의논	이월에논
			칠월의논	칠월의논	칠월에논	칠월에논	칠월에논
			팔월의논	팔월의논	팔월에논	팔월에논	팔월에논
의도	6	2	강남의도	×	×	×	×
			겨울의도	겨울의도	겨울에도	겨울에도	겨울에도
인도	2	1	그릇시도	그릇시	그릇세도	그릇세도	×

격조사로도 쓰였기 때문에 이러한 특이한 분포 양상을 보인 것으로 추정된다. 그러나 이러한 당대 상황을 충분히 고려한다고 하더라도 부사격조사 '의'가 대표형으로 쓰인 것은 특이한 현상이다. 그러나 메이지 14년(1881)에 『교린수지』가 처음으로 간행되면서 수정 및 보완 작업으로 부사격조사 '의'의 분포가 확연히 줄어들었고 메이지 37년본에서는 현대 국어의 조사 양상과 유사하게 나타난다.

국어의 조사 '의'가 과도기에 있었다는 것은 메이지 14년본과 메이지 16년본의 '시정(市井), 일신, 코꾸영'을 통해서도 확인할 수 있다. [표 3]에서 확인할 수 있듯이 이들은 메이지 14년본과 메이지 16년본에서 관형격조사로 '에'가 쓰였지만 메이지 37년에 이르면 '의'로 수정된다. 즉 아스톤본과 대마도본에서 모두 '의'로 쓰였다가 메이지 14년본과 메이지 16년본에서 '에'로 바뀐다. 그리고 메이지 37년본에 이르면 다시 '의'로 수정된다. 이런 현상은 조사 '의'가 19세기 말에서도 관형격과 부사격의 격 경계를 넘나들며 통사적으로는 중화 현상을 보였을 가능성을 열어둔다. 이러한 형태적 혼기 양상은 『교정교린수지』(1904)에 이르러서야 '의'는 관형격조사, '에'는 부사격조사로 각각 변별성을 가지게 된다. 그러나 '에'가 '의'의 형태를 취하였다가 '에'로 전환한 예는 『교린수지』 권1에서는 발견되지 않았다. 이런 현상은 조사 '에'보다 '의'가 통사론적으로 더 혼란을 겪었음을 입증한다고 볼 수 있다. '에'의 격 기능 혼란 양상은 17세기 초에 나타나다가 이른 시기에 정착한 반면에, 조사 '의'는 19세기 말까지 관형격과 부사격의 기능을 왕래하였다는 것이다.

다음은 조사 '에'의 통시적 변화를 살펴보자.

[표 4] 『교린수지』 권1에서의 조사 '에'의 변화 양상13)

	사본		간본			조사
	아스톤본 (1846)	대마도2본 (1854)	초간본 (1881)	재간본 (1883)	교정본 (1904)	
1	좌도에(3ㄴ)	左道에	좌도(左道)에	좌도(左道)에	좌도(左道)에	부
2	후에(6ㄴ)	후의	후(後)에	후(後)에	×	부
3	슈인스후에(64ㄱ)	슈인스후의	슈인스후에	슈인스후에	슈인스후 (修人事後)에	부
4	알프기에(61ㄱ)	알프니	압푸니	압푸니	압후니	부

[표 4]와 같이 조사 '에'는 빈도는 낮지만 사본에서든 간본에서든 부사격조사로 쓰였다. 다만 '알프기에'의 '-기에'와 같은 항목은 국어의 어미로 문법화하기 이전 단계이므로 사본에서는 '에'가 출현하지만 간본에 가서는 다른 어미로 교체되어 나타난다.14) 이러한 현상은 [표 3]에서 제시한 '-기에'의 변이형인 '-기의'에서도 동일한 양상을 보인다. 명사화소 '-기'가 17세기에는 '-음'과 기능을 분담하지 않았지만 일반화하여 쓰이기 시작하였고(홍윤표 1995 : 645), 18세기에 이르면 문법화를

---

13) 부사격 '에'의 변이형 '예'의 분포를 참고로 제시하면 다음과 같다. 아스톤본의 다른 권에서 발견된 조사의 결합 유형으로는 '에는, 에눈, 에도, 에야, 에도'가 발견되었다.

	아스톤본 (1846)	대마도본 (1854)	초간본 (1881)	재간본 (1883)	교정본 (1904)	비고
1	교외예 22ㄴ	교외예	교외(郊外)예	교외(郊外)예	교외(郊外)에	
2	뎡박기예 55ㄱ	뎡바기예	뎡박기예	뎡박기예	뎡박이에	
3	마리예 69ㄱ	마리예	머리에	머리에	머리에	
4	비예 65ㄴ	비예	비쏙에	비쏙에	빗속에서	
5	스이예 15ㄴ	스이예	스이에	스이에	스이에	
6	스이예37ㄱ	스이예	스이에	스이에	스이에서	
7	스이예38ㄴ	스이예	스이에	스이에	스이에	
8	엇개예 59ㄱ	엇게예	엇찌에	엇찌에	엇기에	
9	외예54ㄴ	외예	외예	외예	외에	
10	풀궁동이예61ㄴ	풀궁동이예	풀꿈치를	풀꿈치를	풀꿈치를	목적격
11	술지기예61ㄴ	술지기예	술찌기에	술찌기에	술져서	

14) '-기에'가 19세기에 문법화하여 어미로 정착되었다고 보기 어려워 편무진·기시다(2005)의 색인에는 없지만 여기에는 항목에 포함시켰다.

시작한다고 한다(채완 1979, 안주호 1999). 그러나 '-기에'가 18세기에 문법화가 시작되었다고 하지만 19세기에 정착되었다고 하기에도 무리가 따른다. 왜냐하면 20세기에서도 '-기에, -길러, -기로'가 여전히 분화되기 이전 단계에 있고(안주호 1999), 19세기 초의 어미가 현대국어의 '-기에'와 동일한 속성을 가졌다고 보기 어렵다고 판단되기 때문이다.15) 이런 성격에 기인하여 '-기에'와 '-기의'가 간본에서는 다른 연결어미로 교체되어 나타나는 것으로 추정된다.

4. 결론

『교린수지』는 아메노모리 호슈가 집필한 한국어 학습서로서 약 200년을 걸쳐 사본과 간본이 있는 귀중한 자료이며, 무엇보다 국어의 변천을 한눈에 볼 수 있고 음운·어휘·형태·통사론적으로 통시적 변별성을 가지므로 국어의 연구에 귀중한 자료임에 틀림없다. 지금까지 필사본인 아스톤본(1846) 『교린수지』 권1을 중심으로 하여 조사 '의'와 '에'가 통시적으로 어떤 변화를 보였는지 살펴보았다. 국내 언해서나 문헌에 비해 부사격조사의 대표형이 '의'로 나타나는 매우 특이한 현상을 보였다. 다만, 관형격조사는 '의'만 확인되었다.

이 연구가 더욱 의의를 가지기 위해서는 『교린수지』의 특이 현상을 바탕으로 하여 그 원인을 천착해야 하는 것이지만 지금까지 『교린수지』의 조사 '의'나 '에'를 구체적으로 논의한 바 없고 다른 국외 학습서 자료 연구도 척박하므로 향후 연구를 통해 이 연구에서 밝히지 못한 부분을 조금씩 해결하려고 한다.

---

15) 현대국어의 어미 속성에 대해서는 이은경(1996 : 234) 참조

참고문헌

기시다 후미타카(岸田文隆)(1998), 「アストン舊藏 の『交隣須知』關係資料について」, 『朝鮮學報』 167.

김문기(2009), 「『교린수지』의 어휘와 표현 연구」, 『우리말연구』 24, 115-139.

김선효(2009ㄱ), 「의사관형구조 '에의'의 형성 과정과 요인」, 『國語學』 55, 국어학회, 105-124.

_____(2009ㄴ), 「관형격 조사구의 조사 결합 양상과 변천」, 『語文研究』 제37권 3호, 한국어문교육연구회, 105-127.

남풍현(1977), 「국어 처격조사의 발달」, 『이숭녕선생 고희기념 국어국문학논총』, 탑출판사.

누사하라 다다시(幣原担)(1904), 「『校訂交隣須知』の新刊」, 『史學雜誌』 15-12.

백두현·김주원(2003), 『十九史略諺解研究』, 역락출판사.

사이토 아케미(齊藤明美)(2004), 『『交隣須知』의 系譜와 言語』, 제이앤씨.

사이토 아케미(齊藤明美)(2009), 『明治時期 日本의 韓語學習書 研究』, 제이앤씨.

송 민(2006), 「근대국어 음운사와 '가나' 표기 자료」, 『국어사연구 어디까지 와 있는가』, 임용기·홍윤표 편, 태학사, 385-404.

안주호(1999), 「'-기'형 연결어미 '-기에, -길늬, -기로'의 특성과 문법화 과정-20세기 초기 국어를 중심으로」, 『언어학』 24, 187-211.

오구라 신페이(小倉進平)(1936), 「『交隣須知』に就いて」, 『國語と國文學』 13-6.

오츠카 타다쿠라(大塚忠藏)(2003), 「『교린수지』에 나타난 한국어 연구」, 서울대학교 석사학위논문.

이강민(1998), 「아스톤본 『交隣須知』의 日本語」, 『日本學報』 41, 韓國日本學會.

채영희(2000), 「교린수지의 어휘와 용례 연구」, 『비교한국학』7, 국제비교한국학회, 163-182.

채 완(1979), 「명사화소 '-기'에 대하여」, 『국어학』 8, 95-107.

최창완(2004), 『교린수지와 경어』, 대구대학교 출판부.

편무진(1999), 『메이지14년도판 부산도서관소장 교린수지』, 홍문각.

_____(2000), 『대마역사민속자료관소장 교린수지』, 홍문각

_____(2005), 『諸本對照 交隣須知』, 제이앤씨.

편무진·기시다 후미타카(岸田文隆)(2005), 『Aston文庫所藏 交隣須知』, 홍문각.

홍윤표(1994), 『近代國語硏究(Ⅰ)』, 태학사.

_____(1995), 「명사화소 '-기'」, 『소곡 남풍현선행 회갑기념논총 국어사와 차자표기』, 태학사, 637-646.

황선엽(2006), 「고대국어의 처격 조사」, 『한말연구』 18, 305-328.

후쿠시마 구니미치(福島邦道)(1968), 交隣須知の增補本について, 『國文學言語と文藝』 57.

_____(1983), 「『交隣須知』の初刊本」, 『實踐國文學』 24.

_____(1990), 「解題Ⅰ」福島邦道, 岡上登喜男編『明治14年版交隣須知: 本文及び總索引』 所收 東京 : 笠間書院.

제4장

근대국어 조사 '의'의 분포와 기능
-동일 원문의 언해 자료를 중심으로-

1. 서론

이 장에서는 근대국어의 조사 '의'의 기능과 분포 추이를 통시적으로 살펴보고 그 변화 요인 및 국어 통사구조와의 상관관계를 천착하는 것을 목적으로 한다. 동일 원문의 언해 자료들을 바탕으로 하여 조사 '의'의 분포 변화를 살펴보고자 한다.

조사 '의'는 중세국어에서부터 관형격조사와 부사격조사로 각각 쓰였다. 관형격조사에는 'ㅅ, 이/의'가 선행체언의 의미적 자질에 따라 변별적으로 쓰였고, 부사격조사에는 선행명사의 음운론적 조건에 따라 '에/애/예'가 쓰이거나 특이처격어와 결합하는 '이/의'가 있었다.[1] 이처럼 중세국어 시기에는 조사 '의'가 두 격조사의 기능을 담당하였지만 근대국어에 이르면 큰 변화를 보인다. 우선 관형격조사는 선행명사의 의미적 자질에 영향을 받지 않게 되고 부사격조사는 음운론적 환경이 약화

---

1) 특이처격조사 논의는 홍윤표(1969), 이숭녕(1961/1981 : 173~177), 박형우(2010) 등 참조.

되면서 점진적으로 '에'가 대표형이 되며, 조사 '이/의'와 결합하던 특이처격어도 조사 '의'의 기능 변화와 더불어 변화를 보였다.[2] 그러나 근대국어 시기에 조사 '의'가 어떤 변천 과정을 거쳤는지, 그 변화 요인은 무엇인지, 조사 '의'의 형태통사적 기능 변화가 국어의 관형격 조사구에 어떠한 영향을 끼쳤는지에 대해서는 지금까지 간과하여 왔다. 그리하여 여기에서는 17세기부터 19세기의 동일 원문의 언해 자료를 참고하여 조사 '의'와 '에'의 분포 양상 및 그 변화 요인을 살펴보고자 한다.

2. 근대국어의 조사 '의'의 특성

근대국어를 총체적으로 논의한 대표적인 연구로는 홍윤표(1994), 이광호(2004)를 들 수 있다. 홍윤표(1994)에서는 홍윤표(1993)의 방대한 근대국어 자료 연구를 바탕으로 하여 근대국어의 제 특징과 현상을 소개함으로써 이 시기의 연구를 위한 발판을 만들어 주었고 이광호(2004)에서는 근대국어의 형태·통사론적 논의를 전체적으로 제시하여 근대국어의 모습을 한눈에 보게 하였다.

근대국어는 국어의 음운, 통사 구조, 어휘가 많은 변화를 겪었던 시기이다. 그중에서 조사는 첫째, 중세국어의 존칭 체언에 통합되던 'ㅅ'이 관형격조사의 기능을 잃고 복합어 표지의 기능으로 전환되었고 둘째, 주격조사 '가'와 비교 표시 '보다' 등과 같은 새로운 문법 형태소가 등장하였으며 셋째, 존칭의 호격조사 '하'와 비교 표시 '두고' 등과 같은 기존의 문법 형태소가 사라지는 현상을 보인다(홍윤표 1994 : 41~45).

---

2) 중세국어에서는 특이처격어가 조사 '의'와 제한된 결합 관계를 보였으나 근대국어에 이르면 이러한 결합성이 약화된다. 이러한 결합 양상의 변화를 여기에서 모두 다루기에는 분량이 많아서 특이처격어와 관련된 연구는 차기 논문(가제 : 근대국어의 조사 '의'와 특이처격어)으로 발표할 예정이다.

이러한 굵직한 변화뿐 아니라 부사격조사 '의'의 실현 분포가 확대된
것도 중세국어와 다른 일면이라고 할 수 있다. 부사격조사 '의'가 중세
국어에서부터 사용되어 왔지만 근대국어에 이르러 관형격 '에' 형태가
확인되면서 관형격과 부사격의 복합적 양상이 발생한다. 앞으로 논의하
게 될 근대국어의 관형격조사와 부사격조사의 유형을 제시하면 아래와
같다.

    (1) 가. 관형격조사 : 의/이, 에
        나. 부사격조사 : 에, 의

(1)의 유형에서 확인할 수 있는 바와 같이 조사 '의'와 '에'가 모두 관
형격과 부사격으로 쓰이고 있다. (1가)의 관형격조사 '에'는 17세기 초
문헌에서 처음으로 확인되지만 18세기 말이나 19세기가 되어서는 더욱
많이 확인되며(홍윤표 1994 : 431~4), 나중에는 중부방언과 평안도 방언의
대부분, 육진방언의 일부까지 넓게 사용된다.[3] 물론 방언 자료에서는
관형격 '에'가 16세기나 17세기까지 소급될 수 있다고 본다.[4] (1)에서는
관형격 '에'를 제외하고는 중세국어의 조사와 형태적 차이를 보이지 않
는다. 그러나 근대국어에 이르면 이들 조사의 기능이 혼란을 겪으면서
분포에도 변화를 보인다.

    (2) 가. 도치룰 알 안는 돍둥주리 아래 드라 두면(諺解胎産集要 11b)
        나. 효도와 공손한 거와 츙셩과 밋분 거슨 <u>사룸에</u> 근본이오(關聖

---

3) 김병제(1988 : 69~73, 최전승 2002 : 7 재인용) 참조.
4) 허웅(1989 : 96), 이승욱(1973 : 69~73), 최전승(2002 : 6~7) 등 참조. 한편 홍윤표(1994 :
   284)에서는 속격과 처격이 통사론적으로 중화되어 '의'와 '에'로 쓰였으며, 속격 '에'는 조
   사결합형 '엣'의 'ㅅ'이 탈락되어 나타난 것으로 보았다. 최전승(1986 : 34 각주13)에서도
   '에'가 처격과 속격이 통사적 중화가 일어난 것으로 보고 있다.

帝君明聖經諺解 22b)
(3) 가. 무음에 붓그럼이 업눈 거슨(三聖訓經 관성뎨군보고 4b)
　　나. 그 本은 내 혼 무옴의 이시니(御製訓書諺解 5a)

(홍윤표 1994 : 427~433, 417 인용)

(2)는 관형격조사로 쓰인 것이고 (3)은 부사격 조사로 쓰인 예들이다. 물론 부사격 '의'는 중세국어의 특이처격조사와 연계성을 가지겠지만 (3 나)와 같이 그 대상 범위가 확대되어 쓰이기도 한다. 조사 '의'나 '에'의 격 기능을 판단하기 위해서는 형태적 현상보다는 수식 관계나 문맥을 통해 확인해야 함을 알 수 있다.

3. 근대국어의 조사 '의'의 분포 양상

근대국어의 조사 '의'와 '에'가 형태상 관형격과 부사격의 위치에 실현되지만 이들이 어떠한 변화를 보였는지 명시적으로 제시된 바가 없다.[5] 기존 연구에서는 근대국어의 여러 문법 현상을 심도 있게 논의하였지만 두 조사의 형태적 혼기 양상은 간과해 온 것이 사실이다. 그리하여 이들의 형태적 혼기 추이를 좀더 면밀히 검토하기 위해 동일 원문을 언해한 문헌 자료들을 비교하는 것이 가장 효율적이라는 판단된다. 근대국어의 문헌은 자료에 따라 편차가 심하여 객관적으로 평가하기 어려운 면이 있으므로 이러한 단점을 보완하기 위해서는 개인적 문체 성향이 강한 자료보다 보수적 성향을 잇는 언해체의 자료를 대상으로 하여 비

---

5) 김선효(2009a)에서는 부사격조사 '에'와 관형격조사 '의'의 결합형인 의사관형구조 '에의'가 국어의 통사구조에 나타난 과정을 통시적 관점에서 제시하고 있고, 이승희(2009)에서는 중세국어에서의 명사구 내적구조의 '엣'을 바탕으로 하여 부사격조사 '에'의 의미를 분석하고 있다. 그리고 이선영(2006)과 조재형(2008)에서는 부사격 '에'와 관형격 'ㅅ'의 결합형 '엣'의 속성에 대해 논의하고 있다.

교하는 것이 더 효율적이라 여겨진다. 이러한 판단 하에 이 장에서는 근대국어의 대표적인 자료인 『老乞大諺解』(1670)와 『重刊老乞大諺解』(1795), 『朴通事諺解』(1677)와 『朴通事新釋諺解』(1765), 『捷解新語』(1676)와 『改修捷解新語』(1748)와, 도교 언해서인 『敬信錄諺釋』(1796)과 『三聖訓經』(1880)의 '음즐문(陰騭文)', 『敬信錄諺釋』과 『太上感應篇圖說諺解』(1852)의 '태상감응편(太上感應篇)'을 바탕으로 하여 검토하고자 한다. 이 자료들은 약 백 년의 간격을 두고 동일 원문을 언해하였으므로 두 조사의 언어 추이를 참고하는 데 유익하리라 본다.

3.1. 17 · 8세기의 조사 '의'의 분포 양상

17세기와 18세기의 언어 현상을 살펴보기 위해서는 근대국어의 대표적 언해서인 『老乞大諺解』(1670)와 『重刊老乞大諺解』(1795), 『朴通事諺解』(1677)와 『朴通事新釋諺解』(1765), 『捷解新語』(1676)와 『改修捷解新語』(1748)를 각각 비교해 보고자 한다.6) 우선 17세기 문헌에서 조사 '의'가 어떤 격 기능을 가지고 있는지 확인해 보자.

　(4) 가. 네 섈리 다숫 <u>사룹의</u> 밥을 지으라(老乞上18b)
　　　나. 아직 <u>방의</u> 안자시라(老乞上30a)
　(5) 가. <u>正官의</u> 氣相도 아디 몯ᄒ고(捷解初1 : 28b)
　　　나. ᄯ 送使다ᄒ셔는 엇디 녀길디 <u>ᄆ옴의</u> 걸리오니(捷解初1 : 5a)
　(6) 가. 모든 <u>벗들의</u> 名字ᄅᆞᆯ 다 써 쳥ᄒ라 가자(朴通上23b)
　　　나. 여슷 ᄒᆡ예 언머 千辛萬苦ᄅᆞᆯ 밧고 <u>西天의</u> 가 經을 가져와 衆生

---

6) 여기에서는 조사 '의'와 '에'의 형태만 검출하고 이형태인 '인'나 '이/애/에'는 검색 항목에서 제외한다. 이형태들을 동시에 논의하면 좀더 명확하게 수치를 확인할 수 있다는 이점은 있으나, 중세국어에서와 달리 이형태들의 변이 환경이 일관되게 적용되지 못하는 것은 물론, 이 논문에서는 '의'나 '에'가 통사론적으로 혼용되는 현상에 초점을 두므로 이들의 형태에만 집중하여 논의하고자 하는 바이다.

을 度脫ᄒ고(朴通下4b)

(4가, 5가, 6가)는 관형격조사 '의'이며 (4나, 5나, 6나)는 부사격조사 '의'로 쓰인 예들이다. 이처럼 17세기 자료에서 '의'가 관형격과 부사격을 모두 담당하고 있다.

다음으로는 동일 본문을 언해한 자료를 참고하여 17세기와 18세기에서 어떠한 차이를 보이는지 확인해 보자.

(7) 가. 高唐의 가 소옴과 깁을 거두어 사 王京의 가져가 ᄑᆞ라(老乞上 12a)
나. 高唐에 가 져기 綾과 깁을 거두어 사 王京에 도라가 ᄑᆞ니(老乞重上 12a)
(8) 가. 아ᄆᆞ가히 이리 오라 네 代官의 가 내 말로(捷解初1 : 1a)
나. 아모가히 이러 오라 네 代官中에 가 내 젼갈로 니ᄅᆞ기롤(改捷 1 : 1a)
(9) 가. 院判 형아 어디 가는다 小人이 禮部의 가노라 므슴 일이 잇ᄂ 뇨(朴通上8a)
나. 院判 형아 네 어듸 가는다 小弟ㅣ 禮部에 가노라 네 가미 므슴 일이 잇는뇨(朴新1 : 08a)

(7)에서 (9)는 17세기에서는 부사격 '의'로 실현되었으나 18세기에 이르면 '에'로 변하였음을 알 수 있다. 물론 '쏘 흑당의 가 셔픔 쓰기 ᄒ고(老乞重上2b)'처럼 18세기에도 부사격 '의'가 쓰였다. 그러나 이들 조사가 전체적으로 어떠한 분포 양상을 가지는지 확인해 볼 필요가 있다.

[표 1] 관형격조사와 부사격조사의 빈도 조사

	의		에	
	관형격	부사격7)	관형격	부사격
『노걸대언해』(1670)	53	84	0	162
『중간노걸대언해』(1795)	58	13	0	359
『첩해신어』(1676)	80	73	0	39
『개수첩해신어』(1748)8)	67	39	0	71
『박통사언해』(1677)	145	66	0	531
『박통사신석언해』(1765)	120	34	(10?)9)	551

[표 1]에서 확인할 수 있는 바와 같이 관형격은 '의'가 대표형으로 쓰이고 부사격은 '에'가 대표형으로 쓰였지만, 『첩해신어』에서는 예외적으로 부사격 '의'가 상당히 높은 분포를 보인다. 물론 일부 자료에서 보

7) 17 · 8세기 부사격 '의'는 중세국어의 특이처격어와도 밀접한 관련성을 가질 것으로 추정되는 바, 부사격 '의'의 선행명사를 간략히 조사해 본 결과 '집'이 높은 빈도를 보였다 (김선효 2011 참조). '집의'가 『노걸대언해』(12회/총84회), 『중간노걸대언해』(11회/총13회), 『박통사언해』(34회/총66회), 『박통사신석언해』(27회/총34회)에서처럼 선행명사로 '집'이 매우 높은 결합 양상을 보였다. 물론 '집에'도 극소수 있었지만 '집의'가 대표적으로 쓰였고, '지븨'는 17세기 초 문헌에서는 발견되었으나 17세기 후반으로는 거의 나타나지 않는다.

8) 『개수첩해신어』 권9의 일본 각 道나 州를 설명하는 마지막 부분과 권10은 『첩해신어』와 통일성을 이루기 위해 빈도 조사에 포함시키지 않았다.

9) 이것은 관형격으로도 부사격으로도 해석될 수 있어서 중국어 원문도 참고하여 추정하였다. 중국어와 국어의 구조가 다르므로 여기에서는 다만 참고용으로만 제시하는 바이다. 일부 예들은 중세국어 '엣'에서 'ㅅ'이 탈락한 '에'로도 처리할 수 있고 부사격으로도 처리할 수 있지만 『박통사신석언해』에 있는 다른 '에'의 예문에 비해 관형격으로도 볼 수 있는 가능성이 높아 제시하는 바이다.

가. 田禾ㅣ 다 줌겨 믓치엿고 村坐 人家에 房屋 墻壁이 太半 다 믈에 질리엿느니라(朴新1 : 09b)

나. 닐러시되 前世에 因果롤 알려 홀진대(朴新1 : 31a)

다. 보쟈 여슷 獺皮에 每張에 서 돈 식 ᄒᆞ면(朴新1 : 33a)

라. 金 탕관 쇠 즈른에 속에 白沙蜜 담은 거시여(朴新1 : 40b)

마. 큰 형아 네 일즉 듯보앗느냐 京都에 聖駕ㅣ 어늬 째에 起行홀느뇨(朴新1 : 51b)

바. 民間에 田禾롤 다 거두어 븨기롤 기드려(朴新1 : 52a)

사. 상시 음식에 쉰 것 돈 것 비린 것 믜온 것들을 먹지(朴新1 : 54b)

아. 모리 쏘 衙門에 同寅老爺들을 쳥ᄒᆞ여 술 먹으려 ᄒᆞ여(朴新2 : 03a)

자. 驛站에 人役들이 어더 잇느뇨(朴新2 : 15b)

차. 져기 변사를 비저 내 먹기롤 預備ᄒᆞ라 驛에 經丞을 불러오라(朴新2 : 17a)

이는 높은 빈도의 부사격 '의'가 동일 명사에 반복적으로 쓰인 한계점을 가지고 있으나, 19세기에서는 동일 명사에도 다른 조사를 사용하기도 하므로 참고만 하기로 한다. 한편 본 자료에서 관형격 '에'가 확인되지 않는 것은 17세기에는 아직 생산적으로 쓰이지 않았음을 시사한다.[10] 관형격 '에'는 19세기 자료에서 더 많이 발견되므로 보수적 문헌에서는 아직 출현하지 않는 경향이 있음을 보여 준다.

3.2. 19세기 도교 권선서(勸善書) 언해본에서의 '의'의 분포 양상

19세기의 조사 변화 양상을 확인하기 위해 동일 문헌 자료를 언해한 도교 관련 언해서, 즉 도교 권선서 언해본 중에서 '음즐문(陰騭文)'이 언해되어 있는 『敬信錄諺釋』(1796)과 『三聖訓經』(1880), '태상감응편(太上感應篇)'이 언해되어 있는 『敬信錄諺釋』과 『太上感應篇圖說諺解』(1852)를 비교하고자 한다. 도교 권선서들은 고종이 민심을 수습하기 위해 간행하게 한 언해서로서 『태상감응편도설언해』나 『삼성훈경』도 그중의 하나이다. 그리고 『경신록언석』도 관성교(關聖敎)의 주요 경전으로 충효와 인간의 도리를 주로 내세운 언해서이다. 이러한 도교의 언해서들은 개화기 교과서류나 신문에 비해 언해체의 문체를 잇는 보수적 언어 양상을 보이고 있으므로, 17·8세기의 언어 현상과 비교하기에 적절하다고 할 수 있다(석주연 2007 참조).

그러면 '음즐문'이 언해된 『경신록언석』(1796)과 『삼성훈경』(1880)을 살펴보자.

---

10) 최전승(2002 : 6)에서는 초간본 『여사서언해』(1736)에서 관형격 '에/애'가 산발적으로 등장하는 예를 일부 제시하고 있다. 다만 중간본은 전라방언의 특성이 강하지만 초간본은 방언적 속성이 약하므로 관형격 '에'가 방언적 속성에 의해 발생하였다고 단정하기도 어렵다. 이 부분은 앞으로 더 살펴봐야할 문제이다.

(10) 가. 내 열닐곱번 셰샹의 ᄉ대부의 몸이 되어(敬信,7b)

　　　 나. 내 열일곱 번 셰샹에 사디부의 몸이 되어(三聖10a)

(11) 가. 위틱홈 구ᄒ믈 <u>그물에</u> 새ᄌᆺ치 ᄒ며(敬信,9a)

　　　 나. 위틱홈 구ᄒ믈 <u>그물의</u> 걸닌 시 갓치 ᄒ며(三聖12a)

(10)에서는 부사격 '의'가 '에'로 변하고 (11)은 조금 다른 현상을 보인다. (11가)는 관형격 '에', (11나)는 부사격 '의'가 쓰인 예로서 도교 권선서들이 보수적인 언어 현상을 지니며 중앙어를 반영하는 언해서라는 점을 고려한다면 위의 현상을 단지 예외적인 현상으로만 처리하기에는 이르다.

그렇다면 '태상감응편'이 언해되어 있는 『경신록언석』(1796)과 『태상감응편도설언해』(1852)에서는 어떠한지 확인해 보자.

(12) 가. <u>텬조의</u> 올나가 <u>사롬의</u> 허믈을 알외며(敬信,1b)

　　　 나. <u>하ᄂᆯ의</u> 올나가 <u>사롬의</u> 허믈을 말ᄒ며(感應大文解01b)

(13) 가. 칠년에 ᄌ손이 현명ᄒ야 <u>과거의</u> 오르고(敬信,8a)

　　　 나. <u>이 년 후의 과거의</u> 나아가 진ᄉ 급졔 ᄒ고(感應4 : 31a)

(12)와 (13)에서처럼 두 언해서에서는 부사격 '의'의 쓰임이 활발하다. 다른 문헌에서 부사격 '에'로 실현되던 것이 여기에서는 '의'로 쓰이고 있으므로 조사 '의'와 '에'가 음즐문과 태상감응편에서 전체적으로 어떠한 분포 양상을 보이는지 확인해 보자.

[표 2] 음즐문과 태상감응편의 조사 분포 양상

	도교 언해서	의		에	
		관형격	부사격	관형격	부사격
음즐문	敬信錄諺釋(1796)	18	5	1	11
	三聖訓經(1880)	21	11	0	12
태상감응편	敬信錄諺釋(1796)	55	6	0	20
	太上感應篇圖說諺解(1852)	65	19	1	0

[표 2]는 19세기 도교언해서의 조사 분포 양상이 더욱 복잡해졌음을 시사한다. 관형격 '에'가 19세기 자료에서 확인되고 부사격 '의'도 19세기에 더 활발한 양상을 보인 점을 고려한다면 [표 2]의 결과는 특별한 결과는 아니다. 다만 『태상감응편도설언해』에서 부사격 '의'가 과도하게 실현된 양상('의'가 84회, '에'는 1회)에 의문이 든다.

그러나 『태상감응편도설언해』의 이러한 현상을 극단적인 언어 분포 현상으로만 처리하고 무시하기에는 부담감이 크다. 첫째, 도교 언해서들이 고종을 명을 받들어 언해하였으므로 언해자 개인의 문체적 특징으로만 단정 짓기에 무리가 따른다는 것과 둘째, 무엇보다 이 언해서들이 당대의 중앙어의 언어 현실을 반영하고 있기 때문이다. 개인의 신변잡기적 글이 아닌 도교 언해서들이므로 이러한 현상을 예외적인 현상으로 간과하기보다는 과도기적 언어 현실을 반영하는 한 단면으로 처리하는 것이 더 타당하다고 본다. 다시 말해, 부사격 '의'가 19세기 중엽에 일시적으로 형태적 혼란을 겪었다는 것을 보여주는 증거가 아닐까 조심스레 추정할 수 있다.

조사 '의'의 일시적 대혼란 현상을 입증할 수 있는 또 다른 자료로는 『신약마가젼복음셔언ᄒᆡ』(이후 『마가젼』으로 표기, 1884)나 『교린수지』(1846, 1854) 등도 들 수 있다. 물론 이들 자료는 개인에 의해 집필 내지 언해된

점에서는 차이가 있으나 근대국어의 언어 현상의 일면을 보여주는 데 의의가 있지 않을까 한다.

(14) 가. 1 : 21 무리가 迦百農(가펠나움)의 나아가 卽時(즉시) 安息日
　　　　(사벳드일)에 會堂(회당)의 드러가ᄉ 敎(교)를 폐시니

　　　나. 1 : 21 가빌남에 나아가 사밧일에 회당에 들어가 가라치니

(15) 가. 鼻孔 코구멍의 털을 바히읍소(ハナノスノ毛ヲヌカシャレマ
　　　　セイ) (1 : 56ㄴ)

　　　나. 洲 쥬는 강변의 잇ᄂ니라(スハ江ノ辺ニアル)(1 : 29ㄱ)

(16) 가. 사회는 놉의 즈식이라 빅년 손이오니(ム子ハ人ノ子デ百年ノ
　　　　客シヤ)(1 : 50ㄱ)

　　　나. 초닷샛날은 집의 잇습데(五日ハ家ニイマシタ)(1 : 17ㄴ)

(14가)의 『마가젼』(1884)과 3년 뒤에 출판된 (14나)의 『예수성교젼셔』 (1887)를 비교해 본 결과, 격 형태가 뚜렷한 차이를 보인다. 한편 아메노모리 호슈(雨森芳洲)가 집필한 조선어학습서 『교린수지』의 사본인 (15)의 '아스톤본'(1846)과 (16)의 '대마도본'(1854)에서는 조사 '의'의 쓰임이 매우 활발하다. 이들 자료의 전체 분포를 살펴보면 아래와 같다.

[표 3] '마가복음'과 '교린수지'의 조사 분포 양상

문헌		의		에	
		관형격	부사격	관형격	부사격
마가복음	『신약마가젼복음셔언히』(1884)	337	305	3	110
	『예수성교젼셔』(1887)	187	2	3	379
교린수지[11]	아스톤본(1846)	19	116	0	4
	대마도본(1854)	17	96	0	1

---

11) 『교린수지』의 분포 조사는 김선효(2010 : 9) 인용.

[표 3]에서 알 수 있듯이 '마가복음'의 두 자료는 상당한 분포 차이를 보인다. 『마가전』은 부사격 '의'가 73%인 반면 『예수셩교젼셔』에서는 0.5%의 분포를 보인다. 그러나 『마가전』의 번역자인 이수정이 당대의 지식인 계층의 가문에 태어났으며 과거에 합격하여 서울로 올라와 살았던 사람이며 일본에서 마가복음을 번역할 때에도 매우 심혈을 기울였다는 기록도 있으므로, 이수정본에서 보이는 조사 '의'의 분포를 단순히 개인적 문체 현상으로 치부할 수 있는가 하는 것이다.12)13) 오히려 당대에 부사격 '의'와 '에'가 형태적 또는 음운적으로 변별성이 약했음을 보여주는 한 단면이라 할 수 있다.

『교린수지』의 두 사본은 『마가전』보다 더 극단적 분포 양상을 띤다. 이러한 현상이 발생하게 된 원인을 고려해 본다면 첫째, 아스톤본과 대마도본이 사본이었으므로 한국어 화자의 수정 작업이나 검증을 거치지 않았을 가능성이 높다는 것과 둘째, 간본에 비해 사본에서는 방언적 표현이 더 많으므로 부사격 '의'의 쓰임이 방언의 한 속성일 가능성이 있다는 것14) 그리고 셋째, 『교린수지』는 회화문이므로 회화 상황에서는 '의'와 '에'의 음운론적 변별성이 더 약하다는 것 등이다.

19세기의 문헌 자료에는 『예수셩교젼셔』와 유사하게 대개 관형격

---

12) 정길남(1984)에 의하면 이수정은 1882년 수신사 박영효와 함께 일본에 가서 그 이듬해에 세례를 받아 그리스도인이 되었고 1884년에 중국어로 쓰인 마가복음을 번역하게 되었다고 한다. 그러나 히로 다카시(2004)는 『신약마가젼복음셔언히』과 이수정을 본격적으로 다룬 연구로서 원본은 중국어 성경이지만 핵심적 참고본은 일본어 성경이라고 한다.
13) 전라방언의 영향이라고 인정하기 어려운 이유는 19세기 전라 방언에서는 '의'가 '으'로 표기되는 자료가 많이 나타나기 때문이다(최전승 2002). 여기에서는 이들의 상관관계를 밝히는 데 한계가 있으므로 앞으로의 연구 과제로 삼겠다.
14) 오츠카 타다쿠라(2003)는 『교린수지』 교토대학본과 메이지14년본을 음운·형태·통사론적 관점에서 비교하여 분석하였는데, 간본의 어휘나 표현은 중앙어를 배경으로 한다고 한다. 그러나 아메노모리 호슈가 부산의 초량에 있었으므로 사본은 영남방언의 영향에 의한 것일 수도 있다. 그리고 부사격조사 '의'의 높은 빈도도 영남방언의 문헌자료가 있으면 비교해 볼 만하다고 추정된다.

'의'와 부사격 '에'가 대표적으로 쓰이고 있었지만 『마가젼』과 『교린수지』에서는 조사 '의'의 분포가 상대적으로 높은 독특한 현상을 보인다. 이런 현상이 발생한 것은 조사 '의'와 '에'의 발음 문제, 방언의 영향 등과 같은 다양한 요소가 복합적으로 작용하였을 가능성이 높다. 그리고 이런 요인이 19세기 조사 '의'와 '에'의 형태적 혼기에 영향을 끼쳤으리라 본다.

4. 조사 '의'와 '에'의 쓰임과 국어 통사구조의 변화

앞 장에서 조사 '의'와 '에'가 근대국어에서 어떻게 실현되고 있는지를 확인하였다. 관형격 '의'와 부사격 '에'가 각 격조사의 대표형 기능을 담당하고 있었지만 부사격 '의'가 중세국어에서보다 더 다양한 명사와 결합하게 되고 18세기 말이나 19세기에 이르면 관형격 '에'도 조금씩 실현되면서 복잡한 형태 실현 양상을 가지게 된다. 그렇다면 이러한 형태적 혼기 양상의 발생 요인과 이것이 국어 통사 구조에 미친 영향이 무엇인지 살펴볼 필요가 있다.

4.1. 형태적 혼기 양상의 발생 요인

근대국어의 부사격 '의'는 중세국어부터 쓰이던 특이처격조사 '이/의'에서 비롯된 것으로 선행명사의 대상 범위가 확대되면서 활발히 쓰인 것으로 보인다. 부사격 '의'가 중세국어에서는 일부 한정된 특이처격어와 강한 결합성을 가졌으나 근대국어에 이르러 다양한 명사와 결합한다. 그리고 근대국어 후반에 가면 일부 문헌에서는 부사격 '에'와 '의'가 동일한 명사에 실현하는 것도 쉽게 확인할 수 있다.

(17) 가. 예탁의 <u>집의</u> 가 본 즉 예탁이 복통으로 폭스ᄒ여<感應2 : 18b>

나. 신이 국러의 <u>집에</u> 가고 국리는 아니 왓ᄂᆞ이다<續明1 : 35b>

(17)과 같이 '집의'와 '집에'가 일정한 규칙 없이 쓰인다. 중세국어에서는 '지븨'로 나타났지만 19세기에서는 '집의'뿐 아니라 '집에'도 쓰이고 있다.

다음으로 고려해야 할 대상은 관형격 '에'이다. 관형격 '에'의 출현은 그 과정이 뚜렷하지 않아 의문을 유발시키는데 두 가지 가설로 압축될 수 있다. 우선 조사 '에'가 중세국어의 관형격 '이/의/ㅅ'의 '이'로 소급된다는 것이다. 문제는 '이>에'의 음운 변화가 기존의 형태소 내부에서의 'ㆍ' 변화로 설명할 수 없다는 약점을 지닌다. 형태소 내부에서는 'ㆍ>ㅡ'나 'ㆍ>ㅏ' 또는 비음운화의 변화를 가지므로 '이>에'로 판단할 근거가 희박하다. 그러나 김완진(1978/1996 : 93)은 'ㆍ>ㅓ'와 같은 제3의 현상이 발생하였을 가능성을 제시하고 있는데 그 근거로 조사 '의'가 '에'로 발음된다는 것이다. '이'가 이중모음으로서의 '에'를 거쳐, 또는 '이' 자체가 독자적인 단모음화를 거쳐 '에'에 합류한 것으로 볼 수도 있다는 것이다.

둘째, 중세국어의 '엣'의 'ㅅ'이 약화 및 탈락되면서 '에'의 형태로 실현되었다고 보는 것이다(홍윤표 1994 : 284). 이것은 다음 절에서 논의할 관형격 조사구의 통사구조 변화와도 밀접한 관련이 있다.

(18) 가. 내 열일곱 번 <u>셰샹에</u> 사더부의 몸이 되어(三聖10a)(=12나)

나. 위탁홈 구ᄒ믈 <u>그물에</u> 새ᄀᆞᆺ치 ᄒᆞ며(敬信9a)(=13가)

(18)의 '에'는 그 수식 관계나 의미 관계가 현대 국어와 동일하지는

않지만 전후 문맥 관계를 바탕으로 한다면 (18가)는 부사격, (18나)는 관형격으로 쓰인 구조이다. 그러나 (18)이 중세국어 시기에 표기되었다면 모두 복합격표지인 '앳/엣'으로 쓰였을 것이다. 다시 말해, 중세국어의 '앳/엣'이 근대국어에 이르러 'ㅅ'의 격 기능이 상실되면서 '에'로 표기된 과도기적 언어 현상이 발생한 것이다.

근대국어에서 조사 '에'가 중세국어 '앳/엣'의 기능을 대행한 사례는 (18) 외에도 많다. [표 1]에서 문제가 되었던 『박통사신석언해』(1765)의 관형격 '에'의 유형도 '앳/엣'으로 처리하면 간단해지는데 그것도 동일한 맥락으로 볼 수 있다. 그중 일부 예를 제시하면 아래와 같다.

> (19) 가. 田禾ㅣ 다 줌겨 뭇치엿고 村座 <u>人家</u>에 房屋 墻壁이 太半 다 믈
>   에 질리엿ᄂ니라(朴新1 : 09b)
> 나. 金 탕관 쇠 <u>주른</u>에 속에 白沙蜜 담은 거시여(朴新1 : 40b)
> 다. 큰 형아 네 일즉 듯보앗ᄂ냐 <u>京都</u>에 聖駕ㅣ 어늬 째에 起行
>   홀ᄂ뇨(朴新1 : 51b)
> 라. 져기 변사를 비저 내 먹기롤 預備ᄒ라 <u>驛</u>에 經丞을 불러오라
>   (朴新2 : 17a)

(19)의 '에'는 그 기능이 모호하지만 '엣'으로 해석한다면 의미가 명료해진다. 이처럼 격 기능이 모호한 근대국어의 조사 '에'는 중세국어에서 '앳/엣'으로 실현되어야 할 구조가 '에'로 표기되었기 때문에 의미의 중의성을 가져온 것으로 추정된다.

이상의 현상에 의하면 근대국어의 조사 '에'는 형태 층위적 기능과 통사 층위적 기능이 충돌하는 과도기적 통사 구조라 할 수 있다.[15] 형

---

15) 이러한 관점은 제94차 통사론 연구회(2011.1.8)에서 서울대학교 박진호 교수가 제안한 의견을 필자가 수용한 것임을 밝히는 바이다.

태 층위로는 조사 '에'로 실현되지만 기능 층위로는 중세국어 '앳/엣'과 유사 기능을 담당하여 한 형태소가 통사적 기능을 수행하는 것이다. 이러한 이중적 기능 층위는 근대국어의 과도기성을 입증하는 중요한 현상이라 할 수 있다.

근대국어의 조사 '에'가 과도기적 통사 기능을 가진다고 판단할 수 있는 근거는 중세국어의 조사 결합형 '앳/엣'과 현대국어의 조사 결합형 '에의'가 그 기능과 분포에서 완전히 일치하지 않는다는 것을 통해서도 알 수 있다. 중세국어의 조사 결합형 '앳/엣'은 처소, 출발점, 시간, 원인·이유, 목표 등의 다양한 기능을 담당하지만(이승희 2009), 현대국어의 '에의'는 중세국어의 구조에서 쓰일 수 없고 서술명사가 피수식명사인 경우가 대부분이기 때문이다.

4.2. 관형격 조사구의 통사구조 변화

근대국어의 조사 '의'와 '에'는 형태적으로 혼기되어 나타났으므로 문맥을 통해 격 기능을 파악해야 했다. 이러한 혼기 양상은 궁극적으로 관형격 조사구의 약화 및 소멸과 관련된다. 우선 중세국어에 사용된 관형격 조사구의 조사 결합형을 살펴보자.

> (20) 가. 언제사 世俗앳 뼈롤 뼈러ᄇ리고(杜詩諺解 初刊本 6：20b)
> 　　나. 이런 緣은 곧 根과 識과이 緣ᄒ논 여러가짓 法이라(楞嚴經諺
> 　　　　解 2：17)
> 　　다. 이 經 니ᄅ샨 마론 곧 사롬마당 妙性이니 이 니ᄅ샨 佛種이
> 　　　　라(法華經諺解 2：162a)

(20)은 중세국어에서 활발한 양상을 보이던 관형격 조사구이지만 17

세기에 이르러 점점 약화되다가 18세기부터는 '앳/엣'의 형태에서만 확인되고 19세기에 이르면 국어의 통사구조에서 사라지게 된다.16) 물론 관형격 조사구의 약화는 관형격 'ㅅ'이 가장 직접적인 원인을 제공하였다. 관형격 'ㅅ'이 통사적 기능을 상실하고 단어형성 표지로만 쓰이면서 '앳/엣'의 기능도 약화되거나 단일격 표지로 쓰이게 되었고, 이와 더불어 다른 조사와의 결합도 동시에 소멸하게 되었다. 이런 현상을 통해 추측해 볼 수 있는 것은, 관형격 'ㅅ'의 기능이 상실되었으면 그 기능을 대행할 다른 조사가 나타날 가능성이 높고, 나타난다면 관형격 '이/의'가 그 기능을 대행할 가능성이 짙다. 다시 말해, 중세국어의 관형격 'ㅅ'이 통사적 자질을 상실하게 되면 관형격 '이/의'에게 그 기능을 전수했어야 할 것으로 기대된다.

그러나 관형격 'ㅅ'을 대행할 조사가 나타나지 않았고 관형격 조사구의 유형은 근대국어에서 급격히 저하된다. 관형격 'ㅅ'이 '이/의'에게 그 기능을 전수할 수 없었던 것은 조사 '의'와 '에'가 형태적 혼기 양상을 보이고 있었기 때문인 것으로 추정된다. 조사 '의'가 '에'와 근대국어에서 지속적으로 혼기 양상을 보이므로 근대국어에서 관형격 조사구(에의, 와의 등)의 생성이 저지된 것이다.

이러한 주장을 뒷받침할 수 있는 근거로는 첫째, 관형격 '의'와 부사격 '에'의 혼기 양상이 정착한 후에 1920년을 전후하여 관형격 조사구 '에의, 와의, 부터의' 등이 재활성되었다는 것이다. 물론 관형격 조사구에서의 조사 결합형이 조사 '의'의 정착에 의해서만 재활성한 것은 아니다. 조사 결합형의 재활성에는 국어 내적 요인과 국어 외적 요인이 복합적으로 작용하여 형성된 것이기 때문이다(김선효 2009a).17)

16) 김선효(2009b)에서는 전기중세국어, 후기중세국어, 근대국어, 개화기이후에서 격조사나 보조사가 관형격조사와 결합한 구조의 통시적 결합 양상을 전체적으로 보여주고 있다.
17) 국어 외적 요인으로는 번역체나 일본어 문장 구조의 영향 등이 있다. 이정찬(2006 :

둘째, 중세국어와 근대국어에서 관형격 조사구를 제외한 다른 조사의 결합형은 여전히 국어의 통사구조에서 활발히 쓰였다. 예를 들어, '의논, 의도, 에논, 에도' 등과 같이 부사격조사와 보조사가 결합한 유형은 근대국어에서도 높은 빈도수를 보인다.

> (21) 가. 너일 <u>밤의논</u> 맛당이 이 곳의 와셔 목을 미여 죽을지니(感應
> 　　　1 : 22a)
> 　　나. 어두은 집 <u>속의도</u> 속이지 말며 덕을 쓰코 공을 무으며(感應
> 　　　大文解02a)
> 　　다. 담간 지 삼칠 <u>안에논</u> 상가를 통치 말고(閨閤5b)
> 　　라. 어린 외와 가지를 곡지 쓰고 졍히 삐셔 물긔 업시 허고 항
> 　　　<u>에도</u> 물긔 업시 흐야(閨閤6b)

(21)과 같이 부사격조사는 다른 조사와 자연스럽게 결합하는 경향을 보인다. 그러나 전기 중세국어에서부터 확인되는 관형격 조사구의 유형이 근대국어에서 발견되지 않는 것은 국어의 통사구조 특성상 수긍하기 어렵다. 오히려 두 조사가 형태적으로 혼기되어 쓰이고 있었기 때문에 관형격 조사구의 결합 구조가 저지된 것이라 할 수 있다.

셋째, 격조사의 결합형이 재활성할 수 있었던 것은 중세국어에서부터 조사의 결합형이 적극적으로 쓰이고 있었기 때문에 새로운 통사 구조의 수용에 부담을 가지지 않았던 것으로 보인다. 국어의 통사구조에 없었던 구조가 들어오면 부담과 충격이 적잖이 발생할 수 있다. 그러나 관형격 조사구는 중세국어에서부터 사용되어 왔던 구조였으므로 1920년 이후 재활성하는 데에 무리가 없었다고 본다.

이상에서와 같이 조사의 형태적 혼기 양상이 관형격 조사구에서의 조

14~21)은 개화기 국어의 문체 유형과 변화 양상을 보여준다.

사 결합형에 영향을 끼쳤다는 것을 알 수 있다. 18세기부터 20세기 초까지 관형격 조사구에서의 조사 결합형이 약화 내지 잠재한 것은 관형격 '의, 에'와 부사격 '에, 의'가 형태적으로 혼기되고 있었기 때문이다. 특히 관형격 '에'가 형태 층위적 기능과 통사 층위적 기능이 충돌하면서 더욱 복잡한 표기 체계로 이어진 것이라 할 수 있다.

5. 결론

지금까지 근대국어의 조사 '의'와 '에'가 관형격과 부사격으로 모두 쓰이는 형태적 혼기 양상을, 동일 문헌의 언해 자료를 중심으로 해서 통시적으로 비교하였다. 근대국어 시기의 관형격은 '의'가 대표형이고 부사격은 '에'가 대표형이지만 문헌에 따라 조사 '의'와 '에'가 관형격과 부사격으로 모두 표기되었다. 이러한 형태적 혼기 현상은 국어의 음운 변화 과정과 관련된다. 관형격 '에'는 중세국어의 조사 '익'나 복합격표지 '엣'과 상관되면서 형태 층위와 통사 층위가 충돌을 일으켰고, 부사격 '의'는 특이처격조사의 변화와 상관된다. 그리고 이러한 변화가 국어의 관형격조사구 구조의 잠재 및 생성에도 간접적인 영향을 끼친 것으로 파악된다.

중세국어의 특이처격어와 상관성이 깊을 것으로 판단되는 조사 '의'를 좀더 정확히 파악하기 위해서는 근대국어의 특이처격어 양상을 우선 검토한 뒤, 근대국어의 부사격조사 '에'와 '의'의 의미 변화를 아울러 진행하면 여기에서 찾아내지 못한 문제를 조금이나마 찾아낼 수 있지 않을까 한다. 이에 대한 논의는 차기 연구에서 답변하고자 한다.

참고문헌

권용경(2001), 「국어 사이시옷에 대한 통시적 연구」, 서울대학교 박사학위논문.

기시다 후미타카(岸田文隆)(1998), 「アストン舊藏の『交隣須知』關係資料について」, 『朝鮮學報』 167, 朝鮮學會.

김병제(1965), 『조선어 방언학 개요』(중), 흑룡강조선민족출판사.

김선효(2009a), 「의사관형구조 '에의'의 형성 과정과 요인」, 『국어학』 55, 국어학회, 105-124.

김선효(2009b), 「관형격 조사구의 조사 결합 양상과 변천」, 『語文研究』 제37권 3호, 한국어문교육연구회, 105-127.

＿＿＿(2010), 「『교린수지』에서의 조사 '의'와 '에'의 분포와 특성」, 『개신어문』 31, 개신어문학회.

김완진(1978/1996), 「모음 체계와 모음조화에 대한 반성」, 『음운과 문자』, 신구문화사.

남풍현(1977), 「국어 처격조사의 발달」, 『이숭녕선생 고희기념 국어국문학논총』, 탑출판사.

박형우(2010), 「15세기 특이처격어에 대한 연구」, 『한민족어문학』 57호, 163-188.

사이토 아케미(齊藤明美)(2009), 『明治時期 日本의 韓語學習書 研究』, 제이앤씨.

석주연(2007), 「개화기 초기 국어의 형태와 통사-도교 관계 문헌을 중심으로」, 『우리말글』 41, 1-21.

성환갑(1975), 「위치표시의 부사격 '의/의'의 논고」, 『어문학』 34, 한국어문학회, 127-164.

송 민(2006), 임용기·홍윤표 편, 「근대국어 음운사와 '가나' 표기 자료」, 『국어사연구 어디까지 와 있는가』, 태학사, 385-404.

심재기(1979), 「관형화의 의미기능」, 『어학연구』 15(2), 109-121.

오츠카 타다쿠라(大塚忠藏)(2003), 「『교린수지』에 나타난 한국어 연구」, 서울대학교 석사학위논문.

이광호(2004), 『근대국어문법론』, 태학사.

이선영(2006), 「한국어의 'NP$_1$+엣+NP$_2$' 구성과 'NP$_1$+ㅅ+NP$_2$' 구성」, 『형태론』 8(2), 295-312.

이숭녕(1961/1981), 『중세국어문법』, 을유문화사.

이승욱(1973), 『국어 문법체계의 史的 硏究』, 일조각.

이승희(2009), 「중세국어 'NP₁엣 NP₂' 구성의 의미 유형에 대한 고찰」, 『국어학』 54, 197-224.

이정찬(2006), 「근대 전환기 작문론 연구」, 서울대학교 석사학위논문.

정길남(1984), 「이수정 역『마가복음』의 국어학적 고찰」, 『동아시아문화연구』 6, 한양대학교 한문학연구소, 155-187.

정승혜(2009), 「근대 한국어 교재『酉年工夫』에 나타나는 '그녀'에 대한 고찰」, 『어문연구』 37, 한국어문교육연구회, 31-56.

조재형(2008), 「소위 복합격조사 '엣'의 통시적 고찰」, 『어문연구』 36(2), 193-216.

최세화(1964), 「처격의 변천-처격 '익·의'를 중심으로」, 『논문집』 5, 동국대학교 국어국문학과, 21-49.

최전승(2002), 「19세기 후기 전라방언의 특질 몇 가지에 대한 대조적 고찰-중간본 『여사서언해』를 중심으로」, 『한민족어문학』 41, 1-55.

편무진·기시다 후미타카(岸田文隆)(2005), 『Aston文庫所藏 交隣須知』, 홍문각.

한영균(2002), 「모음조화의 붕괴와 모음체계 재정립의 상관성에 관한 연구」, 『어문연구』 30권 3호, 한국어문교육연구회, 33-55.

허　웅(1968), 『국어음운론』, 정음사.

＿＿＿＿(1989), 『16세기 우리 옛말본』, 샘문화사.

홍윤표(1993), 『국어사문헌자료연구』, 태학사.

＿＿＿＿(1994), 『近代國語硏究(Ⅰ)』, 태학사.

황선엽(2006), 「고대국어의 처격 조사」, 『한말연구』 18, 305-328.

히로 다카시(2004), 이수정 역, 「『마가전』의 저본과 번역문의 성격」, 『국어사연구』 4, 173-234.

제 5 장

특이처격어의 변천과 특성

1. 서론

이 장에서의 목적은 근대국어의 특이처격어의 변천 양상과 그 특성을 살펴보는 데 있다. 특이처격어는 중세국어의 일부 명사가 일반처격 '애/에'가 아닌 특이처격 '익/의'와 결합하는 명사로서 양주동(1942)을 비롯하여 홍윤표(1969), 이숭녕(1980), 박형우(2010) 등에서 15세기를 중심으로 그 유형과 특성에 대해 중점적으로 논의한 바 있다. 그러나 특이처격어가 15세기 이후 어떤 변화를 거쳤는지는 구체적으로 검토된 바가 없다. 다시 말해, 공시적으로는 특이처격어가 어휘범주의 자격을 상실한 상태임을 감안해볼 때 어떠한 과정을 거쳐 소멸되었는지 확인된 바가 없다.

그리하여 이 장에서는 15세기 이후 특이처격어가 어떤 변화를 보이며 그 특성이 무엇인지 살펴보고자 한다. 2장에서는 특이처격어에 대한 선행연구를 개괄적으로 살펴본 뒤에 특이처격어의 어휘 범주를 점검할 것이며 3장에서는 중세국어의 특이처격어에 어떤 유형이 있는지 검토하고 4장에서는 근대국어의 특이처격어의 변천 양상을 본격적으로 살펴본 뒤, 특이처격어의 특성을 논의하고자 한다. 연구 시기는 근대국어 시기인 17세기부터 19세기를 중심으로 살펴보되 자세히 논의되지 않은 16세기도 더불어 검토하고자 한다. 이 장에서 사용할 연구 자료는 '국어사 말뭉치'[1]와 <21세기 세종계획 최종 성과물>(2011년 12월 수정판)의 역사 말뭉치를 중심으로 살펴볼 것이다.

2. 특이처격어의 선행연구와 어휘범주

2.1. 특이처격어에 대한 기존 논의와 한계

특이처격어에 대한 논의의 시초는 양주동(1942 : 451)이라 할 수 있다.[2] 중세 문헌에서 '낮(晝), 밭(田), 집(家), 우(上), 밤(夜), 곶(花), 돗(席), 밧(外), 봄(春), 나모(木)' 등 서른 네다섯 개의 명사가 처격과 결합할 때에 '애/에/예'와 결합하는 것이 아니라 '의/의'와 결합하는 특이한 현상을 발견하고 이들을 '특수명사'라 명명하였다. 그 이후 이숭녕(1980)에서 처격의 유형을 일반처격 '애/에/예'와 특이처격 '의/의'로 구별하고 후자와 결합하는 명사를 '특이처격어'라 칭하였다.[3] 특이처격어의 실현은 뚜렷한 공통점을 지니지 않아 (1)과 같이 다양한 관점에서 논의되어 왔다.

(1) 가. 어휘의미론적 해석 : 김형규(1955), 최세화(1964), 이숭녕(1980)
    나. 형태론적 해석 : 홍윤표(1969)

---

1) '국어사 말뭉치'(eon.zip)에 구축된 자료는 16세기가 총39종의 문헌으로 267,808어절이며 17세기는 총37종의 문헌으로 457,443어절이며, 18세기는 총76종의 문헌으로 664,733어절이며, 19세기는 총51종의 문헌으로 1,824,973어절이다.
2) 前間恭作(1909 : 100)에서 처격 '의'를 간략히 소개하고 있으나 자세히 논의되지 않았다.
3) 이숭녕(1961 : 115)에서는 특이처격어에 대한 본격적인 논의가 없고 이숭녕(1981 : 173-175)에 와서야 '특이처격어'라는 명칭과 더불어 의미론적 분류를 시도하고 있다.

다. 음운론적 해석 : 志部昭平(1990), 上保 敏(2007), 박형우(2010)

특이처격어는 양주동(1942) 이후 그리 주목을 받지 못하다가 김형규(1955) 이후 재논의되기 시작하였다. 김형규(1955 : 328-330)는 어휘의미론적 관점에서 특이처격어를 해결하고자 하였는데, 예를 들어 '앎(前), 우(上), 밤(夜), 낮(晝)'과 같은 특이처격어는 시공간적 의미 속성을 지닌다는 것이다. 그러나 홍윤표(1969 : 147-148)에서는 의미론적 해석이 설득력을 얻으려면 시공간 관련어가 대다수를 차지해야 한다고 비판하였다. 최세화(1964), 이숭녕(1980), 박형우(2010) 등에서 확인할 수 있는 바와 같이 시공간 단어는 소수 단어에 한정되며 동일한 어휘범주에 속하더라도 동일한 처격 표지를 요구하지 않는 경우가 많다는 것이 문제이다. 예를 들어, '봄, 녀름, ᄀᆞᅀᆞᆶ, 겨슬' 중에서 '봄, ᄀᆞᅀᆞᆶ'은 처격 '익/의'를 취하고 '녀름, 겨슬'은 왜 '애/에'를 취하는지 설명을 할 수 없다. 한편 이숭녕(1980/2011 : 307-309)에서 '신체, 방위, 천문・시령(時令), 지리・광물, 식물, 음식, 가옥, 가구, 수사, 차・배, 한자'를 기준으로 하여 의미 부류를 시도한 점은 의의가 있으나 이것으로 특이처격어의 의미론적 해석이 설득력을 얻는 것은 아니다.

홍윤표(1969 : 137-152)는 복잡한 특이처격어 논의를 한걸음 더 발전시킨 연구라 할 수 있다. 중세 자료에서 특이처격어로 쓰이는 명사를 '익/의'만을 취하는 명사, '익/의'나 '애/에' 둘 다 취하는 명사로 나누고 후자를 '익/의'가 우세한 명사, '애/에'가 우세한 명사로 나누었다. 그리고 '익/의'만을 취하는 명사 중에서 일부 명사가 이기문(1962)에서 밝힌 중세국어의 특수어간교체형들, 즉 '나모'와 '낡'식 교체형, '노ᄅᆞ'와 '놀ㅇ'식 교체형, '므ᄅᆞ'와 '물ㄹ'식 교체형, '아ᅀᆞ'와 '앗ㅇ'식 교체형들임을 밝혔다. 특수어간교체형에는 필수적으로 적용되므로 형태론적 해석에 무게를 두고자 하였다.4) 그러나 이들은 근대국어에까지 특수어간교체형을 유지하지 못하였을 뿐만 아니라, 근대국어 시기에는 어간 교체형의 형태적 변화, 모음조화 파괴, 새로운 격조사 출현 등의 다양한 변수가 발생하여 기존의 형태론적 해석만으로는 근대국어의 특이처격어를 논하기에 한계가 있다.

한편 志部昭平(1990), 上保 敏(2007)은 성조의 관점에서 '이/의'와 '애/에'의 실현을 해석하고자 하였다. 고유어의 경우 어간말 악센트가 평성이면 '이/의'를 취하고, 한자어의 경우에는 1음절이면서 악센트가 평성 중에서 고유어화한 정도가 높으면 '이/의'를 취하는 경우가 높다고 설명하고 있다. 성조와 특이처격어의 이러한 상관성은 홍윤표(1969 : 150)에서 이미 간략히 언급한 바가 있으나,5) 박형우(2010)에서 밝힌 바와 같이 성조만으로는 여러 특이처격어의 현상을 설명하는데 제약이 따른다. 그리고 성조가 16세기부터 약화되었으므로 근대국어의 특이처격어를 논의하는 데는 한계가 따른다.

이처럼 특이처격어는 여러 관점에서 논의되었으나 부분적 논의로 그쳤음을 알 수 있다. 특수어간교체형의 해석도 중세국어에는 타당성을 보이지만 근대국어에까지 이어지지 못하였고, 의미론적 해석이나 음운론적 해석도 특이처격어의 한 측면만 해석할 수 있는 한계를 보였다. 다만 형태론적 해석에 무게를 둘 수 있는 일말의 가능성은 보였으나 다른 관점의 해석도 지속적으로 논의될 필요가 있다.

---

4) 이것은 '통시적 간섭 현상'으로 볼 수도 있으나 통시적인 간섭 현상만으로 형태적 실현이 동일할 수 있는지는 좀 더 검토해 볼 필요가 있다. 이에 대한 의견은 후속 연구에서 답하고자 한다.

5) 특이처격어는 방점 및 음절관계에서 단음절어인 경우가 대부분이고, 마지막 음절의 방점이 평성이라는 특성을 지닌다고 한다.

2.2. 특이처격어와 닫힌 범주

근대국어의 특이처격어를 검토하기 위해서는 우선적으로 특이처격어의 어휘 범주를 분명히 해 둘 필요가 있다. 왜냐하면 근대국어에는 처격조사의 유형이나 형태가 변화를 보이기 때문이다. 특이처격어가 닫힌 범주(closed class)로 설정되지 않으면 격변기의 특성상 특이처격어가 열린 범주(open class)가 되어 도저히 더 이상 특이처격어를 논할 수 없게 된다. 우선 다음 예문을 살펴보자.

> (2) 가. 셕시는 의령현 사름이니 심티의 안해라 나히 <u>스믈희</u> 지아비
> 죽거늘 싀어미 셤기믈 효로 ᄒᆞ더니 … 싀어미 미양 <u>뒷간의</u>
> 갈 제 몸소 친히 업더라<東新烈1 : 42b>
> 나. 이 **싸홈의** 삼빅여 인이 죽으니 … 포슈 삼빅여 인으로 <u>밤의</u>
> 애오개 적진을 쳐 스오빅을 죽이다<산셩34>

특이처격어의 정의에 의하면 (2)의 '뒷간, 밤, 스믈, **싸홈**'도 특이처격어의 범주에 포함될 수 있다. 왜냐하면 특이처격어의 기준에 따라 이들이 조사 '의'에 선행하여 실현되기 때문이다. 그러면 근대국어에는 특이처격어를 열린 범주로 설정하는 것이 더 적절하지 않은가 하는 의문이 든다. 우선 (2)와 같은 유형의 단어가 한 문헌에 얼마나 등장하는지 확인해 보자. <東國新續三綱行實圖>(1617)의 '烈女篇'(권1)을 예로 들면 다음과 같다.

> (3) 가. 년(年), 뒷간, 묏꼴, 무덤, 믈, 밤, 살/셜(歲), ᄀᆞ(邊), 앒ᄒᆞ, 열여
> 둛, 집, 처엄
> 나. 가리현, 강, 강헌대왕됴, 거상(居喪), 경산, 공뎡대왕됴, 공민
> 됴, 공양왕됴, 공졍됴, 녕, 니시, 닙츈(立春), 됴뎡(朝廷), 됴셕

(朝夕), 만, 명종묘,병(病), 본종, 본현, 부곡, 부방, 북진, ᄇ롬, 사홀, 상(床), 셩효, 세속졀일, 스믈ᄒ, 스믈세ᄒ, 시졀, 시조 (始祖), ᄉ당, 아흔, 약, 열닐곱, 열아홉, 왕궁, 일야(日夜), 임오 년, 입, 장헌대왕묘, 좌우, 즈음, 침실, 효감, 효녀도, 효도, 후 (後) 등

(3가)는 중세국어에도 특이처격어로 실현된 단어들이고 (3나)는 근대 국어에 처격 '이/의'과 결합한 단어들이다. (3)의 현상을 적극적으로 수 용한다면 특이처격어는 열린 범주이며 근대국어에 이르러 어휘 범주가 확장된 것으로 판단해도 크게 무리가 없다. 그러나 과연 이러한 현상만 으로 특이처격어를 열린 범주로 인정하거나 특이처격어의 확대로 해석 해도 되는가 하는 것이다.

결론부터 말하자면, (3가) 계열과 (3나) 계열의 명사를 동일시하는 것 은 적절한 방법이 아니다. 왜냐하면 (3가) 계열의 명사는 근대국어에도 '이/의'와 적극적으로 결합하면서 형태적 보수성을 유지하는 반면에, (3 나) 계열의 명사는 처격 '이/의'와 결합하는 데에 매우 불규칙적이며 일 회성의 성격을 지니기 때문이다.6) 물론 약한 특이처격어의 한 부류로 인정하는 방법도 있지만 적절한 해결책으로 보기는 어렵다. (3나) 계열 의 이러한 현상은 마치 어휘부에 정착하지 못한 임시어와 유사하기 때 문이다. 뒤에서 다시 논의하겠지만 이것은 특이처격어의 문제라기보다

---

6) (3나) 계열에 속하는 명사를 <노걸대언해>(1670), <첩해신어>(1676), <박통사언해>(1677) 에서 검색해 보면, 이들이 서로 공통된 자질을 공유하지 못함을 알 수 있다.
　가. <노걸대언해> : 京城, 高店, 물, 王京, 뒷동산, 人家4, 每夜, 번, 北京, 술읫방, 하처, 안머/언 머, 五更, 外房, 劉淸甫, 夏店, 이전, 자락, 前年, 즈름, 村, 學堂, 후, ᄲ져, ᄒ나ᄒ, 흑당 등
　나. <첩해신어> : 公木, 구석, 기둥, 代官, 大廳, 大坂, 덕분, 덕컨, 路次, 만, 萬事, 病中, 釜山浦, ᄇ람, 바다ᄒ, 사롬, 三島, 上方, 送使, 順風, 시절, 心中, 約條, 御禮, 遠見, 日, 이전, 長老, 전 /전, 前例, 前面上, 前後, 接待, 전두, 朝廷, 筑前殿, 츌힝, 풍속, 彼此, 海路, 후, ᄉ셜 등
　다. <박통사언해> : 江南, 고향, 구석, 達達, 번, 사롬, 三更, 西天, 셔편, 예부, 촌, 후, ᄶ석, ᄒ롯밤 등

근대국어 처격조사의 형태적 혼란과 관련되므로 특이처격어와 연관시켜 논의하는 것은 적절하지 않다. 그러므로 특이처격어는 중세국어 시기에 특이처격 '익/의'와 결합한 명사로 한정되며 닫힌 범주에 속한다.

3. 중세국어의 특이처격어

3.1. 중세국어 특이처격어의 유형

중세국어의 처격조사는 '애, 에, 익, 의, 예'가 있으며 '애/에/예'와 '익/의'는 각각 음운론적 이형태들로서 장소, 방향, 비교, 원인 등의 의미로 쓰였다. '애/에/예'는 선행명사에 대한 형태의미론적 제약이 없으나 '익/의'는 소수 명사와 결합하는 특이성을 보인다. 그러나 특이처격어와 '익/의'의 결합은 형태음운론적 조건을 필수적으로 요구하지 않아서 특이처격어라 하더라도 일부 단어는 일반처격 '애/에'와도 결합하기도 한다.

> (4) 가. 이본 남기 새 닢 나니이다(龍飛御天歌 84)
> 나. 바롨 믈 시는 굼긔 드러 이셔(釋譜詳節 13 : 10ㄴ)
> (5) 가. ᄒᆞᄅᆞᆺ 아ᄎᆞ믹 命終ᄒᆞ야(釋譜詳節 6 : 3ㄴ)
> 나. 그 쌋 衆生이 샹녜 아ᄎᆞ매 各各 衣祴으로<阿彌陀經諺解(1464) 9a>

특이처격어 중에는 (4)의 '나모'나 '구무'와 같이 '익/의'와 강한 결합성을 보이는 명사도 있고 (5)의 '아춤'과 같이 '익/의'나 '애/에'를 모두 취하는 명사도 있다. 이처럼 중세국어의 특이처격어는 유형에 따라 결합성에서 차이를 보인다.

특이처격어는 특이처격과의 결합 정도에 따라 크게 세 가지로 나타나는데, 첫째는 반드시 특이처격과 결합하는 명사이며, 둘째는 특이처격

과 주로 결합하지만 일반처격과도 결합하는 명사이며, 셋째는 주로 일
반처격과 결합하지만 특이처격과도 결합할 수 있는 명사이다. '첫째 유
형과 둘째 유형은 특이처격과 주로 결합하는 것이고 셋째 유형은 일반
처격과 주로 결합하는 것이다. 이러한 결합성의 정도에 따라 본고에서
는 전자를 '강한 특이처격어', 후자를 '약한 특이처격어'라 칭하고자 한
다.7) 즉, 강한 특이처격어는 특이처격 '이/의'과 긴밀한 결합성을 보이
지만 약한 특이처격어는 그렇지 않다.

　이숭녕(1961/1981), 홍윤표(1969), 박형우(2010) 등에 의하면 중세국어의
특이처격어는 총 121개이다.8) 물론 특이처격어와 처격 '이/의'의 결합
이 필요충분조건을 만족하지 않아 회의적일 수도 있으나,9) 강한 특이처
격어는 규칙적 결합을 보이므로 어휘범주로서의 자격을 만족시킨다고
할 수 있다. 이러한 현상에 근거하여 특이처격어를 (6가)의 강한 특이처
격어와 (6나)의 약한 특이처격어로 구분하여 제시하면 아래와 같다.

---

7) 홍윤표(1969 : 145-6)는 '이/의'만을 취하는 명사, '이/의'나 '애/에'를 둘 다 취하는 명사로
　나누고 후자를 다시 '이/의'가 우세한 명사, '애/에'가 우세한 명사로 구분하였고, 박형우
　(2010)에서는 특이처격어를 전형적인 특이처격어, '애/에'를 주로 취하는 특이처격어, 특이
　처격과 일반처격을 모두 취하는 특이처격어로 구분하였다. 여기에서는 세 분류로 나누기
　보다 '강한 특이처격어'를 중점적으로 살펴보고자 하여 둘로 나누어 논의하고자 한다. 그
　리고 강한 특이처격어의 선별 기준은 홍윤표(1969 : 145)의 [표 1]의 문헌별 대표 처격에
　서 '이/의'로만 실현되거나 '이/의'와 '애/에'가 공존한 경우이며, 한 문헌이라도 '애/에'가
　대표형으로 나타났으면 약한 특이처격어로 처리하였다. 그리고 박형우(2010)의 전형적인
　특이처격어로 강한 특이처격어에 포함시켰다.

8) 최세화(1964)는 특이처격어에 해당되는 명사 115개를 제시하였으나 '菩薩'의 '薩(薩)'도 특
　이처격어로 인정하는 오류가 발견되며, 이숭녕(1980)에서는 1음절 한자어를 더 포함시키
　고 있으나 제시된 목록에 없으면 총목록에 포함시키지 않았다. (6)의 121개는 세 연구의
　총124개에서 3개가 빠진 것이다. 기존연구에서 특이처격어로 처리한 '맡(場), 과(共同格),
　열설(十歲)'는 적합성에 위배되는데 즉, '맡'는 표기가 확인되지 않았고, '과'는 조사이며,
　'열설'은 명사구이기 때문이다.

9) 특이처격어의 범주 설정에 있어서의 주된 고민은 명사 어휘부를 자료에 의존하여 설정할
　수밖에 없다는 것이다. 공시적 입장에서 중세국어의 어휘부를 판단할 수 있는 방법은 최
　대한 많은 텍스트를 구축한 말뭉치를 통해 확인하는 방법밖에 없다.

(6) 가. 곳/곶(花), 구무/굶(孔), 나모/낢(木), 나조ㅎ(暮), 낫/낮(晝), 낭
(崖), 녁(方), 니마ㅎ(額), 독(甕), 돗(帆), 빗돗ㄱ(帆), 뒷간(廁),
목(頸/喉), 목(配分), 뭍(陸), 밑(低), 밤(夜), 밧/밖(外), 밭(田), 밫
(발치跟), 볕(陽), 보ㅎ(棟), 봄(春), 불무/붊(爐), 브섑(廚), 삳/삺
(簹), 새박(曉), 섥(篋), 섭(薪), 솥(鼎), 시르/싥(甑), 아춤(朝), 앒/
앖(前), 우/우ㅎ(上), 잇/있(苔), 자릭/쟈릭/쟐ㅎ?(袋), 적(時), 집
(家), 터럭(毛), 처섬(初), ᄀ올ㅎ(邑), ᄀ울ㅎ(秋), ᄂ릭(津), ᄂ/
ᄂ(面), ᄆ릭/몰ᄅ(梁), ᄆ술ㅎ(村), 불ㅎ(臂), 뽁(片,方), 흙(土),
陵(릉), 峯(봉), 邪(사)

나. 갇(笠), 갈(刀), 갈눌(刃), 갓(皮), 거적(苫), 것(物), 곁/겹/곂(傍/
側), 곧(所), 골(谷), 국(湯), 굴(穴), 굴헝(壑), 그릇(器), 긴(綬),
길(道), 날(日), 낭(崖), 노(繩), 돌, 돗ㄱ(蓆), 맞, 뫼(山), 묏골(山
谷), 무덤(墓), 믈(水), 믈결(波), 볕(陽), 설(正月,歲), 셜흔(三十),
셤(島), 쇼(澤), 수플(林), 술(酒), 쉰(五十), 안(內), 언(崖), 언덕
(崖), 열여둛(十八), 옷(衣), 우믈(井), 자(尺), 콩(菽), 터(基), 하
늘(天), ᄀ릭(麵), ᄀ롭(江), ᄀ/ᄀ(邊), 둘(月), ᄇ롬(壁), 숡바당
(掌), 술(肌肉), 심(泉), 꿀(蜜), 짜(地), 國(국), 宮(궁), 南(남), 年
(년), 樓(루), 東(동), 等(등), 龍(룡), 門(몬), 方(방), 房(방), 坊
(방), 百(빅), 瓶(병), 山(산), 城(셩), 窓(창), 天(텬), 堂(땅)

　특이처격어가 근대국어에 이르러 어떠한 변화상을 보이는지 검토하
기 위해서는 (6가)와 (6나)를 모두 살펴보는 것도 필요하지만, 공시적 관
점에서 특이처격어는 이미 소멸된 어휘 범주이므로 약한 특이처격어를
검토하는 것은 그리 큰 의의를 지니지 못한다. 약한 특이처격어는 중세
국어부터 이미 처격 '애/에'와 결합하는 데에 적극성을 보였으므로 근대
국어에 와서 강한 특이처격어로 역행할 가능성은 거의 없기 때문이다.
즉, 처격의 대표형이 18세기에 '에'로 굳어졌기에 약한 특이처격어가
강한 특이처격어로 회귀할 가능성은 없다고 봐야 한다.

3.2. 16세기 특이처격어의 실현 양상

특이처격어에 대한 논의는 지금까지 15세기에 한정되어 논의되어 왔으므로 그 이후 어떠한 변화를 보였는지 검토되지 못하였다. 그리하여 이 절에서는 16세기 자료를 바탕으로 하여 특이처격어의 실현 양상을 살펴보고자 한다.

> (7) 가. 이 심을 다숫 모긔 논호와 ᄒᆞ나히 스므 근식 ᄒᆞ야 <飜老下 58b-59a>
>
> 나. 석둘에 머리털을 뷔여 ᄯᅥ며 두 녁 니마히 드리워 <小學2 : 2a>
>
> 다. 피 흘러 평상과 <u>돗긔</u> ᄀᆞ독 ᄒᆞ얏거늘 <小學6 : 57a>
>
> 라. 남진의 샹즈과 <u>섥의</u> 간스티 아니ᄒᆞ며 <小學2 : 50b>
>
> (8) 가. ᄇᆞᆯ읫 비와 이슬이 이믯 젓거든 <小學2 : 25a>
>
> 나. 하ᄂᆞᆯ 道 봄에 내고 녀름에 길우고 ᄀᆞ올ᄒᆡ 염글오고 <효경6b>

(7)의 '목(配分), 니마, 돗ㄱ, 섥'과 같이 16세기의 특이처격어는 15세기의 현상과 큰 차이를 보이지 않는다. 물론 (8나)와 같이 일반처격과 결합하는 것도 있지만 <孝經諺解>(1590)가 16세기 말에 간행된 것을 감안한다면 이러한 현상을 16세기의 일반적인 현상으로 처리하기는 어렵다.

16세기의 특이처격어 변화를 좀더 구체적으로 살펴보기 위해 <飜譯小學>(1518)과 <小學諺解>(1588)을 비교해 보자. 이들은 동일 원문을 언해하되 70년이라는 간격을 두고 있으므로 16세기의 언어 변화를 살펴볼 수 있다.

> (9) 가. 고올ᄒᆡ/지븨(9 : 30b), 나조ᄒᆡ(10 : 7b), 아ᄎᆞ믜(10 : 7b)
>
> 나. 고올ᄒᆡ/집의(6 : 27b), 나조희(4 : 33a), 아ᄎᆞᆷ의(6 : 107a)

(9가)의 <번역소학>과 (9나)의 <소학언해>에 의하면 표기법에서는 일부 차이가 있을지라도 특이처격어의 실현에는 큰 영향을 끼치지 않음을 알 수 있다. 그리고 두 자료의 전체 분포를 검토해 보니, <번역소학>은 '고올(ᄯ올), 나조, 녁, 밤, 밧ㄱ, 아춤, 앒, 우, 적(時), 집, 처엄, ᄆᆞᆯ, 구무, 나모'가 확인되었고, <소학언해>는 '고올ㅎ, 나조ㅎ, 녁, 밤, 밧ㄱ, 봄, 아 춤, 앒, 우, 적(時), 집, 처엄, ᄆᆞ올ㅎ, 나모, 목(喉)'이 확인되었다. 다시 말해, 표기법의 변화는 있으나 특이처격어의 변화는 활발하지 않았음을 알 수 있다. 16세기에 특이처격어로 쓰인 단어를 전체 말뭉치로 검색해 보면 (10)과 같다.

(10) 구무, 나모, 나조, 녁, 니마, 독, 목(喉), 목(配分), 뭍, 밑, 밤, 밧ㄱ,
    밭, 봄, 섥, 아춤, 앒, 우, 적, 집, 처엄, 고올, 가올, ᄆᆞ올

16세기는 15세기의 특이처격어의 유형보다 그 수는 비록 적게 확인되었으나 실현 양상은 15세기와 별 차이를 보이지 않았다. 이것은 (10)의 16세기 특이처격어가 15세기의 맥을 유지하고 있다고 할 수 있다.

4. 근대국어의 특이처격어의 실현 양상

4.1. 17세기 특이처격어의 실현 양상

근대국어는 국어의 자음 체계나 모음 체계가 큰 변화를 보이고 새로운 문법 구조도 출현한 시기이므로 특이처격어에도 변화가 발생하였을 것으로 예상된다. 우선 17세기 특이처격어의 실현 양상부터 살펴보자.

(11) 가. 그 앒픠 노코 흰 깁을 미자 魂帛을 밍ㄱ라<家禮5 : 20a>
　　　나. 앒픠 左右의 各 네 치싁 뷘 고디 억게롤 當ᄒ야<家禮6 : 6b>
　　　다. 태종왕 저긔 군ᄉ롤 내여 당병으로 더브러 빅졔롤 틸ᄉᆡ<東
　　　　新忠1 : 8b>

　(11)의 '앒, 적'은 중세국어의 특이처격어와 거의 유사한 실현 현상을
보인다. 다만 (11나)의 '앒픠'는 모음조화가 파괴되면서 '이'와 '의'의
변별성이 약화되어 나타난 것이다.10) 그러나 다음 예에서는 조금 다른
양상을 보인다.

(12) 가. 톱이 목의 걸인 돗 ᄒ야 믈도 드디 아니코 혹 토ᄒ며<두창
　　　　상 60a>
　　　나. 嗓子閣刺 목에 가싀 걸리다<譯語下53b>
(13) 가. 집의 이시며 업숨을 샹칭케 홀찌니<警民重35b>
　　　나. 비록 富貴ᄒᆞᆫ 집에 衣衾이 다 ᄀᆞᆺ나 다 뻐곰 襲斂티 아니ᄒ
　　　　고<家禮5 : 18a>

　(12)의 '목'과 (13)의 '집'이 중세국어에는 강한 특이처격어로 쓰였으
나 17세기에는 (12나)나 (13나)와 같이 일반처격과도 결합하기 시작한
다. 문제는 이러한 현상이 어느 정도 실현되는가 하는 것이다. 17세기의
언어 현상에 근거하여 특이처격 '이/의'와 결합하는 유형을 '의'형이라
명명하고, 일반처격 '애/에'와 결합하는 유형을 '에'형이라 하자. 이 두
유형의 분포를 확인하기 위해 전체 말뭉치로 검색해 보니 (14)와 같은
결과가 도출되었다.

---

10) 근대국어 조사의 통시적 변화는 김선효(2009, 2011ㄱ, 2011ㄴ) 등을 참고할 수 있다.

(14) 가. '의'형 : 구무, 나모, 나조, 녁, 니마, 독, 돗/빗돗, 뒷간, 목(配分), 뭍, 밋11), 밤, 밧ㄱ, 밭, 봄, 살, 솟, 앒, 우, 잇, 적, 처엄, 고올, 눛, ᄆ올, 볼(臂)

나. '의>에'형 : 목(喉)12), 아춤13), 집14)

(14가)는 '의'형만 확인된 경우이며 (14나)는 '의'형의 빈도가 우세하나 '에'형도 확인되는 경우이다. (14)에 의하면 특이처격어가 17세기에도 여전히 강한 특이처격어의 자격을 가지고 있음을 알 수 있다. 특이처격어의 목록도 중세국어, 특히 16세기의 목록과 유사하며 큰 편차를 보이지 않는다. 17세기의 가장 큰 특징은 (14나)와 같은 일반처격과 결합하는 단어가 발견된 것이라 할 수 있다.

4.2. 18세기 특이처격어의 실현 양상

앞 절에서 살펴본 바와 같이 17세기의 특이처격어는 중세국어와 큰 차이를 보이지 않았다. 그러면 18세기에는 어떠한지 확인해 보도록 하자.

(15) 가. 먼리 봉취 <u>고올의</u> 귀향 보내고<명황2 : 16b_18>

나. 엇디 능히 <u>새박의</u> 셩ᄒ고 어두오매 뎡ᄒ며 박혁(博奕)ᄒ고 <어제경세편26a>

다. 가싀덤불이 네 <u>녁히</u> 막히여 분변홀 길히 업ᄉ니<五倫烈 50b>

라. 그 <u>니마히</u> 泚홈이 이셔 睨ᄒ고 視티 몯ᄒ니<孟栗3 : 39a>

---

11) 밋틔(계축하 7b;馬經上 9a ; 火砲 9a ; 譯語下 40a), 밋희(계축하 15a ; 서궁 42b), 밋희(朴通上 50b), 밋틱(火砲, 17a)

12) 목의(두창상60a, 두경36a외 4회), 목에(譯語下53b 외 2회)

13) 아ᄎ미(家禮7 : 14a 외 39회), 아춤읜(시경2 : 14a 외 1회), 아춤의(東國孝7 : 22b 외 16회), 아춤애(권념3b 외 3회), 아춤에(老乞下37a 외 1회)

14) 지븨(東新烈2 : 79b 외 60회), 집의(女訓下14b 외 232회), 집에(家禮5 : 18a 외 3회)

18세기 문헌에서도 (15)의 '새박, 녁, 니마, 고올'과 같은 특이처격어의 쓰임이 확인된다. 그러나 이 시기는 다양한 표기 형태가 실현될 뿐만 아니라 특이처격과 일반처격이 모두 활발하여 (15)와 같은 형태만 확인되는 것이 아니다.

> (16) 가. 두 남긔 굼글 쑤러 다른 남그로 그 <u>굼긔</u> ᄀᆞᆯ박고 <을병연
>   행록2>
>   나. ᄀᆞ온디 죠고만 둥근 <u>굼게</u> 쇠막대 부리 두어 치롤 나오고
>   <을병연행록3>
>   다. 네모진 두 치 남기 주줄이 <u>구멍의</u> 꼿첫거눌 <을병연행록3>
> (17) 가. 혹 스스로 지어 <u>낫에</u> 죡지 못ᄒᆞ여 밤으로써 낫을 니으믈
>   <敬信,22b>
>   나. <u>낫의</u> 일이 업스면 서로 더브러 긴 거술 말ᄒᆞ고 <敬信,12a>
> (18) 가. 額纏 계집의 <u>니마에</u> 두르는 테<戎部方言8b>
>   나. 左手로 뒤흘 잡아 <u>니마의</u> 디나게 놉히 들어 左右手롤 밧고아
>   잡아<武藝09a>

(16)의 '구무', (17)의 '낫', (18)의 '니마' 등과 같이 18세기에는 특이처격뿐 아니라 일반처격과 결합하는 단어가 확대된다. 18세기 자료를 살펴보면, 특이처격어가 처격 '의/의'와 우선적으로 결합하지만 처격 '에'와 결합하는 유형이 17세기에 비해 더욱 다양해지고 빈도도 점점 높아진다는 것이다. 예를 들어, '구무'는 '굼긔>굼게'의 순서로 실현 빈도를 보이며, '니마'는 '니마의>니마에'의 실현 빈도순을 보인다.15) 그리고 이러한 현상은 대부분의 특이처격어에서 확인되었다. 그렇다면 18세기 전체 말뭉치에서 특이처격어가 어떤 양상을 보이는지 확인해 보자.

---

15) 굼긔(無寃錄3 : 52b 외 3회), 굼게(朴新2 : 41b 외 1회), 니마의(武藝09a 외 3회), 니마에(戎部方言8b) 18세기 자료에서는 아직 '이마에'와 같은 형태는 발견되지 않았다.

(19) 가. '의'형 : 나조, 밧(田), 들보, 솟, 앏, 적16), 터럭/털17)

　　나. '의>에'형 : 구무, 나모18), 낫19), 녁20), 니마21), 밋22), 밤23),
　　　　밧24), 봄25), 새박26), 우/위27), 집28), 처엄29), 고올30), ᄀ올/가
　　　　을31)

　　다. '에>의'형 : 뒷간32), ᄆ올/마을33), 목34), 흙35)

　　라. '에'형 : 독36)

(19)에 의하면 중세국어의 강한 특이처격어가 약해지기 시작한 시기
는 18세기임을 알 수 있다. 18세기의 특징은 강한 특이처격어의 경계가
허물어지기 시작했다는 것이며 이로 인해 '에'형의 용례가 증가하고

---

16) 저긔(御內2 : 58a 외 8회), 적의(三譯總解9 : 4b 외 47회)

17) 터러긔(地藏上1a)

18) 남긔(五倫孝21b 외 16회), 남게(五倫烈54b 외 3회)

19) 낫의(敬信54b 외 2회), 낫에(敬信22b)

20) 녁희(五倫烈50b 외 5회), 녁희(두 녁희 三譯總解8 : 8a 외 4회), 녁에(警問36a)

21) 니마의(武藝66a 외 4회), 니마에(戌部方言8b)

22) 밋희(을병연행록1, 2, 3, 5, 6, 7, 8, 9 ; 五倫孝43b ; 濟衆8 : 16a), 밋헤(戌部方言8b)

23) 밤의(御內1 : 59a 외 154회), 밤에(警問24a 외 38회)

24) 밧긔(蒙老3 : 5b 외 507회), 밧게(種德上25a 외 20회)

25) 봄에(蒙老5 : 11a 외 14회), 봄의(闡義3 : 2b 외 5회)

26) 새박의(어제경세편26a), 새벽의(闡義4 : 56b 외 5회), 새벽에(蒙老3 : 20b 외 1회)

27) 우희(無寃錄3 : 4a 외 306회), 우희(三譯總解7 : 19a 외 445회), 우헤(자휼전칙4b 외 2회),

28) 지븨(염불보권문_해인사), 집의(三譯總解1 : 1b 외 326회), 집에(續明1 : 21b 총83회)

29) 처엄의(御內1 : 13b 외 29회), 처음의(闡義4 : 56a 외 15회), 처엄에(女四4 : 54b 외 6회), 처음에(論栗1 : 46b 외 18회)

30) 고올의(명황2 : 16b_17) 고을의(명황1 : 3a_8 외 12회), 고을에(種德下45a 외 21회)

31) ᄀ올희(명황1 : 18b_10), ᄀ올의(種德御製序1b 외 1회), ᄀ을의(明義卷首下어제윤음 : 4a 외 1회), 가을의(敬信,53a), ᄀ을에(老乞重上48b 외 4회), ᄀ올에(老乞重下47b 외 1회), 가을에(유경기민인윤음 2a)

32) 뒷간의(御內2 : 59b), 뒷간에(老乞重上33b 외 1회),

33) ᄆ올희(御內1 : 64a 외 1회), ᄆ올의(三譯總解10 : 13b 외 2회), ᄆ을의(을병연행록6), 마을의(三譯總解10 : 19a 외 2회), ᄆ올에(種德下27a 외 3회), ᄆ을에(중외윤음12b 외 3회), 마을에(三譯總解3 : 2b 외 2회)

34) 목의(念海 일사본 32a 외 5회), 목에(無寃錄2 : 20b 외 14회),

35) 흙에(三譯總解5 : 11a 외 1회), 흙의(을병연행록4)

36) 독에(女四2 : 30a)

'에>의'형도 확인되며 심지어 '에'형 단독형도 확인된다.

4.3. 19세기 특이처격어의 실현 양상

근대국어에 들어선 후 특이처격어는 점진적으로 변화를 보이기 시작하였는데, 19세기에는 어떤 양상을 보이는지 검토해 보자.

> (20) 가. 그 이튿날 <u>아춤의</u> 보면 연지만 엉긔엿ᄂᆞ니 경헌 스긔에 뽀
>   드면 홍화 두 근에 연지가 거의 두 보ᄋᆞᄂ 되고<閨閤22b>
> 나. 풍악 쇼릭는 밧긔 진동ᄒᆞ며 도소와 즁은 <u>앏희</u> 버러 이시면
>   <易言4 : 25a>
> 다. 홍씨가 샹소를 들녀 가지고 궐문 <u>밧긔</u> 업디여 샹소를 밧치
>   려 하더니<미일신문 1898>
> 라. 빅셩은 <u>우희</u> 잇는 관원을 밋고 관원들은 아릭 잇는 빅셩을
>   밋어<독립신문 1899>

(20)의 '아춤, 앏, 밨, 우' 등은 19세기에서도 특이처격어로 쓰여 중세국어의 표기를 유지하고 있다. 이러한 표기만 본다면 근대국어의 특이처격어는 큰 변화를 보이지 않는 것처럼 보이지만 다음과 같은 형태도 확인된다.

> (21) 가. 오쥬의 두 셩이 마치 빗치 <u>나무에</u> 빗쵬 ᄀᆞᆺᄒᆞ니<성경직해
>   112a>
> 나. 무진년 <u>가을에</u> 잡혀 혀롤 끼물고<치명일기 15a>
> 다. 그 별을 짜라가 빅리훙 <u>고을에</u> 와 어린 ᄋᆞ희 잇는 곳에 니
>   르러<훈아진언 13b>
> 라. 정승의 <u>마을에</u> 안져 우흐로 님군을 도으며<협성회회보>

19세기에 이르면 (20)과 같은 특이처격 결합형보다 (21)과 같은 일반처격 결합형이 월등히 높은 분포를 보이기 시작한다. 예를 들어, '나무에>남긔'37), '가을에>가을의/ᄀ을의'38), '고을에>고을의>고올희'39), '마을에>마을의'40) 등과 같이 일반처격 '에'와의 결합 빈도가 월등히 높아진다. 이것은 특이처격어의 어휘적 범주가 매우 약화되었음을 입증한다. 이 시기에는 특이처격과 적극적으로 결합하는 단어는 '밧, 앒'에만 한정되고 대다수 단어는 일반처격과 더 적극적으로 실현된다. 19세기 전체 말뭉치에 확인된 특이처격어를 유형별로 제시하면 아래와 같다.

(22) 가. '의'형 : 나조, 밧, 앒
　　 나. '의>에'형 : 구무41), 밋/밑42), 부억43), 우44)
　　 다. '에>의'형 : 나모, 낫45), 니마46), 목47), 밤48), 밧(田)49), 봄50),
　　　　　　　　　새벽51), 아춤52), 적53), 집54), 처음55), 고을, 가을, 마을, 팔56)

37) 나무에(신정심상1 : 18b 외 49회), 남긔(感應5 : 23b 외 6회)
38) 가을에(1896독립신문 외 60회), 가을의(南宮17a 외 3회), ᄀ을의(한중록 외 2회)
39) 고을에(사민필지15 외 204회), 고을의(感應1 : 51b 외 12회), 고올희(태평광기언해)
40) 마을에(텬로력뎡1_16b 외 24회), 마을의(感應1 : 07a, 感應4 : 17a)
41) 굼긔(성경직해32a, 33b, 38b, 39b), 굼게(성경직해47a)
42) 밋희(독립신문1896 외 135회), 밋터(한중록262 외 7회), 밋희(感應1 : 33a 외 3회), 밋헤(매일신문1898 외 22회),
43) 부억의(조군15a 외 4회), 부억에(조군21b 외 2회)
44) 우희(성경직해 81a 외 437회), 위에(쥬교요지46a 외 158회), 우의(여소학 292 외 15회), 우헤(사민필지110 외 86회)
45) 낫의(한중록178), 낫에(시편촬요 외 6회)
46) 니마에(텬로력뎡1_54a 외 10회), 이마에(국한234 외 5회), 이마의(感應1 : 34b)
47) 목의(感應2 : 65b, 感應4 : 58b), 목에(예수성교전서_로스본 외 19회)
48) 밤에(국한221 외 371회), 밤의(淸老1 : 13a 외 21회)
49) 밧희(易言1 : 50a 외 8회), 밧희(성경직해 118b 외 11회), 밧에(독립신문 외 2회), 밧테(예수성교전서_로스본 외 16회)
50) 봄의(淸老5 : 13a 외 5회), 봄에(淸老7 : 19b 외 89회)
51) 새박의(한중록 276), 새벽의(한중록 164), 새벽에(성경직해 68b 외 18회)
52) 아춤의(閨閤22b 외 7회), 아춤에(주년86b 외 57회), 아침에(예수성교전서_로스본 외 4회)
53) 적의(淸老3 : 11b 외 1회), 적에(閨閤8b 외 65회)
54) 집의(淸老2 : 11b 외 188회), 집에(주년40b 외 1,074회)

라. '에'형 : 나루57), 흙58)

19세기에 이르면 (22)에서 확인할 수 있는 바와 같이 강한 특이처격어로 그 맥을 유지하는 것은 (22가)나 (22나)에 국한되며 대부분은 (22다)나 (22라)와 같이 일반처격 '에'와의 결합에 더 적극성을 띤다.

4.4. 강한 특이처격어의 변화 양상과 그 특성

지금까지 16세기부터 19세기까지 강한 특이처격어의 변화 양상을 살펴보았는데, 이들의 변화를 간략히 표로 제시하면 [표 1]과 같다. 이에 따르면 근대국어의 특이처격어는 뚜렷한 공통된 변화를 보인다. 17세기에는 중세국어의 양상과 큰 차이를 보이지 않았다가 18세기에 특이처격어의 유형에 변화를 보이기 시작하고 19세기에는 급격히 약화되면서 거의 소멸의 위기에 처함을 알 수 있다.

[표 1] 특이처격어와 처격의 결합 변화 양상59)

특이처격어	16세기	17세기	18세기	19세기
곳/곶(花)	의	의	-	-
구무/굶(孔)	의	의	의>에	의>에
나모/낚(木)	의/의	의/의	의>에	에>의
나조ㅎ(暮)	의	의	의/의	의
낮/낮(晝)	의	의	의>에	에>의
녁(方向)	의/의	의/의	의>에	-

---

55) 처음의(태평광기언해 외 2회), 처음에(주년31b 외 143회)
56) 팔의(明聖28b 외 2회), 팔에(성경직해 65a 외 6회)
57) 나루에(1896독립신문)
58) 흙에(주년80b 외 7회)
59) [표 1]에서 '-'의 기호는 말뭉치에서 확인되지 않는 것을 의미하며 '>'는 빈도수의 정도성을 표시하는 것이다.

특이처격어	16세기	17세기	18세기	19세기
니마ㅎ(額)	익	익	익/의>에	에>의
독(甕)	익/의		에	에
돗(帆)ㄱ/빗돗(帆)	-	-	-	-
뒷간(廁)	의	의	에>의	-
목(頸/喉)	익/의	의>에	에>의	에>의
목(配分)	의	의	-	-
뭍(陸)	-	익/의	익	-
밑(低)	의	익/의	익/의>에	익/의>에
밤(夜)	익/의	의	의>에	에>의
밧/밖(外)	의	의	의>에	의
밭(田)	익	익		에
밫(발치跟)	-	-	-	-
보ㅎ(棟)	-	-	익	에>의
봄(春)	의	의	의>에	에>의
불무/붊(爐)	-	애	-	-
브섭(廚)	-	의	의	의>에
삳/샅(簞)	-	익	-	-
새박(曉)	-	-	의>에	에>의
섥(簇)	의	-	-	-
섭(薪)	-	-	-	-
솥(鼎)	익	익	익	에
시르/실(甑)	-	-	-	-
아츰(朝)	익/의	익/의>에	익/의>에	에>익/의
앒/앖(前)	익/의	익/의	익/의	익/의>에
우/우ㅎ(上)	의	의	의>에	의>에
잇/읷(苫)	-	의	-	-
자르/쟈르(袋)	-	의/에	에	-
적(時)	의	의	의	에>의
집(家)	의	의	의>에	에>의
터럭(毛)	-	-	의>에	-
처엄(初)	의	의	의>에	에>의

특이처격어	16세기	17세기	18세기	19세기
ᄀ올ㅎ(邑)	의/의	의/의	의>에	에>의
ᄀ술ㅎ(秋)	의/의	의/의	의>에	에>의
ᄂᄅ(津)	-	-	-	에
ᄎ/ᄎ(面)	의.	의/의	-	-
ᄆᄅ/몰ㄹ(梁)	-	-	-	-
ᄆ술ㅎ(村)	의/의	의/의	에>의	에>의
볼ㅎ(臂)	-	의/의	-	에>의
ᄧᅩᆨ(片, 方)	-	에	-	-
흙(土)	의	의/에	에>의	에

[표 1]의 강한 특이처격어의 통시적 변화를 통해 확인할 수 있는 특성은 다음과 같다. 첫째, 특이처격어의 약화 및 소멸 과정은 처격의 대표형 '에'의 정착 과정과 밀접하다는 것이다. 최세화(1964 : 28), 남풍현(1977), 홍윤표(1969, 1994) 등에 의하면 처격 대표형이 '에'로 정착된 시기는 17세기 후반부터 18세기로서 특이처격어가 약화되는 시기와 일맥상통한다. 특이처격어가 약화되는 것은 처격의 대표형이 '에'로 정착하면서 특이처격 '의/의'의 형태적 표기도 힘을 잃은 것으로 판단된다.

둘째, 19세기까지 특이처격어의 기능을 유지한 명사는 '나조ㅎ, 밑ㅎ, 밧ㄱ, 부억, 앞ㅎ, 우ㅎ'등으로서 '나조, 우'의 ㅎ말음체언이거나 '밑ㅎ(밑), 앞ㅎ(앞), 밨(밖), 부억(부엌)' 등처럼 'ㅎ'이나 'ㄱ'으로 끝나는 공통점을 보인다.[60] 단, ㅎ말음체언은 중세국어의 모든 ㅎ말음체언에 적용되

---

60) 19세기 자료에서 쓰인 예를 제시하면 다음과 같다.
　가. 오눌 나조희 믈결이 붉고 돌이 볼그니 <태평광기언해_금>
　나. 이 바얌이 꼬리 밑히 골퍼짝 곳흔 거시 여러 기가 잇서 <독립신문_1896>
　다. 딕답지 아니홈은 저 밧긔 다른 사롬이 업눈 줄 알미러라 <텬로력뎡 73b>
　라. 오좀똥 눈 후에 손씻지 안니ᄒ고 부억의 드러가미 <죠군영적지 17b>
　마. 십ᄌ가 압희 니르러 <쥬년쳠례광익 70b>
　바. 거믄 장에 기름을 쟝간 쳐 그 우희 고로고로 발나 <규합총서 10b>

는 것이 아니라 근대국어 말기까지 그 형태적 보수성을 유지한 소수 단
어에만 국한된다. 이러한 양상은 홍윤표(1994 : 274-280)에서 언급한 형태
론적 해석이 근대국어에도 적용될 수 있음을 보인다.

셋째, 특이처격어의 소멸 과정은 '강한 특이처격어> 약한 특이처격
어> 특이처격어 소멸' 유형이 주를 이루었으나 '강한 특이처격어> 특
이처격어 소멸' 유형도 확인되었다. 특이처격어는 대부분 전자의 과정
을 거치지만 '나조ㅎ, 밧ㄱ'은 후자의 과정을 거쳤음을 알 수 있다. 후
자의 경우는 극소수의 단어에 국한되며 형태적 보수성을 강하게 유지하
다가 급격히 소멸된 것으로 보인다.

넷째, 특이처격어는 명사가 조사의 형태를 결정하는 특이한 제약 현
상을 지니므로 오히려 더 빨리 소멸한 것으로 보인다. 국어의 조사는
동사의 논항과 밀접하며, 특히 부사격조사는 동사의 의미역에 따라 조
사가 결정된다. 그러나 특이처격어는 명사의 속성에 따라 일반 처격과
특이 처격이 결정되었으므로 국어의 보편적인 형태통사적 현상과 궤를
달리한다. 이러한 현상은 특이처격어가 국어의 어휘범주로 자리매김하
는 데 한계를 보이는 것이며 국어의 보편적인 형태통사 현상에 위배되
므로 그 세력이 약화되는 데에도 어떠한 힘을 싣지 못한 것으로 보인다.

5. 결론

지금까지 특이처격어를 특이처격 '인/의'와 결합하는 정도에 따라 강
한 특이처격어와 약한 특이처격어로 구별한 뒤, 강한 특이처격어를 중
심으로 근대국어의 변화 양상과 그 특징을 살펴보았다. 강한 특이처격
어는 중세국어까지 처격 '인/의'와 강한 결합성을 보이지만 근대국어에

이르면 서서히 변하기 시작한다. 17세기에는 대부분 특이처격과 결합하고 처격 '에'와 결합하는 단어는 소수인 반면에 18세기에는 '의>에'형이 가장 높은 분포를 보인다. 그러다가 19세기에 이르면 '에>의'형이 절대적으로 우세하게 된다.

특이처격어의 통시적 변화에서 확인할 수 있는 것은 특이처격어의 약화와 처격 대표형 '에'의 정착이 밀접한 관계에 있다는 점을 입증하였다. 그리고 19세기의 언어 현상을 볼 때 특이처격어는 형태론적 관점에서 해석할 수 있으며, 특이처격어는 서서히 소멸하기도 하지만 일부 단어는 형태적 보수성을 유지하다가 급격히 소멸하기도 하였다. 본고에서는 강한 특이처격어에 한정하여 논의하였으나 약한 특이처격어도 비교하면서 논의하지 못하여 아쉬운 마음이 없지 않다. 후속 연구에서 아쉬운 부분을 확인해 보고자 한다.

참고문헌

국립국어원(2007/2011), 『21세기 세종계획 최종 성과물』(수정판), 국립국어원·문화체
 육관광부.
김선효(2009), 「의사관형구조 '에의'의 형성 과정과 요인」, 『국어학』 55, 국어학회,
 105-124.
_____(2011ㄱ), 「근대국어의 조사 '의'의 분포와 기능」, 『어문론집』 46, 중앙어문학
 회, 141-162.
_____(2011ㄴ), 『한국어 관형어 연구』, 역락.
김형규(1955), 『國語史』, 백영사.
남풍현(1977), 「국어 처격조사의 발달」, 『이숭녕선생 고희기념 국어국문학논총』, 탑출
 판사.
박형우(2010), 「15세기 특이처격어에 대한 연구」, 『한민족어문학』 57호, 163-188.
송원용(2002/2005), 『국어 어휘부와 단어형성』, 태학사.
심악이숭녕전집 간행위원회(2011), 『심악이숭녕전집7』, 한국학술정보(주).
양주동(1942), 『朝鮮古歌研究』, 박문서관.
이기문(1962), 「중세국어의 특수어간교체에 대하여」, 『진단학보』 2, 진단학회.
이숭녕(1961/1981), 『중세국어문법』, 을유문화사.
_____(1980), 「중세국어의 특이처격 '익', '의'에 대하여」, 『학술원논문집』(인문, 사회
 과학편) 19, 대한민국학술원 101-136, 심악이숭녕전집 간행위원회(2011)
 재록.
최세화(1964), 「처격의 변천-처격 '익·의'를 중심으로」, 『논문집』 5, 동국대학교 국어
 국문학과, 21-49.
허웅(1989), 『16세기 우리 옛말본』, 샘문화사.
홍윤표(1969), 「15세기 국어의 격연구」, 서울대학교 석사학위논문.
_____(1994), 『近代國語研究(Ⅰ)』, 태학사.
金善孝(2011ㄷ), 「朝鮮語の助辭結合と通時通語論」, 『朝鮮學報』 218, 日本朝鮮學會.
志部昭平(1990), 『諺解三綱行實圖研究』, 汲古書院.
上保 敏(2007), 「15세기 한국어의 처격 체계」, 『구결연구』 18, 289-315.
前間恭作(1909:100), 『韓語通』, 역대한국문법대계 제2부 3책, 탑출판사.

제 6 장

일본 근대 한어 자료의 부사격 '의' 과잉 양상과 요인

1. 서론

이 장의 목적은 일본의 근대 한어(韓語) 자료에 나타난 부사격조사 '의'의 과잉 양상과 그 원인을 살펴보는 데에 있다.[1] 근대국어는 음운, 형태, 문법 등에서 굵직한 변화를 보이는 시기이므로 통시적 관점에서 국어를 새롭게 조망할 수 있고 공시적인 문제들을 해결할 수 있는 통로가 되기도 한다. 그러나 일부 현상은 국어의 체계에서 완전히 소멸되어 그 현상과 원인을 쉽게 규명하기 어렵다. 부사격조사 '의'도 그러한 현상 중의 하나라 할 수 있다. 부사격 '의'는 중세국어의 특이처격조사 '익/의'로 소급될 수 있으며 형태론적으로는 전기중세국어 'ㅎ' 또는 고대국어 '矣/衣(익/의)'에 소급된다(이승재 2000 : 116, 황선엽 2006 : 317-9).[2] 후

---

[1] 韓語는 18세기 전후 雨森芳洲가 국어를 지칭했던 단어로서 남한어와 북한어를 통칭한 것으로 본고에서 사용한다. 한편 『표준국어대사전』에서는 '韓語'를 한국어와 동음이의어로 처리하고 있다.

[2] 特異處格助詞는 중세국어의 일부 명사가 일반처격 '애/에'를 취하지 않고 處格 '익/의'를 취하면서 命名된 것으로 15세기 자료를 중심으로 논의되어 왔다. 양주동(1942), 이숭녕(1986) 등 참조.

기 중세국어의 부사격조사로는 '인, 의, 에, 예, 에'가 쓰였으나 18세기 이후 '에'가 대표형으로 자리를 굳히면서 '의'는 점진적으로 약화 및 소멸의 과정을 거치게 된다(홍윤표 1994 : 277).

그러나 일부 자료에서는 근대국어의 보편적인 현상과 다르게 부사격 '의'나 관형격 '에'가 오히려 적극적으로 나타나기도 한다.3) 부사격 '의'의 적극적 실현은 국내 소수 자료에서만 확인되는 것이 아니라 일본의 한어 학습서인 『交隣須知』(1846, 1854)에서도 확인된 바 있다(김선효 2010). 『交隣須知』의 사본에 의하면 조사 '의'가 부사격과 관형격의 대표형으로 각각 쓰였을 뿐 아니라 부사격 '의'의 분포가 국내 자료보다 더욱 광범위하게 실현되었음을 알 수 있다. 이 연구의 시발점은 부사격 '의'의 적극적 실현 양상이 일본 근대 한어 자료의 보편적 현상인가 아닌가 하는 것과, 만약 이것이 보편적 현상이라면 개인의 문체적 성향에 의한 것인지, 다른 어떤 요인이 작용하여 발생된 것인지, 아니면 근대국어의 한 단면의 표상으로 해석해야 하는지 등의 다양한 의문에서 시작되었다.

본서에서는 이러한 의문을 해결하기 위해 일본인이 집필하거나 편찬한 자료를 중점적으로 살펴보고자 한다. 이 연구에서 검토하고자 하는 주요 자료는 일본 근대 한어 학습서인 『全一道人』(1729), 『交隣須知』(1846, 1854, 1881, 1883, 1904), 『朝鮮語譯』(18세기?)이며 참고 자료로는 최기령이 개판한 『隣語大方』(1790, 1882)을 사용하고자 한다.4) 특히 『交隣須知』나 『隣語大方』의 경우는 여러 寫本이나 刊本이 아직 현존하여 국어의 통시적

---

3) 부사격 '의'가 적극적으로 표기된 자료는 『우암션싱계녀서』(1650?)(박형우 2001), 『捷解新語』(1676) 등이 있으며 관형격 '에'가 적극적으로 표기된 자료는 『女四書諺解』(1736)(최전승 2002), 『隣語大方』(메이지본 1882) 등이다. 부사격조사 '의'의 소멸 과정은 김선효(2011a)를 참조할 수 있다.

4) 정승혜(2009)에 의하면 『隣語大方』의 저자는 현계근으로 부산의 왜학 훈도 활동 시기인 1774-1776년 경에 편찬하였고 최기령은 그것을 구입하여 개판하였다고 한다.

변화를 관찰할 수 있을 뿐 아니라 본고의 의문을 해소하는 데 매우 유용하리라 본다.

2. 일본 근대 한어 자료에서의 조사 '의'

일본의 근대 한어 양상을 살펴보기에 앞서 국내 근대국어의 현상을 확인해 보자. 국내의 언어 현상을 우선 이해한다면 일본의 자료를 분석할 수 있는 기준을 정립할 수 있고 그 특성을 파악하는 데 유익하리라 판단된다.

2.1. 근대국어의 조사 '의'의 양상

근대국어 조사 '의'는 중세국어에서 관형격과 부사격으로 혼기(混記)되어 쓰였다. 관형격조사는 'ㅅ, 이/의'가 선행체언의 의미적 자질에 따라 변별적으로 쓰였고, 부사격조사는 음운론적 조건에 따라 '애/에/예'가 쓰였고 특이처격조사 '이/의'는 일부 명사와 결합하는 특이 제약 현상을 보였다. 그러나 이러한 형태적 변별성은 'ㆍ'의 음가 소실, 관형격조사 'ㅅ'의 통사적 기능 약화 등으로 인하여 근대국어의 어휘나 통사구조의 변화와 함께 약화 및 소멸된다(홍윤표 1994 : 41~45). 더불어 부사격조사도 기존의 변별성을 상실하게 되면서 (1)에서와 같이 형태적 표기에 혼란이 나타난다.

> (1) 가. 효도와 공손한 거와 충성과 밋분 거슨 사롬에 근본이오.(關聖
> 帝君 明聖經諺解 22b)
> 나. 그 本은 내 훈 무움의 이시니(御製訓書諺解 5a)

(1가)는 관형격조사 '에'가 쓰인 예이며 (1나)는 부사격조사 '의'가 쓰인 예이다. 관형격조사 '에'는 16 · 7세기로 소급될 수 있으나(허웅 1989 : 96, 이승욱 1973 : 312) 자료에 따라 18세기에 더 확대되어 사용되거나 19세기 후반에 중부방언 자료에 집중되어 확인되기도 하였다(최전승 2002). 그러나 관형격조사 '에'와 부사격조사 '에'를 동일한 형태 표지로 인정하기에는 한계가 있다. 왜냐하면 근대국어의 관형격 '에'는 중세국어 '엣'과 유사한 환경에서 실현된 경우가 많기 때문이다(이선영 2006, 조재형 2008, 김선효 2009b, 이승희 2009). 오히려 (1가)의 '에'를 형태 층위와 통사 층위가 충돌하는 과도기적 형태, 즉 두 층위가 하나의 형태로 실현된 것으로 보는 것이 더 타당하다(김선효 2011a : 154-5).

(1나)의 부사격 '의'는 형태적으로 특이처격조사 '익/의'가 소급형이다. 중세국어의 특이처격조사는 한정된 명사와만 결합하는 제약성을 보였으나 근대국어의 부사격 '의'는 그러한 제약 관계를 형성하지 않고 문헌에 따라 편차를 보였다. 비록 '에'가 18세기 이후 대표형으로 자리를 굳혔지만 일부 자료에서는 부사격 '의'가 더욱 적극성을 보이기도 하였다.5) 이상과 같이 근대국어의 부사격조사는 형태통사적으로 혼란을 겪었지만 후기로 갈수록 '에'로 정착되어 갔다는 것을 알 수 있다.

2.2. 한어 학습서에서의 조사 '의'의 양상

일본에서 실시한 한어 교육은 신라시대부터 존재하였을 개연성이 높으나 본격적으로 실시된 것은 18세기 초 대마번(對馬藩) 이즈하라(嚴原)의 통사양성소를 중심으로 진행되었다. 특히 대마번의 유학자인 아메노모

---

5) 김선효(2011a : 146)에 의하면 17세기의 『捷解新語』는 '의'(65.8%)가 '에'(34.8%)보다 높은 빈도를 보였으며 19세기 『太上感應篇圖說諺解』(1852)의 '太上感應篇'에서는 부사격조사가 모두 '의'로만 실현되는 기현상을 보이기도 한다.

리 호슈(雨森芳洲)는 1689년부터 대마번에 종사하면서 한어 학습서 편찬 및 체계 형성에 지대한 영향을 끼쳤다.6) 그는 1703~1706년 동안 조선 땅에 머물면서 한어를 학습한 뒤에 1720년 번의 요청으로 통역 양성 계획서인 '韓學生員任用帳'을 제출하였고 1727년에는 통사양성소인 '한어사(한어사)'를 개설하여 통사 양성에 심혈을 기울였다. 그러나 1872년 메이지정부가 조선 외교 정책에 직접 관여하여 '한어학소(韓語學所)'를 설치하면서부터 한어 교육 정책이 정치적 목적으로 변질되었다(安田章 1966, 정광 1990, 우메다 2003, 박기영 2005, 정승혜 2006, 편무진 2009).7)

한어 교육 정책을 주도한 아메노모리는 일본 최고(最古)의 한어 학습서인 『全一道人』(1729)을 편찬하였으며 그 이후 『交隣須知』도 편찬하여 한어 발전에 큰 힘을 실었다. 특히 『交隣須知』(1846, 1854, 1881, 1883, 1904)는 에도시대부터 메이지시대까지 약 200년 간 寫本과 刊本을 합쳐 총15本이나 현존하여 근대국어의 통시적 현상을 살펴볼 수 있는 귀중한 자료이다. 그리하여 이 절에서는 일본 한어 학습서 중에서 초기 학습서류에 속하는 『全一道人』, 『朝鮮語譯』, 『交隣須知』의 부사격조사 '의'의 현상을 살펴보고 그 원인을 규명해 보고자 한다.

---

6) 아메노모리가 대마도의 번사(藩士)로 초빙되어 간 연도가 우메다(2003 : 50)에서는 1689년으로, 송민(1986 : 17)에서는 1693년으로 되어 있으나 추후 확인할 필요가 있다. 아메노모리는 1703년(36세)에 조선에 건너가 한어를 배웠고 1711(44세), 1719(52세)에는 조선통신사 일행을 안내하였다고 한다.

7) 우메다(2003), 정승혜(2006)에서는 조선과의 무역이 활발해지면서 한어가 더욱 필요하게 되었고 이것은 한어 학습서 편찬으로까지 발전하게 하였으나, 사실 朝 · 日무역은 1694년을 기점으로 감소하면서 1710년대에는 더욱 악화되었다(정성일 2000 : 189, Lewis 2003, 田代 2011 : 142). 당대의 상황을 통해 추정해 본다면, 한어 학습서 편찬이 대마도의 경제 활성화를 위한 하나의 방책으로 작용하였을 수도 있다. 이에 대한 연구는 향후 더 진행될 필요가 있다.

2.2.1. 『全一道人』과 조사 '의'

『전일도인』은 아메노모리 호슈가 편찬한 현존하는 최고의 한어 학습서이다. 이 책의 서문이나 범례에 의하면, 그는 학습서를 편찬할 때에 자훈(字訓)을 익히기 위한『韻略諺文』, 단어(短語)를 익히는『酬酢雅言』,[8] 글을 읽고 마음을 다스리는『全一道人』, 한어(韓語)를 유용하게 쓰기 위한『鞁屨衣椀』총 4단계로 편찬하였다고 한다(송민 1986 : 17-8). 그러나 아쉽게도 이 중에서 현존하는 것은『全一道人』이 유일하다.

『全一道人』의 본문은 '序', '孝部', '弟部'로 구성되어 있으며 중국의『勸懲故事』를 번역한 것으로 효성과 형제애를 강조한다. 본문 구조는 [도판 1]에서와 같이 한 단락이 두세 문장으로 구성되어 있고 한어를 가타가나로 전사한 뒤 이에 대응하는 왜어문(倭語文)을 잇대는 방식으로 구성하고 있다. 한어문(韓語文)과 왜어문의 표기가 차이가 나면 '손이라', 'ᄌ건이니' 등과 같이 한어를 첨기(添記)하여 학습자의 이해를 도모하고자 하였다.

安田(1964)는『전일도인』의 본문을 국어로 복원하여 전체 내용을 알기 쉽도록 하였는데 [도판 1]의 복원문(復元文)을 일부 제시하면 (2)와 같다.

(2) 쥬시절의。민손이라 ᄒᄂᆞᆫ 사ᄅᆞᆷ이。ᄌᄂᆞᆫ。ᄌ건이니。효셩이。지극。ᄒᆞ더니。일즉。샹모。ᄒᆞ고。계뫼。두 아들을。나ᄒᆞ니

---

8) 송민(1986 : 17)에서는 '酬酢雅言'(수초아언)으로 되어 있으나 이것은 편집상의 실수일 것으로 판단된다.

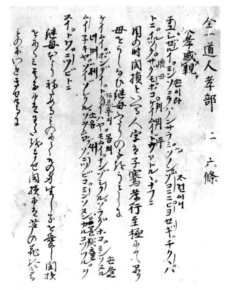

[도판 1] 『全一道人』의 原本

(2)는 [도판 1]의 첫 번째 문장을 국어로 復元한 것이다. '쥬시절의'가 'チ〜ユシゼ〜ルイ'로 전사되어 있으며 이때 관형격조사 '의'는 'ウイ'로 전사되어 있다. 일본어와 국어의 자모 체계가 다르므로 연음이 될 경우에는 'シゼ〜ルイ(시절의)'처럼 'ウ'계열의 표기를 사용한다.

여기에서는 『전일도인』의 '孝部'를 중심으로 '의'의 쓰임을 살펴보고자 한다. 『전일도인』을 살펴보면 관형격과 부사격조사의 유형은 '의, 이, 에, 예'이며 이 조사들의 전사 표기 방식은 다음과 같다. 첫째, 조사 '의'는 'ウイ' 또는 호선을 사용한 'ウ〜イ'로 전사되어 있다. 호선 '〜'은 두 모음이 하나의 음절임을 표시하는 기능을 한다.

(3) 가. ワ〜グシウ〜イ アビ(왕시의 아비)
　　 나. チ〜ユシゼ〜ルイ(주시절의)
　　 다. モムイ[몸의](몸의)[9]

(3가)와 같이 선행음절이 모음으로 끝난 경우는 'ウ ⌒ イ'로 전사되지
만 (3나)나 (3다)와 같이 자음으로 끝난 경우는 'ル', 'ム'처럼 'ㅜ'계열
로 전사되었다. 왜냐하면 'ウ'가 /우/로 발음나기 때문이다. 둘째, 조사
'의'의 경우는 'ソロイ'(소리)[10], 'スダイハ イ'(따히)에서와 같이 'ㅗ/ㅏ'
계열모음과 'ㅣ' 모음을 결합하여 전사한다.[11] 셋째, 조사 '에'는 'ㅣ'
모음 계열 뒤에서 'ツ ⌒ クキコ(죽기에)'와 같이 'ㅗ'로 전사된다. 간혹 예
외적 환경에서도 'ㅗ'가 전사되기도 하지만 'ㅣ'모음 계열 뒤에서는 규
칙적으로 'ㅗ'로 전사되어 있다. 넷째, 조사 '에'는 'ムルコキイ(물ㄱ에)'
와 같이 'キイ'로 전사된다. 선행명사의 마지막 음절이 모음인 경우는
'キイ'로 전사되지만 자음으로 끝날 경우는 'ムロイ(물에)'와 같이 'ㅗ'
계열의 자음과 'ㅣ' 모음을 결합하여 전사하였다.

위의 부사격조사가 지닌 특징은 선행명사에 따라 규칙적으로 격 표지
가 결정된다는 것이다. 예를 들어, '물'은 모두 '에'와 결합한 'ムロイ(물
에)'로만 실현되고 '집'은 '의'와 결합한 'チブイ(집의)'로만 실현된다. 하
나의 명사에 부사격 '의'와 '에'가 混記되어 나타나는 것이 아니라 일관
성을 보인다.[12] 이상과 같은 전사 방식을 참고하여 관형격 및 부사격조
사의 실현 양상을 검토해 보면 [표 1]과 같다.

[표 1]에 의하면 『전일도인』의 부사격조사로 '의, 익, 에, 예'가 모두
확인되며 그중에서 부사격 '의'가 72%의 절대적 우위를 차지하고 있고
다음으로 '에'가 15%의 분포를 보인다. 이에 따르면 『전일도인』에서는

---

9) [몸의]와 같이 [　　]는 『줖一道人』의 본문에 전사되어 있는 것을 지칭한다.
10) 安田(1964)는 '스리스리'로 복원하였으나 송민(1986)은 '소리'의 오자임을 지적하여 여기
　　에서는 그것을 수용하여 표기한다.
11) 'フ ″⌒ ル[블]フ ⌒ イ[희]'와 같은 전사도 확인되지만 송민(1986)은 '불휘'의 오자로 파악
　　하였다.
12) 先行名詞들이 음운론적 내지 의미론적 기준에 따라 일관성을 유지한 것이 아니므로 그
　　기준을 파악하기가 쉽지 않다.

조사 '의'가 부사격조사의 대표형으로 쓰이고 있으며 관형격조사도 '의'
가 98%의 분포를 보여 대표형의 지위를 지니고 있음을 알 수 있다. 즉
부사격이든 관형격이든 조사 '의'가 대표형으로 쓰이고 있다.

[표 1] 『全一道人』에 나타난 조사 '의'의 분포

	『全一道人』'孝部'			
	의	이	에	예
관형격	39	1	0	0
부사격	91	4[13)	19[14)	12
기타	7	1		
합계	137	6	19	12

2.2.2. 『朝鮮語譯』과 조사 '의'

『조선어역』(18세기?)은 岸田(2006)에 의해 문헌의 존재가 밝혀지면서 학
계의 관심을 받았다. 『조선어역』은 핫도리 난가쿠(服部南郭)의 자필 필사
본으로서 조선과 일본 간의 외교에 관한 대화편과 소설 '崔孤雲傳'으로
구성되어 있다. 대화편은 권1에 1책 86조와 2책 20조 도합 102조의 문
단이 수록되어 있고, 권2에는 2책 87조에서 105조의 문단이 있고, 권3
에는 '최고운전'이 수록되어 있다. '최고운전'은 통일신라 말기의 학자
최치원의 일대기를 허구화한 소설로서 '최충전(崔沖傳)'으로 널리 알려져
있으며 한어 통사 양성 과정에서 아메노모리 호슈가 학습 교재로 사용
했던 것이다. 이 자료의 집필 시기는 대화편에서 주로 다루고 있는 조
선과 일본 간의 외교 문제 내용을 볼 때에 『인어대방』과 상당 부분 일
치하며 두 자료의 음운적 특성을 비교해 본 결과 18세기 후기로 추정된

---

13) ソロイ(소리), コ^ツ[고]ゼ^イ[치](고치), スダイハイ(따히), モハイ(뫼히)
14) フヲイ(후에), セグドヲイ。(셩도에), ムロイ(물에), ムルカヲイ(물ᄀ에), トロホイ(들헤),
   チンソヲイ(진ᄉ에), クワ^グ[광]セ^イ[셔]ヲイ(광셔에), ニロヱンマノイ(닐웻만에), ア
   ヲコトイ(아ᄋ곳에), イコタイ[이곳에]('이곤에'로 전사되어야 한다)

다(岸田 2006, 정승혜 2009).15)

『조선어역』의 표기 방식은 권1과 권2가 전혀 다르다.16) 권1은 한어를 가타카나로 전사하고 그에 대응하는 대역 일본어가 있는 '가나(假名) 구조'이지만 권2는 국한 혼용문과 그에 대응하는 대역 일본어가 있는 '국한문 구조'이다.

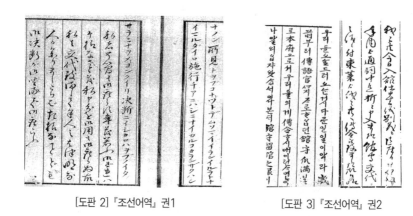

[도판 2]『조선어역』권1   [도판 3]『조선어역』권2

[도판 2]가 권1의 가나 구조로서 『전일도인』과 거의 유사한 구조를 가지고 있으나 부사격조사의 표기가 엄격하게 지켜지지 않은 현상을 보인다.17) 반면 [도판 3]의 권2는 국한문 구조로서 부사격조사의 표기 현

---

15) 집필 시기에 대해서 마에마 교사쿠는 1781~1789년 경으로 추정하고 있으며 정승혜(2009)는 『朝鮮語譯』이 『隣語大方』 朝鮮刊本의 所據 자료로 판단하면서 1750년대로 추정하고 있다.

16) 『조선어역』권1은 대부분 가나 구조이지만 1책 1조와 2책 86조는 국한문 구조로 표기되어 있다.

17) 『조선어역』권1을 검토해 본 결과, 'ウイ(의), ユ(예), ヲイ(에)'가 사용되었으나 『전일도인』에 비해 표기가 엄격히 적용되지 않았다.
   ㄱ. 門下ウイ ナツゾ*ワ(문하의 낮줍와), 館中ウイ 常々ウイ 朝鮮マル﹅(관중의 상상 의 조선말)
   ㄴ. 後ヲイノン(후에는), 江戸ヲイ(강호에), 彼此ヲイ(피차에)
   ㄷ. イツスブキユ(잇즈부기예), 所望ユ二ワ(소망예니와)

상을 쉽게 파악할 수 있는 장점이 있다. 그리하여 여기에서는 권2를 중
심으로 하여 부사격조사의 양상을 살펴보고자 한다.

(4) 가. <u>舘의</u> 와(舘ニ來て) (86조)

나. 出給ᄒ신 <u>後에</u>(御出被成被下ましてから)

다. <u>規外예</u> 머무지 못 홀가 시프외(規外に逗留は成らぬで御座ら
ふ)(譯 2 : 7a)

『조선어역』 권2에서 확인되는 부사격조사는 (4)과 같이 '의, 에, 예'의
격 표지가 확인된다. 다만 『조선어역』에서는 『전일도인』과 다르게 하나
의 선행명사에 부사격조사가 일관적으로 적용되지 않는 현상을 보인다.
예를 들어, '後'의 경우 '後에(4회), 後의(2회), 後예(1회)'가 모두 확인되는
것이다. 이러한 현상은 부사격조사가 더 이상 음운론적 혹은 의미론적
상관성에 근거하여 표기되는 것이 아님을 입증한다. 또한 이런 양상은
부사격조사의 분포에도 영향을 끼칠 것으로 추정되는 바, 권2 전체의
분포가 어떠한지 확인해 보도록 하자.

[표 2] 『조선어역』 권2 조사 '의'의 분포[18]

	『朝鮮語譯』 卷2			
	의	익	에	예
관형격	1	0	0	1
부사격	67	0	7	8
기타	1	0	0	0
합계	69	0	7	9

---

18) 부사격조사 '의'와 결합한 선행명사는 '관, 館中, 그날, 길, 날, 大官, 島中, 밤, 밧ᄀ, 後'
등의 총47개, '에'와 결합한 선행명사는 '일, 前例, 彼此, 後'의 총4개, '예'와 결합한 명사
는 '님시, 道理, 不意, 수이, 後, 規外'의 총6개가 확인된다.

[표 2]에 의하면 『朝鮮語譯』 권2의 부사격조사 대표형으로 '의'(81%)가
확인되며, '에'나 '예'는 그 빈도가 매우 낮다. 국내에서는 부사격조사의 대
표형으로 '에'가 이미 자리매김한 시기이지만 여기에서는 부사격 '의'가 대
표형으로 쓰여 국내와 상충되는 현상을 보여 준다.

2.2.3. 『交隣須知』와 조사 '의'

아메노모리 호슈가 편찬한 『交隣須知』(1846)는 에도시대부터 메이지시
대까지 200년 이상 일본인에게 가장 널리 알려진 한어 학습서로서 사본
인 고사본계와 증사본계를 합쳐 11본이 있고 간본도 4본이 있어 총15
본이 현존하고 있다(편무진 2006, 편무진·기시다 2005 : 12-13, 사이토 2004 등).
이 절에서는 앞에서 제시한 자료와 유사한 시기인 아스톤본(Aston本, 1846)
과 대마본(對馬本, 1854)을 중심으로 살펴보고자 한다.

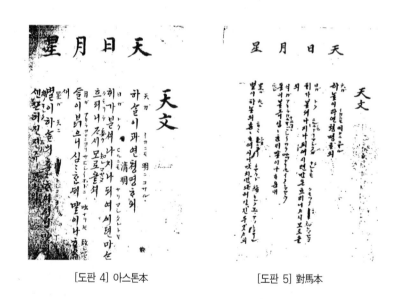

[도판 4] 아스톤本   [도판 5] 對馬本

[도판 4]는 아스톤본(1846) 권1의 첫 장이며 [도판 5]는 대마본(1854) 권

1의 첫 장으로서 표기에서 부분적인 차이를 보이지만 구성은 거의 동일하다. 부사격 '의'의 실현도 '별이 하눌의 총총ᄒᆞ여시니'에서와 같이 두 사본에서 모두 동일한 예문이 확인된다. 나머지 부사격조사들은 (5)와 같이 실현된다.

(5) 가. 洲쥬는 <u>강변의</u> 잇ᄂᆞ니라(スハ江ノ辺ニアル, 1 : 29a)

　　나. 東北風 동븍풍이 부니 <u>좌도에</u> 표박ᄒᆞ 비가 올 듯ᄒᆞ외(キタコチカ
　　　　フクニヨリ 上ミニ ノッタ 舟カ 來サワニ コサル, 1 : 3b)

　　다. 曝 이것이 측측ᄒᆞ니 <u>볏히</u> 노화 물러여라(コレガ シメダニヨリ
　　　　陽タニ ヲイテ ホセ, 1 : 14b)

　　라. 郊 <u>교외예</u> 나가 산양이나 ᄒᆞ웁소(カマヘ外ニ デテ カリナリ
　　　　トモ サシャレマサイ, 1 : 22b)

(5)는 아스톤본 자료로서 부사격조사 '의, 에, 이, 예'가 확인된다. 이러한 격 표지들이 어떠한 분포를 보이며 대마본과 비교하여 보았을 때에 어떠한 차이를 보이는지 확인해 보고자 한다. 우선 권1을 중심으로 조사 분포 양상을 확인해 보면 [표 3]과 같다.

[표 3] 『交隣須知』 권1에서의 조사 '의'의 분포(김선효 2010 : 41)

	아스톤本(1846)				對馬本(1854)			
	의	에	이	예	의	에	이	예
관형격	19	0	0	0	17	0	0	0
부사격	116	4	19	8	96	1	14	10
계	135	4	19	8	113	1	14	10

[표 3]에 의하면 부사격 '의, 에, 이, 예'가 모두 확인되지만 '의'가 절대적으로 우세한 분포를 보인다.[19] 이러한 부사격 '의'의 과잉 현상은 사본 『교린수지』에서만 주로 확인되며 조선인 교열자가 참여한 간본부

터는 '에'가 대표형으로 쓰인다(김선효 2010 : 44-48).

지금까지 살펴본 바에 의하면 부사격 '의'의 과잉 현상이 하나의 자료에만 국한된 것이 아니라 일본 근대 한어 자료에서 공통적으로 확인된다는 것을 알 수 있다. 이것은 국내 근대 자료의 보편적 분포 현상과 일치하지 않고 일부 소수 자료에서만 확인되던 현상이다. 그렇다면 왜 한어 학습서류에서는 국내 언어 현상과 궤를 달리하는 양상을 보이는가 하는 것이다. 한어 학습서류에서 공통적인 분포 양상을 보인다는 것은 어떤 공통된 속성이 작용하였을 가능성이 높다고 판단된다.

3. 일본 한어 자료에서의 부사격 '의' 과잉 실현 요인

18세기 중엽부터 19세기 중엽까지 일본에서 편찬된 한어 자료를 검토해 본 결과, 부사격조사의 대표형으로 '의'가 매우 적극적으로 실현되고 있었다. 국내 자료에서는 소수 자료에서만 확인되는 부사격 '의'의 과잉 분포가 왜 일본 근대 한어 자료에서는 보편적으로 나타났는가 하는 의문이 들지 않을 수 없다. 국내 자료에서는 예외적 현상이 일본 자료에서는 보편적 현상으로 실현되었다는 것은 분명 어떤 요인들이 작용하였을 것으로 추정되며 이 장에서는 그 원인을 규명해 보는 데 주력하고자 한다. 우선 부사격 '의'의 과잉 실현 현상의 원인으로 몇 가지 가설을 추정해 볼 수 있다.

---

19) 부사격은 '의>예>에' 순으로 쓰였다. 아스톤본(1846)에서 부사격 '의'와 결합한 단어는 '굿틱, 늣치, 모식, 무어시, 밋틱, 볏틱, 볏히, 싸히, 쌍히, 우히, 것싀' 총 11개의 단어가 확인되었고, '예'는 '교외, 뎡박기, 마리, 빅, 스이, 엇개, 외, 풀궁동이' 총 8개의 단어로서 'ㅣ'모음 계열 뒤에 주로 실현되었으며, '에'는 '좌도, 후'의 단어에서만 확인되었다. 대마본(1854)에 실현된 단어도 아스톤본과 큰 차이를 보이지 않으나 일부 축소되었다. 부사격 '의'와 결합한 단어는 '그릇, 굿ㅎ, 늣ㅎ, 못, 무엇, 밋ㅌ, 볏ㅌ, 볏ㅎ, 우ㅎ, 것人' 총 10개, '예'는 '교외, 궁동이, 뎡바기, 마리, 스이, 엇개, 외' 총7개, '에'는 '左道'만 확인되었다.

(6) 가. 중세국어의 특이처격어가 확장된 것이다.
    나. 지리적으로 인접한 영남방언이나 전라방언의 간섭에 의한
        것이다.
    다. 일본어의 간섭에 의한 것이다.
    라. 근대국어의 과도기적 현상이 표기의 보수성에 영향을 끼친
        것이다.

이제부터 (6)에 제시된 가설에 따라 부사격 '의'가 어떤 요인에 의해 일
본 근대 한어 자료에서 적극적으로 실현되었는지를 검토해 보고자 한다.

3.1. 특이처격어의 상관성

부사격 '의'가 거론될 때마다 선행명사를 특이처격어와 연관을 짓게
된다. 어느 시기이든 부사격 '의'와 결합하는 명사라면 특이처격어의 한
유형에 속할 것으로 추정하게 되며 이러한 가능성은 일본 한어 자료라
고 예외가 되지는 않는다. 문제는 과연 그러한가 하는 것이다.

특이처격어는 중세국어에서 일반처격 '애/에/예'가 아니라 특이처격
'익/의'를 취한 명사로서 약 121개가 있으며 양주동(1942)에서 비롯하여
김형규(1955), 최세화(1964), 홍윤표(1969), 이숭녕(1980), 박형우(2010), 김선효
(2012) 등에서 논의된 바가 있다. 특이처격어가 비록 소수의 단어이지만
뚜렷한 특성을 지니므로 후기 중세국어에서는 하나의 어휘 범주로 인정
되고 있다. 그리하여 일본 근대 한어 자료에서 확인된 부사격 '의'의 선
행명사도 특이처격어의 한 유형으로 처리할 수 있지 않을까 하는 것이
다. 달리 말한다면, 일본 한어 자료의 부사격 '의'가 중세국어의 특이처
격 '익/의'과 상관성이 있지 않는가 하는 것이다.

결론부터 말하자면 한어 자료의 부사격 '의'는 특이처격과 무관하다.

그 근거로는 첫째, 특이처격어는 근대국어에 이르러 점진적으로 약화 및 소멸된 어휘범주이다. 특이처격어의 소멸 과정을 통시적으로 검토해 본 결과, 후기 중세국어에서 강한 결합성을 지녔던 명사라도 근대국어에 이르면 점진적으로 약화 및 소멸되었다(김선효 2012). 왜냐하면 부사격 조사 '에'가 근대국어의 대표형으로 자리를 잡았고, 특이처격어가 국어의 형태통사론적 구조에 위배되어 실현되었기 때문이다. 격조사는 일정한 음운, 형태, 통사 기준에 따라 실현되어야 하지만 특이처격은 그 기준이 모호하였고 무엇보다 명사에 의해 격 표지가 결정되는 특이한 구조였으므로 국어의 어휘범주에서 자리를 굳히지 못하고 소멸된 것으로 보인다.

둘째, 특이처격어는 일반처격이 아닌 특이처격을 취하는 단어를 지칭한다. 그러나 일본 한어 자료에서는 조사 '의'가 소수 단어와 결합하는 것이 아니라 대표성을 지니고 있으므로 그 특이성을 상실한 것이다. 즉 부사격 '의'가 대표형으로 쓰였으므로 특이처격어와 연관성을 두는 것은 무리라 할 수 있다. 이상과 같이 일본 한어 자료에서의 부사격 '의'의 과잉 현상과 중세국어의 특이처격어를 연관시키는 것은 적절하지 않음을 알 수 있다.

3.2. 한국 방언의 간섭

다음으로 추정해 볼 수 있는 것이 한국 방언의 간섭 현상이다. 어떤 현상이 국내 자료의 보편적 양상과 편차가 클수록 그 현상을 중앙어의 간섭이라고 하기보다 지역 방언의 간섭에 의한 것으로 해석할 가능성이 높다. 부사격 '의'의 과잉 현상도 국내 자료에서는 보편적 현상이 아니었으므로 지역 방언의 영향에 의한 것으로 추정할 수 있다. 특히 아메노모리 호슈가 대마번에서만 근무한 것이 아니라 부산의 초량 왜관에도 왕래하였고 조선에 통역 견습을 보내기도 하였다는 것은 방언의 간섭에 더 무게를 두게 한다(우메다 2003 : 54). 특히 초량 왜관이 있는 영남 방언이나 지역적으로 인접한 전라 방언의 간섭을 받았을 가능성이 높다. 그렇다면 부사격 '의'와 지역 방언이 어떤 상관성을 지니는지 확인해 보도록 하자.

먼저 영남 방언과의 연관성부터 살펴보자. 아메노모리 호슈가 초량 왜관에 머물면서 한어를 학습한 적이 있으므로 영남 방언의 영향을 받았을 개연성이 높고 부사격 '의'의 과잉 현상도 영남 방언의 일부일 수도 있다. 이러한 추론에 대한 검증은 당대 영남 방언의 자료를 통해 확인할 수 있으리라 본다. 백두현(1992 : 116)에 의하면, 영남방언의 관형격조사로는 '으'만 확인되며 부사격조사 '의게'도 '으기'나 '어게' 등으로 확인된다고 한다. 단어의 경우에도 17세기 초부터 18세기 후기까지 '의'가 어두나 비어두음절에서 /의/, /으/, /이/로 공존하였으나 관형격조사는 '으'로만 실현되었다고 한다.

(7) 가. 범으 물이간 비 된지라(嶺三 1 : 6a), 모으 상애(母喪)
　　나. 가인으기 무기기지 안하며(영삼 1 : 32b), 아비으기 효하지 못
　　　　함으로(영삼 3, 2 : 26b)

(백두현 1992 : 116 인용)

(7가)의 관형격조사 '으'와 (7나)의 부사격조사 '으기'에서 확인할 수 있듯이 영남방언에서는 격조사 '의'를 '으'로 발음하고 표기하였다. 관형격이든 부사격이든 '의'로 표기되거나 발음되지 않고 '으'로 실현되는 경향을 보였다. 그러므로 (7)의 현상은 한어 자료의 부사격 '의'가 영남 방언과는 무관하다는 것을 입증한다. 비록 아메노모리 호슈가 부산으로

왕래를 하였더라도 한어 자료를 집필하는 과정에서 영남 방언이 영향을 끼쳤다고 보기는 어렵다.

다음으로는 일본과 지리적으로 근접한 전라방언의 영향도 고려해 보자. 최전승(1986 : 34-40)에 의하면 19세기 후기 전라방언의 관형격조사는 '의'와 '으'로만 실현되며 부사격조사의 경우는 '에'와 '의'가 보편적인 형태였다고 한다. 그리고 부사격조사 '의'는 '으', '이', '위/우' 등의 변화를 19세기 후기에 보였다고 한다.

(8) 가. 니으 아우(삼국지 3 : 36b), 니으 호가 봉취여(同, 4 : 37a)
     나. 비에 오르며 비의 나리고(삼국지3, 40a), 비으 올나(同 3, 12a),
         무덤 압피 무더(조웅 2 : 2b), 격진 압푸 이르니(조웅 3 : 13b)
                                    (최전승 1986 : 35, 36, 38, 39 인용)

(8)에서와 같이 전라방언의 관형격은 '의'와 '으'로만 실현되었고 부사격은 '의'와 '에'로 실현되었으나 '으', '이', '위/우' 등의 변이형도 확인되었다. 전라방언에서 관형격과 부사격에 모두 '의'의 표지가 확인되었다는 것은 한어 자료의 부사격 '의'와 상관성을 열어 둔다. 그러나 일본의 한어 자료에서는 조사 '의'의 이형태로 '으'가 확인된 바가 없으며 항상 '의'로만 실현되었다는 것에 주목해야 한다. 한어 자료에서 이형태가 확인되지 않은 상태에서 한어 자료의 부사격 '의'가 전라 방언의 간섭에 의한 것이라고 할 수 없기 때문이다.

그렇다면 부사격조사 '의'의 과잉 실현을 어떻게 해석해야 할 것인가. 이 문제를 해결하기 위해서는 한어 학습서 자체를 우선 검토하는 것이 더 타당할 것으로 판단된다.

(9) 가. 눕-   ㅏ ワ(누어), ㄨ ワ 더럽-   ㅏ ロ ヲ ン

나. <u>쓰으</u>-(引)スクキ(쓰어),   닛-(繼)   ニキ(니어)

다. 겨을   ケヲリメン   ᄆᆞ올   モヲル

(송민 1986 : 55 참고)

(9)는 『全一道人』의 전사 자료로서 이들을 살펴보면 용언의 활용형이나 명사가 중앙어로 실현되어 있음을 확인할 수 있다. 이들이 영남 방언으로 실현되었다면 (9가)는 'ㅂ' 불규칙활용이 아닌 규칙활용이 적용되어 '누버, 더러버'로 실현되어야 하고, (9나)도 'ㅅ' 불규칙활용이 아닌 규칙활용으로 'ㅅ'이 첨가되어 '쓰서, 니서'로 나타나야 하며, (9다)는 어휘 내부에 'ㅅ'이 개입되어 '겨슬, ᄆᆞ술' 등으로 나타나야 한다. 그러나 (9)는 중앙어의 실현형으로서 『全一道人』의 표기가 중앙어를 반영하고 있다는 것을 입증한다.[20] 송민(1986 : 51-58)에 의하면 『全一道人』에서는 음운 변화나 어휘 사용에서 방언적 성격을 보이지 않음을 입증하고 있다. 그리고 저자인 아메노모리 호슈가 중앙어와 방언의 차이, 한어의 발화와 표기의 차이 등에 관심이 많았고, 언어 학습 시에는 중앙어를 중시하였다는 것이다. 아메노모리 호슈가 부산을 왕래하였으므로 영남 방언의 영향을 받았을 것이라 추정하였으나 오히려 중앙어를 중시하고 그것을 편찬 과정에 반영하였음을 알 수 있다. 그러므로 한어 자료에서 확인된 부사격 '의'의 표기를 지역 방언의 간섭으로 보는 것은 타당하지 않다.

3.3. 일본어의 간섭

다음으로 추정할 수 있는 것은 일본어의 간섭에 의한 현상이다. 일본어의 조사 'に'는 국어의 처소격과 여격에 모두 대응되므로 부사격 '의'

---

20) 『全一道人』이 중앙어의 반영으로 보는 것은 우메다(2003 : 62), 오츠카(2003) 등에서도 입증한 바 있다.

를 일본어 'に'의 간섭에 의한 것으로 해석할 수도 있다(유동석·차윤정
2004 : 63, 차윤정 2009 : 289). 그러나 근대국어에서는 처소격과 여격의 격
표지를 엄격히 구별하여 사용하였으므로 일본어 조사 'に'와 부사격 '의'
를 유사한 범주로 논의하는 것은 적절하지 않다. 일본어에서는 처소격
과 여격를 모두 'に'로 표기할 수 있어도 근대국어에서는 처소격은 '의'
나 '에'로, 여격의 경우는 '끠, 의게, 에게/에' 등으로 표기하였기 때문이
다.21)

근대 한어 자료의 부사격 '의'가 일본어의 간섭에 영향을 받았는지를
판별하는 것은 그리 까다롭지 않다. 한어 자료가 처소격조사와 여격조
사를 구별하여 전사하였는가를 살펴보면 일본어의 간섭 여부를 확인할
수 있기 때문이다. 한어 자료에서 처소격과 여격을 구별하지 않고 부사
격 '의'로 전사하였다면 일본어의 'に'의 간섭으로 해석할 수 있지만,
이 격조사들을 구별하여 전사하였다면 일본어의 간섭으로 볼 수 없다.
앞 장에서 한어 학습서류에서는 이미 처소격 표지로 '의'를 사용한 것을
확인하였으므로 여기에서는 여격 표지가 어떻게 전사되어 있는지 살펴
보도록 하자.

(10) 가. アブコイ。クロ。(8)　　　　　아븨게. 꿀어.

　　　나. アナイコイ。ダグブハヤ。(26)　안해게. 당부ᄒᆞ야.

　　　다. ヲムイコイ。テルニ。(32)　　　어믜게. 드리니

(11) 가. 第一船 都船主의게 手形ᄒᆞ기는 (第一船都船主に手形仕ました
　　　は)(第92條, 譯 2 : 12a)

　　　나. 差備官게셔도 外三寸 服制을 만나시매(差備官にも母方の叔父
　　　の喪に逢れました故)(第98條, 譯 2 : 24b)

---

21) 일본어에서는 '동경에 산다', '아버지께 편지를 쓴다'와 같은 장소의 '에'나 대상의 '에게/
께' 모두 'に'가 쓰인다.(지경래 1995 : 364-365)

(12) 가. 늠의게 덕틱을 깃쳐야 올흐니라.(1 : 41a) (人ニ ヲントクヲ
　　　　ホドコシテコソ ヨウ コサル.)

　　　나. 의원의게 믹 뵈고 약이나 먹습쇼(1 : 47a) (イシヤニ ―― ミ
　　　　セテ クスリデモ ノマレマセイ)

(10)에서 (12)은 근대 한어 자료에서 확인된 여격 표지로서 (10)의 『全一道人』에서는 'コイ'(게)가 확인되었고, (11)의 『朝鮮語譯』이나 (12)의 『交隣須知』에서는 '의게'가 확인되었다. 이상에서 살펴본 바와 같이 처소격과 여격 표지는 『全一道人』에서부터 구별되어 전사되었으므로 부사격 '의'의 실현을 일본어의 간섭으로 처리하는 것은 타당하지 않다.

3.4. 표기의 보수성

이제 마지막으로 검토할 표기의 보수성에 대해 살펴보자. 일본의 한어 자료에서 부사격 '의'가 적극적으로 표기된 것은 표기의 보수성과 밀접할 것으로 추정할 수 있다. 부사격 '의'가 당대 현실음의 반영이라기보다 표기의 보수적 성향과 연관되었을 것으로 보는 것이다. 근대국어의 조사 '의'가 형태음운론적으로 정착되지 못하자 국내의 자료에서 사용하던 부사격조사의 표기를 그대로 수용하였을 것이다. 문제는 부사격조사의 대표형으로 왜 '의'를 사용하였는가 하는 것이다.

첫째, 조선 사역원에서 편찬된 왜학서류나 한어 학습 자료들을 살펴보면 부사격조사의 대표형이 모두 '의'로 표기되어 있다. 조선 사역원의 왜학서인 『捷解新語』(1676)나 『隣語大方』(조선간본, 1790)을 살펴보면 비슷한 시기에 편찬된 다른 자료보다 부사격 '의'가 적극적으로 쓰이고 있다(이형미 2007 : 83, 김선효 2011a : 146). 『捷解新語』가 『老乞大諺解』(1670)나 『朴通事諺解』(1677)와 비슷한 시기에 편찬되었으나 『捷解新語』에서만 부사격 '의'가 적극적으로 나타난다.22) 이러한 현상은 『隣語大方』에서도 유사한 현상을 보이는데, 『隣語大方』의 경우 조선의 사역원에서는 왜학서로 사용하였으나 일본에서는 한어 학습서로도 사용되었으므로(정승혜 2009 : 173, 岸田 2006) 사역원의 왜학서류가 한어 학습에 귀중한 참고 자료가 되었을 것임에 틀림없다. 아메노모리 호슈가 한어를 배우거나 『全一道人』을 편찬하였을 당시에도 당대의 왜학서류를 참고하였을 가능성이 있고 그 자료에서 적극적으로 사용된 부사격조사 '의'를 수용하였을 개연성이 높다.

게다가 아메노모리 호슈는 한어 학습의 한 방법론으로 <숙향전>, <최충전>, <임경업전> 등의 고전소설을 전사하면서 학습하였다고 한다(정병설 2005 : 32). 그중 <최고운전>(18세기?, 『조선어역』 권3)을 살펴보니 이 자료에서도 부사격 '의'가 적극적으로 사용된 것을 확인할 수 있다.23) 이와 같이 왜학서류나 한어 학습 자료에서 부사격 '의'가 적극적으로 나타났으므로 아메노모리 호슈가 한어 학습서를 편찬할 때에도 부사격 '의'를 적극 반영하게 된 것으로 추정된다. 그리고 이러한 과잉 현상은 향후 일본의 근대 한어 자료에도 영향을 끼친 것으로 판단된다.

둘째, 근대국어의 형태음운론적 과도기성이 부사격 '의'의 표기에 영향을 끼친 것으로 판단된다. 우선 형태론적 과도기성을 살펴보면, 근대국어 시기에는 관형격과 부사격의 격 표지가 혼기되어 사용되었

---

22) 『첩해신어』(1676)의 저자 강우성은 임진왜란 때 왜군의 포로가 되었다가 10년 후 돌아와서 왜관에서 업무를 하거나 통신사행을 수행할 때에 쓰던 말을 모아 10권으로 편찬한 것이다.(정승혜 2003 : 123)

23) <崔孤雲傳>는 현재 연구하고 있는 자료로서 그 분포 양상을 살펴보면, '의'가 가장 적극적으로 사용되었으며 그 다음으로 '예'가 ㅣ계열 모음 뒤에 거의 규칙적으로 사용되었고 '의'나 '익'는 극소수만 확인되었다.
　가. 쇼국의 엇지 져 런 직시 이시리오(3 : 38 a : 7)
　나. 비예 올라 발션ᄒᆞ니(3 : 30 b : 1)
　다. 그 텬변은 내 농궁의 갈지(3 : 30 a : 6)
　라. 음식을 정히 ᄒᆞ여 디졉훈 후에 (3 : 38 a : 5)

다. 『인어대방』(1882) 메이지본에서는 다른 사본과 달리 관형격과 부사
격이 모두 '에'로 표기되는 역현상도 확인되며(홍윤표 1986 : 135), 19세기
후반의 중부 방언 자료에서는 관형격조사 '에'가 집중적으로 확인되기도
하였다(김완진 1978). 이처럼 근대국어의 부사격과 관형격 표지가 '의'와
'에'로 혼기되어 사용된 것이 아메노모리 호슈에게 부사격조사 '의'의
표기에 더욱 힘을 싣게 한 것으로 보인다. 근대국어의 자료에서는 두
격표지가 혼기되어 나타나고 왜학서류나 고전소설류에서는 '의'가 적
극적으로 나타나므로 부사격 '의'에 비중을 두고 집필하게 된 것으로
추정된다.

근대국어의 음운론적 과도기성을 살펴보면, 근대국어는 'ᆞ'의 비모
음화, 이중모음의 단모음화 시기와 맞물리면서 국어의 모음 체계의 격
변기라 할 수 있다. 단모음화가 18세기에 일어났다고 하더라도 모든 단
어에 일괄적으로 적용되는 것이 아니라 점진적으로 확산되는 것이므로
단모음화가 시작되었다는 것은 단모음과 이중모음이 공존하였다는 것
과 일맥상통한다.[24] 이러한 현상은 부사격조사도 예외가 아니어서 부사
격조사 '에'에도 단모음과 이중모음이 공존하였던 것이다(백두현 1992 :
89-94). 게다가 이중모음의 경우 어두음절에서는 이중모음으로 실현되지
만 마지막 음절에서는 단모음으로 실현되기도 하였다(편무진 2009 : 89).
이와 같은 형태음운론적 과도기성이 부사격 '의'의 표기에 영향을 끼친
것으로 판단된다.

셋째, 근대국어 부사격 '의'의 표기와 발음이 일치되지 않았다는 것이
다. 물론 이런 현상은 근대국어의 형태음운론적 과도기성의 결과라 할
수 있다. 근대국어 부사격 '의'의 표기와 발음이 일치하지 않았음을 입

---

24) 단모음화의 시기에 대해서는 18세기 중엽이나 말로 추정하는 관점(이기문 1998, 홍윤표
1986, 곽충구 1980 등)도 있고 18세기 초로 소급하는 관점(백두현 1992)도 있다.

증하는 대표적 사례는『朝鮮語譯』의 권1과 권2에서 확인할 수 있다. 앞 장에서도 살펴본 바와 같이『朝鮮語譯』의 권1은 가나(假名)로 전사하였 고 권2는 한어로 전사하였다. 그러나 권1과 권2의 부사격표지는 전혀 다른 양상을 보인다. 권1에서는 부사격조사가 거의 모두 'エ(에)'로 전사 되어 있지만(박진완 2010 : 151), 권2에서는 '의'로 전사되어 있기 때문이다. 즉 가나로 전사할 때에는 'ウイ(의)'가 아닌 'エ(에)'가 대표형이지만 한어 로 전사할 때에는 '의'가 대표형으로 전사되어 있는 것이다.『朝鮮語譯』 권1과 권2의 이러한 차이점은 발음은 /에/로 나더라도 표기는 보수적인 표현을 선호함을 입증한다고 할 수 있다.

지금까지 부사격 '의'가 일본 근대 한어 자료에서 왜 과잉된 현상을 보였는가를 몇 가지 가능성을 열어두고 살펴본 결과, 근대국어의 형태 음운론적 과도기성이 표기의 보수성에 영향을 끼쳐 부사격 '의'를 대표 형으로 사용하게 되었음을 알 수 있었다.

4. 결론

이 장에서는 일본의 근대 한어 자료『全一道人』,『朝鮮語譯』,『交隣須 知』에서 부사격 '의'의 과잉 현상과 그 원인을 규명하고자 하였다. 국내 자료에서는 소수 자료에서만 부사격 '의'가 적극성을 띠었으나 일본 근 대 한어 자료에서는 부사격 '의'가 대표형으로 실현되었다. 이러한 특이 한 현상이 발생하게 된 원인을 중세국어의 특이처격어의 확대, 영남 방 언이나 전라 방언의 간섭 현상, 일본어의 간섭 현상, 근대국어의 과도기 성에 의한 표기의 보수성으로 추정하고 그 인과관계를 검증해 보았다. 그 결과, 부사격 '의'의 과잉 현상이 근대국어의 형태음운론적 과도기성으로 인한 표기의 과도기성과 깊은 연관성이 있음을 확인할 수 있었다.

언어의 통시적 현상은 언어의 유기적 속성을 재확인시키는 기능을 하며 부사격조사 '의'의 표기적 양상도 그러한 일면에 포함된다. 20세기를 전후하여 국어의 어휘, 음운, 통사 구조 등이 격변하였으므로 이러한 유기적 속성을 지속적으로 확인할 필요가 있다.

참고문헌

곽충구(1980), 「18세기 국어의 음운론적 연구」, 서울대학교 석사학위논문.

김선효(2009a), 「의사관형구조 '에의'의 형성 과정과 요인」, 『국어학』 55, 국어학회, 105-124.

_____(2009b), 「관형격 조사구의 조사 결합 양상과 변천」, 『語文硏究』 제37권 3호, 한국어문교육연구회, 105-127.

_____(2010), 「<교린수지>에서의 조사 '의'와 '에'의 분포와 특성」, 『개신어문연구』 31, 개신어문학회, 33-54.

_____(2011a), 「근대국어의 조사 '의'의 분포와 기능」, 『어문논집』 46, 중앙어문학회, 141-162.

_____(2011b), 『현대국어 관형어 연구』, 역락.

_____(2012), 「근대국어의 특이처격어의 변천 양상과 특성」, 『우리어문연구』 44, 우리어문학회, 307-331.

김완진(1978), 「모음체계와 모음조화에 대한 반성」, 『어학연구』 14권2호, 127-139. 『음운과 문자』(1996) 신구문화사 재록.

김형규(1955), 『國語史』, 백영사.

박기영(2005), 「개화기 한국어의 음운 연구 : 일본에서 간행된 한국어 학습서를 중심으로」, 서울대학교 박사학위논문.

박진완(2010), 「<朝鮮語譯>의 모음 표기 고찰」, 『한국어학』 48, 131-155.

박형우(2001), 「'•우암션ᄉ이계녀셔'의 문체적 특징에 대하여」, 『청람어문교육』 23, 177-198.

박형우(2010), 「15세기 특이처격어에 대한 연구」, 『한민족어문학』 57호, 163-188.

백두현(1992), 『영남 문헌어의 음운사 연구』, 국어학회.

사이토 아케미(齊藤明美)(2004), 『<交隣須知>의 系譜와 言語』, 제이앤씨.

송 민(2006), 임용기・홍윤표 편, 「근대국어 음운사와 '가나' 표기 자료」, 『국어사연구 어디까지 와 있는가』, 태학사, 385-404.

_____(1986), 『전기근대국어 음운론 연구』, 국어학회.

양주동(1942), 『朝鮮古歌硏究』, 박문서관.

오츠카 타다쿠라(大塚忠藏)(2003), 「<교린수지>에 나타난 한국어 연구」, 서울대학교 석사학위논문.

우메다 히로유키(梅田博之)(2003),「雨森芳洲의 한국어교육론」,『일어일문학연구』46, 49-67.

유동석·차윤정(2004),「조선어 학습서에 나타난 국어사적 특징과 일본어 간섭 현상」,『우리말연구』14, 47-82.

이강민(1998),「아스톤本『交隣須知』의 日本語」,『日本學報』41, 韓國日本學會.

이기문(1998),『신정판 국어사 개설』, 태학사.

이선영(2006),「한국어의 'NP₁+엣+NP₂' 구성과 'NP₁+ㅅ+NP₂' 구성」,『형태론』8 : 2, 295-312.

이숭녕(1961/1986),『중세국어문법』, 을유문화사.

_____(1980),「중세국어의 특이처격 '익', '의'에 대하여」,『학술원논문집』(인문사회과학편) 19, 대한민국학술원, 심악이숭녕전집 간행위원회(2011),『심악이숭녕전집7』, 한국학술정보(주) 재록.

이승욱(1973),『국어 문법체계의 史的 硏究』, 일조각.

이승재(2000),「借字表記 資料의 格助詞 硏究」,『국어국문학』127, 107-132.

이승희(2009),「중세국어 'NP₁엣 NP₂' 구성의 의미 유형에 대한 고찰」,『국어학』54, 197-224.

이형미(2007),「<인어대방>의 이본에 나타난 한국어의 변화」, 서울대학교 석사학위논문.

정 광(1990),「임진왜란 被拉人들의 국어학습 자료-경도대학 소장 苗代川 조선어 자료를 중심으로」,『강신항 교수 회갑기념 국어학 논문집』, 187-208.

정병설(2005),「18·19세기 일본인의 조선소설 공부와 조선관 : <최충전>과 <임경업전>을 중심으로」,『韓國文化』35, 서울대학교 규장각한국학연구원, 27-55.

정성일(2000),『朝鮮後期 對日 貿易』, 신서원.

정승혜(2003),『조선후기 왜학서 연구』, 태학사.

_____(2006),「일본에서의 韓語 교육과 교재에 대한 개관」,『이중언어학』30, 335-353.

_____(2009),「와세다대학 핫토리문고 소장 <조선어역>에 대하여」,『이중언어학』40, 153-183.

조재형(2008),「소위 복합격조사 '엣'의 통시적 고찰」,『어문연구』36(2), 193-216.

지경래(1995),『일본어 문법 개설』, 태학사.

차윤정(2004),「근대 조선어 학습서에 나타난 오류 표현과 원인 분석-<全一道人>, <講話>, <漂民對話>를 중심으로」,『한국어교육』15권4호, 277-294.

최세화(1964),「처격의 변천-처격 '익·의'를 중심으로」,『논문집』5, 동국대학교 국어국문학과, 21-49.

최전승(1986), 『19세기 후기 전라방언의 음운현상과 그 역사성』, 한신문화사.

_____(2002), 「19세기 후반 전라방언의 특질 몇 가지에 대한 대조적 고찰 : 중간본『여사서언해』를 중심으로」, 『한민족어문학』 41, 27-80.

편무진(1999), 『메이지14년도판 부산도서관소장 교린수지』, 홍문각.

_____(2000), 『대마역사민속자료관소장 교린수지』, 홍문각.

_____(2005), 『諸本對照 交隣須知』, 제이앤씨.

_____(2009), 「일본 명치시대의 한국어학습서에 보이는 한국어 가나 표기에 관한 고찰-명치 이전 한국어학습서류와의 비교를 통하여」, 『일본문화학보』 43, 83-104.

편무진・기시다 후미타카(岸田文隆)(2005), 『Aston文庫所藏 交隣須知』, 홍문각.

허 웅(1989), 『16세기 우리 옛말본』, 샘문화사.

홍윤표(1969), 「15세기 국어의 격 연구」, 서울대학교 석사학위논문.

_____(1986), 「근대국어의 표기법 연구」, 『민족문화연구』 19, 고려대학교 민족문화연구소, 113-140.

_____(1994), 『近代國語硏究(Ⅰ)』, 태학사.

황선엽(2006), 「고대국어의 처격 조사」, 『한말연구』 18, 305-328.

金善孝(2011c), 「朝鮮語の助詞結合と通時統語論」, 『朝鮮學報』 217, 朝鮮學會, 1-22.

岸田文隆(1998), 「アストン舊藏の<交隣須知>關係資料について」, 『朝鮮學報』 167, 朝鮮學會.

岸田文隆(2006), 「早稻田大學服部文庫所藏の<朝鮮語譯>について一'隣語大方'との比較」, 『朝鮮學報』 199・200, 1-35.

田代和生(2011), 『新・倭舘一鎖國時代の日本人町』, ゆまに書房。

安田章(1964), 『全一道人の硏究』, 京都大學國文學會.

_____(1966), 「苗代川の朝鮮語寫本類について一朝鮮資料の關連を中心に」, 『朝鮮學報』 39・40, 210-237.

Lewis, J.B.(2003), *Frontier Contact between Chosŏn Korea and Tokugawa Japan*, RoutledgeCurzon.

제2부
한국어학의 재조명

제 1 장

관형격조사 '의'의 격 지위와 기능*

1. 서론

이 장의 목적은 관형격조사 '의'의 문법적 지위를 재검토하고 명사구 구성에서 관형격조사가 지니는 통사·의미적 기능을 살펴보는 것이다. 관형격조사 '의'에 대한 논의는 전통문법 이후 통사론적 관점, 의미론적 관점, 화용론적 관점에서 다양하게 진행되어 왔다.[1]

통사론적 관점에서의 연구는 변형생성문법 이론에 입각하여 국어가 형상적 언어라는 전제 하에 '의'의 생략을 여러 변형 규칙으로 설명하였다. 그러나 이런 변형 규칙들은 명사구 구성의 진면목을 현시하는 데에 많은 문제점을 산출한다는 비판을 받게 되었다.[2] 이러한 회의적 시각은 관형격조사 '의'를 의미론적 관점에서 해결해 보려고 하였으나 이 또한 '의'에 대한 자의적 해석이 전통문법의 문제점과 큰 편차를 보이

---

* 이 연구는 김선효(2009)를 바탕으로 한 것이나 김선효(2011)의 관점을 수용하면서 관형격에 대한 관점이 변경되었음을 밝히는 바이다.
1) 전통문법에서의 관형격조사에 대한 연구는 이광정(1999) 참조.
2) 변형론적 관점에 대한 비판은 임홍빈(1981/1998 : 286~293) 참조.

지 않았다. 이 점은 관형격조사 '의'의 논의를 논항 구조와 관련된 통사론적 관점으로 고개를 돌리게 하였다.[3] 문제는 국어의 명사가 모두 논항구조를 가지는 것이 아니므로 서술명사와 같은 한정된 범주에만 유의미한 결과를 도출하였을 뿐이다. 한편 화용론적 관점은 의미·통사론적 관점의 문제점을 지적하고 조사 '의'를 주제와 초점의 관점으로 명사구 구성을 설명하려고 시도하였다.[4]

이러한 방대한 연구에도 불구하고 여전히 관형격조사 '의'의 격 지위와 기능이 명백하게 밝혀지지 않았고, 'N₁의 N₂' 구성과 'N₁ N₂' 구성의 차이를 '의'가 생략된 한 현상으로 처리하는 입장이 보편적이다. 그리하여 이 장에서는 관형격조사 '의'가 지니는 문법적 지위가 무엇이며 어떤 통사의미적 기능을 담당하고 있는가를 재검토해 보고자 한다.

2. 관형격조사 '의'의 문법적 지위

2.1. 격의 문제

관형격조사 '의'에 대한 연구는 국어 연구의 초기에서부터 관심을 가진 것으로 유길준(1907)은 순체접속 '와/과, 밋, 다못, 의'의 한 종류로 처리하고, 김두봉(1922)은 현행 문법의 조사와 어미류인 겻씨의 하나로 분석하였다. 그러나 주시경(1910)은 '의'를 겻씨의 분류에 포함시키지 않고 '속뜻'으로 분석하여 현행 '격' 개념의 선구자적 역할을 한다.[5] '의'가 격의 자격을 가지기 시작한 것은 박승빈(1935)부터 시작되며 '의, ㅅ'를

---

3) 논항과 관련된 통사론적 해석은 최경봉(1998 : 209~270), 신선경(2001), 이선웅(2004) 참조.
4) 화용론적 관점에서의 관형격조사구에 대한 비판은 김선효(2011 : 146~153) 참조.
5) 즉 '봄의 꽃'과 '달ㅅ빗'의 예에서 '의, ㅅ'가 속뜻이 되는 것이다. '의'는 임기 봄을 언기 되게 하는 것으로 볼 것이요, 또 임의 뜻이 잇는 봄을 금이가 되게 하는 것으로 볼 것이니 라고 하였다.

체언에 첨가되는 조사의 일종인 소지격(所持格)으로 분석하고 있다. 한편 홍기문(1947)은 명사의 격을 정하는 정격(定格)으로 주격(主格), 객격(客格), 지격(持格)을 설정하였고 이때의 '지격'이 지금의 관형격에 대당된다. 이남순(1988)은 '의'가 완전격과 부정격으로 실현되며 완전격은 Jakobson(1936)이 제시한 주격, 대격, 관형격이 포함되며 부정격(Casus Indefinitus)은 안병희(1966)의 개념을 수용하여 사용한 것이다. 관형격이 부정격이 될 수 있는 것은 관형격이 체언 성분에 따라 자동적으로 결정될 수 있기 때문이다.

그러나 Fillmore(1968)의 의미론적 격의 개념에 의하면 관형격은 격의 자격이 없어지게 된다. 성광수(1972), 김영희(1973), 김광해(1981), 허웅(1983/1995), 이관규(1992) 등은 격을 서술어와의 상관성으로 해석하고 있다. 성광수(1972 : 220)에서는 격을 '문장 내 서술어와 상관되는 명사어의 직능 표지'라 하였고, 김영희(1973 : 276)에서는 '한 단문 내에서 내면구조에서 서술어를 핵으로 한 명사들의 통사·의미론적 관계'로 정의하였으며, 허웅(1983/1995 : 211)은 격을 '풀이말을 중심으로 하여, 다른 월성분이 그에 이끌리는 관계'로 판단하여 '의'를 격조사가 아닌 접속조사로 처리하였고, 김광해(1981)에서도 '의'를 엄격한 의미의 격범주에 포함시키지 않고 '의'를 '관형조사'로 분석하였다. 한편 고석주(2004 : 27~106)에서는 격은 원래 인구어의 명사 어형 변화 형태를 문법적으로 기술하기 위해 사용하는 장치이므로 격의 수와 어형 변화의 수가 일치하지만, 한국어는 격과 격 표지가 일관성을 가지지 않으므로 한국어에 격 개념을 수용하는 것은 타당하지 않다고 하였다.

이처럼 격이 서술어와의 상관관계에 의해 형성된다면 관형격은 격의 자격을 상실하게 되고, 전통문법적 관점에 따른다면 추상적인 문법적 기능에 의해 격이 부여되므로 격의 개념이 추상적 범주로만 머물러 버리는 한계에 부딪치게 된다. 그리고 국어에는 격이 존재하지 않는다고 하는 것은 격의 실현과 격 표지의 실현이 동일한 양상으로 나타나지 않는다는 것을 전제하므로 이 또한 재고의 여지가 있다.

본고에서는 격을 체언과 다른 성분과의 관계로 파악하는 Blake(1994 : 1)의 관점을 수용하고 관형격도 충분히 격의 자격을 가진다고 본다.6) 의미론적 격의 개념에 바탕을 둔다면 관형격은 격의 자격을 받지 못하나 관형격조사 '의'는 머리 명사와의 종속 관계에 있는 성분을 표시하는 장치이므로 격의 자격을 가지는 것이다.

2.2. 구조격에 대한 반성

Chomsky(1981)는 격조사에 의해 문장 구조의 틀이 결정되는 구조격과 서술어의 의미역 틀(θ-grid)에 따라 결정되는 의미격으로 나누었다.7) 그 이후 국어에서 논의된 구조격의 범주는 강영세(1986)에서 주격, 목적격, 관형격, 사격을 제시하였고 임홍빈(1987)에서는 주격, 목적격, 관형격, 이광호(1988)에서는 주격, 목적격, 관형격, 접관형격을 인정하였다.8) 그렇다

---

6) 인구어의 격과 국어의 격은 동일한 문법·형태적 변화를 보이지 않으므로 국어에서 격을 인정하는 것이 쉽지 않다. 격 개념을 인정하더라도 격 표지가 다양한 문장 위치에 출현하는 현상을 설명하기 어렵고, 인정하지 않으면 격 조사의 원형적 의미와 기능을 간과하는 또 다른 문제점을 산출한다. 그리하여 국어의 격을 좀더 명쾌하게 설명할 수 있는 연구가 더 요구된다. 사실 본고는 격 개념과 한국어의 격을 어떻게 바라봐야 할지 아직 유보적인 입장이며, 격이 체언과 다른 성분과의 관계라는 것은 임시방편적 성격이 강하다.

7) 임동훈(2004 : 122~131)은 국어의 격조사를 통사적 관계를 표시하는 문법격과 의미적 관계를 표시하는 의미격으로 구분하였고, 문법격은 '이/가, 을/를, 의', 의미격은 '에/에게, 에서, 와/과' 등이 있다. 그러나 어떤 경우에는 이들의 경계가 뚜렷하지 않다고 지적한다.

8) 그러나 임홍빈(1999)에서는 국어에 구조격을 설정하는 것을 반대한다. 왜냐하면 구조격은 지배-결속 이론이 바탕되어야 하는 것인데, 다음과 같은 예문은 설명할 수 없기 때문이다.

　가. 내가요 그 사람을 언제 만났습니까?
　나. 내가 그사람을이야 때렸겠습니까?

　구조격이 인정되려면 '나요, 그 사람이야'가 심층구조에 있고 그 다음에 격을 받은 '나가, 그 사람이야를'의 형식이 되어야 하는데, 실제 발화된 국어 문장은 그렇지 않기 때문

면 과연 관형격은 구조격이 될 수 있는가 하는 의문점에서 다시 시작해 보자.

관형격이 구조격으로 인정된 것은 Chomsky(1981)의 이론에 집착한 결과물이라 추정된다. 왜냐하면 인구어에서 격을 할당하는 것과 국어에서 격을 할당하는 것은 국어의 매개변인적 속성을 간과하고 보편문법에 치중한 결과일 수 있기 때문이다. 물론 국어의 관형격이 구조격이 되면 명사구 구성에서 '의'가 생략되는 현상을 간단하게 설명할 수 있겠지만, 국어의 명사구 구성 'N₁의 N₂' 구성과 'N₁ N₂' 구성이 동일한 심층구조인 'N₁의 N₂' 구성에서 '의'가 탈락하여 'N₁ N₂' 구성이 되었다고 하는 것은 그리 쉽게 결론 내릴 수 있는 대상이 아니다.

관형격과 '의'가 탈락된 부정격(Casus Indefinitus)[9]이 동일한 명사구 구성이라는 것은 인식적 태도로는 수용할 수 있지만 문법적 태도에서는 용납하기 어렵다. '아버지의 사진'과 '아버지 사진'이 동일한 의미를 형성한다고 보는 것은 인식적 태도에 불과하며 두 구성을 동일한 구조로 보기는 어렵다.[10]

부정격은 구조격을 인정하는 것에서부터 출발하므로 주격, 목적격, 관형격이 문장에 나타나지 않으면 그것은 탈락이 아니라 부정격이라는 것이다. 탈락인 경우는 탈락 전후의 의미 차이를 설명할 수 있어야 하지만 구조격의 경우는 주격, 대격, 관형격, 부정격으로 설정하면 설명이

이다. 그러나 위의 경우는 언어 수행적 첨사인 '요'나 '이야'가 심층구조에 주어지는 것이 아니라 표층구조에서 화용적 어휘가 삽입되는 것으로 해석한다면 좀 용이해질 것으로 추정된다.

9) 부정격이라는 개념은 안병희(1966 : 99~101)가 Ramstedt(1939)가 국어에 격조사가 실현되지 않는 것을 Nominative라 한 것을 원용한 것으로 용어는 Poppe(1955 : 186)의 용어를 원용한 것이다.

10) 최현배(1961), 김광해(1981), 민현식(1982)에서는 'N₁ N₂' 구성을 '의' 탈락 현상으로 처리하고 있지만, 임홍빈(1981/1999), 김기혁(1990), 고창수(1992) 등에서는 'N₁의 N₂' 구성과 'N₁ N₂' 구성을 다른 심층구조를 가진 것으로 처리하고 있다.

용이해진다는 것이다. 물론 관형격조사가 탈락이 아니라 격의 굴절 양상 중의 하나로 처리된 것은 국어의 기존 연구에서 일보 전진한 것임에는 틀림이 없다. 그러나 관형격이 실현되지 않는 것을 부정격이라고 하는 것은 국어의 매개변인적 속성에서 볼 때 다음과 같은 국어의 현상을 설명하지 못하는 난점을 안고 있다.

첫째, 국어에는 격 중출 현상이 있다. 이러한 주격 중출 현상은 인구어에서는 나타나지 않는다.[11]

> (1) 가. 꽃이 장미가 예쁘다.
> 나. *꽃 장미가 예쁘다.
> 다. *꽃이 장미 예쁘다.

(1)의 주격 중출문은 반드시 주격 조사가 두 개 이상 요구된다. 그렇지 않으면 (1나)와 (1다)와 같이 비문이 된다. 만약 주격의 부정격 현상이 입지를 굳히려면 (1나)와 (1다)의 현상을 설명할 수 있어야 한다.

둘째, 격조사가 구조격인 경우, 구조적으로 설명할 수 없는 구문을 해결할 방안이 없다. 주격 조사가 문장의 주어에서만 나타나는 것이 아니라 동사의 활용 어미 뒤에도 나타나는데, 이 경우에는 격조사가 실현되지 않는 경우가 더 자연스럽다. 물론 모든 '이/가'를 주격조사로 인정할 수 있는가 하는 것부터 고려되어야 할 부분이기는 하다.

> (2) 가. 동생은 별로 착하지<u>가</u> 않다.
> 나. 영희가 빠르게<u>가</u> 아니라 느리게 달린다.

---

11) 격 중출 현상은 임홍빈(1974/1999 : 199~204)에서 논의한 바대로 주제화로 설명 가능한 것은 격 중출 현상으로 보지 않고, (1)과 같은 경우에만 해당된다고 본다.

(2)의 밑줄 친 조사 '가'는 구조적으로 주어의 자리를 가지지 못하며, 명사구 뒤에 결합한 것이 아니라 동사의 활용 어미 뒤에 결합하여 주격 조사가 아니라고 할 수 있다. (2)의 조사 '가'를 주격 조사로 보지 않으면 크게 논의할 바가 되지 않으나 선행성분이 재구조화 과정을 통해 명사구로 처리한다면 격조사의 한 유형이 될 수 있다. 그렇다면 이런 경우 조사 '가'의 문법적 지위를 상정하는데 혼란의 여지를 남기게 되는 것이다.

셋째, 부정격의 자격 문제이다. 부정격이 격조사가 표층구조에 실현되지 않는 것이라 할 때, 주격의 부정격, 목적격의 부정격, 관형격의 부정격은 결국 모두 부정격이 된다. 즉 체언에 구조격이 생략되면 부정격 자격을 부여하는 것이다. 그러나 격조사의 생략 현상은 주격, 목적격, 관형격에만 한정되는 것이 아니라는 문제점이 발생한다. 구조격 외에 내재격에도 생략되는 것을 발견할 수 있는데, 그러면 내재격의 생략 현상은 단순한 탈락 현상인지 아니면 부정격의 자격을 가질 수도 있는지 설명하기 쉽지 않다.

(3) 가. 영희가 서울에 갔어.

나. 영희가 서울 갔어.

다. 영희 서울 갔어.

(4) 가. 그 사람은 영희에게 편지를 썼다.

나. *그 사람은 영희 편지를 썼다.

(3가)에서 부사격 조사 '에'가 나타나지 않는 (3나), 주격 조사와 부사격 조사가 모두 표층 구조에 나타나지 않은 (3다)의 경우 주격 조사가 나타나지 않은 것만 부정격이 되고, 부사격 조사가 나타나지 않은 것은 생략 내지 탈락이라고 해야 하는가 하는 것이다. (3나)에 격 표지가 다

시 복원될 때는 '에'뿐 아니라 '을'도 나타날 수 있다. 그리고 또 다른 문제는 부사격 조사는 내재격으로 모든 문장에서 생략될 수 없는 한계성을 가지고 있다. (4나)에서처럼 서술어 '쓰다'의 지배를 받는 영희가 격조사를 취하지 않으면 비문이 되는 것을 설명하기 어렵다.

넷째, 관형격조사가 구조격으로 지위를 확고하게 인정받기 위해서는 [NP_X']의 구성을 가질 때 관형격조사가 늘 실현될 수 있어야 한다. 그러나 관형격조사가 둘 이상 나타나는 명사구에서는 그 실현 여부가 자의적이며, 명사구가 셋 이상 나열되는 구성에서는 관형격이 모두 실현되면 오히려 어색하거나 비문이 되는 경우가 있다. 관형격이 실현되지 않는 것을 단순히 부정격이라고 한다면 실현과 비실현의 차이점을 명시적으로 설명해 줄 수 없다.

(5) 가. 아버지의 동생의 누나의 딸』
　　나. 아버지의 동생의 누나 딸
　　다. 아버지 동생의 누나 딸
　　라. *아버지의 동생 누나의 딸.
　　마. *아버지 동생 누나 딸
(6) 가. 미국의 이라크의 침략
　　나. 미국의 이라크 침략
　　다. *미국 이라크의 침략
　　라. *미국 이라크 침략

관형격조사가 중출되어 나타나는 (5)나 (6)과 같은 경우, (5)는 선행명사와 후행명사 간의 친족관계를 나타내며 (6)은 머리명사의 논항 성분이 결합된 것이다. (5)는 (5나)와 (5다)가 가능하고 (6)은 (6나)만 가능하고 나머지는 비실현 현상이 어색하거나 비문이 된다. (6)의 경우 관형격조사의 필수성이 (6나)와 같이 동사구에 인접한 목적어 위치에 올 때에만 부정격이 허용되고, (6다)와 같이 주어 위치에 올 때는 부정격으로 나타날 수 없다는 제약은 그리 설득력이 없다. 그리고 이러한 '의'의 통합 양상은 국어 화자에 따라 문법성의 정도나 문장의 수용도가 다른 것도 문제가 된다.[12]

다섯째, 'N₁ N₂' 구성으로 나타나는 명사구 중에서 어떤 것은 관형격조사가 개입될 수 없다.

> (7) 가. 긴급 출동
>   나. 남자 친구
>   다. 밤낮, 논밭
>   라. 사과 하나

(7가)에서와 같이 어근적 명사 '긴급'이 N₁에 오거나, (7나)와 같이 N₁과 N₂가 등가의 의미관계를 형성하는 등가 구성이 오거나[13], (7다)와 같이 N₁과 N₂가 대등적 관계를 가지며 합성 명사로 발전한 경우이거나, (7라)와 같이 N₂에 수사가 오는 경우 등이다. 이들 경우는 'N₁ N₂' 구성에서 관형격을 할당하더라도 '의'가 삽입될 수 없다. (7)의 현상은 관형격조사 '의'가 통사적으로 의미적으로 고유의 속성을 가지고 있음을 입증한다. N₁과 N₂가 나열되더라도 관형격조사 '의'가 사용될 수 있는 구조적 환경이 필요하며, 그리고 두 명사 간의 의미적 상관성도 필요하다는 것을 말한다.

지금까지의 논의에 의하면 관형격조사는 완전한 구조격의 자격을 부여받기 어렵다. 관형격에 대한 관점 변화는 Chomsky(1986)에서도 나타난다.

---

12) 이선웅(2004 : 78~81) 참조.
13) 명사의 연결 구성에 대한 논의는 김선효(2011 : 154~166) 참조.

Chomsky(1981)에서는 관형격을 구조격으로 처리하고 있으나, Chomsky(1986)에 와서는 내재격으로 설명하고 있다.[14] 그렇다면 관형격조사는 내재격인가? 국어의 관형격조사가 내재격으로 인정받기 어려운 것은 선행명사구와 후행명사구가 각각 수식과 피수식의 관계를 가지는 관형격조사구의 구조적 특성 때문이다. 이러한 구조적 특성은 구조격으로도 내재격으로도 설명하지 못하는 한계를 지닌다.

그렇다면 관형격은 어떤 범주에 포함되며 어떤 기능을 담당하는가. 관형격이 격의 범주에 포함되지만 구조격으로도 내재격으로도 해석될 수 없다. 서술어가 격을 부여하는 구조와 달리 관형격은 머리명사가 선행 성분을 지배하는 구조이다. 격의 개념을 종속 성분이 머리어(heads)에 대해 지니는 관계 유형으로 처리하면 주격, 목적격뿐 아니라 관형격도 격 범주에 포함된다(Blake 1994 : 1). 관형격이 격의 자격을 부여 받을 수 있는 것은 국어의 명사구가 '아버지의 출장'이나 '아버지의 가방'과 같이 '의'에 의해 명사구가 확대되는 경우이다. 물론 '아버지 출장'이나 '아버지 가방'처럼 '의'가 없어도 명사구가 확대될 수 있으나, '사랑의 찬가'처럼 선행명사와 후행명사 간의 의미적 긴밀성이 없으면 '의'가 필수적으로 요구되므로 '의'의 비실현과 '의'의 격 자격을 같은 층위에서 논하는 것은 적합하지 않다. 그러므로 관형격은 서술어의 논항에 영향을 받는 구조격이 아니라 머리명사가 선행 성분을 지배하는 구조이므로, 주격, 목적격, 관형격이 아울러 '문법격'이 되고 나머지 격조사는 '의미격'의 범주에 속하게 된다.[15]

---

14) 홍종선(1999 : 84~88) 참조. 지배자에 의해 구조격이 배당되던 격 이론을 Chomsky(1988)에서는 '일치(Agreement)'로 바꿔 설명하고 있다. 즉 주어-동사의 일치는 주격과 관련되며, 동사-목적어 일치는 목적격과 관련을 갖는 것이다. 그리고 Chomsky(1992)에 와서는 지정어-핵 일치라는 국부적 관계 개념으로 설명하고 있다.
15) 여기에서의 '문법격'과 '의미격'은 임동훈(2004)의 개념을 수용한 것이다.

3. 'N₁의 N₂' 구성과 'N₁ N₂' 구성

3.1. 'N₁의 N₂' 구성과 'N₁ N₂' 구성의 차이

임홍빈(1987/1998 : 474)에서는 명사구의 확장 구조를 (8)과 같이 제시하고 있다.

(8) 국어의 명사구 = 표제 전 요소 + 표제 + 표제 후 요소

'표제 전 요소'와 '표제'가 이루는 명사구 구조를 '명사구의 내적 구조'라 하고 명사구의 내적 구조 뒤에 표제 후 요소, 즉 격조사나 보조사와 같은 조사가 결합한다고 하였다. 그러나 (8)의 구조는 구조적으로 오류를 보이고 있다. 명사구의 내적 구조는 명사구이지만 표제 후 요소까지 결합한 구조는 임홍빈(1987)의 논의에 따르면 조사구가 되어야 하기 때문이다. 그러므로 본고에서의 명사구는 (8)의 구조가 아니라 (8)'의 구조이다.

(8)' 국어의 명사구 = 표제 전 요소 + 표제

관형격조사 '의'는 표제 전 요소에 포함되며 이때 표제인 머리어가 격의 자격을 부여한다. 문법격의 일종인 '의'의 의미 기능을 좀더 면밀히 파악하기 위해, 여기에서는 '의'가 사용되는 명사구 구성 'N₁의 N₂' 구성과 '의'가 사용되지 않은 'N₁ N₂' 구성의 차이를 먼저 살펴보고자 한다.

관형격조사 '의'는 명사구 구성에서 자동적으로 배당되는 것이 아니라 N₁과 N₂가 조건을 만족시켜야 가능하다. 일단 관형격조사가 개입할

수 없는 명사구 구성은 §2.2에서 살펴본 (7)과 같은 구조이다. 그 외의 대부분의 명사구 구성은 '의'의 개입을 허용한다. 우선 '의'가 개입할 수 있는 대표적인 유형을 제시하면 아래와 같다.

> (9) 가. 아이의 손
> 나. 작곡자로서의 이름
> 다. 의료보험의 수혜 범위에 들어가느냐의 여부

(9가)는 명사 '아이'와 '손'을 결합시키고, (9나)는 부사격 조사구와 명사, (9다)는 의문문과 명사를 결합시킨다. 이 중에서 필수적으로 관형 격조사를 요구하는 것은 (9나)와 (9다)이다. 이들에 대해서는 좀 뒤에 언급하기로 하고 (9가)의 유형부터 먼저 살펴보도록 하겠다.

(9가)의 'N₁의 N₂' 구성은 '전체-부분'의 의미관계를 형성하여 'N₁ N₂' 구성이 가능하다. 이것은 'N₁의 N₂' 구성에서 '의'가 탈락된 것으로 생각된다. 그러나 이러한 탈락 현상이 모든 'N₁의 N₂' 구성에 적용되는 것은 아니다.

> (10) 가. 회한의 그림자
> 나. *회한 그림자
> (11) 가. 나의 책, 너의 책, 그의 책, 그녀의 책
> 나. *나 책, *너 책, *그 책, ?그녀 책
> 다. 내 책, 네 책

(10)과 같이 비유적 표현을 나타내거나, (11)와 같이 선행명사로 대명사가 오는 경우이다. 그러면 이런 경우에는 '의'가 필연적으로 나타나고 (9가)와 같은 경우에는 수의적으로 나타나는 것인가.

　결론적으로 말하면 'N₁의 N₂' 구성과 'N₁ N₂' 구성은 다른 구성이다. (9가)는 '의'가 수의적으로 요구되고, (10)과 (11)은 필수적으로 요구되는 것이 아니라 심층구조에서 'N₁의 N₂' 구성과 'N₁ N₂' 구성이 다른 구성인 것이다. 명사구 구성은 기본적으로 'N₁의 N₂' 구성으로 '의'가 선행명사와 후행명사를 결합하는 기능을 담당하고 있다. 그리고 어휘부에서 선행명사에 해당하는 요소와 후행명사에 해당하는 요소가 유사한 의미관계를 형성할 때, 표층구조에서 '의'가 개입되지 않은 'N₁ N₂' 구성이 산출되는 것이다. 표층구조에서 '의'가 탈락되는 것이 아니라 어휘부의 단어들이 결합할 때 그러한 의미망을 형성하고 있는 것이다.

　인간의 머릿속에 어휘부가 어떻게 형성되어 있는가는 아직 수수께끼이지만, 어휘부 속에 여러 단어가 어휘망을 형성하고 있어서 선행명사와 후행명사 간에 '소유-피소유, 관계, 소재, 소산' 등의 의미관계를 형성하면 두 명사의 결합을 강화시키는 '의'가 결합하기도 하고, 그렇지 않기도 한다는 것이다.[16] 그러나 이러한 어휘의 의미망이 형성되지 있지 않은 경우에는 '의'가 결합한다.

　그러나 (9나)나 (9다)와 같은 유형에는 명사구에 조사 '의'가 반드시 결합한다. 즉 명사구가 아닌 조사구나 절 단위의 범주가 후행명사와 결합할 때에는 '의'가 반드시 요구된다.

　　(12) 가. 언니와의 결혼
　　　　 나. 모태로부터의 영양 공급
　　(13) 가. 내가 태양에 이끌리는 것인가 아니면 태양이 나를 잡아당기
　　　　　　 는 것인가의 문제
　　　　 나. 국방부의 발표가 사실에 근거한 것 아니냐의 논점

---

16) '의'가 요구되는 명사와 그렇지 않는 명사와의 관계를 설명한 것은 최현배(1961 : 618~619), 김광해(1981), 민현식(1982) 참조

사실 (12)의 구조는 1920년대 이후 빈번히 출현하기 시작한 것으로 관형격조사 '의'의 기능 확대로 해석된다.[17] 이러한 기능 확대는 제한된 격조사와 절 단위에 한정되어 나타나며 (13)과 같은 현상은 WH-구문이 명사구로 재구조화된 것으로 볼 수 있다. 그러나 관형격조사는 내재격 조사나 접속 조사와는 결합하지만 구조격 조사와는 제약을 보인다.

(14) 가. *철수가의 파괴
나. *깡패를의 구타

(14가)의 주격 조사나 (14나)의 목적격 조사 뒤에는 관형격조사가 결합할 수 없다. 이것은 관형격조사를 구조격의 일부로 주장할 때 제시하는 근거 중의 하나이다. 관형격조사도 주격 조사나 목적격 조사처럼 구조격이므로 격의 중첩 현상을 허용하지 않는다고 보았다. 그러나 이런 관점은 주격 조사와 목적격 조사는 서술어에 의해 격을 할당 받는 반면, 관형격조사는 명사와 명사의 관계에 의해 격이 할당되는 것이므로 두 유형의 격조사를 동일한 층위에서 언급하는 것은 적절하지 않다. (14)와 같은 구성은 주격 조사나 목적격 조사가 격을 할당 받는 성분과 관형격조사가 격을 할당 받는 성분의 충돌로 인하여 적격한 문장이 되지 못하는 것으로 추정된다.

(15) 'N₁의 N₂' 구성과 'N₁ N₂' 구성
가. 'N₁ N₂' 구성은 'N₁의 N₂' 구성에서 '의'가 탈락된 것이 아니다.

---

17) 심재기(1979)에 의하면 부사격 조사와 '의'의 결합 양상이 1950년대부터 나타나기 시작한 것으로 '진리에의 추구, 한글전용에의 길, 조국에의 기대'와 같은 예가 있으며, 이들을 '의사관형구조'라 하였다. 그러나 김선효(2013)에서는 1920년대부터 이미 시작된 구조이며 이에 대한 자세한 논의는 이 논문을 참고하기 바란다.

　　나. 'N₁ N₂' 구성은 어휘부에 있는 어휘 요소 간의 의미자질에
　　　 의해 '의'를 요구하지 않는다.

3.2. 관형격조사 '의'의 기능

'N₁의 N₂' 구성과 'N₁ N₂' 구성은 서로 다른 구성임을 앞 절에서 살펴보았다. 그렇다면 관형격조사는 어떤 의미 기능을 가지는가. 즉 어휘부에서의 '의'의 의미와 기능은 무엇이며, 이러한 기능이 명사구 구성에 어떠한 영향을 끼치는가 하는 것이다.

전통문법에서는 '의'의 의미를 다양하게 논의해 왔으나 '소유, 소재' 등의 의미가 '의'의 의미임에는 회의적이다. 이에 따라 김광해(1981)에서는 '의'의 의미를 도무지 그 의미를 파악할 수 없는 '불확실성 내지 모호성' 정도로 설명하였고, 임홍빈(1981)에서는 '의'가 선행명사구에 대해 '존재론적 유기성'을 요구하는 특성을 지닌다고 보았다.

'의'의 존재론적 유기성은 모든 어휘가 그 고유의 의미를 가지고 있다는 것을 전제한다고 할 수 있다. 'N₁의 N₂' 구성과 'N₁ N₂' 구성이 서로 다른 구성이라는 것은 '의'도 고유의 어휘적 속성을 지니고 있다는 것을 내포한다. '의'가 무의미한 어휘라면 '의'의 유무에 따라 해당 명사구의 의미가 변화가 없어야 하지만, '의'가 사용되느냐 되지 않느냐에 따라 의미 차이가 발생하므로 '의'가 어떤 의미를 가지고 있다는 것이다.

문제는 '의'가 선행명사구 뒤에 결합되지 않더라도 명사구 구성이 존재 전제의 의미 기능을 가지는 경우이다. '의'가 온전히 존재 전제의 의미 기능을 담당한다면 반드시 '의'가 실현되어야 하지만 '의'가 사용되지 않았는데도 선행명사구가 존재 전제의 의미 기능을 가지는 경우가

있다는 것이다.

 (16) 가. <u>철수 가방</u>은 언제나 무거워.
   나. <u>대통령 역할</u>은 잘하면 말이 없고 못하면 온갖 욕을 다 먹는
    것 같다.
   다. <u>거울 각도</u>가 안 맞잖아.
   라. <u>자동차 속도</u>가 왜 이리 빠른 거야.

 (16)의 명사구들은 '의'가 사용되지 않았는데도, 선행명사구가 존재 전제의 의미를 가진다. (16가)의 '철수 가방'을 '철수의 가방'과 비교해 본다면, '철수의 가방'은 '의'의 존재 전제의 유기론적 기능에 의해 '철수'의 존재를 전제한다는 것이지만, '철수 가방'에서는 비록 '의'가 사용되지 않았더라도 여전히 '철수'의 존재를 전제하고 있다는 것을 확인할 수 있다. 이것은 (16나)의 '대통령 역할'에서도 동일하게 나타난다. '대통령의 역할'에서는 '의'의 의미 기능으로 인하여 '대통령'의 존재가 확연하게 전제된다는 것을 알 수 있지만, 그렇다고 '의'가 개입되지 않은 '대통령 역할'의 '대통령'이 존재 전제의 의미를 가지지 않는다는 것은 아니다. 이것은 '의'의 의미 기능이 선행명사구가 가지는 어떤 공통된 의미자질에 의해 영향을 받는다는 것을 추정할 수 있다. 인간이 어떤 한 존재 전제를 지각하고자 할 때, 어떤 매개체가 그 지각 작용에 영향을 끼치기도 하지만 매개체 없이 존재 그 자체만으로도 인간이 그 존재의 전제를 지각할 수 있기 때문이다. 이것은 (16다)의 '거울 각도'나 (16라)의 '자동차 속도'에서도 동일하게 적용된다. (16다)의 '거울 각도'는 '거울의 각도'에 비해 선행명사구와 후행명사구의 긴밀성은 떨어지지만, '의'의 개입 여부에 따라 '거울'의 존재 전제가 달라지는 것은 아니다. 즉 '거울의 각도'이든 '거울 각도'이든 선행명사구 '거울'이 그 기

능을 담당하기 때문이다. 다시 말해, 'N₁의 N₂' 구성과 'N₁ N₂' 구성이 다른 구성이라는 것은 '의'의 의미적 속성과 상관되는 것이 아니라 통사적 기저 구조 자체가 다르다는 것이다. 그러므로 관형격조사 '의'는 뚜렷한 고유의 의미적 기능이 있다기보다는 통사적 기능을 담당한다고 할 수 있다.

관형격조사 '의'의 통사적 기능은 단도직입적으로 말하면 선행명사구와 후행명사구를 종속적으로 연결시키는 통사적 장치이다. 이러한 통사적 연결 장치는 조사구와의 결합에서 확연히 확인된다.

> (17) 가. <u>서울에서의</u> 촬영 작업에 혹 필요한 것이 없느냐.
> 나. 사회가 요구하는 <u>여성으로의</u> 덕목으로 여자는 착해야 한다
> 는 고정관념을 여성 스스로 인정하는 착한 여자 콤플렉스
> 가 있다.
> 다. 탯줄은 태아에게 <u>모태로부터의</u> 영양 공급과 혈액 순환을 가
> 능하게 한다.
> 라. 병원에서 나온 다음엔 한동안 증세가 뜸해오던 <u>서울서부터
> 의</u> 그 지독한 통증이었다.

(17)은 모두 조사구 뒤에 '의'가 결합한 구성이다. 이때의 '의'는 선행 조사구에 대한 존재 전제의 기능을 가지는 것이 아니라, 선행 조사구와 후행 명사가 결합하여 하나의 명사구가 되기 위해 사용된 것이다. 물론 (17)의 밑줄 친 부분의 조사구가 먼저 명사구로 재분석되고, 거기에 다시 '의'가 결합되는 것으로 설명할 수 있다. 그러나 이런 해석은 상당히 무리가 따른다. 비록 '서울에서'가 명사구로 재구조화되었다고 하더라고 그것이 '의'에 의해 존재 전제의 의미기능을 부여 받는다고는 인식되기 힘들기 때문이다. '서울에서'가 '의'로부터 존재 전제의 기능을 부

여 받는다는 것보다, 부사격 조사구 '서울에서'와 명사구 '촬영 작업'을 하나의 명사구로 만들기 위한 매개체 역할을 하는 것이 관형격조사 '의' 라는 해석이 더 타당하다. 즉 '의'는 선행 조사구와 후행 명사구를 연결 시켜, 이들이 온전한 명사구가 될 수 있도록 연결하는 매개체 역할을 한다는 것이다.

'의'의 연결 매개체 기능은 조사구 뒤에서만 나타나는 것은 아니다. 문장 뒤에서도 실현되기도 한다. 그러나 모든 문장 종결어미 뒤에 관형 격조사가 실현되는 것은 아니다.

> (18) 가. 지금 이스라엘 백성들의 절대 절명의 고민은 <u>어떻게 하면</u>
> <u>요단을 건널 것인가</u>의 문제이다.
> 나. <u>과감하게 맞서느냐 혹은 착실하게 방어태세를 취하느냐</u>의 순간.

(18)에서 확인되는 바와 같이 문장 단위와 후행 명사가 '의'로 연결되 는 경우는 선행절이 의문형 어미로 끝나는 경우에 국한된다.[18] 다른 문 장 유형과 후행 명사가 결합될 때는 관형사형 어미나 인용격 조사가 그 자리를 대신하기 때문이다. 그리고 (18가)와 (18나)가 '의'로 인해 존재 전제의 유기적 상관성을 가진다고 설명하기에는 너무 광범위하고 설득 력이 약하다. 물론 문장 단위가 어떤 사태를 나타내므로 그것이 '의'의 기능에 의해 존재 전제의 의미적 기능을 수행한다고 할 수도 있지만,

---

18) 코퍼스 자료에서 종결어미 뒤에 관형격조사가 나타나는 경우가 있었지만, 소수의 일례들 은 문장의 수용성이 상당히 떨어지는 것이었다. 임홍빈 선생님께서는 사석에서 다음과 같이 다른 종결어미 뒤에도 관형격조사가 결합할 수 있다고 하셨다.
  (1) 가. 같이 집에 가자의 제안
   나. 가을산이 정말 아름답구나의 독백
   다. 오늘은 학교에 빨리 간다의 말
  그러나 상위 구문에 대한 문장의 수용성 정도가 사람마다 차이를 보이며, 코퍼스 자료도 한계성을 가지면서 적절한 사례가 발견되지 않으므로 일단 본고에서는 의문문 종결어미 만 언급하도록 한다.

그것은 사태가 어떻게 존재 전제와 상관되는지 설명할 수 없으므로 더 큰 혼란에 빠질 뿐이다.

관형격조사의 연결 기능은 접속의 기능과는 다르다. 접속조사는 선·후행구가 대등한 관계를 형성하지만 관형격조사는 수식 관계를 형성하므로 접속조사와는 다르다.[19] 관형격조사가 선·후행 성분을 연결하는 매개체 기능을 하되, 명사구 내적 구조를 확대하는 종속적 연결 장치가 주된 기능이다.[20]

앞에서 논의한 관형격조사 '의'의 기능에 대해 정리하면 다음과 같다.

> (19) '의'의 기능
> ① '의'는 고유의 의미 기능을 지니지 않는다.
> ③ '의'는 명사구의 내적 구조에서 표제 전 요소를 확대하는 종속적 연결 장치이다.

관형격조사 '의'가 명사구뿐 아니라 조사구와 문장 단위로까지 확대되어 사용될 수 있었던 것은 '의'의 기능 자체가 수식 기능에서 연결 기능으로 확대되고 있다고 할 수 있다.

4. 결론

지금까지 관형격조사 '의'의 문법적 지위에 대한 것과 'N₁의 N₂' 구성과 'N₁ N₂' 구성의 차이가 무엇인지에 대해 중점적으로 살펴보았다.

---

19) 접속조사와 관형격조사의 차이점은 김선효(2002 : 99~100) 참조
20) 김광해(1981 : 175)는 '의'가 명사류(nominal)와 명사류를 연결하여 내심구조의 명사구절 (NP)를 생성하는 토사장치라고 하며, 이관규(1992 : 262)는 관형격과 접관형격을 기능에 따라 내포연결과 대등연결로 설명하고 있다. 내심구조의 명사구나 내포 연결이라는 설명은 유사성을 가지므로 본고에서는 내포 연결의 개념을 수용한다.

먼저 구조격의 개념이 국어의 격 개념에 적합하지 않음을 비판하고 국어의 문법격으로 주격, 목적격, 관형격을 제시하였다. 'N₁ N₂' 구성은 'N₁의 N₂' 구성이 탈락 내지 생략된 것이 아니라 어휘부에 있는 두 어휘 간의 의미자질에 의해 '의'를 요구하지 않은 것으로 심층구조에서부터 다른 구성임을 밝혔다. 다음으로 '의'의 의미통사적 기능을 검토한 바, '의'는 고유의 의미를 지니지 않고 명사구를 확대하는 종속적 연결 장치로의 통사적 기능만 담당함을 확인하였다. 관형격조사에 대한 시론적인 논의를 바탕으로 하여 관형격조사와 사이시옷의 문제, 관형격조사의 중출 문제 등에 관해 연구한다면 더 유용한 결과들이 도출되리라 기대된다.

참고문헌

강영세(1986), Korea Syntax and Universal Grammar, Ph. D. dissertation, Harvard University.

고석주(2004), 『현대 한국어 조사의 연구 Ⅰ』, 한국문화사.

김광해(1981/1984), 「'의'의 연구, 서울대학교 석사학위논문」, 『문법연구』 5 재록, 161-228.

김기혁(1990), 「관형구성의 통어현상과 의미관계」, 『한글』 209, 59-97.

김두봉(1922), 『깁더 조선말본』, 역대한국문법대계 제1부 8책.

김선효(2002), 「현대 국어의 관형어 연구」, 서울대학교 박사학위논문.

_____(2011), 『한국어 관형어 연구』, 역락.

_____(2013), 「일본 근대 한어 자료에서의 부사격 '의'의 과잉 양상과 그 요인」, 『국어학』 67, 국어학회, 223-250.

김성환(2002), 「국어의 명사 통합 구성 연구」, 서강대학교 박사학위논문.

김영희(1973), 「한국어의 격 문법 연구」, 연세대학교 석사학위 논문.

민현식(1983), 「학교문법의 격 교육에 대하여」, 『국어교육』 46·47, 307-327.

박승빈(1935), 『조선어학』, 역대한국문법대계 제1부 20책.

서정목(1982), 「15세기 국어 동명사 내포문의 주어의 격에 대하여」, 『진단학보』 53·54, 171-194.

성광수(1972), 「국어 관형격 구성」, 『격 표현과 조사의 의미』(1999) 재록, 819-112.

_____(1999), 『격 표현과 조사의 의미』, 월인.

_____(1999), 「격론 : 격 기능과 격 표지」, 『국어의 격과 조사』, 월인, 113-150.

신선경(2001), 「'의'의 실현양상에 대한 일고찰」, 『국어 연구의 이론과 실제』, 1091-1113.

심재기(1979), 「관형화의 의미기능」, 『어학연구』 15(2), 109-121.

안병희(1966), 「부정격의 정립을 위하여」, 『현대 문법 연구』(1975) 재록, 99-101.

유길준(1907), 『대한문전』, 역대한국문법대계 제1부 1책.

이관규(1992), 「격의 종류와 특성」, 『국어학 연구 백년사』, 일조각, 243-256.

이광정(1999), 「전통문법에서의 격 연구」, 『국어의 격과 조사』, 월인, 9-48.

이광호(1988), 『격조사 '을/를' 연구』, 탑출판사.

이남순(1988), 『국어의 부정격과 격표지 생략』, 국어학 총서 14.

이선웅(2004), 「국어 명사의 논항구조 연구」, 서울대학교 박사학위논문.

이재철(1993), 「구조격과 AGR」, 『현대문법연구』 3, 109-146.

이정식(1999), 「구조격과 내재격에 대하여」, 『국어의 격과 조사』, 월인, 821-840.

이홍배(1984), 「지배·결속이론과 한국어」, 『말』 9, 127-146.

임동훈(2004), 「한국어 조사의 하위 부류와 결합 유형」, 『국어학』 43, 119-154.

임홍빈(1974/1998), 「주격 중출문을 찾아서」, 『국어문법의 심층2』, 태학사, 169-206.

_____(1981/1998), 「존재전제와 속격표지 '의'」, 『국어문법의 심층2』, 태학사, 283-306.

_____(1987), 「국어의 재귀사 연구」, 서울대학교 박사학위논문.

_____(1999), 「국어 명사구와 조사구의 통사구조에 대하여」, 『관악어문연구』 24, 1-62.

정희정(2000), 『한국어 명사 연구』, 한국문화사.

주시경(1910), 『말의 소리』, 역대한국문법대계 제1부 4책.

최경봉(1998), 『국어 명사의 의미 연구』, 태학사.

최재희(1999), 「국어의 격 표지 비실현 현상과 의미해석」, 『한글』 245, 49-78.

최현배(1937/1961), 『우리말본』, 정음문화사.

허 웅(1983/1995), 『국어학』, 샘문화사.

홍기문(1947), 『조선 문법 연구』, 역대한국문법대계 제1부 15책.

홍종선(1999), 「생성문법과 국어의 격」, 『국어의 격과 조사』, 월인, 83-112.

Chomsky, N.(1981), *Lectures on Government and Binding*, Foris Publications.

_____.(1986), *Knowledge of Language,* Praiger.

Fillmore, C. J.(1968), The case for case, E. Bach & R. Harms(*eds.*), *Universals in Linguistic Theory,* Holt Rinehart and Winston, Inc.

Poppe, N.(1955), *Introduction to Mongolian comparative studies,* Helsinki : Suomalais-ugrilainen Seura.

Ramstedt, G. J.(1939), *A Korean Grammar*, Helsinki, Suomalais-ugrilainen Seura.

제 2 장

문장부사 설정에 대한 재고

1. 들어가기

이 장에서는 부사의 수식 범위에 따라 문장부사와 성분부사로 구분하는 현행 분류 체계의 문제점을 검토하고 적절한 해결 방안을 모색해 보는 데 목적을 둔다. 언어는 언중들이 사용하는 문맥이나 환경에 의해서 하나의 의미로 굳어져 있지 않고 분화하는 속성을 가지고 있다. 이러한 언어의 속성은 어휘의 정확한 문법범주를 판단하지 못하게 한다. 국어의 품사 중에서 이러한 어휘적 양상을 보여주는 대표적인 문법범주는 관형사와 부사일 것이다. 이들은 명사나 동사와 달리 어휘의 초기 범주부터 관형사나 부사인 경우는 희박하며, 다른 품사에서 전성되어 점진적으로 독립된 범주로 인정된 것이다. 그것은 국어와 같은 교착적 언어의 환경에서는 문법화하거나 어휘화할 개연성이 열려 있기 때문이며, 굴절을 본질로 하는 동사나 형용사가 이 영역에 해당한다.

부사 중에는 문장 위치에 따라 일반적으로 문두에 오며 문장 전체를 수식 범위로 하는 문장부사와 문장 이하 단위를 수식 범위로 하는 성분부사로 나눈다. 그러나 문장부사와 성분부사가 구별이 명확하지 않고 학자에 따라 다르게 분류하여 전체적으로 통일되지 못한 실정이다. 본고에서는 이런 언어적 현상을 바탕으로 하여 문장부사로 구별하고 있는 기존의 판별 기제에 대해 비판하고 해결 방안을 모색해 보고자 한다.

2. 부사의 수식 양상

남기심 · 고영근(1987/1993 : 271~279)에서는 부사가 수식하는 범주의 유형을 아래와 같이 제시하고 있다.

> (1) 가. 시간이 늦었으니 <u>어서</u> 떠납시다.
> 　　나. 저 분이 <u>매우</u> 고마운 사람이오
> (2) 가. <u>더</u> 빨리 걸읍시다.
> 　　나. <u>아주</u> 새 옷을 더럽혔구나.
> 　　다. 오늘 모임에 <u>겨우</u> 두 사람이 왔군요
> (3) 가. <u>바로</u> 이웃이 철수네 집이다.
> 　　나. 그가 <u>꼭</u> 너만 좋다고 하는구나.
> (4) 가. <u>과연</u> 그의 예언대로 되었구나.
> 　　나. <u>적어도</u> 너는 그렇게 말하면 안 되지.

부사어는 서술어의 뜻을 한정하여 꾸며 주는 것으로 (1)의 '어서'가 후행 동사 '떠나다'를, '매우'가 '고맙다'를 수식한다. 그러나 부사어 중에서는 서술어만 수식하는 것이 아니라 (2)와 같이 부사 '더'가 부사 '빨리'를, '아주'가 관형사 '새'를 수식하기도 하고, (3)과 같이 '바로'나 '꼭'이 후행하는 체언 '이웃'이나 '너'를 수식하기도 한다. 이것은 부사어가 서술어만 한정하여 수식하지 않는다는 것을 여실히 보여 준다. 그

리고 (4)의 부사는 (1)~(3)의 부사가 현시하는 수식 현상과 달리 그 수식 범위가 문장 전체에 걸쳐 일어난다. '과연'은 '그의 예언대로 되-'를 수식 범위로 하고, '적어도'는 '너는 그렇게 말하면 안 되-'를 수식 범위로 하고 있다. 국어의 부사는 후행하는 성분을 한정하여 수식하는 기능을 일차적으로 가진다. 그러나 이 장에서는 부사의 다양한 기능에 초점을 두기보다는 부사의 여러 유형 중에서 (4)와 같이 문장 전체를 수식 범위로 하는 부사에 중점을 두고 논의하고자 한다. 특히 부사는 어순 이동 제약이 심하지 않고 이동 위치에 따라 다른 화용론적 해석을 제시하는 것에 대해 비판하고, 기존 논의에서 문장부사와 성분부사를 구분하는 기제들이 갖는 문제점에 대해 검토하고자 한다.

문장부사와 성분부사에 관한 본격적 논의에 앞서, (4나)와 같이 '어간+어미' 구성이 결합한 부사형에 대해 먼저 언급하고자 한다. 왜냐하면 이들은 연구자의 관점에 따라 문장부사가 되기도 하고 그렇지 않기도 하며, 사전마다 등재되어 있는 부사 항목이 다르기 때문이다. 부사는 관형사와 더불어 어휘화에 민감하다. 그것은 이 두 범주가 다른 품사에서 전성되거나 용언의 활용형이 굳어진 형태가 대부분이기 때문이다. 관형사는 후행하는 체언을 수식하고 부사는 후행하는 성분을 수식하는 것이 주된 기능이어서, 수식어 위치에 용언의 활용형이 나타나므로 다른 품사에 비해 두 범주가 어휘화에 민감한 것이다. 어휘화는 공시·통시적으로 연구되어야 할 부분이 많으므로 여기에서는 사전에 부사로 등재되어 있는 항목들을 참고하기로 한다.[1]

사전에 등재되어 있는 부사 중에서 (4나)와 유사한 형태인 '어간+어미' 구성 부사의 예를 제시하면 다음과 같다.[2] 한 어휘에 하나의 어미

---

1) 어휘화한 관형사에 대한 논의는 김선효(2004) 참조.
2) '어간+어미' 구성의 유형을 검토하는 데 양명희(1998 : 190~200)의 일부를 참고하였다. 예시할 부사 중에서는 지시적 표현 '이렇다, 그렇다, 저렇다, 요렇다, 고렇다, 조렇다'의 활

가 결합한 것을 '단순구성'이라 명명하고, 한 어휘에 동일 어미가 반복하여 결합한 것을 '복합구성'이라 하겠다.

(5) 단순구성

　가. -고 : 무턱대고, 덮어놓고, 대놓고

　나. -ㄴ가 : 언젠가

　다. -ㄴ들 : 보아한들

　라. -니 : 덩그러니, 멍청하니, 멍하니

　마. -다가 : 가다가, 가끔가다가, 게다가

　바. -도록 : 되도록, 오래도록

　사. -듯 : 불현듯(이), 물쓰듯

　아. -듯이 : 물밀듯이, 불현듯이, 여봐란 듯이

　자. -면 : 말하자면, 툭하면, 걸핏하면, 까딱하면, 여북하면, 여차하면

　차. -해야 : 기껏해야, 막해야, 잘해야

　카. -어도 : 적어도, 세상없어도, 천하없어도

　타. -게3) : 되게, 불나게, 겁나게

(6) 복합구성

　가. -나-나 : 오나가나, 지나새나, 보나마나, 자나깨나, 가나오나

　나. -고-고 : 울고불고, 두고두고

　다. -락-락 : 내치락들이치락, 내치락들치락, 높으락낮으락, 누르락푸르락, 누르락붉으락, 뒤치락엎치락, 들락날락, 들이치락내치락, 붉으락푸르락, 엎치락뒤치락, 엎치락잦히락, 오락가락, 오르락내리락, 쥐락펴락, 푸르락누르락

용형들은 지시적 표현이 가지는 중의성과 의미의 모호성으로 인해 본 연구에서는 생략하였다.

3) 『표준국어대사전』에 '불풍나게'가 있으나 '불풍'의 의미가 명시적으로 제시되어 있지 않고 '불풍나다'도 용언으로 등재되어 있지 않으므로 이 구성에서 제외한다.

(5)와 (6)은 『연세한국어사전』과 『표준국어대사전』에서 부사로 등재된 어휘항목으로서, 이들은 대개 부사로 인정받는다. 용언의 활용형이 부사로 인정받기 위해서는 부사로 인정할 수 있는 여러 기준을 만족할 수 있어야 한다. 일반적으로 통사적·의미적 기준이 만족되면 어휘화가 인정되어 사전에 등재될 수 있을 것이다. 그러나 [부록]에서도 확인되는 바와 같이 부사의 어휘 항목은 사전마다 천차만별이다.4)

단순 구성은 '어간+어미'가 결합하여 어휘화 과정을 거친 것이다. 고영근(1989/1999 : 524)에서는 (5)와 (6)의 일부 어미를 어미의 접사의 직능을 발휘하는 것으로 처리하고자 하였다. 즉 명사형 전성어미 '-(으)ㅁ', '-기'나 접미사성을 가지는 '-코', '-듯이', '-나 -나', '-락 -락' 등은 어미가 특정한 어간과 통합됨으로써 접사의 직능을 발휘한다는 것이다. 어미가 특정한 어간과 결합하여 접사의 직능을 가진다는 관점은 국어의 어미 체계에 문법 체계의 편리성을 부여하므로 좋은 해결 방안이 될 수도 있으나 우리는 아직 부사의 통사·의미적 판별 기준도 명백하게 설정되지 못한 상황이며, 부사의 어휘화 과정에 대한 논의도 불충분하고, 사전마다 등재어가 다르게 설정되어 있으므로 어미의 접사적 직능에는 찬성하는 바이지만 이들 어미가 접사에 더 근접한 것인지는 더 논의되어야 할 부분으로 생각된다.

(5가)의 '-고'는 다른 어미와 달리 단순 구성과 복합 구성에 모두 나타나고, 그 외의 (5)의 어미들은 단순 구성에 나타난다. (6)의 복합 구성은 세 가지 유형으로 '-나-나', '-고-고', '-락-락'형이 있다. 그러나

---

4) 본 연구에서는 부사인지 아닌지를 판단할 수 있는 판별 기준을 제시하는 데 목적이 있는 것이 아니므로, 여기에서는 『연세한국어사전』과 『표준국어대사전』에 등재되어 있는 어휘에 한정하여 논의를 지속하고자 한다. '어간+어미' 구성 부사어의 어휘화 과정에 대한 면밀한 논의는 차후로 미루고자 한다. 기존 연구에서 부사의 판별 기준에 대한 구체적 논의가 이루어지지 않은 상태이므로 어휘화 내지 문법화와 관련한 논의는 여기에서 곤란하다.

어떤 표제항은 어휘 내부에서의 위치 전환이 허용되어 둘 다 표제항으로 등재되어 있는 특이한 현상을 보인다. 예를 들어, 『표준국어대사전』에서 '-나 -나'형의 '가나오나, 오나가나'와 '-락 -락'형의 '내치락들이치락, 들이치락내치락', '누르락푸르락, 푸르락누르락', '뒤치락엎치락, 엎치락뒤치락'을 모두 표제항으로 인정하고 있다. 물론 최현배(1937/1961 : 746)는 '-나 -나'형을 하나의 품사 단위로는 인정하지 않고 서로 밀접한 관계를 가진 이은말 즉 숙어인 '文字'라 하였다.5) 어휘 내부에서의 위치 전환이 허용된 것은 두 가지 측면에서 생각해 볼 수 있다. 두 어휘가 아직도 하나의 어휘로 정착되지 못하고 있다는 것과 두 어휘 모두 독립적으로 어휘부에 등록되었다는 것이다. 우리는 이들 구성이 후자보다 전자로 판단되는데, 그 이유는 '지나새나', '자나깨나', '붉으락푸르락, 오락가락, 오르락내리락' 등이 어휘의 위치 전환이 아직 일어나지 않으며, '푸르락붉으락' 같은 경우는 '붉으락푸르락의 잘못된 표현'으로 설명하고 있기 때문이다. 무엇보다 어휘 내부에서의 위치 전환을 허용한 사전은 『표준국어대사전』에서만 발견된다는 데 있다.

---

5) 가. 임자씨같은 문자

　　　그림의 떡, 누워 떡먹기, 염소 물똥 누기, 아닌 땐 굴뚝에 내(煙氣), 부유(蜉蝣)같은 인생

　나. 어찌씨같은 문자

　　　조선 천하에, 십상 팔구로, 세상 없어도, 어느 덧에, 어느 새에, 아닌 밤중에, 비몽사몽 간에, 천만 뜻밖에, 아닌게 아니라, 아닣잖해, 마지 못해(서), 하다 못해, 죽어꾀라도, 자나 깨나, 지나 새나(朝夕으로), 지나세나(아무렇게나), 오락 가락, 나남없이.

　다. 풀이씨같은 문자

　　　보잘 것 없다, 말할 것 없다, 철석같이 굳다, 날빛보다 더 밝다.

3. 문장부사와 성분부사의 통사 · 의미적 기제에 대한 반성

3.1. 문장부사와 성분부사의 통사적 기제

부사는 수식범위에 따라 후행하는 문장 전체를 수식하는 문장부사와, 후행하는 동사나 동사구를 수식하는 성분부사로 나눈다. 그러나 여기서 재고해 봐야 할 것은 부사의 수식 범위를 명백하게 확인할 수 있는가 하는 것이다. 왜냐하면 국어의 부사는 다른 품사와 달리 위치 이동이 자유롭기 때문에 부사가 수식하는 영향권(scope)은 그리 명확하지 않기 때문이다.6) 이러한 부사의 속성은 수식범위에 따라 문장부사와 성분부사로 구분하는 통사적 기제가 얼마나 취약한가를 보여준다. 기존 논의에서 제시하는 문장부사와 성분부사의 구별 기제로는 문장부사가 문두 위치에 올 수 있고, 분열문이 가능하며, 문장 내 위치 이동이 자유롭다는 통사론적 기제와, 부정의 영향권으로 의미의 전제 관계를 설명할 수 있다는 의미론적 기제가 있다. 문제는 이런 기제들이 문장부사를 판별해 낼 수 있는 뚜렷한 선을 긋지 못하다는 데 있다. 이제부터 이 부분에 대해 하나씩 살펴보고자 한다.

첫째, 문장 부사는 문두에 왔을 때 가장 명확하다는 것이다. 서정수(1975 : 73-76)는 문장부사로 판단할 수 있는 가장 편리한 방법으로 문장 내 위치로 설정하고 있다.

(7) 가. 그이는 <u>확실히</u> 똑똑한 사람이다.
　　나. 그이는 <u>정말로</u> 빨리 달린다.

---

6) 서정수(1972)는 국어의 부사를 수식의 범위로 구분하는 것이 적절하지 못하다고 하여, 부사와 동사의 결합관계에 따라 자유부사와 제약부사로 구분한다.

(7가)의 '확실히'와 (7나)의 '정말로'가 문장부사인지 아닌지는 부사의 위치를 문두에 변환시켰을 때 확실해진다는 것이다. 이때 어조나 강세의 차이로 구별이 될 수 있지만 그러한 운소적 요소는 고려하지 않고 논의하고 있다.

(8) 가. <u>확실히</u> 그이는 똑똑한 사람이다.
　　 나. <u>정말로</u> 그이는 빨리 달린다.

물론 어떤 부사는 문장의 어디에 위치하더라도 문장부사임을 판별할 수 있는 경우도 있지만, (7가)의 '확실히'가 '똑똑한'을 수식하는지 문장 전체를 수식하는지, (7나)의 '정말로'가 '빨리'를 수식하는지 문장 전체를 수식하는지 혼란스러울 때에는 (8)처럼 문두로 위치를 변환하면 이들이 문장부사임을 정확히 알 수 있다는 것이다.

그러나 문장부사의 판별을 문두 위치로 결정하면 성분부사가 문장부사로 오인될 가능성이 상당히 높다. 성분부사인지 문장부사인지 판별되지 않을 때, 문두 위치로 올 수 있다고 하여 해당 어휘를 문장부사로 판단한다면 국어의 부사 중 상당수가 문장부사가 된다.

(9) 가. 나는 해가 질 때까지 <u>멍하니</u> 남산을 쳐다보고 앉아 있었다.
　　 나. 어미가 <u>오나가나</u> 사람들 눈치 보느라고 힘들어 보인다.
(10) 가. <u>멍하니</u> 나는 해가 질 때까지 남산을 쳐다보고 앉아 있었다.
　　 나. <u>오나가나</u> 어미가 사람들 눈치 보느라고 힘들어 보인다.

(9)의 '멍하니'와 '오나가나'가 문장부사인지 판별하기 위해 (10)처럼 문두 위치로 변환 가능하다고 하여 이들을 문장부사로 인정할 수 있는가. 그렇지 않다. (10)처럼 문두에 올 수 있더라도 문장부사의 다른 통

사적 기제를 만족하지 못하므로 이들을 문장부사로 인정할 수 없다.

두 번째로는 분열문(cleft sentence) 되기이다. 분열문은 서정수(1975 : 74-75), 김경훈(1977 : 12-22), 유현경(1986) 등에서는 사실명사화(factive nominalization)라고도 하는 것으로 변형관계를 통해 문장부사를 식별하는 방식이다.

(11) 가. <u>확실히</u> 그이는 똑똑한 사람이다.
　　　나. 그이가 똑똑한 사람임(이라는 것)이 확실하다.(서정수 197
　　　　　5 : 74 인용)

(11가)의 '확실히'가 문장부사임을 입증할 수 있는 방책이 (11나)로 변형가능하다는 것이다. (11나)의 선행 명사절이 사실명사화가 가능하면 '확실히'가 문장부사로 입증된다는 것이다. 다시 말해서, '그이가 똑똑한 사람이라는 것'이 동작이 아니라 사실을 말하는 것이므로 이것은 명사화 변형에 의해 사실명사화가 되어 문장부사가 된다는 것이다. 그것은 이 방법이 성분부사에는 적용되지 못하기 때문이다.

(12) 가. 태희는 밥을 <u>매우</u> 많이 먹는다.
　　　나. *태희가 밥을 많이 먹는 것은 매우이다.
(13) 가. 머리가 긴 여자는 <u>아주</u> 예쁘다.
　　　나. *머리가 긴 여자가 예쁜 것은 아주이다.

성분부사인 (12)의 '매우'나 (13)의 '아주'는 사실명사화를 성립시키지 못한다. 이렇듯 (11)~(13)의 검증 방법은 사실명사화가 문장부사 판별에 절대적인 것으로 추정된다. 그러나 사실 이 기제는 상당한 문제점을 안고 있다.

우선, 문장부사와 사실명사화에 의한 용언이 동일한 의미관계를 가진다는 것은 언어적 직관에 의거한 것이지 통사론적으로 동일한 것으로 판단하기 어렵다.[7] (11가)는 '그이가 똑똑한 사람이다'에 대한 화자의 태도를 나타내는 반면, (11나)의 구문은 '그이가 똑똑한 사람이라는 것'이라는 기정된 사실을 전제하고 있다는 것이다. 부연한다면, 부사는 어떤 문장에 대한 태도를 나타내는 것이므로 그 선행 문장의 사실성 여부가 부사에 의해 결정되는 것이 아니다. (12나)와 (13나)의 문장도 부사를 제외하면 이들 선행문장도 사실성을 인정받을 수 있다. '태희가 밥을 많이 먹는다'도 사실이며, '머리가 긴 여자가 예쁘다'도 사실을 바탕으로 한 화자의 태도인 것이다. 성분부사가 서술성 용언으로 대체가능하면 문장부사가 될 수밖에 없는 것이다. 사실명사화가 가능하다는 것은 선행절의 사실성 여부와 관련되는 것이 아니라 부사가 서술성을 가지고 있느냐 그렇지 않느냐에 결정된다는 것이다. 그리하여 비서술적 부사가 문장부사로 사용된 경우에는 유사한 의미를 지닌 부사로 대체할 수밖에 없는 순환론적 오류가 발생하는 것이다. 즉 사실명사화는 선행절의 사실성과 부사의 서술성이 결합되어야 정문이 되는 설명적 오류를 가지고 있다.

다음으로, 서정수(1975 : 75)에서는 사실명사화를 성립시키기 위해 무리한 변형관계를 시도한 것을 볼 수 있다. 예를 들어, '대체로'는 '대체적이다', '늘, 항시'는 '항상이다, 계속적이다' 등으로 용언에서 전성되지 않은 부사를 유사한 개념의 부사로 대체하였다. 이러한 현상은 초기 변형생성문법에서 많이 적용된 것이지만 지금은 무리한 변형관계를 지양하는 입장이다. 이와 유사한 변형관계의 문제점은 속격화 변형에서도 찾아볼 수 있다. 변형생성문법에 입각하여 속격 구조도 여러 변형 과정

---

7) 이러한 반성은 김경훈(1977 : 14-5)에서도 발견되지만, 의존명사 '것' 대신 '사실'을 대체하여 사실명사화를 문장부사 판별의 주요 기제로 인정하고 있다.

을 통해 형성된다고 본 것이다. 예를 들어, '삼국사기의 김부식'은 '김부식이 삼국사기를 짓다'에서 변형 과정을 거쳐 형성된 문장이라는 것이다. 그러나 임홍빈(1981/1998 : 286-93)은 이러한 속격 구성에 대한 변형적 접근이 가지는 문제점을 아홉 가지 근거, 즉 의미 해석의 부정확성, 변형 과정의 문제점, 관계절과 속격 구성의 문장 구조의 문제, 속격 구성이 가지는 의미 해석의 다양성, 의미해석의 다양성과 심층 구조의 다양성의 차이, 관계절과 속격 구성의 직관 문제와 순환론적 오류, 격조사의 대체 문제, 속격 조사 '의'의 다양한 기능 등으로 제시하고 있다. 이렇듯 변형 관계로 두 구문을 설명한다는 것은 변형 과정에서 발생하는 통사·의미론적 제약을 해결해야 하지만 사실명사화 과정 자체도 의미 해석의 부정확성을 초래하므로 적절한 기제가 되지 못함을 알 수 있다.

또 사실명사화 내지 분열문은 학자에 따라 다양한 적용 양상을 보여준다. 홍재성(1982), 최재희(1985)는 종속 접속문의 특징을 설명할 수 있는 기제로 사용하고, Schreiber(1971 : 84), 서정수(1975), 김경훈(1977), 유현경(1986) 등은 문장부사를 판별할 수 있는 기제로 사용하고, 김영희(1991)는 성분부사의 특성을 설명하는 데 사용하고 있다. 동일한 장치를 학자마다 다른 관점에 적용한다는 것은 이것에 대한 정확한 이해가 부족하거나 어떤 주장을 입증하기 위한 편리한 도구로만 사용한 결과일 것이다.

무엇보다 분열문은 문장부사를 판별하기 위한 필요충분조건을 만족시키지 못한다. 왜냐하면 이것이 문장부사에는 적용되지 못하고 오히려 성분부사에는 적용되는 사례가 발견되기 때문이다.

(14) 가. <u>아마도</u> 그는 미국에 있을 것 같다.
     나. *그는 미국에 있을 것 같은 것이 아마도이다.
(15) 가. 민수는 <u>오나가나</u> 아이스크림을 찾는다.

　　나. 민수가 아이스크림을 찾는 것은 오나가나이다.
(16) 가. 김 후보는 <u>자나깨나</u> 대통령 선거를 걱정한다.
　　나. 김 후보가 대통령 선거를 걱정하는 것은 자나깨나이다.

　(14)의 문장부사 '아마도'에는 분열문이 성립되지 않는 반면, (15)의 '오나가나', (16)의 '자나깨나'에는 모두 가능하다. 이것은 '-나 -나'형 부사가 후행하는 동사구만 수식하는 것이 아니라 절 전체를 수식하는 것임을 입증하는 것이다. 이처럼 분열문 되기는 문장부사의 판별에 필요충분조건이 되지 못한다. 문장부사를 판별하는 기준인 분열문 되기는 여러 면에서 주요 기제가 될 수 없다. 분열문 되기가 가능한 부사는 서술성 용언의 활용형이나 굳어진 형태만 정문이 될 수 있었고 그 외의 부사는 유사한 의미를 가진 어휘로 대체해야 하는 강압성이 발견된다.
　셋째, 문장부사는 성분부사에 비해 문장 내에서의 위치 이동이 자유롭다는 것이다. 왜냐하면 문장부사가 어느 한 성분만을 수식하는 것이 아니기 때문이다.

　(17) 가. 이 꽃은 <u>매우</u> 아름답다.
　　나. *<u>매우</u> 이 꽃은 아름답다.
　　다. *이 꽃은 아름답다 <u>매우</u>.
　(18) 가. <u>확실히</u> 그는 머리가 똑똑하다.
　　나. 그는 <u>확실히</u> 머리가 똑똑하다.
　　다. 그는 머리가 <u>확실히</u> 똑똑하다.
　　라. 그는 머리가 똑똑하다 <u>확실히</u>.

　(17)의 성분부사 '매우'는 문장 내 이동이 제한적인 반면, (18)의 문장부사 '확실히'는 그 이동이 매우 자유롭다. 왜냐하면 성분부사는 후행하는 동사와 의미론적 상관성을 가져 결합의 범위에 제약을 가지지만 문

장부사는 문장 전체와 상관성을 가지므로 위치에 제약을 가지지 않는다
는 것이다.

그러나 이런 현상은 문장부사에만 적용되는 것이 아니라 '-나 -나'형
부사에서도 동일하게 발견된다.

> (19) 가. <u>자나깨나</u> 그는 칼만 만지고 있다.
>   나. 그는 <u>자나깨나</u> 칼만 만지고 있다.
>   다. 그는 칼만 <u>자나깨나</u> 만지고 있다.
>   라. 그는 칼만 만지고 있다 <u>자나깨나</u>.

(19)의 '자나깨나'는 문장부사 '확실히'와 같이 문장 내 위치 이동이
자유롭게 실현된다. 문두, 문중, 문미에서 모두 실현 가능하다. 그렇다면
'자나깨나'도 문장부사인가.

3.2. 문장부사와 성분부사의 의미론적 기제

문장부사와 성분부사를 식별하는 방법의 하나로 부정의 영향권(scope)
이 있다.[8] 이것은 부정된 문장이 원래 문장의 의미를 함의하느냐 하는
전제 관계의 성립 여부로 판별하는 것이다. 부정의 영향권이 미치는 영
역을 통해 부사가 문장 전체에 영향을 끼치는지 아니면 문장의 일부분
에만 영향을 끼치는지 알 수 있다는 것이다.

> (20) 가. 다행히 아이가 집을 찾아왔다.
>   나. 다행히 아이가 집을 찾아오지 않았다.
>   다. 아이가 집을 찾아왔다.

---

8) Leech(1974 : 293-294) 참조.

(21) 가. 철수가 빨리 달렸다.

　　　나. 철수가 빨리 달리지 않았다.

　　　다. 철수가 달렸다.

　(20)의 '다행히'와 (21)의 '빨리'는 부정의 영향권이 다르다. (20)의 경우, (20가)는 (20다)를 함의하지만 (20나)는 (20다)를 함의하지 않는다. (20나)가 (20다)를 함의하지 않는다는 것은 문장부사 '다행히'가 후행절 '아이가 집을 찾아오지 않았다' 전체를 수식하여 문장부사가 부정의 영향권 밖에 있음을 입증하는 것이다. 그러나 (21)의 성분부사 '빨리'는 다르다. (21가)도 (21다)를 함의하지만, (21나)도 (21다)를 함의한다. (21나)가 (21다)도 함의한다는 사실은 성분부사 '빨리'가 부정의 영향권 안에 있기 때문이다. 부정의 영향권 밖에 있다면 (21다)가 수용되지 않아야 한다. 즉 '빨리 달리다'가 부정의 영향을 받은 것이다. 이렇듯 문장부사는 부정의 영향권 밖에 있지만 성분부사는 그 안에 있다는 것이다.

　그러나 이런 기준도 부사에 따라 다르게 나타나는 것을 발견할 수 있다. 빈도부사 내지 시간부사 '항상, 늘, 자주'는 의미적 기준으로는 범주를 나눌 수 없을 것 같지만 부정의 함의 관계로는 문장부사와 성분부사로 구분할 수 있다. '항상, 늘'과 같은 항시성을 가진 부사는 부정의 함의관계를 만족시키지 못하여 문장부사가 되지만, 빈도가 낮은 '자주'와 같은 부사는 부정의 함의관계를 만족시키므로 성분부사가 된다.

　(22) 가. 선생님이 항상 술을 마신다.

　　　나. 선생님이 항상 술을 마시지 않는다.

　　　다. 선생님이 술을 마신다.

　(23) 가. 그는 자주 자리를 비웠다.

　　　나. 그는 자주 자리를 비우지 않았다.

다. 그는 자리를 비웠다.

(22가)는 (22다)를 함의하지만 (22나)는 (22다)를 함의하지 못한다. 반면 (23가)와 (23나)는 모두 (23다)를 함의한다. 물론 부정의 영향권이 문장의 수식 범위를 검토하는 데 유익할 수 있다. 그러나 빈도부사의 빈도에 따라 수식의 범위가 구별된다는 것은 재검토되어야 한다. 한편, 김경훈(1977 : 32)에서는 (22)의 '항상'과 (23)의 '자주'가 모두 부정의 영향권 범위 안에 있어 시간부사는 모두 성분부사로 설정한 바 있다. 그러나 앞에서 언급한 바와 같이, 빈도에 따라 전제의 의미관계 성립이 결정되는 당혹스런 일이 발생한다. 이것은 '어간+어미' 구성 중 항시성을 가지는 다음과 같은 부사에도 적용된다.

> (24) 가. 성호는 오나가나 착실하다는 말을 듣는다.
> 나. 성호는 오나가나 착실하다는 말을 듣지 않는다.
> 다. 성호는 착실하다.
> (25) 가. 미우나고우나 너는 이제 우리 식구다.
> 나. 미우나고우나 너는 이제 우리 식구가 아니다.
> 다. 너는 이제 우리 식구다.

(24)의 '오나가나'가 부정의 영향권에 실현되는 현상을 살펴보면, (24가)이 (24다)를 함의하고 (24나)는 (24다)를 함의하지 못함을 확인할 수 있다. 즉 '오나가나'가 부정의 영향을 받지 않으므로 문장부사가 되고, (25)의 '미우나고우나'에서도 동일하게 (25가)는 (25다)를 함의하지만 (25나)는 (25다)를 함의하지 못한다. 부정의 영향권이 미치는 범위를 통해 확인한 결과, '-나 -나'형 부사는 부정의 영향이 이 유형에 미치지 못하므로 문장부사가 된다. 그러나 '오나가나'와 '미우나고우나'가 문장

전체를 수식한다고 할 수 있는지는 의문이다.

이환묵(1976 : 131)에서는 전제 관계의 성립 여부를 문장부사와 양태부사로 구별하는 기제로 사용하였다.9) 기존의 논의에서는 부정 변형과 부사 전치 변형으로 양태부사와 문장부사를 구별하려는 시도가 있었지만 이 방법들이 보편적 타당성이 없으므로 전제 관계의 성립으로 이것을 해결하고자 하였다. 전제관계는 문장부사와 양태부사를 구별하는 데 하나의 기준이 될 수 있지만, 중요한 것은 부사가 가진 어떤 성질이 전제 관계를 성립시키는 데 작용하는가 하는 점을 간과하지 않았다. 즉 부정의 영향권과 전제 관계는 문장부사와 성분부사의 판별 기제가 아니라 문장부사와 양태부사의 판별 기제라 할 수 있다.

3.3. 문장부사와 성분부사의 구분

그렇다면 문장부사는 무엇이며 어떻게 판별할 수 있는가? 우리는 이것에 대해 의문을 가지지 않을 수 없다. 결론부터 말하면, 문장부사는 궁극적으로 문두에 와서 문장 전체를 수식하는 부사이지만 전통문법의 관점에 입각한 문장부사는 없다고 본다. 환언하면, 부사가 문두에 와서 문장 전체를 수식하지만 그 수식이 동사구인지, 선어말어미구인지, 어말어미구인지 어휘에 따라 다르며, 무엇보다 문장 전체를 수식하던 어휘가 구를 수식하는 위치로 변경되면 문장부사라고 할 수 없기 때문이다. 이것은 임홍빈·이홍식(2002 : 189-190)에서 분석한 바가 있는데, '철수가 다행히 약혼자를 만났다'라고 한다면, 문장부사로 일컫는 '다행히'

---

9) 이환묵(1976 : 126)에서는 영어 문장부사의 통사적 특징을 크게 세 가지로 나누어 설명하고 있는데, ① 문장부사는 명령문에 쓰일 수 없다, ② 문장부사는 의문문에 쓰일 수 없다, ③ 문장부사는 양태부사와 달리, 부정문의 문두에 올 수 있다, 이렇게 세 특징을 제시하고 있으나, 이들의 특성이 국어의 문장부사에 적용되기에는 검증되어야 할 부분이 많이 있다.

가 '약혼자를 만나-'를 수식 범위로 하기 때문에 V' 위치에 부가된 것
이다. 그러나 '다행히 철수가 약혼자를 만났다'의 경우는 '다행히'가
'철수가 약혼자를 만나-'를 수식해서 문장 전체를 수식 범위로 하는 문
장부사이며 VP-부사적 기능을 하는 것이다. 이것은 '다행히'가 어순 바
꿈을 한 것이 아니라, 출현 위치가 다른 것이다. 어순이 바뀐다면 동일
품사로 상정해야 하겠지만 출현 위치가 바뀐 것이므로 그 위치에 따라
상정하는 것이 타당하다.

  부사의 위치에 따라 수식 범위를 구분한 것은 김경훈(1996 : 48-52)으로
동사 수식 부사어, 동사-바 수식 부사어, 동사구 수식 부사어, 선어말어
미구 수식 부사어, 어말어미구 수식 부사어로 구분한다.

  (26) 가. 물이 <u>매우</u> 뜨겁다.
     나. 우리 반 학생들은 <u>모두</u> 서태지를 좋아한다.
     다. <u>다행히</u> 손님들이 많이 오셨다.
     라. <u>아마</u> 지금쯤 편지가 도착했겠다.
     마. <u>실례지만</u> 불 좀 빌리 수 있을까요?

  (26가)의 '매우'는 용언 '뜨겁-'만을 수식하는 동사 수식 부사어이며,
(26나)의 '모두'는 수량 부사어로 주어의 수량을 나타내므로 V' 수식 부
사어이며, (26다)의 '다행히'는 평가 부사어로 '손님들이 많이 오-'를 수
식 범위로 가지는 VP 수식 부사어이다. (26라)의 '아마'는 선어말어미
'-겠-'과 호응되어 선어말어미구 수식 부사어이며, (26마)의 '실례지만'
은 종결어미까지 포함한 어말어미구를 수식 대상으로 하는 어말어미구
수식 부사어이다.

  문장부사와 성분부사를 구분하는 것은 통사론적 수식 범위를 논의하
기보다는 의미론적 수식 범위를 논의할 때 사용할 수 있으리라 본다.

통사론적 관점에서 부사의 수식 범위를 논의하는 것은 각 부사의 수식 범위가 문맥에 따라 다른 범위를 보여주게 되므로 문장부사라 단정하기 어렵다.

4. 결론

전통문법에서 부사를 수식 범위에 따라 문장부사와 성분부사로 구별하였지만 통사론적 관점에서 이런 구별은 상당한 문제점을 안고 있다. 그리하여 문장부사와 성분부사를 판별하는 기존 기제의 한계점을 제시하고 통사론적 관점에서 이런 구별이 크게 유익이 되지 못함을 확인하였다. 앞으로 이 부분을 좀더 면밀히 살펴보기 위해서는 의미적으로 분류된 부사와 문법적으로 분류된 부사의 상호 관계를 바탕으로 하여 심도 있게 논의되어야 한다고 본다.

참고문헌

국립국어원(1999), 『표준국어대사전』, 두산동아.

김경훈(1977), 「국어 부사 수식 연구」, 『국어연구』 37, 국어연구회.

김경훈(1996), 「현대국어 부사어 연구」, 서울대학교 박사학위논문.

김선효(2004), 「어휘화한 관형사의 유형과 그 특성」, 『형태론』 6(2), 339-354.

김민수·고영근·이승재·임홍빈(1992), 『국어대사전』, 서울 : 금성출판사.

김영희(1991), 「종속 접속문의 통사적 양상」, 『들메 서재극 박사 환갑기념 논문집』, 계
　　　　명대학교출판부, 김영희(1998) 재록.

　　　(1998), 『한국어 통사론을 위한 논의』, 한국문화사.

남기심·고영근(1993), 『표준 국어 문법론』, 탑출판사.

서정수(1975), 「국어 부사류어의 구문론적 연구」, 『현대국어문법』, 계명대학교출판부,
　　　　67-98.

양명희(1998), 「부사의 사전적 처리에 대하여(1)」, 『한국어학』 8, 173-206.

연세대학교 언어정보개발연구원(1998), 『연세한국어사전』, 두산동아.

유현경(1986), 「국어 접속문의 통사적 특질에 대하여」, 『한글』 191.

이환묵(1976), 「문장부사 '다행히'에 대하여」, 『언어』 1(2), 126-139.

임홍빈(1998), 「존재전제와 속격표지 '의'」, 『국어문법의 심층2』, 태학사.

임홍빈·이홍식(2002), 『한국어 구문 분석 방법론』, 한국문화사.

정정덕(1986), 「국어 접속어미의 의미 통사론적 연구」, 한양대학교 박사학위논문.

최재희(1985), '-고' 접속문의 양상, 『국어국문학』 94, 136-166.

최현배(1937/1961), 『우리말본』, 정음문화사.

한글학회(1992), 『우리말 큰사전』, 어문각.

홍사만(1979), 조사 '나'의 의미 분석, 『국어학 자료 논문집』 4, 933-57, 홍사만(1983)
　　　　재록.

　　　(1983), 『국어특수조사론』, 학문사.

홍재성(1982), '-러' 연결어미문과 이동동사, 『어학연구』 18(2), 261-272.

Leech, G., *Semantics*, Penguin Books, 1974.

Schreiber, P., Some constraints on the formation of English sentence adverbs, *Linguistic
　　　　Inquiry* 2(1), 1971, 83-101.

부록*

	우리말큰사전 (한글학회)	국어대사전 (금성판)	연세한국어사전	표준국어 대사전
가끔가다가	○	○	○	○
가느다라니	○	×	×	×
가다가	○	○	○	○
각설하고	×	○	×	×
갖게	○	×	×	×
걸핏하면	○	○	○	○
겁나게	–	–	×	○
게다가	○	○	○	○
고사하고	○	○	×	○
고작해야	○	○	×	×
곱게곱게	×	○	×	×
굳게	○	×	×	×
굳게굳게	○	×	×	×
기껏해야	○	○	○	×
기다니	○	×	×	×
기다라니	○	×	×	×
길둥그러니	○	×	×	×
깊다라니	○	×	×	×
까딱하면	○	○	○	×
꿈쩍하면	○	×	×	×
끽해야	○	○	○	×
나직하니	○	×	×	×
낫잡아	×	○	×	×
내도록	○	×	×	×
내처	○	○	×	○
내처서	○	×	×	○
내치락들이치락	–	–	×	○

* 본 자료에서 『우리말큰사전』과 『국어대사전』은 양명희(1998)에서 제시한 것을 부분 적용한 것이며, '○'은 등재어, '×'는 비등재어, '–'는 미확인 자료이다.

	우리말큰사전 (한글학회)	국어대사전 (금성판)	연세한국어사전	표준국어 대사전
내치락들치락	-	-	×	○
내켜	○	○	×	×
널따라니	○	×	×	×
높다라니	○	×	×	×
높으락낮으락	-	-	×	○
높직하니	○	×	×	×
누러니	○	×	×	×
누르락붉으락	-	-	×	○
누르락푸르락	-	-	×	○
눌러	○	×	×	×
느직하니	○	×	×	×
늘씬하게	○	×	×	×
다직하면	○	○	×	×
다직해서	○	○	×	×
다직해야	○	○	×	×
대놓고	○	○	×	○
더럽게	×	×	×	×
더불어	○	○	○	×
덩그러니	○	×	○	×
덩달아서	○	○	×	×
덮어놓고	○	○	○	○
되게	-	-	○	○
되도록	○	○	○	○
둥그러니	×	×	×	×
뒤쳐서	○	×	×	×
뒤치락엎치락	-	-	×	○
들떼놓고	○	○	×	○
들락날락	-	-	○	○
들이치락내치락	-	-	×	○
마침몰라	○	○	×	○
막해야	○	○	×	○
말하자면	○	○	○	×
머쓱하니	○	×	×	×

	우리말큰사전 (한글학회)	국어대사전 (금성판)	연세한국어사전	표준국어 대사전
머춤하니	○	×	×	×
멍청하니	○	×	○	○
멍하니	○	○	○	○
몰몰아	○	○	×	×
몰밀어	○	○	×	×
무턱대고	○	○	○	○
물밀듯이	○	○	○	×
물쓰듯	×	×	○	×
물퍼붓듯	○	○	×	×
미처	○	○	○	○
박패듯	○	×	×	×
번갈아	○	○	×	×
벙끗하면	○	×	×	×
벼락치듯	○	×	×	×
보나마나	–	–	○	×
보다못해	○	○	○	×
보아하니	○	○	×	○
보아한들	○	○	×	×
볼작시면	×	×	×	×
봐하니	○	○	×	○
불구하고	○	○	×	×
불나게	–	–	○	×
불현듯	○	○	○	○
불현듯이	○	○	○	○
붉으락푸르락	–	–	○	○
뻔질나게	○	×	×	×
뻔찔나게	○	×	×	×
서투르게	○	×	×	×
세상없어도	○	○	×	○
소보록하니	○	×	×	×
손목잡아	○	×	×	×
수수하니	○	×	×	×
시험삼아	×	×	○	×

	우리말큰사전 (한글학회)	국어대사전 (금성판)	연세한국어사전	표준국어 대사전
싱싱하니	○	×	×	×
아울러	○	○	○	○
악패듯	○	○	×	×
야다하면	○	○	×	×
억패듯	○	○	×	×
언뜻하면	○	○	×	○
언제인가	○	×	×	×
언젠가	○	○	×	○
엇비슷하니	○	×	×	×
엉거주춤하니	○	×	×	×
엎치락뒤치락	–	–	○	○
엎치락잦히락	–	–	×	○
여북하면	–	–	○	×
여차하면	×	○	○	×
예다제다	○	○	×	○
예서	○	○	×	○
오나가나	–	–	○	○
오너라가너라	○	×	×	×
오락가락	–	–	○	○
오래도록	○	○	○	○
오르락내리락	–	–	×	○
오복조르듯	○	○	×	×
왜냐하면	○	×	○	○
울고불고	○	○	○	○
이어서	○	○	×	○
자나깨나	–	–	○	×
자칫하면	○	○	×	×
잘해야	×	○	×	○
쟁쟁하니	○	×	×	×
저물도록	○	×	×	○
적어도	○	○	○	○
적이나하면	○	○	×	×
좁다라니	○	×	×	×

	우리말큰사전 (한글학회)	국어대사전 (금성판)	연세한국어사전	표준국어 대사전
죽도록	×	○	×	×
죽어도	○	×	×	×
죽어라하고(북한)	×	×	×	×
죽자꾸나하고	×	×	○	×
쥐락펴락	–	–	×	○
쥐숨듯	×	×	○	×
쥐숨듯이	○	○	×	×
쥐잡듯	×	×	○	×
쥐잡듯이	○	×	×	×
쥐죽은듯이	○	×	×	×
지나새나	–	–	×	○
지동치듯	○	×	×	×
쩍하면	○	○	×	×
참따랗게	○	○	×	×
척하면	○	○	×	×
천하없어도	○	○	×	○
커다라니	○	×	×	×
콩볶듯	○	×	×	×
콩튀듯	○	×	×	×
콩튀듯팥튀듯	○	×	×	×
통밀어	○	○	×	○
통틀어	○	○	○	○
툭하면	○	○	×	×
푸르락누르락	–	–	×	○
하루걸러	○	○	×	×
하여튼지	○	○	×	○
허리질러	○	○	×	○
허청대고	○	○	×	○
혹몰라	○	○	×	×
횡하니	○	○	×	×

제 3 장

국어의 분류사와 문법화

1. 서론

이 장의 목적은 국어 분류사의 현상을 문법화와 관련하여 살펴보고 그것이 국어의 분류사와 어떤 상관성을 가지는지 검토하는 데 있다. 분류사는 세계 언어의 유형을 구분하는 기준 중의 하나로서 Aikhenvald(2000 : 1-4, 98-101)는 분류사를 언어 유형론적 관점에서 명사 분류사, 수 분류사, 소유 분류사, 관계 분류사, 동사적 분류사, 처소격 분류사, 지시적 분류사로 분류하고 한국어와 일본어를 수량사 뒤에 특이한 형태소가 나타나는 수 분류사에 포함시켰다.[1]

국어의 분류사에 대한 연구는 최현배(1961 : 223) 이후 양화사 구문에 대한 초기 연구를 발단으로 하여 점차 관심이 고조된 분야이다.[2] 분류사 연구는 크게 의미론적 논의와 구조적인 논의로 대별되는데, 전자는

---

[1] Allen(1977)은 분류사의 형태적 실현에 따라 수분류사 언어(numeral classifier language). 일치적 분류사 언어(concordial classifier language), 술어 분류사 언어(predicate classifier language), 처소-내적 분류사 언어(intra-locative classifier language)로 구분하였다.

[2] 국어 양화사 구문에 대한 논의는 송석중(1967), 김영희(1976, 1984), 박금자(1985) 등 참조

김영희(1981), 채완(1982, 1983, 1990), 유동준(1983), 이정민(1989 : 475-80), 이남순(1990), 임홍빈(1991a, 1991b), 우형식(2001) 등에서 논의하였고, 후자는 김하수(1976), 노대규(1977), 김지홍(1999), 시정곤(2000) 등에서 논의하였다. 최현배(1961 : 223), 김영희(1981)은 부류 분류사 구문의 통사론적 특성을 제시하였고, 채완(1982, 1983)은 수량사 구문의 통시적 변천 단계를 논증하였고, 임홍빈(1991a, 1991b)은 명사와 분류사가 의미의 실질성과 개체성에 의해 구분될 수 있다고 하였다. 그러나 기왕의 연구에서는 분류사가 자립명사에서 문법화한 것이라고 말하고는 있으나 문법화 과정을 명세적으로 제시하지 못하고 있다. 그리하여 본고에서는 좀더 구체적으로 분류사가 어떻게 국어의 문법범주로 인정되는지 살펴보고자 한다.

2. 분류사의 설정

2.1. 분류사 설정의 모호성

국어에서 분류사가 사용되는 구문을 살펴보면 크게 네 종류로 나타나는데, 명사-수관형어-분류사(N-Q-CL), 명사-수관형어(N-Q), 수관형어-명사(Q-N), 수관형어-분류사(의)-명사(Q-CL(의))-N)이다. 네 가지 분류사 구성 중에서 가장 기본적인 유형은 Q-N 구성이었으나 점진적으로 N-Q-CL 구성이 국어 분류사의 기본 유형으로 자리 잡게 되었다.[3] 각

---

3) 채완(1982)에서 제시한 국어의 수량사구 구성이 발달한 경로이다.

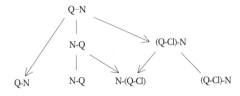

구성의 예를 제시해 보면 아래와 같다.

(1) 가. 책상 세 개
    나. 책상 셋
    다. 세 책상
    라. 세 개의 책상

분류사는 (1가)의 N-Q-CL 구성, (1나)의 N-Q 구성, (1다)의 Q-N 구성, (1라)의 Q-CL(의)-N 구성으로 나눌 수 있으며 이 중에서 분류사와 자립명사의 범주가 혼란스러운 것이 Q-N 구성이다. 왜냐하면 다른 구성의 명사 N은 명사로서의 자격을 상실하지 않는 반면, Q-N 구성의 명사 N은 명사로도 인식될 수 있고 자립명사의 자격을 상실한 분류사로도 인식할 수 있기 때문이다. 예를 들어, 국어 화자들에게 (1다)의 '책상'은 분류사로 인식되지 않으나 (2나)의 '사람'은 그렇지 않은 것이다.

(2) 가. 사람 두 명
    나. 두 사람

(2가)의 '사람'은 명사이지만 (2나)의 '사람'은 분류사로 인식하는 경우가 많다.[4] '책상'과 '사람'은 가산명사이므로 (2나)의 '사람'이 분류사이면 (1다)의 '책상'도 분류사로 인식되어야 하는데, '사람'만 분류사로 인식하고 다른 가산명사는 분류사로 인식하지 못하는 것은 모순이다. (2다)의 '사람'과 같이 범주 설정의 혼란을 가중시키는 것은 이것 외에도 다른 어휘에서 발견된다.

---

4) 최현배(1961 : 223), 우형식(2001 : 179) 참조.

(3) 가. 우리나라의 젓가락과 숟가락은 참으로 평화적인 식기다.

　　나. 고개를 다시 들고 밥 한 숟가락과 꽁치 한 점을 입에 넣고
　　　　다시 눈을 감았습니다.

(4) 가. 최대한 발자국 소리를 죽이면서 다가가 남자의 곁을 지나기
　　　　전부터는…

　　나. 절망의 늪에서 허우적대다 겨우 한 발자국씩 빠져 나오기 시
　　　　작한 때였다.

(5) 가. 여름에는 일제 시대에 파놓은 방공호에 가마니를 깔고 앉아
　　　　서 읽었다.

　　나. 쌀 몇 가마니를 어려운 사람에게 주고 싶은데…

(6) 가. 장미 한 다발만 주세요.

　　나. 이 집은 꽃을 다발로만 판다.

　(3)의 '숟가락', (4)의 '발자국', (5)의 '가마니', (6)의 '다발'은 자립명
사로도 해석될 수 있고 분류사로도 해석될 수 있다.[5] 위의 명사들은 기
능적 입장에서는 (3)~(6)의 명사들을 모두 자립명사로 처리할 것이고,
범주 분리적 입장에서는 자립명사와 분류사로 각각 구별하여 처리할 수
있을 것이다.[6] 문제는 이들 명사를 기능적 입장에서만 본다면 (3나), (4
나), (5나), (6나)의 해당 어휘들이 지닌 통사·의미론적 특성을 무시하
게 된다는 데 있다. 예를 들어 (6가)의 '다발'은 분류사로 쓰였으나 (6나)
의 '다발'은 명사로 처리하는 것이 더 타당한 것으로 판단된다. 그러나
만약 (6나)의 '다발'을 분류사로 설정하면 분류사가 자립명사처럼 문장
의 자립적 단위로 사용될 수 있다는 것을 인정하는 것이 되고, 모든 명
사가 분류사와 자립명사로 사용될 수 있다는 범주 경계의 모호성이 드

---

5) 최정혜(1999)는 이러한 분류사를 '자립적 단위명사'로 상정하고 이들을 의미와 기능에 따
　라 연구하였다.

6) 기능적 입장과 범주 분리적 입장에 대한 개념은 임홍빈(1991a/1998 : 240) 참조.

러나게 된다. 자립성과 의존성이 문맥에 의해 결정될 뿐이며 분류사라
는 개념이 무의미하게 쓰일 수밖에 없다.

　분류사의 자립성에 대한 논의는 분류사 범주를 논의한 대부분의 기존
연구에서도 지적하고 있다.[7] 그것은 분류사가 명사의 하위 범주로 설정
되어 있으나, 자립명사와 분류사의 경계가 모호하기 때문이다. 그리하
여 기존 연구에서는 크게 세 가지 관점으로 이 문제를 논의하고 있다.
첫째, 범주 통합적 관점이다. 이것은 분류사가 열린 범주라는 범주적 특
성에 기인한 것이다. 임홍빈(1991a)에서는 분류사를 광의적으로 해석한다
면, 분류사라는 독립된 범주를 인정하되 자립명사가 의미적·문맥적·
화용적 조건에 의해 분류사적으로도 기능할 수 있음을 제시한 것이다.
그러나 이 관점은 분류사와 명사의 경계선이 명백하지 않고 '분류사=
명사'가 동일한 범주의 성격을 가지는 모호성을 가진다. 물론 이 관점의
문제점은 임홍빈(1991b)에서 분류사의 전형적 특성을 통해 명쾌하게 해
결하고자 하였으나 분류사 범주의 필요성에 대해서는 여전히 회의적일
수밖에 없다. 둘째, 범주 분리적 관점이다. 이것은 이정민(1989 : 475~480),
남기심·고영근(1985/1993 : 78~79), 이익섭·채완(1999 : 139~144) 등에서 제
시한 것으로 분류사를 자립명사의 하위 범주로 인정하고, 동일 명사가
자립명사와 의존명사로 각각 통용되는 것으로 처리한 것이다. 이 관점
의 문제점은 앞에서 논의한 바와 같이 자립명사와 의존명사를 구분할
수 있는 기준이 없다는 것이다. 셋째, 범주 절충적 관점이다. 이것은 송
석중(1967 : 219)과 김하수(1976 : 22)에서 분류사를 순수량 단위와 준수량
단위로 구분하고, 순수량 단위인 전형적 분류사와 두 범주에 모두 실현
되는 준수량단위로 구분하여 절충한 것이다.[8] 본고에서는 수분류사 언

---

7) 남기심·고영근(1985/1993 : 78~79), 이익섭·채완(1999 : 139~144) 등 참조.
8) 최정혜(1999)는 전형적 분류사를 '의존적 단위명사', 자립명사의 속성이 강하면서 분류사
　로 기능하는 것을 '자립적 단위명사'로 명명하고, 인식론적 관점에서 개별 인식성과 개별

어가 가지는 일반적 특징에 기인하여 범주 절충적 관점에서 분류사 문제를 처리하고자 한다.

세계 여러 언어의 분류사는 언어에 따라 접어나 접사 등 의존형태로 나타날 수도 있고, 자립명사로도 나타날 수도 있으나 국어는 타이어, 일본어 등과 함께 분류사가 자립명사로도 쓰일 수 있는 수분류사 언어에 속한다. 수분류사 언어는 다음과 같은 일반적 특징을 지닌다.

첫째, 분류사의 기원은 반복소(repeater)9)가 문법화한 것이다. 이것은 분류사 언어가 가지는 일반적 특성으로 반복소는 자립명사와 의존명사의 경계선에서, 점진적으로 수량사구 구성의 후행명사가 통사·의미론적으로 그 기능이 약화되어 발생한 것이다. 다시 말하면, 분류사 범주 자체의 모호성은 분류사 생성과 관련된다는 것이다. 분류사의 기원은 반복소가 문법화한 것으로 이러한 실질적 예는 타이어나 말어 등에서도 발견된다.

(7) 가. prathêet sǎam prathêet (three counties)
　　　 land　　　three　CL : LAND
　　나. ʔən ʔui　ciaŋ　ba　ciaŋ (I have one house)
　　　 I　have house one CL : HOUSE

(Aikhenvald 2000 : 103 인용)

(7가)의 타이어인 'prathêet'와 (7나)의 말어인 'ciaŋ'에서 선행명사와 후행명사가 동일한 형태로 나타나지만 후행명사가 반복적으로 쓰이면 분류사가 되었다. 이러한 반복소의 발달은 분류사의 문법적 지위를 판

지시성에 따라 낱개와 묶음의 두 범주를 나누어 이들의 문제점을 해결하고자 하였다.
9) 반복소는 'repeater, self-classifiers, auto-classifiers, echo classifiers, identical classifiers' 등으로 사용하기도 한다.

단하는데 혼란을 야기시키는 중간 단계라 할 수 있다.

둘째, 분류사의 범주가 모호한 것은 분류사가 닫힌 집합과 열린 집합의 경계선에 걸쳐 있는 경우가 많기 때문이다(Burling 1965 : 249). 예를 들어, 버마어의 'sabâ tahnán'(a stalk of paddy, 벼 한 줄기)의 '-hnán'(stalk 줄기)은 국어의 '줄기'처럼 명사와 분류사에 모두 나타나고 있다. 분류사 범주의 불투명성은 수 분류사가 사용되는 언어에 공통적으로 발견되는 현상이다.

셋째, 수 분류사 언어의 분류사는 개방적 속성을 가진 열린 범주이다.10) 분류사가 발달한 언어는 공통적으로 분류사가 닫힌 범주가 아니라 분류사 범주의 불투명성으로 인한 열린 범주이다. 특히 접사나 접어 등의 의존형태에 비해 어휘적인 형태로 나타날 때에는 그 경계가 더 명확하지 않다.

수분류사 언어의 이러한 양상은 개별 단어들을 분류사로 파악하는 데 어려움을 준다. 분류사 범주의 이러한 모호성은 분류사를 의미론적 범주로 묶어둘 수도 없게 하고 완전히 독립된 범주로 설정하는 것에도 영향을 끼친다.

2.2. 분류사의 문법화 현상

분류사의 이러한 혼란 양상은 궁극적으로 수분류사 언어가 가지는 일반적 특징과 아울러 화자들의 인지적 문법 해석의 차이로 인한 것이다. 이러한 문법 해석의 차이를 초래하는 것에는 자립명사에서 분류사로 발전하는 문법화 현상과 밀접하다. 문법화나 어휘화는 국어의 유기체적 속성을 잘 대변하는 것으로 국어가 역사와 더불어 변하고 있음을 보여

---

10) 우형식(2001 : 29) 참조.

준다.

문법화(grammarticalization)는 어휘적 지위를 가졌던 형태소 이상의 단위
가 문법적 지위로 변화하는 것으로 문법적이지 않던 것이 문법적인 것
으로 바뀌거나 덜 문법적인 것에서 더 문법적인 것으로 바뀌는 것을 말
한다(이성하 1998 : 21-23). 엄밀한 의미에서 분류사는 어미나 접사와 같은
형식 형태소가 아니므로 문법화라고 단정짓는 것은 무리일 수 있다. 그
러나 분류사로 인정되는 많은 어휘가 자립명사에서 의존명사로 변하였
거나 변화하는 과정에 있는 것이 많으므로 문법화의 한 현상으로 파악
할 수 있다.

이러한 분류사의 문법화 현상은 국어에 한정되는 것이 아니라 범언어
적 현상이다.[11] Lehmann(2004 : 2)에서는 페르시아어의 수 분류사가 명사
에서 분류사로 발전한 실례를 다음과 같이 제시하고 있다.

(9) 페르시아어의 수 분류사

Classifier		Classes	Example	
Form	Original meaning		Form	Meaning
tā	piece, unit	human, animal, plant, object	se tā asb	three horses
nafar	person	human	yek nafar kešāvarz	one peasant
tan	body	human	do tan mozdūr	two workers
dāne	grain, piece	small animal, plant, object	se dāne sīb	three apples
taxte	board, piece	longish object	yek tazte farš	one carpet

(9)와 같은 분류사의 의미 전이 현상의 발생은 문법화의 한 현상으로

---

11) 중국어 분류사에 대한 연구는 Ahrens(1994 : 205-6), 버마어 분류사는 Burling(1965 : 250-259), 몽골어 분류사는 강신(1995 : 1-20), 세계 여러 언어의 분류사에 대한 연구는 Aikhenvald(2000)을 참조.

서 문법화의 주요 기제인 은유, 유추, 환유, 재분석, 화용적 추론, 일반
화 등에 의해 이들이 발생된다.12) 문법화 과정에서 이들의 기제들은 각
각 독립적으로 문법화를 유발하는 경우가 매우 드물고 여러 기제가 한
꺼번에 혹은 단계별로 적용되며, 각 기제의 경계도 서로 분명하게 적용
되지 못하다는 면이 있다.

국어의 분류사도 이러한 발생 단계를 거쳐 형성되었다고 볼 수 있으
며 그 발생 단계를 공시적 관점에서 크게 세 가지 유형으로 나눌 수 있
다. 첫째, 분류사로만 기능하는 전형적 분류사인 제1유형, 둘째, 주로 분
류사로 기능하지만 명사로도 사용 가능한 준분류사인 제2유형, 셋째, 수
분류사구 구성에 나타날 수 있지만 문법범주는 아직 명사인 제3유형으
로 구분할 수 있다.

제1유형인 전형적 분류사는 이른 시기에 분류사로 발전된 것으로 통
시적으로 그 과정을 소급할 수 있다. 이들 유형에는 '마리, 개13), 명, 살,
세, 짝, 끼, 그루, 년(年), 권(券)' 등이 있으며 대표적 예로 '마리'를 살펴
볼 수 있다.

> (10) 가. 化佛마다 <u>마리</u>예 放光ᄒ샤<월석 7 : 34>
>   나. 王이 太子ㅅ <u>머리</u>예 브ᄉ시고 보비옛 印 받ᄌᆞᄫᆞ시고<釋詳
>   3 : 6a>
>   다. 官吏뵈노라 지손 두 <u>마리</u>롤 보고<杜初 25 : 32>
>   라. ᄒᆞ올로 지조롤 ᄉᆞ랑ᄒᆞ노라 샐리 짓ᄂᆞᆫ 그른 즈믄 <u>마리</u>오<杜
>   重 21,42b>
>   마. 민어 세 <u>마리</u> 대구 ᄒᆞ나 건시 쏘 ᄒᆞᆫ 뎝 쳔쵸 닐굽 되<병자
>   164>
>   바. 횟고기도 여러 <u>마리</u> 아니고 만도도 여러 그릇시 아녀 근심

---

12) 문법화 기제에 대한 구체적 설명은 이성하(1998 : 219-267) 참조
13) 채완(1996) 참조

      이 혼<곽씨145-1>
      바. 염소 한 마리가 뺨이라도 핥을 듯이 내 옆에까지 걸어와…

  '마리'는 인간의 신체 일부인 '頭'의 의미로서 15세기에는 '머리(頭)'
와 '마리'가 공존하였다가 17세기부터 '마리'만 동물의 수를 세는 단위
로 변천하였다. (10가)와 (10나)는 '頭'의 의미를 가진 '마리'와 '머리'가
서로 공존하였고, (10다)와 (10라)의 '마리'의 의미가 유추 작용에 의해
한시(漢詩)의 단위를 나타내는 '首'에도 사용한 것을 발견할 수 있다. 그
리고 (10마)와 (10바)에서 확인할 수 있듯이 17세기부터 동물의 수를 세
는 단위로 '마리'가 사용되기 시작하였고 그것이 현대에까지 이어져 내
려온 것을 확인할 수 있다.
  '마리/머리(頭)>마리'의 의미 변화는 은유와 유추, 화용적 추론 등의
기제에 영향을 받은 것으로 보인다. 이들의 현상을 좀더 구체적으로 살
펴보면, 은유는 보통 '어떤 현상을 다른 종류의 대상으로 경험하는 것,
구체적인 것에서 추상적인 것으로의 전이'로 정의될 수 있다. (10)의 의
미 변화는 Heine *et al.*(1991)에서 지적한 은유적 기제에 의한 존재론적
범주(ontological category)의 변화와 밀접하다. 즉 일정 범주들은 '사람> 물
체> 행위> 공간> 시간> 질' 등의 이동방향을 가지고 변화하며,14) (10)
은 사람의 신체 일부분인 '마리'가 다른 대상의 머리뿐 아니라 셈의 단

---

14) 일반적으로 '등'의 발전 경로는 'back(인체) > behind(공간) > after(시간) > retarded(질)'
  의 과정을 거치는데, 이 때의 이동 방향이 존재론적 범주의 의미 확장과 동일한 발전 양
  상을 보인다. '등'과 유사한 '뒤'의 발전 경로도 유사한데, 이성하(1998 : 224)를 참고하여
  제시하면 다음과 같다.

  가. 그 사람 뒤에 흙이 묻었다.   인체
  나. 그 건물 뒤에 주차장이 넓다.   공간
  다. 한 시간 뒤에 만나자.   시간
  라. 나는 수학에서 많이 뒤진다.   질

위인 추상적 존재를 의미하는 것으로 의미가 변하였다는 것이다.

유추는 어떤 언어 형태가 의미나 기능, 음성적으로 비슷한 언어 형태에 동화하여 변하거나 그런 형태가 새로 생겨나도록 하는 심리적인 과정으로서 (10다)와 (10라)가 대표적이다. 한시의 단위인 '수'가 '마리'로 나타날 수 있었던 것은 '首'가 의미상 '頭'와 유사하므로 이것을 번역하거나 표현할 때 의미적 유사성에 동화하여 나타난 것으로 보인다.

그러나 문법화의 여러 기제 중에서 문법소의 의미변화를 가장 크게 담당하는 것이 화용적 추론(pragmatic inference)이다. 화용적 추론은 귀류적 추론(abduction)과 관련되는 것으로 귀류적 추론에 의해 재분석이 일어나고 이것에 의해 문법화가 발생한다(Hopper & Traugott 1993 : 40). 추론은 첫 단계에서는 어휘소 본래의 의미만 가지고 있고, 두 번째 단계에서는 본래의 의미 외에 다른 의미가 암시되고 이 암시된 의미가 해당 언어 형태와 관련되는 일이 반복적으로 실현된다는 것이다. 그리고 마지막 단계에서는 반복적으로 사용되던 암시적 의미가 마침내 실제 의미의 일부가 되어 버린다는 것이다. '마리'도 이러한 함축의 관습화(conventionalization of implicature) 과정을 모두 거친 뒤에 분류사가 된 것이다.

제2유형의 분류사는 전형적 분류사에 근접하지만 명사적 쓰임도 여전히 기능하는 경우로서 '가락, 되, 홉, 말, 마지기' 등이 있다. 제2유형은 문법화 과정에 있다고 해도 과언이 아니다. 여기에서는 대표적으로 '가락'을 살펴보자.

(11) 가. 물레의 <u>가락</u>.
　　나. 조각난 <u>가락</u>들은 그 우주 속으로 달아나 서로를 찾아 헤매고
　　다. 둥글게 둥글게 흐르는 무지개 모양의 곡선으로 된 <u>가락</u>
　　라. 오른손에 쥔 포크로 국수 두세 <u>가락</u>을 집어 스푼의 우묵한
　　　　면을 축으로 빙빙 돌린다.

마. 아저씨의 한 마디는 손에 쥔 모래알이 손가락 사이로 다 빠
　　져나간 듯한 허탈감을…

　'가락'은 (11가)의 '물레로 실을 자을 때 실이 감기는 쇠꼬챙이'의 물
체에서 (11나)와 (11다)의 '가늘고 길게 토막이 난 물건의 낱개'의 의미
로 추상화된다. 이러한 추상적 의미는 (11라)의 분류사적 용도로 나타나
고 (11마)에서는 접미사로까지 발전하였음을 알 수 있다. 그러나 최후
단계에 나타나는 (11마)의 '손가락'은 이미 중세 문헌에서도 확인된다.

　　(12) 가. 열 숤가락도 또 기니 뎌르니 잇느니 잇ᄀ젓 뎐피예<飜朴上,32a>
　　　　　나. 뎌 발빠당에 노하 구을리고 발ᄯᅳᆼ에 구을리고 <u>가락</u> 우희 구
　　　　　　　을리다가 느려 오거든 차 올려<朴通中,1b>
　　　　　다. 能히 숤가락 스로디 밠 혼 <u>가라개</u> 니르러<법화 6 : 160>

　(12)에서 확인할 수 있듯이, '숤가락'만 나타나는 것이 아니라 (12나)
에서는 '가락'만 사용되었고, (12다)에서는 '숤가락'과 '밠 혼 가락'이
모두 나타난다. 이에 의한다면 '가락'이 중세국어 시기부터 접미사로 기
능하였는지 쉽게 판단하기 어렵다. 다만 현대국어에서는 '가락'이 문법
화하여 접미사로 기능한다는 것이다. 앞에서 살펴본 것을 바탕으로 하
여 명사 '가락'도 은유와 화용적 추론의 과정을 거쳐 구체적 개념에서
추상적 개념으로 발전한 것임을 알 수 있다.
　제3유형은 Q-N 유형에 실현되는 N으로서 대부분의 가산명사가 N
에 올 수 있다. 이 구성에서 일부 가산 명사는 분류사로 발달할 수도 있
고 명사로 그냥 남을 수도 있다. 제3유형의 명사가 분류사로 발달한 가
능성이 높은 것은 국어의 수량사구 구성 N-Q, N-Q-CL, Q-N, Q-CL
(의)-N 중에서 Q-N이 가장 먼저 형성되었고 나머지 구성은 단계적으로

발달되었기 때문이다(채완 1982).[15] Q-N 유형의 이러한 발달 경로는 국어의 명사들이 모두 분류사의 임시형이 될 수 있음을 시사한다.

> (13) 가. 저기에 세 [학생, 의자, 학교, 건물]{이/가} 있다.
>   나. 저기에 서른 [?][학생, 의자, 학교, 건물]{이/가} 있다.
>   다. 저기에 *{일/삼십} {학생, 의자, 학교, 건물}{이/가} 있다.
> (14) 가. *여기는 세 물이 넘친다.
>   나. 여기는 세 물이 색깔이 다르다.
>
> (임홍빈 1991가/1998 : 255 인용)

그러나 (13)에서 확인되는 바와 같이 가산명사가 모두 Q-N 유형을 허용하는 것이 아니다. (13가)의 경우는 Q-N 유형이 가능하지만 (13나)처럼 수량사의 단위가 높거나 (13다)처럼 수량사가 한자어인 경우는 비문이 된다. 그리고 (14가)에서처럼 불가산명사는 Q-N 구성이 될 수 없으나 (14나)에서처럼 특정한 문맥에서는 허용될 수 있음을 보여준다.

지금까지 살펴본 명사의 문법화 과정을 정리해 보면 아래와 같다.[16] 문법화는 어휘 X가 점진적으로 독립된 의미나 기능이 소멸되어 의존적 기능을 하게 되는 과정으로서 앞에서 살펴본 분류사 부류 명사도 (15)에서처럼 이러한 경로로 발전하고 있음을 알 수 있었다. 제1유형은 분류사 영역 C에 이미 도착하여 문법화 과정이 마무리된 단계에 있으며, 제2유형은 영역 B의 경우로 자립명사 A와 분류사 C의 성격을 모두 가지고 있으면서 문법화가 진행되고 있는 범주이며, 제3유형은 자립명사 A의 성격이 강하지만 분류사로 발달할 가능성이 많은 단계이다.

---

15) 각주 3 참조.
16) Heine *et al.*(1991 : 114)의 '환유—은유 모형'을 일부 참조한 (15)의 도식은 아직 유보적이다.

(15) 분류사의 문법화 과정

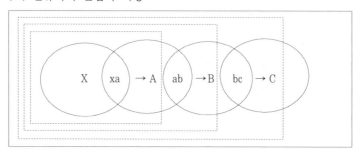

3. 결론

지금까지 국어 분류사의 문법 범주 설정과 그 특성을 검토해 보았다. 국어의 분류사는 문법화와 밀접한 관계를 가지고 있으므로 보통명사와 구별하기 어려운 어휘가 많다. 국어의 분류사는 문법화 정도에 따라 전형적 분류사 '개(個), 마리' 등과 같은 제1유형, 준분류사 '가락, 되, 홉, 마지기' 등의 제2유형, 명사 '사람, 학생' 등의 제3유형으로 구분하였고 분류사의 변별기준에 따라 제1유형과 제2유형만 분류사로 인정하였다. 분류사는 반복소가 문법화하여 형성되었으므로 그 범주가 모호하며, 특히 수 분류사 언어는 개방적 속성을 가진 열린 범주에 속한다. 국어의 분류사는 분류사가 해당 명사를 개체화하며 선행명사의 범주를 결정하는 특성을 가진다. 또 분류사와 결합하는 선행명사는 가산성의 의미자질을 함의하며, 수사나 수관형사는 분류사와 의미론적 공기 제약을 가지며, 어떤 분류사는 역문법화 현상까지도 보인다.

국어의 분류사는 수 분류사 언어이므로 그 경계가 모호하고 더 논의되거나 검토해야 할 부분이 상당하다. 다른 수 분류사 언어와 비교하는 것뿐 아니라 국어사적 논의와 아울러 좀더 심도 있게 연구하는 것이 필요하리라 본다.

참고문헌

강　신(1995), 「현대 몽골어의 분류사와 양화 구문」,『몽골학』 3, 1-20.

김선효(2002), 「현대 국어의 관형어 연구」, 서울대학교 박사학위논문.

_____(2004a), 「인용 구문 '-다고 하는'과 '-다는'의 특성」,『어학연구』 40(1), 서울대
학교 언어연구소, 161-176.

_____(2004b), 「어휘화한 관형사의 특성」,『형태론』 6(2), 339-354.

김영희(1976), 「한국어 수량화구문의 분석」,『언어』 1(2), 한국언어학회, 89-112.

_____(1981), 「부류 셈숱말로서의 셈 가름말」,『배달말』 6, 1-28.

김지홍(1994), 「수량사를 가진 명사구의 논항구조」,『배달말』 19, 배달말학회, 1-48.

김하수(1976), 「한국어 수량사 내포 구문의 통사론적 연구」, 연세대학교 석사학위논문.

남기심·고영근(1985/1998), (개정)『표준국어문법론』, 탑출판사.

노대규(1977), 「한국어 수량사구의 문법」,『어문논집』 18, 고려대, 209-226.

송석중(1967), Some Transformational Grammar in Korean, Ph.D. Dissertation, Indiana
University.

송원용(2002), 「국어 어휘부와 단어 형성 체계에 대한 연구」, 서울대학교 박사학위논문.

시정곤(2000), 「국어 수량사구의 통사구조」,『언어』 25(1), 73-101.

우형식(2000), 「수 분류사의 특징과 한국어 분류사」,『언어과학』 7(2), 127-146.

_____(2001),『한국어 분류사의 범주화 기능 연구』, 박이정.

_____(2003), 「동 아시아 주요 언어에 나타나는 수 분류사 구성 형식의 대조」,『언어』
28(3), 427-449.

유동준(1983), 「국어 분류사와 수량화」,『국어국문학』 89, 53-72.

이남순(1990), 「계산 방식과 수량사 구성」,『강신항 선생 화갑기념 논문집』, 태학사,
647-667.

이성하(1998),『문법화의 이해』, 한국문화사.

이익섭·채완(1999),『국어문법론 강의』, 학연사.

이정민(1989), (In)Definites, Case Markers, Classifiers and Quantifiers in Korean, *Harvard
Studies in Korean Linguistics* III, 469-88.

임동훈(1991), 「현대국어 형식명사 연구」, 서울대학교 석사학위논문.

임홍빈(1991a), 「국어 분류사의 성격에 대하여」, 김완진 선생 회갑기념논총 국어학의

새로운 인식과 발전, 『국어문법의 심층3』(1998) 재록, 235-261.

_____(1991b), 「국어 분류사의 변별 기준에 대하여」, 석정 이승욱 선생 회갑기념논총, 335-377, 『국어문법의 심층3』(1998) 재록, 263-306.

_____(1998), 『국어문법의 심층』3, 태학사.

채 완(1982), 「국어 수량사구의 통시적 고찰 : 어순 변화의 일례로서」, 『진단학보』 53·54, 진단학회, 155-170.

_____(1983), 「국어 수사 및 수량사구의 유형적 고찰」, 『어학연구』 19(1), 서울대학교 어학연구소, 19-34.

_____(1990), 「국어 분류사의 기능과 의미」, 『진단학보』 70.

_____(1996), 「국어의 분류사 '개'의 차용 과정과 의미」, 『진단학보』 82, 193-215.

최정혜(1999), 「국어 명사의 단위성 연구」, 고려대학교 석사학위논문.

최현배(1961), 『우리말본』, 정음문화사.

허 웅(1975), 『우리옛말본』, 샘문화사.

Ahrens, K.(1994), Classifiers Production in Normals and Aphasics, *Journal of Chinese Linguistics* 22, 202-46.

Aikhenvald, A.Y.(2000), *Classifiers*, Oxford University Press.

Burling, R.(1965), How To Choose a Burmese Numeral classifier, M. E. Spiro(*ed.*), *Context and Meaning in Cultural Anthropology*, The Free Press.

Heine, Bernd, Ulrike Claudi, & Friederike Hünnemeyer(1991), *Grammaticalization : A Conceptual Framework*, Chicago/London, The University of Chicago Press.

Hopper, Paul J., & Elizabeth Closs Traugott(1993), *Grammaticalization*, Cambridge, Cambridge University Press.

Lehmann, C.(1995), *Thoughts on Grammaticalization*, Lincom Europa.

Lyons, J.(1977), *Semantics2*, Cambridge University Press.

Taylor, J.R.(1989), *Linguistic Categorization*, Clarendon Press.

제 4 장

『月印千江之曲』의 텍스트 분석

―기425 ~ 기429를 중심으로―

1. 들어가기

『月印千江之曲』은 수양대군이 지은 『釋譜詳節』을 바탕으로 하여 세종이 만든 악장으로서 상·중·하 모두 세 권으로 구성되어 있다.[1] 상권은 194곡이 모두 전해지지만 중권과 하권은 전권(全卷)이 전해지지 않아 총 몇 곡으로 구성되어 있는지 정확히 밝혀진 바는 없다. 다만 1995년에 발견된 『月印釋譜』 권25에 의하면 기583까지는 있었다는 것을 알 수 있다.[2]

이 장에서는 '인욕태자전(忍辱太子傳)'의 내용이 담긴 『月印釋譜』 권21의 월인천강지곡 기425~429을 통해 각 곡들의 응결성(cohesion)과 응집성(coherence)을 살펴보고, 『월인석보』의 인욕태자전이 '석보상절' 및 『大方便佛報恩經』과 어떠한 간텍스트성을 가지는지 밝혀 보고자 한다.[3] 월인

---

1) 수양대군이 지은 『석보상절』(1447)은 겹낫표를 사용하지만 『월인석보』(1459)의 '석보상절'은 작은따옴표를 사용하여 구분하고자 한다.
2) 『월인석보』와 『석보상절』가 총 24권으로 되어 있을 것으로 추정해 왔는데 1995년 『월인석보』 권25가 발견되어 『월인석보』는 총25권으로 되어있음이 틀림없다. 지금까지 발견된 『월인석보』는 권1, 2, 7, 8, 9, 10, 11, 12, 13, 14, 15, 17, 18, 21, 22, 23, 25이다.

천강지곡 기425~429는 『석보상절』 권11, 『월인석보』 권21, 『大方便佛報恩經』 권3에 각각 실려 있으므로[4] 고영근(1999 : 1-10)에서 제시한 텍스트의 개념을 바탕으로 하여 간텍스트성을 살펴볼 수 있으리라 본다.

2. 월인천강지곡 기425~기429 분석

월인천강지곡 기425~기429는 크게 두 개의 상위 텍스트로 구분할 수 있다. 세존의 전신인 인욕태자에 관한 기425~기427과 세존이 수미산에 보탑이 생긴 경위를 대중에게 설법하는 기428~기429이다. 이곳에서는 『월인석보』 권21에 있는 월인천강지곡 기425~기429을 분석하고 그 저경인 '석보상절'과 『대방편불보은경』 간의 간텍스트성을 살펴보고자 한다.

2.1. 기425의 분석

월인천강지곡 기425는 세존의 전신인 인욕태자의 출생 배경이 나타나는 부분이다. 그 내용을 제시하면 다음과 같다.

T₁ [(S 阿僧祇前劫에 波羅㮈王이 太子롤 求ᄒ더시니)S]T₁
   현대역 : 아승기겁에 바라내왕이 태자를 구하시더니
T₂ [(S 열두힛마내 第一夫人이 太子롤 나ᄊᆞᆸ시니)S]T₂

---

3) 텍스트에 대한 관심은 주시경(1910)에서부터 드러나는데 텍스트에 대한 명칭을 주시경(1919)은 '미', 최현배(1961)은 '글월', 이희승(1949)과 고영근 · 남기심(1985)은 '이야기', 북한의 문영호(1993)은 '본문', 전병선(1995)은 '화어(話語)'라 불렀다. 그러나 고영근(1999)에서는 다른 용어보다 '텍스트'가 가장 적절한 용어라 하였다.
4) 『석보상절』 권11과 『월인석보』 권21의 관련성은 이호권(1998) 참조.

현대역 : 열두 해 만에 제일 부인이 태자를 낳으시니

바라내왕(波羅㮈王)은 정법(正法)으로 백성을 다스리지만 아들이 없어 12년 간 기도하였고 겨우 아들 인욕태자를 얻게 된다. 우선 기425는 다른 곡들과 달리 두 줄이 모두 한 마디로 구성되어 있다. 'NP₁에 NP₂이 NP₃룰 V-니'가 대구 형식을 이루어 통사론적 응결성을 보인다. 그리고 '-니' 반말의 종결어미로 두 텍스트 간의 형태·통사론적 응결성도 제시한다.5)

기425에서부터 주격조사 '이'와 시간 부사어 '阿僧祇劫에'를 사용하여 새로운 이야기가 전개됨을 제시한다. 주격조사 '이/가'는 보조사 '은/는'과 달리 새로운 정보를 표시하는 화용론적 기제이다.6) 기425에서도 바라내왕과 제일부인(第一夫人) 뒤에 주격조사 '이'를 사용하여 두 인물이 새로운 정보임을 제시한다. 시간 부사어 '阿僧祇前劫에'도 새로운 이야기의 도입 부분임을 입증한다. 흔히 시간 부사어는 새로운 이야기를 시작거나 말머리를 돌리거나 앞뒤 문장을 계기적으로 잇는 역할을 하지만 기425의 '阿僧祇前劫에'는 새로운 이야기를 시작하는 것으로 사용되었다.7)

기425에 해당하는 '석보상절' 내용은 아래와 같다.

 (1) **디나건 不可思議 阿僧祇劫에** 比丘尸如來人 像法 中에 나라히 이 쇼더 일후미 波羅㮈러니 波羅㮈大王이 어디르샤 正法으로 나라홀 다스리샤 百姓 보차디 아니ᄒᆞ더시니 여쉰 小國이오 八百 ᄆᆞ술홀 가졧더시니 **王이 아ᄃᆞ리 업스실ᄊᆡ** 손소 神靈을 셤기샤 **열두 ᄒᆡ롤** 누흙디 아니ᄒᆞ샤

---

5) 반말의 '-니' 형식은 고영근(1998 : 11~12) 참조
6) 주격조사 '이/가'는 새로운 정보임을 제시할 때 사용하고, 보조사 '은/는'은 낡은 정보나 주제어를 표현할 때 사용한다.
7) 텍스트에서의 시간 부사어 역할은 고영근(1999 : 151-152) 참조.

求ᄒ더시니 第一夫人이 아ᄃ를 나ᄒ시니[8](월석 권21 : 213a~214a)

기425는 '석보상절'에 기록된 바라내왕의 치국과 성품은 생략하고 태자의 출생과 관련되는 부분만 시가화하였다. 기425는 '석보상절'에서 '求ᄒ더시니, 열두 ᄒᆡ, 第一夫人'은 어휘적으로 재수용을 하였지만 그 외는 생략이나 대체의 기제를 사용한 것을 확인할 수 있다.

월인천강지곡을 살필 때는 '석보상절'뿐만 아니라 저경도 참고해야 한다. 박금자(2000)에서는 월인천강지곡의 선텍스트가 여러 종류임을 추정하였으나,[9] 그중에서 『대방편불보은경』을 참고하여 살펴보고자 한다. 기425의 선텍스트인 『大方便佛報恩經』 권3을 살펴보면 그 내용이 '석보상절'과 거의 유사함을 확인할 수 있다.

(2) 바라내대왕이 총명하고 예지가 뛰어나며 어질어서 항상 정법으로 나라를 다스리며 백성들을 굽히게 하지 않았다. 왕은 육십 소국과 팔백 마을을 다스렸는데 아들이 없어 왕이 스스로 山神 樹神 등 일체 신령께 공양하였다. 십이 년을 쉬지 않고 자식이 있게 해 달라고 기도하였더니 마침내 제일부인이 임신하여 열 달만에 아들을 낳으시니(其 波羅㮈大王聰叡仁賢. 常以正法治國不枉人民 王主六十小八百聚落王了無子 王子供養奉事山神樹神一切神祇 經十二年不 不息求索有子. 第一夫人便覺有 娠 十月足滿生一男兒)

선텍스트인 '석보상절'과 『대방편불보은경』을 살펴보면, (1)에서는 '아ᄃᆞᆯ', 『大方便佛報恩經』 (2)에서는 '子, 男兒'로 사용하였으나 월인천

---

8) 굵은 글씨로 표시된 부분은 월인천강지곡의 내용과 밀접한 부분으로 필자가 임의로 한 것임을 밝히는 바이다.
9) 월인천강지곡의 선텍스트에는 '諸經', 僧祐의 『釋迦譜』, 世祖가 지은 한문본 『석보상절』을 들 수 있다.

강지곡에서는 기능상의 등가성을 지닌 '太子'를 사용하였다.[10)]

2.2. 기426의 분석

월인천강지곡 기426은 태자의 성품과 대신의 성품이 대비되어 제시된다.

T₁ [(S₁ 太子ㅣ 性 고ᄫᆞ샤)S₁ (S₂ e 怒호ᄆᆞᆯ 모ᄅᆞ샤)S₂ (S₃ e₁ e₂ 布施ᄅᆞᆯ 즐기더시니)S₃]T₁

현대역 : 태자가 성격이 곱고 (태자가) 노함을 모르시어 (태자가 사람들에게) 보시를 즐기시더니

T₂ [(S₁ 大臣이 모디라)S₁ (S₂ e₁ e₂ 德을 새오ᅀᆞᄫᅡ)S₂ (S₃ e₁ e₂ 업스시긔 ᄭᅬᄅᆞᆯ ᄒᆞ더니)S₃]

현대역 : (여섯) 대신이 (성격이) 모질어 (여섯 대신이 태자의) 덕을 매우 시샘하여 (여섯 대신이 태자를) 없애고자 꾀를 내더니

기426은 한 줄이 세 마디로 구성되어 있는데, 앞줄의 공범주 주어는 모두 '太子'이고 뒷줄은 '大臣'이다. 앞줄의 공범주 주어가 '태자'이므로 주체높임 선어말어미 '-시-'를 사용하였으나 뒷줄은 '대신'이 공범주 주어이므로 '-시-'를 사용하지 않았다. 첫 줄의 공범주 여격 명사구는 문맥을 통해 '사람들에게'이며, 뒷줄 두 번째 마디의 공범주 속격적 명사구는 '태자의', 세 번째 마디의 공범주 목적어 명사구는 '태자를'임을 알

---

10) 보그란데 외(1982)/김태옥 · 이현호(공역)(1990 : 51-58)는 텍스트에 담긴 의미내용이나 그 구성체간의 등가성(equivalence) 관계를 강조하기 위한 기법으로 회기법(recurrence), 부분회기법(patial recurrence), 병행구문(parallelism), 환언(paraphrase)을 제시하였다. 회기법은 동일어휘 반복이며 부분회기법과 환언은 유의어나 상의어를 사용하는 기법으로 의미론적 응결장치와 밀접하고, 병행구문은 통사론적 응결장치이다.

수 있다.

뒷줄의 텍스트 분석에서 공범주 속격적 명사구와 공범주 목적어 명사구가 모두 '태자'를 의미하므로 두번째 마디를 '德을 새오ᅀᄫᅡ 업스시긔'로 묶고 세 번째 마디를 '뫼를 ᄒᆞ더니'로 처리할 수도 있다. 그러나 '업스시긔 뫼롤 ᄒᆞ더니'를 한 마디로 처리한 것은 '석보상절'에 근거하여 전자와 같이 묶여 있는 것이 아니라 후자와 같이 묶여 있기 때문이다. 그러므로 앞줄과 뒷줄의 통사구조가 비록 완전히 일치하지는 않으나 기426의 통사구조는 '[NP$_1$이 V-아] [ø NP$_2$를 V-아] [ø NP$_3$를 V-니]' 대구 형식을 바탕으로 한다는 것이다. 한편 '太子'와 '大臣'이 새로운 정보이므로 주격조사 'ㅣ/이'를 사용하고 있다.

기426만 보면 두 줄이 하나의 텍스트로서의 완결성이 높은 것 같으나 '석보상절'과 비교해 보면 응집성이 약함을 확인할 수 있다. 즉 월인천강지곡은 시가답게 응집성보다 응결성이 더 강하게 부각되어 있다는 것이다. 기426은 태자의 성품과 대신의 성품을 대조시켜 태자의 성품을 강조하는 기법을 사용하였다. 앞줄은 태자의 고운 성품을 설명하고, 뒷줄은 대신의 모진 성품을 설명하고 있다. 그러나 월인천강지곡의 선텍스트인 '석보상절'이나 『대방편불보은경』과 비교해 보면 그 구성에서 차이점이 있다. 즉, 선텍스트에서는 대신의 성품이 먼저 제시되어 있으나 월인천강지곡에서는 태자의 성품을 강조하기 위한 책략으로 먼저 제시되어 있는 것이다.

기426 뒷줄의 세 번째 마디는 선텍스트의 내용에서는 후반부에 나타난다. 선텍스트의 구성에서는 대왕이 중병에 걸려 사경을 헤매게 되자 여섯 대신들이 절호의 기회라 생각하고 태자를 죽이고자 모의하게 된다. 그러나 기426의 내용은 선텍스트의 내용과 달리 대신들의 성품이 악하기 때문에 태자를 없애려는 계책을 꾸민 것으로 해석된다. 이러한 해석의 차이가 발생하는 이유는 텍스트 생산자가 월인천강지곡의 응집성보다 응결성을 더 중시하였기 때문이라 추정된다. '석보상절' (3)의 내용을 보면 구조적 재배치의 현상을 확인할 수 있다.

기426에 대응되는 '석보상절'의 내용을 살펴보자.

(3) 端正ᄒᆞ고 **性이 됴하 瞋心을 아니홀 씨** 일후믈 忍辱이라 ᄒᆞ시니라 忍辱太子ㅣ ᄌᆞ라 布施를 즐기며 聰明ᄒᆞ고 衆生을 골오 어엿비 너기더니 그 ᄢᅴ **여슷 大臣&이 이쇼ᄃᆡ 性이 모딜오 無道홀 씨** 百姓이 싀트시 너기더니 **여슷 大臣이 힝뎌기 왼 ᄃᆞᆯ 제 아라 太子를 새와 믜여ᄒᆞ더라** 그ᄢᅴ 大王이 重혼 病을 어더 겨시거늘 太子ㅣ 臣下ᄃᆞᆯ해게 가 닐오ᄃᆡ 아바닚 病이 기프시니 엇뎨ᄒᆞ료 臣&下ᄃᆞᆯ히 닐오ᄃᆡ 됴혼 藥을 몯 어들 씨 命이 아니 오라시리이다 太子ㅣ 듣고 것ᄆᆞᆯ주거 싸해 디옛더라 **여슷 大臣이 議論호ᄃᆡ 太子를 더러ᄇᆞ리디 아니ᄒᆞ면 우리 乃終내 便安티 몯ᄒᆞ리라 ᄒᆞᆫ 大臣이 닐오ᄃᆡ 내 方便으로 더로리라 ᄒᆞ고**(월석 권 2 : 214a~215a)

대신들의 성품이 모질고 무도하므로 백성들이 그들을 좋지 않게 생각하는 반면 태자는 성품이 어질므로 백성들이 존경하였다. 이것으로 인해 여섯 대신들이 그를 시기하고 미워하였다. 그때 마침 대왕이 중한 병이 걸리자 여섯 대신은 이 기회를 이용하여 태자를 죽이고자 꾀한 것이다. 즉 여섯 대신이 처음부터 태자를 죽이고자 한 것이 아니라 시기하던 차에 대왕이 중병에 걸리자 그것을 이용하여 태자를 없애고자 한 것이다. 그러므로 뒷줄의 세 번째 마디는 기426과 관련되는 것이 아니라 기427의 앞줄과 관련된다. 기426에 세 번째 마디가 나타난 이유는 텍스트의 응결성을 위한 것이다. 즉 기426의 앞줄은 인욕태자의 성품을 제시하고 뒷줄은 대신의 성품을 제시하여 두 인물의 됨됨이를 대조시키며 동일 명사구 연쇄를 형성하기 위한 텍스트 생산자의 의도가 포착된다.

　'석보상절'과의 간텍스트성을 통해서 월인천강지곡의 시가적 특성을 한 번 더 확인할 수 있는데, '석보상절'과『大方便佛報恩經』에는 '여슷 大臣'과 '六大臣'으로 표현되어 있지만 월인천강지곡에서는 '大臣'으로 표현하였다. 여기에서 '여슷 대신'을 사용하지 않은 것은 텍스트 생산자가 앞줄의 '太子'와 음절수를 맞추어 응결성을 유지하기 위한 책략으로 보인다. 또 뒷줄은 앞줄에 비해 '석보상절'의 내용이 많이 응축되어 있고, 여슷 大臣의 품행은 '大臣이 모다라'로, 태자 성품은 '德'이라는 단어로 일반화시키고 있다. '여슷 大臣이 議論호더 太子를 더러ㅂ리디 아니ᄒ면 우리 乃終내 便安티 몯ᄒ리라 혼 大臣이 닐오디 내 方便으로 더로리라'는 '업스시긔 쐬ᄅ 호더니'로 구성화 내지 통합화하였다.11) 그리고 '됴하', '嗔心을 아니홀 씨'는 각각 '고ᄇᆞ샤', '怒호ᄆᆞᆯ 모ᄅᆞ샤'로 유의어나 뜻풀이 방법으로 재수용하여 의미적 등가성에 기댄 응결장치를 보였다.

　『대방편불보은경』의 (4)내용은 '석보상절'과 거의 동일하다.

　(4) 태자의 성품이 착하고 화를 내지 않으므로 인욕이라 이름 지었다. 인욕태자가 장성하였는데 보시를 좋아하고 총명하고 인자하여 모든 중생들에게 자비심을 내었다. 이때 여섯 대신이 있어 그 성품이 포악하고 간사하며 아첨을 잘하였다. (…중략…) 그때 대왕이 중병에 걸려 고통으로 초췌해져 생명이 위태로웠는데 인욕태자가 여러 대신을 찾아가 말하기를 부왕의 괴로움이 크니 어떻게 해야 하느냐고 물으니 여러 대신이 듣고 마음에 성냄을 내었다. (…중략…) 이때 여섯 대신이 즉시 조용한 방에 들어가 공모하여 의논하였다. 인욕태자를 제거하지

11) 반 다이크(1978)/정시호(역)(1995 : 87-96)는 텍스트의 주제와 내용을 잘 파악하기 위해서는 생략(auslassen), 선택(selektieren), 일반화(generalisieren), 구성 혹은 통합(konstruieren oder integrieren)와 같은 거시규칙을 제시하고 이외에 의미적 함의 원리가 필요하다고 역설하였다. 이때 생략과 선택은 삭제규칙, 일반화와 구성 내지 통합은 대체규칙이라 하였다.

않으면 결국 우리가 편안하지 못할 것이라 하였다. 공모를 마치고 제일대신이 말하였다. 인욕태자를 제거할 방법이 없소. 한 대신이 다시말하기를, 나에게 능히 제거할 방편이 있소.(…중략…)(以其太子性善不瞋 名曰忍辱. 忍辱太子其年長大. 好喜布施聰明慈仁 於諸衆生等生慈心. 爾時大王有六大臣 其性惡姦詭佞詔 爾時大王身嬰重病. 苦惱顚頓命在旦夕. 忍辱太子往告諸臣 父王困篤今當奈何. 諸臣聞已心生瞋恚.. (中略) 時六大臣卽入靜室共謀議言. 忍辱太子不除去者我等終不得安隱也. 作是念已. 第一大臣言忍辱太子無事可除 一臣復曰 我有方便能除去之.)

(4)에서도 확인되는 바와 같이 여섯 대신의 계략은 대왕의 병환이 계기가 되었음을 알 수 있다. 그것은 '爾時'의 사용으로도 확인된다. 『대방편불보은경』은 새로운 텍스트를 시작할 경우 행을 바꾸고 '爾時' 시간부사어를 사용하는 특성을 보인다.[12] 이것은 '석보상절'의 '그쁴' 시간부사어와 동일한 텍스트 경계 장치이다. 그리고 (4)에 의하면 이 역모를 꾸미는 데 앞장 선 사람이 여섯 대신 중 '제일대신(第一大臣)'임을 설명하고 있다. 그리고 『대방편불보은경』에서는 '諸臣'이 '여섯 대신'을 의미하는 것으로 해석되는 부분이 있다. 인욕태자가 아버지의 치유 방법을 제신들에게 묻자 제신들이 화를 내었다는 것은 곧 '모든 신하'가 아니라 '여섯 대신'을 의미함을 전후 문맥을 통해 확인할 수 있다.

텍스트성의 판정은 응결성보다 응집성이 우선한다. 왜냐하면 응결성이 텍스트성에서 필요조건은 되지만 충분조건은 되지 못하기 때문이다. 그러나 월인천강지곡 기426을 선텍스트와 비교하여 보면 다른 곡들과 달리 응결성보다 응집성이 상대적으로 약함을 확인할 수 있다.[13] 기426

---

12) 모든 '爾時' 시간부사어가 텍스트 경계 기제로 사용되는 것은 아니다.

13) 고성환(2000)은 새로운 내용의 추가(기163, 기40 등), 어순 재배치를 통한 대구적 구성, 각 곡들의 음절수 준수는 월인천강지곡의 텍스트 생산자가 운율성을 강조하였기 때문이라 하였다. 즉 월인천강지곡은 응집성이 약화된 것이라 볼 수 없다고 하였다.

의 뒷줄 세 번째 마디는 기426과 관련되는 내용이 아니라 기427의 첫
줄과 관련되는 내용이기 때문이다. 그러므로 월인천강지곡은 응집성보
다 응결성을 더 중시하였음을 알 수 있다. 윤석민(2000)은 이런 특성을
다음과 같은 규칙으로 설명하였다.[14]

> (5) 가. 월인천강지곡의 텍스트 형성규칙 3
>   각 줄의 응결은 주로 명사적 연쇄를 이용하며 두 줄의 응결
>   은 통사론적 응결장치와 의미화용론적 응결장치를 주로 이
>   용한다.
>   나. 월인천강지곡의 텍스트 형성규칙 4
>   각 곡은 응결성과 응집성을 갖추고 있으나 주로 응결성을 우
>   선한다.

2.3. 기427의 분석

월인천강지곡 기427는 여섯 대신의 꾀로 인해 인욕태자가 죽게 되는
부분이다.

T_1 [(S_1 아바님 病重ᄒᆞ샤)S_1 (S_2 e 藥을 몯ᄒᆞᆸ거늘)S_2 (S_3 e 목숨 ᄇᆞ려
救ᄒᆞᅀᄫᆞ시니)S_1]T_1
현대역 : 아버님이 병중하여 (太子가) 약을 (구하지) 못하거늘 (太
子가) 목숨을 버려 구하시니

T_2 [(S_1 아바님 슬ᄒᆞ샤)S_{11} (S_2 e 檀香ᄋᆞ로 ᄉᆞᅀᄫᅡ)S_2 (S_3 e 寶塔일어 供
養ᄒᆞ시니)S_3]
현대역 : 아버님이 슬퍼하시어 (아버님이 太子의 시신을) 단향으로

---

14) 윤석민(2000)은 월인천강지곡 중 응집성보다 응결성이 더 강한 곡은 기10, 기85, 기92,
기165, 기152, 기204, 기210 등이 있다고 하였다.

사르시고 (아버님이) 보탑을 세워 공양하시니

기427은 앞줄과 뒷줄이 모두 세 마디로 되어 있다. 앞줄의 공범주 주어는 '태자'가 되고 뒷줄은 '아버님'이 되어 명사적 연쇄를 이룬다. 그리고 '[NP₁이 V-아] [ø NP₂를 V-거늘] [ø NP₃(를) V-어 V-니]' 통사구조를 가진다.15) 앞줄과 뒷줄은 '아버님'을 명시적 재수용하여 의미상의 등가성을 지니면서 동시에 기425의 '波羅㮈王'과 기능상의 등가성을 가져 두 텍스트뿐 아니라 두 곡 간의 강한 응결성을 구축한다.

기426의 뒷줄 세 번째 마디와 기427의 첫줄은 매우 강한 응집성을 가진다. 앞에서도 설명한 바와 같이 '석보상절'이나 『대방편불보은경』에서는 대신의 성품을 간략히 언급한 뒤 대왕이 중병이 들자 그들이 계략을 꾸몄다는 것을 구체적으로 설명하고 있다. 그러므로 기427의 첫줄은 '아바님 病重ᄒᆞ샤 藥을 못ᄒᆞᅀᆞᆸ거늘 업스시긔 꾀롤 ᄒᆞ더니 목숨ᄇᆞ려 救ᄒᆞᅀᆞᄫᆞ시니'로 되어야 하겠지만 텍스트의 응결성을 해치므로 동일주어끼리 묶어서 여섯 대신과 관련되는 '업스시긔 꾀를 ᄒᆞ더니'를 기426으로 옮긴 것으로 파악된다. 이것은 월인천강지곡이 시가성 때문에 응결성을 더 중시하였기 때문이라 판단된다.

기427는 '석보상절'의 아래 내용에 해당한다.

(6) [**그ᄢᅴ 大王이 重ᄒᆞᆫ 病을 어더 겨시거늘** 太子ㅣ 臣下둘ᄒᆡ게 가 닐오ᄃᆡ 아바니ᇝ 病이 기프시니 엇뎨ᄒᆞ료 臣&下둘히 닐오ᄃᆡ **됴ᄒᆞᆫ 藥올 몯 어들ᄊᆡ** 命이 아니 오라시리이다 (…중략…)]16) **그ᄢᅴ 太子ㅣ 大臣과 小國王돌ᄒᆞᆯ 블러 大衆 中에 닐오ᄃᆡ 내 이제 大衆과 여희노라 ᄒᆞ야ᄂᆞᆯ**

---

15) 각 줄의 세 번째 마디는 동사가 두 개 있으므로 관점에 따라 네 마디로 형성되었다고 볼 수 있다.

16) (6)의 꺽쇠 부분은 각각 (3)과 (4)의 내용과 중첩되는 부분이므로 (7)에서는 싣지 않았다. 내용의 중첩 원인은 기426 분석에서 제시하였다.

大臣이 즉재 栴陀羅 블러 ᄲᅧ를 그처 骨髓 내오 두 눈ᄌᆞᅀᆞᆯ 위여내ᄂᆞ니라 太子ㅅ 모미 傷ᄒᆞ야 命이 머디 아니ᄒᆞ시이다

王이 드르시고 ᄯᅡ해 디&여 목노하 우르샤 모매 몬지 무티시고 니ᄅᆞ샤ᄃᆡ 내 오ᄂᆞᆯ 實로 無情ᄒᆞ리 엇뎨 아ᄃᆞ리 藥ᄋᆞᆯ 머거뇨 ᄒᆞ시고 太子ᄭᅴ 가시니 ᄒᆞ마 命終ᄒᆞ거늘 (…중략…) 그 ᄢᅴ 父王과 小王ᄃᆞᆯ히 牛頭栴檀香 남ᄀᆞ로 太子 ᄉᆞ&ᄅᆞ시고 七寶塔 셰여 供養ᄒᆞ더시니라(월석 권21 : 214b~220a)

여섯 대신이 태자를 죽이기 위한 모략으로 태자의 효심을 이용한다. 즉 대왕을 치료할 수 있는 유일한 약은 한 번도 화를 내지 않은 사람의 눈동자와 골수라고 말하자 태자는 자신이 가장 적합한 인물이므로 자신의 눈동자와 골수를 사용하라고 한다. 그리하여 태자는 죽음을 맞이하게 되었다.

'석보상절'과의 간텍스트성을 살펴보면 월인천강지곡 기427은 많은 내용이 응축되었음을 (6)을 통해서 확인할 수 있다. 대왕의 병환에 대한 태자의 질문과 그 대답, 태자를 죽이기 위한 대신들의 계략들이 기427에서는 없다. 하지만 대신들의 모략은 오히려 기426의 뒷줄 세 번째 마디에 이미 나타났다. 이러한 구조적 재배치는 텍스트의 응결성을 위한 텍스트 생산자의 의도적 행위로 볼 수 있다.

'석보상절'에서는 '大王' 또는 '王'으로 표현하였으나 기427에서는 기능상의 등가성을 지닌 '아버님'으로 표현하였고, 그 외 대부분은 삭제규칙이나 대체규칙을 사용하였다. 월인천강지곡 텍스트 생산자가 월인천강지곡을 시가화할 때 '석보상절'의 단어나 성분순서를 그대로 수용한 것이 아니라 시가적 특성인 운율성, 특히 음절수를 살려 생산하였음을 알 수 있다. 기426의 '대신'이나 기427의 '보탑'에서 확인할 수 있는 바와 같이 '대신'은 '여섯 대신'을 대체한 것이고, '보탑'은 '칠보탑'을 대체

한 것이다.

『대방편불보은경』의 (7)은 '석보상절'과 내용상의 차이가 없다.

(7) 이때 태자가 즉시 대신과 소국왕들을 부르고 대중들에게 나의 몸은 지금 대중들과 이별하노라고 말하였다. 이때 대신들이 즉시 전타라(백정, 도살하는 사람)을 불러 뼈를 자르고 골수를 꺼내고 두 눈을 빼었다. (…중략…) 왕이 이 말을 듣고 소리 높여 크게 울며 "괴이하도다! 괴이하도다!" 하고 스스로 땅에 몸을 던지며 "내가 실로 무정하구나!" 하였다. (…중략…) 이때 부왕과 여러 소왕이 즉시 우두전단향 나무를 쌓아 태자를 화장하고 남은 뼈를 칠보로 탑을 세워 공양하였다. (爾時太子卽呼大臣諸小國王. 於大衆中卽宣此言 我身今者與大衆別 爾時大臣 卽呼旃陀羅. 斷骨出髓剜其兩目 (中略) 王聞是於舉聲大哭. 快哉快哉 自投於 地塵土坌身. 如我今自實自無情. (中略) 爾時父王及諸小王 卽以牛頭栴檀香木 積以成(艹+積). 闍維太子 所有身骨. 復以七寶起塔供養.

기425에서 기427까지는 '석보상절'의 인욕태자전을 월인천강지곡으로 시가화한 것이다. 시가화 과정에서 텍스트의 삭제규칙, 대체규칙, 음운론적 응결장치, 형태론적 응결장치, 통사론적 응결장치 등을 통해 월인천강지곡의 운율을 부각시켰다. 이러한 운율성으로 인하여 월인천강지곡은 각 텍스트 간의 응집성보다 응결성이 강하였고 '석보상절'이나 『대방편불보은경』 없이는 그 내용의 관련성을 정확히 파악할 수 없음을 선텍스트를 통해 확인할 수 있었다.

2.4. 기428의 분석

월인천강지곡 기428부터는 새로운 이야기가 시작된다. 기425~기427까지는 세존의 전신인 인욕태자에 관한 내용인 반면, 여기부터는 전생담이 마무리되고 현세로 돌아오는 부분이다.

T₁ [(S₁ 太子ㅅ 일훔은 忍辱이러시니)S₁ (S₂ 오눐날애 e 如來시니)S₂] T₁
　　현대역 : 태자의 이름은 인욕이시니 오늘날의 (태자가) 여래시니
T₁ [(S₁ 波羅㮈王ᄋᆞᆫ 閱頭檀이시고)S₁ (S₂ 夫人이 摩耶ㅣ시니)S₂]T₂
　　현대역 : 바라내왕은 (지금의) 열두단이시고 (제일)부인이 (지금의)
　　마야이시니

기428은 모두 두 마디로 되어 있고 앞줄의 공범주 주어는 '태자'이다.
물론 앞줄에만 공범주가 나타났지만 기428의 통사론적 응결성에는 별
지장이 없다. 즉 '[NP₁은 NP₂-니], [NP₃(e)이 NP₄-니]'의 통사구조를
가진다. 앞줄의 두 번째 마디와 뒷줄은 전생과 현세의 관계를 설명하고
있기 때문에 앞줄의 두 번째 마디 '오눐날애'가 뒷줄에서는 생략되어 있
다. 그리고 각 줄의 첫 번째 주어 명사구에 '은/는' 보조사를 사용하여
구정보라는 화용론적 응결성을 보인다. 한편 뒷줄 두 번째 주어 명사구
에는 '이' 주격조사를 사용하지만 '부인'을 새로운 정보가 아닌 제일부
인(第一夫人)인 마야부인임을 강조하는 책략으로 사용한다.

기428의 특징은 월인천강지곡에서 '忍辱' 이름이 처음 등장하는 설명
부라는 것이다.[17] '석보상절'과 저경에서는 인욕의 출생과 함께 '인욕'이
라는 이름이 이미 등장한 주제부이지만 월인천강지곡에서는 설명부로
사용하는 특성을 보인다. 이것은 월인천강지곡 텍스트 생산자가 기428
에 초점을 두고자 한 것으로 판단된다. 기428은 세존의 전생담을 가장
압축하여 주제화한 것으로 기425~기427의 요약이며 주제인 것이다.

---

17) 프라그학파의 주제부(thema)와 설명부(rhema) 개념은 다네슈(F. Daneš)가 발전시킨 텍스트
　이론방법으로, '주제부'는 알려진 정보, 이미 주어진 정보이며 '설명부'는 새로운 정보를
　말한다. 파터(H.Vater, 1994)/이성만(역) (1995 : 87-96)나 고영근(1999 : 205-210) 참조.

'忍辱'의 정보성을 강조하기 위해 전생담에서는 '忍辱'이라는 이름을 출현시키지 않다가 기428에 와서야 등장시키는 것이다. 기425의 '太子', 기426의 '太子'가 동일 어휘로 재수용을 되다가 기428의 앞줄에서 기능상의 등가성을 지닌 '忍辱'으로 표현하는 것이다. 가장 핵심적 단어인 '忍辱'이 곧 '如來'임을 밝혀 두 인물의 동질성을 강조하려는 텍스트 생산자의 의도가 부각된다. 텍스트 생산자의 의도가 부각되는 또 다른 장치는 순서의 역전 기제이다. 선텍스트들은 열두단(閱頭檀)과 마야부인(摩耶夫人)을 제시한 다음에 여래(如來)를 제시하였으나 월인천강지곡에서는 '인욕태자=여래'임을 우선 제시하고 뒷줄에서 '바라내왕=열두단, 제일부인=마야부인'을 표현하고 있다.

기428의 '석보상절'은 다음과 같다.

   (8) 世尊이 彌勒菩薩ᄃ려 니ᄅ샤디 善男子 等 大衆이 알라 波羅㮈大王 ᄋ 이제 내 아바님 閱頭檀이시고 그ᄢ 어마니ᄆᆫ 이젯 내 어마님 摩耶ㅣ시고 忍辱太子ᄂᆫ 이젯 내 모미라(월석 권21 : 220a~220b)

(8)에서는 부모의 전생 관계를 설명한 뒤 세존의 前身이 인욕태자였음을 설명한다. 이것은 (9)의 『대방편불보은경』에서도 동일하다. 그러나 기428에서는 구성 순서가 역전되어 있음을 확인할 수 있다. 이것은 앞에서도 말한 바와 같이 인욕태자가 여래의 전신이었음을 강조하고자 하는 텍스트 생산자의 의도인 것이다.

   (9) 분명히 알아라. 그때의 바라내대왕은 지금 나의 아버지인 열두단이시고 그때의 어머니는 지금 나의 어머니이신 마야이시며, 인욕태자는 지금 나의 몸이니라.(當知爾時波羅㮈大王者今現我父閱頭檀是 爾時母者今現我母摩耶是. 忍辱太子者今我身是.)

세존이 도솔천에 있다는 것을 안 중생들은 수미산에서 여래를 보기를 흠모하였다. 그리하여 세존이 수미산에 내려와서 설법을 하였고, 세존이 달바마라의 음악 연주를 듣다가 삼매에 들어갔고 이때 대중 가운데 칠보탑이 생겼다. 대중은 그것을 궁금하게 여기자 세존이 자신의 전생담을 이야기하게 된다. 그 전생담이 바로 인욕태자전인 것이다. 월인천강지곡 기425~기427은 전생담인 내화이며[18] 기428과 기429는 세존이 중생들에게 자신의 전생담을 요약하여 설명하는 부분이다.

2.5. 기429의 분석

월인천강지곡 기429를 먼저 살펴보자. 기429는 칠보탑이 솟아난 경위를 최종 마무리하는 부분이다. 즉 태자가 아승기 전겁에 지극한 효성과 보시를 다하였기에 세존이 열반에 들어가기 전 칠보탑이 솟아났다는 것이다.

> T_1 [(S_1 e 前劫에 布施 즐겨)S_1 ($S2$ e 父母孝道ᄒ실씨)S_2 (S_3 e 菩提를 일우시니)S_3]T_1
> 현대역 : (태자가) 아승기 전겁에 보시를_즐겨 (태자가) 부모에게 효도하니 (세존이) 보리를 이루시니.
> T_2 [(S_1 e 이ᄯᅡ해 寶塔 셰야)S_1 (S_2 e 太子供養이실씨)S_2 (S_3 e 世尊ㅅ긔 소사 뵈ᅀᆞᆸ니)]T_2
> 현대역 : (바라내왕과 소왕들이) 이 땅에 보탑을 세워 (바라내왕과 소왕들이) 태자를 공양하니 (칠보탑이) 세존에게 솟아 보이니.

---

18) '内話'는 전체 이야기인 '外話' 안에 포함되어 있으나 완결된 텍스트로서의 자격을 지녀 독립성을 지닌다.

기429도 세 마디로 되어 있고 '[NP₁에/애 NP₂(룰) V-어/아] [ø V-ㄹ 씨] [ø V-니]' 구조로 통사론적 응결성을 보인다. 기429의 통사적 구조 는 앞의 다른 곡들과 달리 각 줄이 '-ㄹ씨' 종속적 연결어미로 인과관 계를 형성하는 특징이 있다. 앞줄의 첫 번째 마디와 두 번째 마디의 공 범주 주어는 '太子'이지만 세 번째 마디의 주어는 '世尊'이며, 뒷줄의 첫 번째 마디와 두 번째 마디의 공범주 주어는 '波羅㮈王과 小王들'이 며 세 번째 주어는 '칠보탑'이다. 이는 종속문의 선행절과 후행절이 각 각 전생과 현세를 설명하기 때문이다. 전생의 보시와 효성으로 현세에 세존이 보리를 이루게 되었고 바라내왕이 인욕을 위해 칠보탑을 세웠기 때문에 지금 공중에 칠보탑이 서 있다는 것이다.

기429가 '석보상절'에는 (10)과 같이 기록되어 있다.

(10) 菩薩이 無量阿僧祇劫에 父母 孝養ᄒᆞᅀᆞᇦ보디 오시며 飮食이며 지비며 臥具ㅣ며 모맷 고기며 骨髓예 니르리 그 이리 이러ᄒᆞ니 이 因緣으로 成佛호매 니르로니 이제 이 寶塔이 따해서 소사나몬 곧 이 내 父母 爲ᄒᆞᅀᆞ방 목숨 브려늘 곧 이 따해 塔올 셰여 供養ᄒᆞ시더니 내 이제 成佛ᄒᆞᇙ 씨 알퍼 소사냇ᄂᆞ니라(월석 권21 : 220b~221a)

'석보상절'과의 간텍스트성을 살펴보면 삭제규칙이나 대체규칙이 적 용되었음을 알 수 있다. '無量阿僧祇劫에'는 '前劫'으로, '成佛호매'는 '菩提를 일우시니'로 대체하였고 '父母 孝養'은 '父母孝道'로 나타났다. 뒷줄은 앞 텍스트와 반복되는 '成佛ᄒᆞ다'는 삭제하고 '供養ᄒᆞ다'는 앞줄 의 '父母 孝道'와 응결성을 구축하기 위해 '太子 供養'으로 표현하고 있 다. 앞줄의 '布施 즐겨'는 '부모 효도'와 관련성이 있음을 '석보상절'과 저경을 통해서 확인할 수 있다.

(11) 보살이 무량아승기겁에 부모에게 효도하고 공양하기를 옷, 음
식, 집, 와구, 몸의 살, 골수에 이르기까지 한 것이 이와 같다. 이 인연
으로 성불하기에 이른 것이다. 이제 이 보탑이 땅에서 솟아난 것은 곧
내가 부모를 위하여 여기서 골수와 신명을 버렸기에 이곳에 보탑을 세
워 공양하였었는데 이제 내가 성불하였기에 앞에 솟아 나타난 것이다.
(菩薩於無量阿僧祇劫孝養父母 衣被飮食房舍臥具 乃至身肉骨髓其事如是. 以
此因緣自致成佛. 今此寶塔從地踊出者. 卽是我爲其父母 捨此骨髓及其身命.
卽於此處起塔供養. 我今成佛卽踊現其前.)

기428~429는 대중 앞에 솟아난 칠보탑의 경위를 중생들에게 설명한
부분이다.『석보상절』권11과『大方便佛報恩經』권3에서는 인욕태자전
을 이야기한 뒤 마야부인의 전생담을 제시하고 있으나,『월인석보』권
21에서는 인욕태자전이 마지막 부분이다. 현존하는『월인석보』권21에
서는 마야부인의 전생담인 '녹모부인전'을 확인할 수가 없고 권22에서
도 발견되지 않는다. 그리하여『월인석보』권21의 마지막 곡인 기429와
『월인석보』권22의 첫 곡인 기445의 사이에 있는 곡이 '녹모부인'에 관
한 곡일 가능성이 매우 높다.19)

3. 월인천강지곡 기425~기429의 구조

월인천강지곡 기425~기429의 내용은 전체 서사구조의 흐름인 T_i(外
話)의 일부분인 기428~기429과 하나의 독립된 텍스트 T_j(內話)인 인욕태
자전 기425~기427으로 형성되어 있지만 응결성과 응집성에서 차이가

---

19)『월인석보』권21의 마지막 월인천강지곡이 기429이고 권22의 첫 곡이 기445이다. 이 사
   이의 16곡이 어떻게 되는지 확인할 수가 없다. 김영배(1985 : 9)는 이런 착오 발생의 원
   인을 몇 가지 추정하고 있는데, 그중 사라진 16곡이 녹모부인에 관한 기록일 가능성이
   높다고 한다.

난다. 월인천강지곡은 시가화된 글이므로 다른 텍스트와 달리 응집성보다 응결성이 더 강하게 작용하였음을 선텍스트인 '석보상절'과 『大方便佛報恩經』과의 간텍스트성을 통해 확인할 수 있다.

[표 1] 응결성과 응집성

응결성			응집성		
Ti	Tj	· 기425 : T1~T2	Ti	Tj	· 기425 : T1~T2
		· 기426 : T1~T2			· 기426 : T1~T2(2)
		· 기427 : T1~T2			· 기426 : T2(3)~T1
	· 기428 : T1~T2				· 기427 : T2
				· 기428 : T1~T2	
	· 기429 : T1~T2			· 기429 : T1	
				· 기429 : T2	

응결성에서는 [표 1]과 같이 모든 곡들은 서로 형태론적, 통사론적 응결장치가 강하게 실현되어 있었다. 그러나 응집성에서는 다른 모습을 보여 준다. 내화인 기425~기427은 세존의 전신인 인욕태자에 관한 곡들로서, 기425 T_1~T_2는 太子의 출생과 관련되는 내용이며 기426의 앞줄과 뒷줄의 두 마디까지는 태자의 성품과 여섯 대신의 성품을 대조시킨 것이다. 기426 T_2의 세 번째 마디부터 기427 T_1은 대왕이 중병이 들자 태자를 시기하고 있던 대신들이 모여서 태자를 죽이고자 모략하는 부분이고 기427의 T_2는 대왕의 병세가 호전된 것은 자신의 아들의 효성으로 인한 것임을 알고 그것을 기념하여 보탑을 세우는 부분이다. 기428은 내화 텍스트의 요약이며 기425~기429의 핵심인 주제 텍스트에 해당된다. 세존의 전신이 인욕태자였으며 바라내왕과 제일부인이 지금의 부모인 열두단과 마야부인의 전신임을 제시하고 있다. 즉 앞줄과 뒷줄이 강한 응집성을 가지므로 하나로 묶었다. 월인천강지곡의 응결성 강화는 비단

여기에서만 나타나는 것이 아니라 다른 곡들에도 실현된다.

4. 마무리

이 장에서는『월인석보』권21에 실린 월인천강지곡 기425~기429 텍스트를 응결성과 응집성에 따라 분석하였다. 월인천강지곡을 우선 분석한 뒤, 선텍스트인 '석보상절'과『대방편불보은경』권3 간의 간텍스트성을 살펴보았다.

지금까지의 내용을 간추려 보면 기425~427은 세존의 전신인 忍辱太子을 노래한 것이며 기428~429는 대중에게 자신의 전생담과 칠보탑이 공중에 생긴 이유를 들려주는 것이다. 월인천강지곡은 '석보상절'을 시가화한 것이므로 각 곡들의 응결성은 매우 강하지만 텍스트 간의 응집성은 응결성보다 약하였다. 그러나 월인천강지곡은 형태론적·통사론적 응결장치나 삭제규칙·대체규칙을 적용하여 응결성과 응집성이 확인되었다. 월인천강지곡과 '석보상절' 간의 두드러진 차이점은 '석보상절'을 시가화한 월인천강지곡이 응집성보다 응결성에 더 초점을 둔 것이다. 그것은 텍스트의 문형, 텍스트 순서의 역전, 인욕태자 이름의 등재 양상 등으로 확인되었다. 특히 인욕태자의 이름이 '석보상절'에서는 태자의 출생과 함께 나타났으나 월인천강지곡에서는 전생담이 끝나고 인욕태자와 세존이 동일 인물임을 설명하는 기428에 와서야 비로소 제시된다. 이것은 월인천강지곡의 텍스트 생산자가 기428-인욕태자가 세존의 전신이라는 사실-을 강조하고자 하는 의도가 내재되어 있었기 때문이며 그 의도는 선텍스트의 내용 순서를 통해 확인할 수 있다. 응집성보다 응결성이 더 강한 월인천강지곡의 이러한 양상은 비단 기425~기429에서만 나타나는 것이 아니라 월인천강지곡 전면에 나타나는 것이다.

참고문헌

고성환(2000), 「<월인천강지곡>의 운율성」, 『텍스트언어학』 8, 79-102.

고영근(1961), 「석보상절과 월인석보의 한 비교」, 『한글』 128, 고영근(1995 : 323-364)에 재수록.

_____(1981/1998), 『중세국어의 시상과 서법』(보정판), 탑출판사.

_____(1995), 『단어·문장·텍스트』, 한국문화사.

_____(1999), 『텍스트 이론』, 아르케.

고영근·남기심(1996), 『중세어 자료 강해』, 집문당.

김영배(1985), 「월인석보 제22에 대하여", 『한국문학연구』 8, 동국대학교 한국문학연구소, 5-24.

_____(1991), 『역주 석보상절』(6, 9, 11), 세종대왕기념사업회.

김종규(1989), 「중세국어 모음의 연결 제약과 음운 현상」, 『국어연구』 90, 서울대학교 국어국문학과.

박금자(2000), 「<월인천강지곡>의 간텍스트성」, 『텍스트언어학』 8, 25-56.

박병채(1991), 『논주 월인천강지곡』, 세영사.

다이크(van Dijk 1980)/정시호(역)(1995), 『텍스트학』, 민음사.

안병희(1974), 「석보상절의 교정에 대하여」, 『국어학』 2, 17-30.

_____(1991), 「월인천강지곡의 교정에 대하여」, 『石靜 李承旭先生 回甲紀念論叢』, 石靜 李承旭先生 回甲紀念論叢刊行委員會.

윤석민(2000), 「<월인천강지곡>의 텍스트성」, 『텍스트언어학』 8, 한국텍스트언어학회, 57-78.

이호권(1998), 「석보상절의 국어학적 연구」, 서울대학교 박사학위논문.

조흥욱(1994), 「<월인천강지곡> 연구」, 서울대학교 박사학위논문.

천병식(1985), 『석보상절 제3주해』, 아세아문화사.

파터(H. Vater 1995)/이성만(역), 『텍스트 언어학 입문』, 한국문화사.

허웅·이강로(1962), 『주해 월인천강지곡』, 신구문화사.

제3부

일본어권 한국어 학습자와 한국어교육

제 1 장

관형격조사 '의'의 오류 양상과 교수법

1. 서론

이 장에서는 일본어를 모어로 하는 한국어 학습자(이하 한국어 학습자)가 사용하는 관형격조사 '의'의 사용 실태 오류를 분석하고, 조사 '의'의 올바른 사용 방법을 제시하는 데 목적이 있다. 한국어 조사 '의'와 일본어 조사 'の'에 관한 비교 연구는 초기에는 일본어 전공 학자들에게 의해 조금씩 연구되어 왔지만 요즘에는 한국어 교육 연구자들에 의해 더 많은 관심을 받는 분야이다. 초기 연구들은 선행명사와 후행명사의 의미적 상관관계에 국한된 논의가 주를 이루었다면 한국어 교육 관점에서는 조철현(2002), 이정희(2002), 김정은(2004) 등에서 여러 오류 양상을 논의하기 시작했고 안경화·양명희(2005)에서는 관형격조사 '의'의 오류에 대해 자세히 검토하고 있다. 그러나 이들은 오류 유형과 교수 방안을 제시하고 있지만 한국어 학습자가 잘못 사용하는 '의'의 유형들을 전체적으로 제시하지 못하고, 무엇보다 가장 복잡한 'N$_1$의 N$_2$' 구성을 심도 있게 논의하지 못하고 있다.

그리하여 이 장에서는 한국어 학습자의 학습 오류 사례를 빈도수별로 추출하여 순서대로 하나씩 검토해 보고자 한다. 여기에서 사용한 말뭉치는 오사카대학교 2006년도 조선어 전공 2학년 학생들(학기당 27명)의 작문 자료를 바탕으로 한 원시말뭉치 22,173어절이며, 참고 예문은 21세기 세종계획 5백만 어절 형태소 분석 말뭉치와 구글 검색 사이트 (www.google.co.kr)를 이용하여 검출하였다.

2. 한국어 관형격조사 '의'와 일본어 조사 'の'의 차이

2.1. 한국어 관형격조사 '의'의 구조와 특징

한국어 조사 '의'는 선행명사구가 후행명사구를 수식하는 통사적 기능이 있는데, 이때 선행성분으로는 명사구, 조사구, 문장이 올 수 있지만 후행성분으로는 반드시 명사가 와야 한다.[1] 왜냐하면 '의'의 통사적 기능이 선행명사구를 후행명사구에 대해 종속부로 기능하게 하는 통사 장치를 가졌기 때문이다(김광해 1981/1984 : 224).

> (1) 가. 이제 <u>자녀의</u> 단점을 <u>자녀의</u> 장점으로 볼 수 있는 눈이 필요하다.
>
> 나. <u>서울에서의</u> 촬영 작업에 혹 필요한 것이 없느냐.
>
> 다. <u>과감하게 맞서느냐 혹은 착실하게 방어태세를 취하느냐의</u> 순간.

(1가)는 선행성분이 명사인 경우이며, (1나)는 조사구, (1다)는 문장 단위가 온 경우이다. (1가)는 전형적인 명사구 결합 유형으로서 모든 자립

---

1) 관형격조사 '의'에 관한 전반적인 선행연구는 김선효(2011 : 123-129)를 참고하고 그 외에 임동훈(2004), 임홍빈(2007), 목정수(2007) 등 참조.

명사는 '의'와 결합할 수 있지만 (1나)와 (1다)는 제한적인 구조를 보인다. (1나)는 일부 조사에 한하여 '의'와 결합할 수 있고 (1다)의 문장 단위도 제한적인 종결어미와만 결합한다.

2.2. 일본어 조사 'の'의 구조와 특징

일본어 조사 'の'는 격조사, 병립조사(並立助詞), 준체조사(準體助詞), 종조사(終助詞) 등의 기능을 가진다.[2]

> (2) 가. 午後から英語の勉強をしないといけない。(益岡 外 1989 : 141 인용)
>
> 나. 行くの行かないの、弁当の小使いのと、云いたいことばかりいって困らせる。(淺野 1973 : 474 인용)
>
> 다. このセーターは小さいので、大きいのと替えてください。(益岡外 1989 : 143 인용)
>
> 라. 今日子供が十時に驛に着くことになっていますの。(淺野 1973 : 495 인용)

(2가)는 후행하는 체언을 수식하는 격조사 'の'이며, (2나)는 두 통사 단위를 잇는 병립조사, 즉 접속조사인 'の'이며, (2다)는 의존명사 'もの'나 'こと' 등의 대용적 기능을 담당하는 준체조사 'の'이며, (2라)는 문장의 끝에 와서 화자의 감정을 표현하는 종조사 'の'이다. 준체조사나 종조사 'の'는 의존명사가 문법화하여 조사가 된 경우로서 통시적으로 본다면 별개의 통사 범주인 것이다. 물론 통시적으로 본다면 격조사

---

2) 'の'에 대한 논의는 時枝誠記(1954 : 92-100), 松村明 외(1967 : 146-154), 淺野信(1973 : 447-497), 益岡隆志・田窪行則(1989 : 140-145), 寺村秀夫(1991 : 237-276), 生越直樹(1999 : 341-362) 등 참조.

'の'와 'が'는 그 근원을 같이 하고 있지만 의존명사가 조사로 문법화한 것과는 다른 것이다.[3] 그러므로 (2)의 'の' 중에서 한국어 '의'와 관련성을 보이는 것은 (2가)에 국한된다.

문제는 (2가)와 같은 구조에서 일본어의 'の'와 한국어 '의'가 전혀 다른 문법 단위로 나타나는 경우도 있다.

(3) 가. あれは私の友だちの家です。
나. 저것은 내 친구의 집입니다.
(4) 가. 彼は私の友だちの田中君です。
나. 그는 내 친구인 다나카 군입니다.
(5) 가. 今到着の列車は東京行きの列車です。
나. 지금 도착한 열차는 도쿄행 열차입니다.

(生越 1999 : 356 인용, 번역은 필자 수정)

(3)에서는 일본어 'の'와 한국어 '의'가 일대일 대응관계를 보이지만 (4)과 (5)는 그러한 대응관계를 보이지 않는다. (4)처럼 N_1과 N_2가 동격 관계를 형성하면 일본어에서는 'の'가 사용되지만 한국어에서는 (4나)처럼 '이다'의 활용형이 쓰인다. 또 (5)는 한국어와 일본어가 명사 분류에서 이질성을 가진다는 것을 보여준다. '도착'이 일본어에서는 명사적 기능을 담당하지만 한국어에서는 동사의 어근적 성격이 더 강하므로 '의'의 결합을 허용하지 않는다.[4]

---

3) 격조사 'が'와 'の'의 상관성은 橋本進吉(1969 : 82-106) 참고.
4) 21세기 세종계획 500만 어절 말뭉치에서 '도착'과 인접하는 후행요소를 검토한 결과 1,077개 중에서 접미사 '하-'와 결합한 경우가 931개로 가장 많았고 '도착을'이 8개, '도착되-'가 8개가 나왔고 그 외는 낮은 빈도수를 보였다. 물론 '도착 장면'과 같은 명사 결합 구성도 발견되었지만 이런 경우는 접미사 '하-'가 생략된 구조로 봐도 무난하므로 한국어에서의 '도착'은 명사성보다 어근성이 강하다고 할 수 있다.

3. 한국어 학습자의 관형격조사 '의'의 사용 실태

2006년도 오사카대학교 조선어 전공 2학년 학생들의 작문 자료를 바탕으로 한 원시 말뭉치 22,173어절을 분석해 본 결과, '의'가 나타난 개체수는 총 291개이었다. MonoConc Pro 프로그램을 이용하여 각 개체수를 빈도수별로 검출하면 [표 1]과 같다. 단, 대부분이 빈도수 1 이하이므로 그 일부분만 제시한다.

[표 1] 오사카대학교 조선어 전공 2학년 학생들의 원시 말뭉치 '의'의 실현 빈도수

개체수	빈도수	용례	개체수	빈도수	용례
22	8.63%	저의/jkg1a 취미	1	0.39%	우울증의/jkg1c 사람
3	1.18%	할머니의/jkg1d 방	1	0.39%	요즘의/jkg4 학교
2	0.78%	합창의/jkg1b 반주	1	0.39%	요즘의/jkg4 나
2	0.78%	미국의/jkg1d 날씨	1	0.39%	우정의/jkg1a 존재
2	0.78%	서울의/jkg1d 날씨	1	0.39%	음악의/jkg1a 가치
2	0.78%	일본의/jkg1a 여름	1	0.39%	월급의/jkg1d 계산
1	0.39%	인생의/jkg1a 대답	1	0.39%	장래의/jkg1d 꿈
1	0.39%	일의/jkg1d 내용	1	0.39%	장녀의/jkg2 언니
1	0.39%	다음일의/jkg4 수업	1	0.39%	점장과의/jkg5 사이

[표 1]을 통해 확인할 수 있는 것은 조사 '의'의 과잉 사용 양상이었다.[5] 이러한 현상은 Dulay 외(1982 : 146-54)에서 제시하고 있는 언어학적 범주(linguistic category) 유형 오류와 표면 전략적(surface strategy) 유형 오류가 결합되어 나타난 것으로 볼 수 있는데, 무엇보다 Selinker(1974 : 121)에서 제시한 모국어의 간섭이 가장 크다고 볼 수 있다.[6] 물론 한국어 학습 교재들이나 학습 현장에서 '의'의 설명을 소홀히 다루는 것도 또 다른

---

5) 일본어 모어 화자의 '의'의 과잉 사용 현상은 조철현(2002 : 172)와 이정희(2002 : 101-2, 123, 141)에서도 논의되어 있다.
6) 오류에 대한 개념과 유형에 대해서는 이정희(2002 : 34-88) 참조.

원인이 될 수 있다.7)

이러한 조사 '의'의 과잉 현상은 통사·의미론적 관점에서 검토되어
야 하는데, 우선 '의'가 실현되는 유형을 명사 구성(jkg1), 동격 구성(jkg2),
격조사 구성(jkg3), 시간 부사어 구성(jkg4), 기타(jkg5)으로 구분한다.8) 명사
구성은 '의'의 실현 여부에 따라 '의'가 필수적인 환경(jkg1a), '의'가 실현
되면 어색하거나 비문이 되는 환경(jkg1b), 의미를 파악하기 곤란한 환경
(jkg1c), '의'가 수의적인 환경(jkg1d)로 구별하고, 격조사 구성은 주격 조사
로 나타나야 하는 환경(jkg3a), 목적격 조사로 나타나야 하는 환경(jkg3b),
부사격 조사로 나타나야 하는 환경(jkg3c)으로 구별한다. 이렇게 형식적
인 태그 작업을 마무리한 후 '의'의 실현 빈도수를 검출한 결과, [표 2]
와 같은 결과가 도출되었다.

[표 2] 오사카대학교 조선어 전공 2학년 학생들의 유형별 '의'의 실현 빈도수

개체수	빈도수	유형	개체수	빈도수	유형
110	37.8%	의/jkg1a	10	3.4%	의/jkg3a
100	34.4%	의/jkg1d	7	2.4%	의/jkg5
21	7.2%	의/jkg1c	7	2.4%	의/jkg3c
20	6.9%	의/jkg1b	4	1.4%	의/jkg2
11	3.8%	의/jkg4	1	0.3%	의/jkg3b

본고의 연구 대상이 되는 '의'의 오용 사례를 검출해 본 결과, 총 53
개로 18.2%의 오류를 보였는데, [표 2]에서 굵은체로 표시한 부분이 오
용 사례와 관련된 유형들이다. 단, 전체 개체수 중에서 28개(jkg1c, jkg5)는

7) 기존의 한국어 교재에서는 『한국어1』(서울대, 11과)에서만 조사 '의'가 수의적으로 나타나
는 것을 제시하고 있으며, 그 외 『말이 트이는 한국어1』(이화여자대학교, 4과), 『한국어1』
(고려대학교, 9과), 『배우기 쉬운 한국어1』(성균관대학교, 3과), 『가나다 Korean1 초급』(가
나다 한국어학원, 1과) 등에서는 '의'의 수의성을 다루지 않았으며, 『한국어1』(연세대학교,
4과)에서는 '의'를 거의 언급하고 있지 않다.
8) 용어에 대한 구체적 개념은 4장 참조.

의미를 파악하기 곤란한 비문이거나 조사구와 결합한 유형이므로 본 연구에서 제외하였다.

4. 관형격조사 '의'의 오용 유형

3장에서 논의한 바와 같이 조사 '의'의 오류 현상은 빈도수별로 명사 구성(27.7%), 격조사 구성(34%), 시간부사어 구성(20.7%), 동격 구성(7.5%) 순서로 나타난다.[9] 이 장에서는 우선 이들 오류 양상을 살펴본 뒤, 통사·의미론적 관점에서 정확한 표현을 검토해 보고자 한다. 다만, 명사 구성은 다른 구성과 달리 분량이 많으므로 마지막에 다루기로 한다.

4.1. 격조사 구성

격조사 구성은 문장 구조상 관형격조사가 아닌 다른 적격한 격조사가 필요한 구성이다. 일본어에서는 'の'로 실현되어도 무관하지만 한국어에서는 그 문장에 적합한 격조사를 사용해야 적격한 표현이 된다. 한국어 학습자가 보이는 오류는 주격조사 구성(jkg3a)이 10개로 18.9%, 부사 격조사 구성(jkg3c)이 7개로 13.2%, 목적격조사 구성(jkg3b)이 1개로 1.9%이다.

주격조사 구성은 관형사절의 행위주를 주격조사로 표현하는 구성이다. 그러나 일본어는 공시적으로 'の'가 여전히 관형사절에서 주격의 기

---

9) 이들 용어는 조사 '의'가 사용된 예문을 통사·의미·형태적 특성에 따라 명명한 것이다. 물론 동격 구성은 김선효(2002 : 118)에서와 같이 명사 구성의 하위 범주 안에 포함되는 것이지만 통사적으로 명사 구성과 차별성을 가지기 때문에 따로 구별하였으며, 격조사 구성은 관형격조사 '의'가 다른 격조사, 즉 주격이나 목적격 등으로 실현되어야 하므로 상위 개념인 격조사 구성을 사용한다.

능을 담당하고 있으므로 한국어 학습자가 고급 과정에 올라가도 주격조
사 구성에서 빈번한 오류를 보인다.

> (6) 가. <u>저의 아르바이트하는</u> 대폿집은 집에서 자전거로 약 십 분쯤
>   걸립니다.
>   나. 제가 한국에 갔을 때는 화장이 얇으므로 <u>피부의 흰</u> 사람뿐이
>   었습니다.
>   다. 감기가 든 때는 엄마가 <u>저의 먹고 싶은 음식</u>을 만들어 주셨
>   습니다.

(6)는 주격조사 '가'를 사용해야 하는데 관형격조사 '의'를 사용한 사
례들이다. 일본어에서는 'の'가 실현될 수 있으나 한국어에서는 '의'가
실현될 수 없으므로 (6)은 다음과 같이 수정해야 한다.[10]

> (7) 가. <u>제가 아르바이트하는</u> 대폿집은 집에서 자전거로 약 십 분쯤
>   걸립니다.
>   나. 제가 한국에 갔을 때는 화장이 얇으므로 <u>피부가 흰</u> 사람뿐이
>   었습니다.
>   다. 감기가 든 때는 엄마가 <u>제가 먹고 싶은 음식</u>을 만들어 주셨
>   습니다.

격조사의 오용 사례는 주격조사 외에 목적격조사나 부사격조사에서
도 발견된다. 이러한 현상은 기존 연구에서 간과하고 있는데, 일본어의

---

10) '나의 살던 고향' 혹은 '나의 사랑하는 어머니' 같은 예들은 '내가 살던 고향', '내가 사랑
하는 어머니'가 오히려 더 어색하게 느껴질 수도 있다. 그러나 이런 현상은 홍사만(200
4 : 58)에서도 지적한 바와 같이 일본어식 표현이 굳어진 것이다. '*{그/영희}의 살던 고
향', '*{그/영희}의 사랑하는 어머니'처럼 다른 인칭이나 명사로 대치해 보면 비문이 되는
것을 알 수 있다. '나의 사랑하는 어머니'는 '사랑하는 나의 어머니'가 한국어의 문장 구
조에 더 적합하지 않을까 한다.

구문적 특성상 주격 조사뿐 아니라 다른 격조사 구성에서도 오용 사례를 발견할 수 있다. 이러한 현상은 일본어와 한국어가 명사구 확장 구조에서 차이점이 있다는 것을 재인식시켜 준다.

(8) 계단의 오르내리는 것이 아주 어렵습니다.
(9) 가. 세계 사람들의 도움이 되고 싶습니다.
　　나. 나는 집의 가까운 편의점에서 아르바이트를 합니다.

(8)은 목적격조사 '를'이 나타나야 하는 자리에 '의'를 사용한 것이며 (9)은 부사격조사가 나타나야 하는 자리에 '의'를 사용한 것이다. 그러므로 이들도 모두 적격한 조사로 수정해야 한다.

(10) 계단을 오르내리는 것이 아주 어렵습니다.
(11) 가. 세계 사람들에게 도움이 되고 싶습니다.
　　나. 나는 집에서 가까운 편의점에서 아르바이트를 합니다.

4.2. 시간 부사어

한국어 학습자가 시간 부사어 뒤에 조사 '의'를 사용하는 것도 중급 과정의 학습자가 빈번히 범하는 오류 중 하나이지만, 기존 연구들은 이러한 빈번한 오류를 언급하지 않고 있다. 작문 자료를 살펴보면 시간 부사어(jkg4)와 관련된 오류는 20.7%의 빈도수를 보인다. 그것은 한국어에서는 시간 부사어 뒤에 '의'가 필요하지 않은데 비해 일본어에서는 'の'를 사용하는 경향이 높기 때문이다.

(12) 가. 마지막의 학교 축제에서 저는 피아노를 쳤습니다.
　　나. 다음날의 수업시간에 얼마나 좋았던지 계속할까 말까 망설

입니다.

다. <u>지난주의 일요일</u>은 시합이 있었습니다.

(12)은 모두 시간 부사어 뒤에 '의'가 개입되면 비문이 되므로 '의'를 제거해야 한다. 그러나 '요즘의 나' 내지 '지금의 나'처럼 시간 부사가 명사로 재구조화된 경우에는 '의'의 개입이 허용된다.

4.3. 동격 구성

동격 구성은 선행명사가 후행명사와 등가의 의미 관계를 형성하는 구성이다. 일본어로는 'N₁の N₂'로 표현하지만 한국어로는 '의'가 아닌 '이다'의 활용형인 'N₁인 N₂'로 표현해야 하는데, 그것은 이들이 주술 관계를 형성하고 있기 때문이다.

(13) 가. <u>주인공의 배우</u>가 더 좋아지게 됐습니다.

　　　나. 자기의 것은 뒷전으로 미뤄서 <u>장녀의 언니</u>가 있고, 언제나
　　　　　밝고 누구에서도 사랑되는 <u>차녀의 언니</u>가 있다.

(13)은 모두 동격 구성이므로 '주인공인 남자 배우', '장녀인 언니', '차녀인 언니'로 수정해야 한다. 이와 같은 오류는 7.5% 가량 나타난다. 이것은 초급 과정에서는 빈번히 발견될 수 있겠지만 중급 과정에 와서는 빈도수가 점점 낮아지는 것으로 추정된다.11)

---

11) 다음 표는 동격 구성을 정확하게 표현한 개체수의 빈도수이다. 가장 높은 빈도수는 자신
　을 소개하는 부분으로 '오사카외국어대학교에 재학 중인 OOO'와 같은 표현이다.

개체수	빈도수	예문	개체수	빈도수	예문
12	52.2%	재학 중인 [이름]	1	4.3%	한국 출신인 한국 사람
1	4.3%	주인공인 여자	1	4.3%	2학년인 가토
1	4.3%	효과적인 방법	1	4.3%	이학년인 이즈오카
1	4.3%	학생인 이와사키	1	4.3%	외국어인 중국어

4.4. 명사 구성

명사 구성은 선행명사 N_1가 후행명사 N_2을 수식하는 전형적인 명사구 구성이다. 명사 구성의 상관관계는 최현배(1937/1961), 김광해(1981), 임홍빈(1981), 최경봉(1998), 정희정(2000), 신선경(2001), 김인균(2002), 이선웅(2004), 김선효(2011) 등 지속적으로 논의되어 왔다. 두 명사가 결합할 경우, 일본어에서는 'N_1の N_2' 구성으로 실현되지만 한국어에서는 '의'가 필수적인 'N_1의 N_2' 구성, 수의적인 'N_1(의) N_2' 구성, '의'를 요구하지 않는 'N_1 N_2' 구성으로 나타나는데 한국어 학습자는 모든 유형에서 '의'를 사용하려는 경향이 높다. [표 2]에 의하면 'N_1의 N_2' 구성(jkg1a)은 37.8%, 'N_1(의) N_2' 구성(jkg1d)은 34.4%를 보인다. 그리고 '의'의 실현에 오류를 보이는 구성(jkg1b)은 6.9%로, 오류 유형 중에서 가장 높은 빈도수를 보인다.

이러한 과용 현상을 해결하기 위해서는 한국어의 '의'의 실현 특징을 이해하는 것이 중요하다. 즉, 한국어는 특별한 환경을 제외하고는 '의'를 실현시키지 않으려는 경향이 높다. 일본어는 'の'를 사용하는 것이 기정값이라고 한다면 한국어는 '의'를 사용하지 않는 것이 기정값이라 할 수 있다. 그러므로 한국어 학습자는 '의'가 필수적인 환경만 학습하고 나머지 환경에서는 '의'를 실현하지 않는 것이 자연스럽다는 것을 학습하는 것이 필요하다. 그렇다면 조사 '의'가 필수적인 환경부터 살펴보자.

4.4.1. '의'가 필수적인 'N₁의 N₂' 구성

4.4.1.1. '수량명사구 + 의 + 명사' 구조

수량명사구는 수관형사와 분류사가 결합한 구조이다. 수량명사구가 명사와 결합할 때는 반드시 '의'를 취한다. 이 구조는 의미적 관계를 떠나 통사적인 구조와 관련되므로 필연성을 띤다.

> (14) 가. 하루 <u>한 개의 사과</u> 껍질을 먹는 것이 암의 진행을 억제하는 것으로 나타났다.(www.joins.com)
>
> 나. 하루에 <u>사과 한 개씩</u> 먹으면 의사가 필요 없다.(www.medcity.com)
>
> 다. 배고픈 동물친구들 사이에 <u>사과 하나</u>가 뚝 떨어졌다.(사과 하나)

수량 구조에서 '의'를 필연적으로 요구하는 것은 (14가)에 한정된다. 반면, 나머지 구조는 '의'를 실현하지 않는다.[12]

4.4.1.2. 명사구 확장 구조 : 주어적 속격 구조의 경우[13]

주어적 속격 구조는 서술명사가 두 개 이상의 논항 명사를 취하고 그 중 하나가 행위주이면 그 명사는 반드시 '의'를 취하는 구조이다. 물론 이것은 'N₁의 N₂' 구성이 확장된 구조이다.

> (15) 가. 유럽연합은 각종 수입규제로 <u>미국의 진출</u>을 막고 있다.(www.kbs.co.kr)

---

12) '한 잔 술에'과 같이 한국어 모어 화자들이 빈번히 사용하면 이 구조도 자연스럽게 인식될 수도 있다고 판단된다. 그러나 '한 컵 오렌지에, 열 잔 맥주에' 등에서 확인할 수 있듯이 대부분은 어색하거나 허용되기 어렵다.

13) 주어적 속격 구조는 앞에서 언급한 §4.3의 동격 구성과는 전혀 다른 것이다. 주어적 속격 구조는 허용되지만 동격 구성에서는 비문이 된다.

　　나. 아시아에서 튼튼히 자리매김한 후 <u>미국 진출</u>도 하고 싶다.
　　　　(한겨레신문)
(16) 가. <u>한국을 미국의 아시아 진출</u> 전략적 거점화 할 수 있다.(사이
　　　　언스타임즈)
　　나. <u>현대자동차의 미국 진출</u>은 새로운 시도로서 자동차 산업의
　　　　발전을 위해서 나아가야 할 길인 것이다.(www.kps.co.kr)

　(15)처럼 서술명사 '진출'이 하나의 논항 명사만 취하면 '미국이 진출
하다'와 '미국으로 진출하다'로도 사용되기도 하지만[14] (16)처럼 명사구
가 확장되면 행위주 명사는 반드시 '의'를 취한다. 물론 신문기사의 표
제와 같은 국한된 환경에서는 (16가)도 '미국 아시아 진출'이라고 쓸 수
도 있겠지만 신문 본문에서는 적합하지 않다.

　그러나 모든 명사구 확장구조가 '의'를 요구하지 않는다는 것을 유의
해야 한다. 명사구가 확장되더라도 행위주가 아니면 '의'가 실현되지 않
아도 된다.

(17) 가. 김태환 제주지사가 기자회견을 통해 <u>열린우리당 입당 결정</u>
　　　　배경을 밝히고 있다.(중앙일보)
　　나. 민주당은 <u>장 총리서리의 입당 결정</u>에 찬사를 보내며 입당식
　　　　및 환영식은 오는 27일 가질 계획입니다.(민주당)

　(17가)는 '열린우리당'이 논항이 되지 못하므로 '의'가 수의적이지만
(17나)는 '장 총리서리'가 행위주가 되므로 '의'는 필수적으로 실현되어
야 하는 것이다.

---

14) 구글 검색 사이트에서 검색한 결과, '미국 진출'은 약 172,000 개로 대부분 '미국으로 진
　출하다'의 의미를 가졌고 '미국의 진출'은 약 29,300 개로 대부분 '미국이 진출하다'의 의
　미를 가졌지만 '미국으로 진출하다'도 간혹 보였다.

4.4.1.3. 소원적 의미 관계

소원적 의미 관계는 선행명사와 후행명사의 의미적인 상관관계가 희박하여 의미적인 긴밀성을 가지지 않는 명사구 구조이다. 이들은 명사 간의 의미적 상관성이 희박하므로 '의'가 필수적으로 요구된다.

> (18) 가. 서점에서 독자에게 판매된 <u>책의 가치</u>가 필요에 따라 사람에 따라 달라질 수 있다.(www.booksfree.co.kr)
> 나. 제작진은 거북선을 제작한 <u>이순신의 의지</u>를 강조하기 위해 허구를 가미했다.(동아닷컴)
> 다. 앞에는 <u>이별의 눈물</u>이 고여 생겼다는 눈물방죽이 있다.(전라 도닷컴)

(18)에서와 같이 선행명사와 후행명사가 의미적으로 긴밀성을 가지지 못하면 '의'의 실현은 필연적이다. 즉, 이들 명사가 서로 연관성을 가지거나 계층 관계를 형성하지 않고 다만 어떤 필요성에 의해 인위적으로 결합되면 '의'가 필연성을 갖게 된다. 이것은 Lyons(1977 : 314-5), 김광해(1981/1984 : 185-98), 민현식(1982 : 78) 등에서도 논의한 바와 같이, 명사의 의미 자질이 추상성을 띨 때 이런 경향이 나타난다. 구상명사는 그 의미적 관계가 명백하여 '의'의 실현이 수의적이지만 추상명사는 그 의미적 상관관계가 희박하므로 '의'로 의미적 연결성을 강화할 수밖에 없다. 이처럼 '의'의 실현을 필연적으로 요구하는 소원적 의미 관계는 '의'의 기능이 수식 기능 외에 연결 기능이 있음을 재인식시켜 준다.15) 이러한 의미 관계를 가지는 다른 예를 제시하면 다음과 같다.

> (19) 혹한의 날씨, 지식의 성장, 안도의 한숨, 암흑의 공상, 삶의 본

---

15) '의'의 연결 기능은 김영희(1973), 김선효(2005a) 등 참고.

질, 사랑의 원칙, 신비의 세계, 사회의 벽, 천문대의 아침 등.

4.4.1.4. 비유 표현 및 관용적 표현

비유 표현이나 관용적 표현은 소원적 의미 관계보다 두 명사의 상관성이 더 희박하다. 이들 구성은 선행명사와 후행명사의 의미적 상관성을 유추하기가 어렵고 전혀 다른 유개념과 유개념이 결합하므로 두 명사의 연결기능을 담당하는 '의'가 필연성을 띤다.[16)]

> (20) 가. 우리 모두 <u>마음의 등불</u>을 밝혀 이웃과 세상을 따뜻하고 환하게 만들어 갑시다.(마이뉴스코리아)
> 나. 재물을 소유하는 것이 잘못이 아니지만 잘못하면 <u>재물의 노예</u>가 되어 영원한 삶을 놓쳐 버릴 수 있습니다.(마가복음 10 : 17-22)
> 다. 뉴올리언스 <u>재즈의 고향</u>이 <u>죽음의 도시</u>로.(한국일보)

(20)과 같은 표현은 표현하고자 하는 대상을 다른 대상에 빗대어 표현하고 있으므로 '의'를 사용하는 것이 적합하다.

4.4.2. 'N₁(의) N₂' 구성

'N₁(의) N₂' 구성은 '의'가 수의적으로 실현되는 구조이지만, '의'를 실현하기보다는 생략해서 사용하는 경향이 높고 발화 상황에서는 거의 실현하지 않는다. 다만, 발화 상황에서 '의'를 사용할 때는 화용론적으로 초점을 주고자 할 때 사용한다.[17)]

---

16) '미증유의, 불굴의, 불가분의, 필사의, 불후의' 등은 후행명사와 상관없이 선행명사 자체적으로 '의'를 요구한다.

17) 화용론적 논의는 김기혁(1990), Lambrecht(1994), 이남순(1998), 신선경(2001), 정희정(2000), 김선효(2011 : 146-152), 西山(2003 : 16-43) 참조.

4.4.2.1. 집합관계

집합관계는 선행명사나 후행명사 중에서 한 성분이 다른 성분의 부분 요소가 되는 구조이다. 이러한 구조는 소유주와 피소유물의 관계, 전체와 부분 관계가 가장 대표적이다. 이들은 선행명사와 후행명사가 의미적 긴밀성을 가지고 있으므로 '의'의 실현이 수의적이다.

> (21) 가. 아까 그 강아지 주인입니다.(현대동물병원)
> 나. 강아지의 주인이 되어주세요(퍼피랜드)

'강아지(의) 주인'은 (21)처럼 둘 다 허용된다. 집합관계를 형성하는 명사는 '의'가 나타날 수도 있고 생략될 수도 있다. 문제는 둘 다 허용될 때 한국인 모어 화자가 어느 표현을 더 많이 사용하는가 하는 것이다. 한국인 모어 화자가 (21)을 사용하는 빈도수를 구글 검색 사이트로 검색한 결과 (21가)는 약 37,500개가 검출되었고 (21나)는 약 3,930개가 검출되었다. 즉 '의'가 수의적인 환경에서는 '의'를 사용하는 것보다 생략하는 것이 더 보편적 현상이라 할 수 있다.

이제 집합관계를 나타내는 명사 구성의 예를 제시하면 다음과 같다.

> (22) 아들(의) 책상, 동생(의) 모자, 효철(의) 점퍼 등
> (23) 옷(의) 소매, 책상(의) 모서리, 한국(의) 학생, 회사(의) 직원, 지수
> (의) 눈동자, 아들(의) 멱살, 신호등(의) 빨간불 등

(22)는 소유주와 피소유물의 관계를 나타내는 구성이며 (23)은 전체와 부분의 관계를 나타낸다. 이처럼 집합관계를 형성하는 명사구는 두 명사 간의 의미 관계가 긴밀성을 가지므로 '의'를 필수적으로 요구하지 않는다.

4.4.2.2. 친족 관계

친족관계는 선행명사와 후행명사가 친인척 관계를 형성하거나 사회적인 인간 관계 구조를 가지는 경우이다. 이런 경우에도 '의'는 수의성을 띤다.

(24) 시누이(의) 남편, 조카(의) 친구, 간호사(의) 아들, 후배(의) 오빠

(24) 중에서 '시누이(의) 남편'을 구글 검색 사이트에서 '시누이의 남편'은 503개, '시누이 남편'은 4,540개가 검출되었다. '시누이의 남편'은 한국의 친족관계를 설명하는 글에서 주로 발견되었고 개인 블로그나 신변잡기적인 글에서는 거의 발견되지 않았다. 그러므로 한국어 학습자가 친족관계를 형성하는 명사구를 사용하고자 할 경우에는 특별한 환경 외에는 '의'를 사용하는 것보다 사용하지 않는 것이 더 자연스럽다는 것을 알 수 있다.

4.4.2.3. 대상-서술명사 구조

대상-서술명사 구조는 후행명사가 자동성 서술명사이거나, 행위주 외의 논항을 선행명사로 취하는 타동성 서술명사인 구조이다.[18] 이것은 §4.4.1.2.에서 다룬 주어적 속격 구조와 밀접한 관련성을 가지는데, 주어적 속격 구조는 '의'가 필연적으로 나타나야 하지만 대상-서술명사 구조는 그렇지 않다.

자동성 서술명사는 목적어를 요구할 수 없고 논항이 하나이므로 '의'가 생략될 수 있지만, 타동성 서술명사는 행위주 외의 명사에서 '의'가

---

18) '대상-서술명사' 구조에서의 '대상'은 대상역(theme)에서 용어를 차용한 것이다. 물론 모든 선행명사가 대상역이 되는 것은 아니지만 대상-서술명사 구조에서는 선행명사가 대상역인 경우가 많으므로 본고에서 임의적으로 사용한다.

생략될 수 있다. 그러나 행위주 명사와 타동성 서술명사 결합할 때에는 '의'를 사용하여 그 의미 관계를 명확하게 하는 것이 좋다. 물론 대상-서술명사 구조는 주어적 속격 구조만큼 '의'가 필수적이지는 않다. 그러면 대상-서술명사 구조를 형성하는 구체적인 예를 살펴보도록 하자.

> (25) 가. 현실세계에서 발생하는 문제의 원인은 가장 기본적인 <u>가치의 추락</u>이다.(www.film2.co.kr)
>
> 　　나. 한 가지 주목되는 것은 미국 달러화 <u>가치 추락</u>이다.(www.hugh.tistory.com)
>
> (26) 가. 교육의 특성을 반영한 <u>프로그램의 개발</u>을 통해서만이 가능하다.(www.kwdi.re.kr)
>
> 　　나. 싸이 본인 스스로도 <u>프로그램 개발</u> 능력이 없다고 인정했다.(www.sbs.co.kr)

　　(25)의 '추락'은 자동성을 가진 서술명사로서 '의'의 실현이 수의적이다. '가치의 추락'과 '가치 추락'의 사용 빈도수를 구글 검색 사이트에서 확인해 본 결과 (25가)는 42개, (25나)는 356개 검출되었다. 즉 자동성 서술명사는 '의'를 개입하지 않는 것이 더 자연스럽다는 것을 확인할 수 있다.

　　(26)의 '개발'은 타동성을 가진 서술명사로서 선행명사가 대상격으로 실현된 구조이다. 이처럼 행위주가 아닌 대상격이 선행명사로 나타날 때의 실현 빈도수는 (26가)는 약 216,000개, (26나)는 약 2,360,000개 검출되었다. 즉 한국인 모어 화자는 이러한 구조에서 '의'를 거의 실현하지 않는다. (26)와 같은 구조에서 '의'를 실현하고자 할 때에는 선행명사에 초점을 두거나 특별한 문맥적 환경에서 사용하는 경향이 높다. 이와 유사한 구성을 제시하면 다음과 같다.

> (27) 가. 기계(의) 출현, 다리(의) 마비, 산업(의) 발전, 의지(의) 결핍,
>   감정(의) 변화
>   나. 기술(의) 협력, 차관(의) 임명, 제품(의) 심사, 보험(의) 판매,
>   이상(의) 실현, 커피(의) 판매, 연대감(의) 창출, 이라크(의)
>   침략, 홍콩(의) 반환, 쓰레기(의) 처리
> (28) 연구원(의) 설명, 여성(의) 지지, 옐친(의) 대립, 이라크(의) 파괴,
>   여성(의) 요구

(27가)는 자동성 서술명사 구성이며 (27나)는 타동성 서술명사 구성으로 대상격 명사가 선행명사로 오면 '의'가 수의성을 가진다. 그러나 (28)처럼 타동성 서술명사의 선행명사로 행위주만 나타나면 다른 현상을 보여 준다.

> (29) 가. 결혼은 사회계약으로 간주하여 당사자인 <u>여성의 동의</u>를 필
>   요로 한다.(www.dbpia.co.kr)
>   나. 피해 <u>여성 동의</u>도 없이 기각해버리는 경우가 많습니다.
>   (www.kimyoungsun.com)

(29나)처럼 타동성 서술명사가 행위주만 나타나더라도 '의'는 생략될 수 있다. 그러나 다른 구성과 달리 정반대의 현상이 일어나는 것을 발견할 수 있다. 구글 검색 사이트에서 검색해 본 결과 다른 구조와 달리 (29가)는 약 32,600개, (29나)는 23개의 개체수가 검출되었다. 다시 말해, 타동성 서술명사의 선행명사가 행위주이면 '의'가 생략될 수 없는 것은 아니지만 명사 간의 의미 관계를 명확하게 하기 위해서는 실현하는 것이 더 적합하다. 그러므로 한국어 학습자가 선행명사가 타동성 서술명사의 행위주로 나타날 때에는 주어적 속격 구조처럼 '의'를 실현시키고 그 외 구조에서는 '의'를 생략하는 것이 적합하다고 할 수 있다.

4.4.3. 'N₁ N₂' 구성

'N₁ N₂' 구성은 명사 간의 강한 결합성에 의해 '의'가 실현되지 않는 구성이다. 이 구성은 'N₁의 N₂' 구성에서 발달하여 어휘화 과정을 거쳐 합성어로 발달하였거나 그 과정 중에 있는 구성이 대부분이다.

4.4.3.1. '명사 + 수량명사구' 구조

이 구조는 앞의 (17)에서 살펴본 바와 같이 명사와 수량명사구가 결합할 때 반드시 'N₁ N₂' 구성으로 나타나야 한다.

> (30) 가. 빨간 사과 한 개 먹으면, 내 병이 다 나을 것 같구나.(사단법인 색동회)
>   나. 마침 사과 하나가 뚝 하고 떨어져 있다.(사과 하나)

명사와 수량명사구가 결합한 구조는 (30)과 같이 나타난다. 한국어로 수량표현을 하고자 할 때에는 '의'가 필연적인 구조보다 (30)처럼 '의'가 실현되지 않는 구조로 표현하는 것이 일반적이다.[19]

4.4.3.2. 합성어류

합성어류는 이미 합성어로 어휘화한 것이거나 통사적 합성어에 해당하는 어휘이다. Lyons(1977 : 534-43)에 의하면 합성어는 통사적 합성어(syntactic compound)가 고정화(institutionalized), 특이화(idiosyncratic), 특수화(specialization) 과정을 거쳐 형성되는 것이다. 통사적 합성어는 합성어로 발전할 가능성이 높은 유형으로서 'N₁ N₂' 구성은 통사적 합성어와 유사

---

19) 구글 검색 사이트로 검색한 결과에 의하면, '한 개의 사과'는 약 1,440개, '사과 한 개'는 약 13,000개, '사과 하나'는 약 34,000개의 개체가 검출되었다. '사과 하나'는 '사과하다'의 활용형도 같이 검색되어 정확한 빈도수를 확인하기는 곤란하지만 구어체에서는 'N₁ N₂' 구성이 빈번히 사용되는 것으로 추정된다.

한 면이 많다.[20]

> (31) 가. 제가 잘 듣고 있는 음악은 <u>일본의 음악</u>인데, 요즘 만화에 의
>   해서 클래식이 유행하고 있습니다.
>   나. 저는 <u>합창의 반주</u>하는 것도 좋아합니다.

(31가)의 '일본의 음악'과 (31나)의 '합창의 반주'가 한국어 모어 화자에게 자연스럽게 들리지 않는 것은 두 명사가 강한 응고성을 가져 이미 통사적 합성어 단계까지 발전하였기 때문이다. 두 명사가 의미적 긴밀성을 갖지 않는다면 '의'의 실현이 중요하지만 이미 강한 응고성을 가지고 있으므로 '의'의 실현이 적합하지 않는 것이다.

21세기 세종계획 말뭉치 중 17,096어절 중 'N₁ N₂' 구성을 검색한 결과 128개가 검출되었다. 이 중에서 약 30%는 합성어로 등재되어 있지만 나머지는 '의'가 수의적인 환경이거나 통사적 합성어로 실현되고 있는 것을 확인할 수 있다. 그 일부를 제시하면 다음과 같다.

> (32) 가. 얼음물, 돌무덤, 포장마차, 유리구슬, 자취방, 전성시대, 운전
>   기사, 사회생활, 사고방식, 오장육부, 연합고사, 신춘문예, 혼
>   수상태, 흑백사진, 횡단보도, 체크무늬, 중앙난방, 주홍빛, 집
>   안, 카드놀이 등.
>   나. 가스불, 피아노 협주곡, 잠옷차림, 절대군주, 좌석버스, 사랑
>   이야기, 사돈관계, 수학능력시험, 요구사항, 여자아이, 아침
>   햇살, 퍼머머리, 플루트곡, 파인주스, 호각소리, 해물피자,
>   햄버거집, 학원생활, 천둥소리, 중학시절, 맥주잔, 콜라병 등.

---

20) 통사적 합성어에 대한 구체적인 설명은 김선효(2011 : 157-159)를 참고하고, 어휘화 개념
에 대한 논의는 김선효(2004)를 참조.

(32가)는 『표준국어대사전』의 어휘 항목에 합성어로 등재되어 있는 구성이며 (32나)는 사전에 아직 등재되어 있지 않으므로 통사적 합성어로 처리할 수 있는 구성이다. (32나)의 구성은 '의'가 실현될 수 없는 것은 아니지만 실현하면 이미 형성된 두 명사 간의 의미적 응고성이 파괴되어 어색한 표현이 되고 만다.

이처럼 합성어류의 단점은 통일된 원칙을 제공하기 어렵다는 것이다. 합성어는 사전에 등재되어 있으므로 확인할 수 있으나 통사적 합성어는 사전에 등재되어 있지도 않고 일본어와 동일한 양상을 보이지도 않으므로 한국어 학습자에게는 곤란할 수밖에 없다. 통사적 합성어는 한국어 모어 화자의 어휘부에 하나의 어휘로 등재되기 이전의 과정이며 개별 어휘의 특성에 근거하는 것이므로 원칙을 제공하기 어렵다.

4.4.4. 명사 구성의 교수 방안

명사 구성은 지금까지 살펴본 바와 같이 간단하게 설명하기 어렵다. 이러한 명사 구성을 교수하기 위해서는 앞에서도 잠깐 언급한 바와 같이 다음과 같은 방법이 적절하다.

첫째, 한국어의 명사 구성은 '의'가 실현되지 않는 것을 기정값으로 한다. '의'가 실현될 때는 필수적인 환경이거나 화제나 초점을 두는 화용론적 상황이다.

둘째, '의'가 필수적인 'N$_1$의 N$_2$' 구성은 ① 수량명사구+의+명사 ② 주어적 속격 구조의 명사구 확장 구조 ③ 소원적 의미 관계 ④ 비유 표현 및 관용적 표현이다.

셋째, '의'가 수의적인 'N$_1$(의) N$_2$' 구성은 문어체나 화용적인 경우 외에는 '의'를 사용하지 않는 것이 자연스럽다. 즉 '의'가 생략된 것이 기정값으로 보는 것이다. 이러한 수의적인 구성으로는 ① 집합관계 ② 친족관계 ③ 대상-서술명사 구조가 있다.

넷째, 'N₁ N₂' 구성은 ① '명사+수량명사구' 구조 ② 합성어류가 있다. 합성어류는 사전에 등재된 합성어와 그 과정 중에 있는 통사적 합성어인데, 특히 통사적 합성어는 일정한 규칙 없이 나타난다.

5. 결론

지금까지 중급 이상의 일본어 모어 화자가 사용하는 관형격조사 '의'의 실태를 분석한 뒤 적합한 사용 방법을 제시하였다. 한국어 학습자에게 나타나는 주된 오류 유형은 명사 구성, 격조사 구성, 시간 부사어, 동격 구성 등이었으며, 이 중에서 가장 논란이 되는 것은 명사 구성이었다. 명사 구성은 일본어의 'N₁の N₂' 구성이 한국어에서 'N₁의 N₂' 구성, 'N₁(의) N₂' 구성, 'N₁ N₂' 구성으로 실현되므로 학습자가 혼란스러워한 부분이었다. 이러한 문제를 해결하기 위해서는 한국어 명사 구성의 특성, 즉 명사 구성은 '의'가 필수적 환경 외에는 '의'를 개입하지 않는 것이 자연스럽다는 것을 교수하는 것이 필요하다.

참고문헌

김광해(1981), 「'·의'의 연구, 서울대학교 석사학위논문」, 『문법연구』5 재록.

김기혁(1990), 「관형구성의 통어 현상과 의미관계」, 『한글』209, 59-97.

김선효(2002), 「현대 국어의 관형어 연구」, 서울대학교 박사학위논문.

_____(2004), 「어휘화한 관형사」, 『형태론』6(2), 태학사, 339-354.

_____(2005a), 「관형격조사 '의'의 격 지위와 기능」, 『우리말연구 서른아홉마당』, 태학사, 65-84.

_____(2005b), 「국어의 분류사와 문법화」, 『한국어학』27, 한국어학회, 107-123.

_____(2011), 『한국어 관형어 연구』, 역락.

김은희(2006), 「連体修飾格「の」に對応する韓國語の「Ø」について」, 동국대학교 석사학위논문.

김인균(2002), 「국어의 명사 연결 구성 연구」, 서강대학교 박사학위논문.

김인현(1993), 「韓日兩語における助詞の對照研究」, 『일어교육』9, 137-153.

김정은(2004), 「일본어권 학습자의 조사 오용 양상」, 『한국어교육』15(1), 국제한국어교육학회, 1-31.

목정수(2007), 「한국어 조사 '의'의 문법적 지위와 의미 기능에 대하여」, 『국어교육』123, 437-470.

민현식(1982), 「현대 국어의 격에 대한 연구」, 서울대학교 석사학위논문.

신선경(2001), 「'·의'의 실현양상에 대한 일고찰」, 『국어연구의 이론과 실제』, 1091-1113.

안경화·양명희(2005), 「일본어권 한국어 학습자를 대상으로 한 조사 '의'의 교수 방안」, 『이중언어학』29, 195-223.

이남순(1998), 『격과 격 표지』, 월인.

이선웅(2004), 「국어 명사의 논항 구조 연구」, 서울대학교 박사학위논문.

이정희(2002), 「한국어 학습자의 표현 오류 연구」, 경희대학교 박사학위논문.

이해영(2002), 「비교문화적 화용론에 기초한 한국어의 화용 교육」, 『이중언어학』21, 46-69.

임동훈(2004), 「한국어 조사의 하위 부류와 결합유형」, 『국어학』43, 119-157.

임홍빈(2007), 「한국어 무조사 명사구의 통사와 의미」, 『국어학』49, 69-108.

정희정(2000), 『한국어 명사 연구』, 한국문화사.

조남호·이은경·김정남·이선웅(2005), 『한국어 학습자용 말뭉치의 구축과 활용』, 태학사.

조철현(2002), 한국어 학습자의 오류 유형 조사 연구, 2002년도 국어정책 공모과제 연구보고서, 문화관광부.

최경봉(1998), 『국어 명사의 의미 연구』, 태학사.

홍사만(2004), 「우리 민법에 남아있는 일본어식 표현(1)」, 『어문론총』 41, 한국문학언어학회, 57-96.

淺野信(1973), 『日本文法語法論』, 櫻楓社.

生越直樹(1999), 『日本語と日本語教育5』, 明治書院.

寺村秀夫(1991), 『日本語のシンタクスと意味3』, くろしお出版.

時枝誠記(1954), 『日本文法』, 岩波書店.

西山佑司(2003), 『日本語名詞句の意味論と語用論』, ひつじ書房.

日本語教育學會(2005), 『新版日本語教育事典』, 大修館書店.

橋本進吉(1969), 『助詞と助動詞の研究』, 岩波書店.

益岡隆志·田窪行則(1989), 『基礎日本語文法』, くろしお出版.

松村明·森岡健二·宮地裕·鈴木一彦(1967), 『日本語の文法3-品詞各論』, 明治書院.

松澤明子(2003), 現代朝鮮語の助詞'euy'か現れる環境について, 東京外國語大學 修士論文.

Corder, S. P.(1973), *Introducing Applied Linguistics*, Penguin Books.

_____(1981), *Error Analysis and Interlanguage*, Oxford University Press.

Dulay, H., Burt, M. & S.D. Krashen(1982), *Language Two*, New York : Oxford Uni. Press.

Ellis, R.(1994), *The Study of Second Language Acquisition*, Oxford University Press.

Lambrecht, K.(1994), *Information Structure and Sentence Form; topic, focus, and the mental representations of discourse referents*, Cambridge University Press.

Lyons, J.(1977), *Semantics 1 ·2*, Cambridge University Press.

Selinker, L.(1972/1974), Interlanguage, *New Frontiers in Second Language Learning*, Mass : Newbury House.

가나다 한국어학원(2004), 『가나다 Korean1 초급』, Language Plus.

서울대학교 언어교육원(2000), 『한국어1』, 문진미디어.

성균어학원(2004), 『배우기 쉬운 한국어1』, 성균관대학교출판부.

연세대학교 한국어학당(1992), 『한국어1』, 연세대학교 출판부.

이화여자대학교 언어교육원(1998), 『말이 트이는 한국어1』, 이화여자대학교출판부.

한국어문화연수부(1992), 『한국어 회화1』, 고려대학교 민족문화연구소.

제 2 장

한국어의 어휘적 연어와 교수법

1. 서론

이 장의 목적은 일본어권 한국어 학습자가 어휘적 연어를 효율적으로 학습할 수 있도록 한국어와 일본어의 연어 구조를 유형별로 구분한 뒤에 그에 따른 적합한 학습 방안을 제시하는 데 있다. 한국어와 일본어는 어휘 및 통사구조가 유사하므로 일본어권 학습자가 다른 언어권 학습자보다 한국어를 빨리 습득할 수 있는 이점은 있으나, 모국어의 간섭으로 적확(的確)하게 표현하지 못하는 경우가 많다. 그리하여 일본어권 학습자가 효율적으로 학습할 수 있도록 대조언어학적 관점에서 적합한 방안을 모색해 보고자 한다.

연어는 언어학적 이론 분야에서뿐 아니라 사전학이나 제2언어 습득과 같은 응용언어학 분야에서도 활발히 연구되고 있다. 연어는 어휘적 연어(lexical collocations)와 문법적 연어(grammatical collocations)로 구별할 수 있는데(Benson et al., 1986 : ix), 한국어교육학에서도 학습자의 한국어 실력을 향상시키기 위해 교재 개발과 더불어 교수 방안에 대해서도 관심을 가지고 있는 중요 분야이다. 다만 한국어의 연어가 수만 내지 수십만에 이르므로 이들을 어떤 방법으로 학습 내지 교수할 것인가가 과제이다.

그러한 면에서 대조언어학적 관점은 중요한 방안이 되리라 본다. 아직 이러한 관점에서 한국어의 어휘적 연어를 논의한 연구가 전무한 실정이므로 이 장에서는 한국어 교재에서 확인되는 어휘적 연어 목록을 바탕으로 하여 일본어권 한국어 학습자에게 가장 효율적인 학습 방안을 검토하고자 한다. 2장에서는 연어의 개념과 한국어교육 현장에서의 선행 연구들을 살펴볼 것이며 3장에서는 대조언어학적 관점에서 어휘적 연어를 유형별로 분류·분석하여 학습자에게 유용한 학습 방안을 제시할 것이다.

2. 연어와 한국어 교육

2.1. 연어(collocations), 관용어(idioms), 자유결합(free combinations)

연어는 특정 어휘소가 다른 어휘소와 결합할 때에 발생하는 어휘소들 간의 제한적 공기 관계이다.[1] 이렇게 어휘소 간의 의미 관계와 관련된 범주로는 연어 외에 관용어와 자유 결합이 있다. 이 세 범주는 기준에 따라 그 경계가 중첩될 수 있는 면이 있으나, 일반적으로 연어와 관용

---

1) 여기에서의 '연어'의 정의는 김진해(2000 : 20)의 협의의 연어의 개념을 일부 수용한 것이다. 다만 국어학과 한국어교육에서 연어의 개념을 조금 다르게 사용하고 있다는 데 주의할 필요가 있다. 우선 국어학적 개념은 Wanner(1995 : 15)의 정의, 다시 말해 연어 관계는 주어진 의미의 표현을 위한 어휘소 L1의 선택이 그 의미가 적용되는 어휘소 L2에 우연적 의존 관계를 보일 때 어휘소 L1과 L2 사이에 성립한다는 관점으로 김진해(2000), 임홍빈(2002), 임근석(2006)에 이어진다. 반면, 한국어교육에서는 Lewis(1993)의 어휘적 접근법을 기반으로 한 연구나 Willis(2003)에서 논의한 어휘구(lexical phrases)적 방법론을 수용한 연구가 더 일반적인 것 같다. 전자의 접근법은 한송화·강현화(2004) 등을 들 수 있고 후자의 방법론은 홍혜란(2007) 등에서 참고할 수 있다. 그리고 어떤 연구에서는 방법론적 논의에 크게 개의치 않고 한국어의 연어 구성이 나타나는 현상에 중점을 둔 논의도 있다.

어는 두 어휘소가 결합하여 새로운 의미를 생성하느냐 그렇지 않느냐에 따라 구별하고, 연어와 자유 결합은 두 어휘소의 결합이 형태·통사·의미적으로 제약을 받느냐 그렇지 않느냐에 따라 구별한다.

우선 연어와 관용어의 가장 뚜렷한 차이는 결합의 제약 및 의미의 전이이다. '미역국을 먹다'는 '미역국'과 '먹다' 간의 결합에 제약이 있는 것이 아니라 이들이 결합하여 '시험에 낙방하다'라는 의미 전이가 발생하였으므로 관용어가 된다. 반면에, '개가 짓다'는 '개'가 '말하다, 지저귀다' 등의 동사와 결합하는 것이 아니라 '짓다'와만 결합하는 제약이 발생하므로 연어가 되는 것이다.

다음으로 연어와 자유결합은 두 어휘소의 결합 제약에 따라 구별되는 것으로, 연어는 연어핵이 연어변과 결합적 제약을 가져오지만 자유 결합은 어휘소 간의 결합에서 제약이 없다. '개가 짓다'는 '개'의 연어변이 '짓다'로 한정되지만, '밥을 먹다'는 '밥'과 '먹다'의 결합관계와 유형관계가 제약을 받지 않는다. 물론 Cruse(1986 : 41)에서 언급한 바와 같이 연어와 관용어, 연어와 자유결합의 뚜렷한 경계는 긋기 어렵고 전이지역(transitional areas)이 있기 마련인 점은 부정할 수 없다.

다음은 일본의 오사카대학교 문학 수업(2005~2009)에서 학습 자료로 이용한 『가시고기』(2000, 제6장) 중에서, 고급 한국어 학습자들이 사전을 이용하고도 의미를 파악하지 못한 일부 용례이다.

  (1) 가. 아무리 힘들어도 이번에는 꼭 이기고 말 거라구요
      나. 그는 거듭 다짐을 받은 연후에 연구실을 나왔다.
  (2) 가. 기억이 가닿을 수 있는 어린 시절부터 시작했다.
      나. 입원 문제를 두고 실랑이를 벌이다가 체념한 듯 민 과장이
          말했다.
      다. 어떤 대목에선 목이 메었다.

　　라. 이를 악문 탓에 <u>어금니가 주저앉아</u> 있었다.

(3) 가. 설혹 아내가 되돌아와 <u>손 내민다</u> 해도 이젠 받아들일 수 없

　　　　었다.

　　나. 나는 아빠한테 <u>새끼손가락을 내밉니다</u>.

　　다. 그런데 이제 나타나겠다구요? <u>속 보여요</u>.

　　라. 아니면 <u>정신이 어떻게 됐거나요</u>

　(1)~(3)의 예가 학습자에게 어려운 것은 개별 어휘의 의미적 속성보
다 밑줄 친 어구나 절의 의미를 파악할 수 없기 때문이다. (1)과 (2)의
연어나 (3)의 관용어 내지 관용 표현은 초급뿐 아니라 고급 한국어 학습
자도 학습을 통해 습득할 수밖에 없다.

　어휘소들 간의 제한적 공기 관계를 가진 연어의 유형은 (1)과 같이
어휘소가 조사나 어미와 결합하는 문법적 연어와 (2)와 같이 어휘소와
어휘소가 결합하는 어휘적 연어로 나눌 수 있다. 연어에 관한 논의는
Firth(1957)의 용어 정립에서 시작하여 Cowie(1981), Benson et al.(1986),
Howarth(1998), Lewis(2000), Willis(2003) 등에서 지속적으로 논의하여 왔
다.[2] 한국어의 연어 연구는 이희자(1995), 강현화(1997) 등과 같은 사전학
에서 부분적으로 논의되기 시작하였고 본격적인 연구는 김진해(2000)에
서부터 비롯된다. 그 이후 임홍빈(2000), 이동혁(2004), 임근석(2006) 등과
같은 굵직한 연구들이 이어져 나오면서 한국어교육학에서도 21세기에

---

2) 연어를 어휘적 연어(lexical collocations)와 문법적 연어(grammatical collocations)로 구별하는
　 것은 Benson et al.(1986 : ix)에서 시작한다. 어휘적 연어는 'inflict a wound, a crushing
　 defeat' 등과 같은 결합 구조이며, 문법적 연어는 'account for, by accident, to be afraid
　 that'과 같은 것이다. 물론 이러한 문법 용어는 연구자에 따라 다르게 명명하고 있는데,
　 Hill(2000 : 50-1)은 연어(collocations : a huge profit)와 구적 동사(Phrasal verbs : make up,
　 put out)로 각각 칭하고 있고, Willis(2003 : 143-5)에서는 어휘적 구(lexical phrase)라는 개
　 념 아래 좀더 넓은 유형까지 포괄하고 있는 것을 확인할 수 있다. 즉, 다의어(polywords :
　 look at, over there, in fact), 틀(frames : whatever~are necessary), 문장과 문장 어간(sentences
　 and sentences stems : How are you?), 패턴(patterns : 명사+between)까지 모두 어휘적 구로
　 설정하고 있다.

들어서서 본격적으로 검토되기 시작한다. 이 장에서는 이러한 학문적 성과를 바탕으로 하여 초·중급 학습자를 위한 어휘적 연어 학습 방안을 살펴보고자 한다.

2.2. 한국어교육에서의 연어 연구

연어의 연구가 활발하게 논의될 수 있었던 것은 문금현(1996, 1998), 전혜영(2001), 민현식(2003) 등과 같은 관용 표현 연구가 중요한 몫을 차지하였다고 할 수 있다. 관용어가 연어와 밀접한 관계를 가질 뿐 아니라 연어의 연구를 위해 반드시 검토되어야 할 범주이기 때문이다. 관용어와 연어의 연구가 진행되면서 한국어교육학에서도 연어에 대한 연구가 논의되기 시작하였다. 한국어교육학에서 본격적으로 연어를 연구한 것을 제시하면 아래와 같다.

(4) 가. 어휘적 연어 연구 : 문금현(2002), 한송화·강현화(2004), 이승
　　　연·최은지(2007), 고경태(2009) 등
　　나. 문법적 연어 연구 : 이미혜(2002), 이은경(2005), 홍혜란(2007),
　　　임근석(2009) 등

어휘적 연어에 관한 연구에서 문금현(2002)은 한국어 교재, 문어나 구어의 자료 목록을 바탕으로 하여 한국어 학습자에게 적합한 연어 목록을 등급별로 제시한 것에 큰 의의를 가진다. 그러나 등급 구별의 기준이 모호하고 연어 목록의 기준이 명시적이지 않아 초급에 '단추를 끄르다, 점을 찍다, 두 손 모아 빌다, 오줌이 마렵다, 오줌을 누다, 오줌을 싸다' 등의 연어가 포함되어 있는 점이 아쉽다. 한송화·강현화(2004)는 Lewis(2000)의 관점을 수용하면서 연어의 교육 방법에 중점을 둔 논의로

의의를 가진다.

이미혜(2002)에서는 의존명사를 중심으로 하는 문법적 연어를 제시하고, 이은경(2005)은 명사를 중심으로 하는 문법적 연어의 유형을 제시하고 있다. 홍혜란(2007)은 한국어 학습자가 쉽게 오류를 범하는 문법적 연어의 유형을 분석하였고, 임근석(2009)은 한국어교육 과정에서 가르쳐야 할 조사와 결합하는 문법적 연어 목록을 제시한 것에 의의가 있다. 한편, 연어에 대한 선행 연구와 학습 현장의 필요성이 접목되어 급기야 『한국어교육을 위한 한국어 연어 사전』(2007)과 같은 귀한 성과물이 나오기에 이른다.

그러나 선행연구에서 제시한 연어의 학습 방안이나 교수 방안은 여러 언어권의 학습자를 동시에 대상으로 한 연구이다. 개별 언어권 학습자만을 대상으로 한 연구는 아직까지 구체적으로 논의되지 않고 있다. 그리하여 여기에서는 일본어권 학습자가 한국어의 어휘적 연어를 효율적으로 학습할 수 있는 방안을 대조언어학적 관점에서 찾고자 하는 것이다. 무엇보다 한국어교육의 학습 현장(context of learning)이 국내에만 국한되어 실행되는 것이 아니므로 개별 언어권 교수 방안도 고려해야 할 필요성이 있다.[3)]

한편 일본에서도 외국인을 위한 일본어교육이 활발히 진행되고 있는데, 일본어교육에서의 연어 교육은 秋元(1993)에서 시작되었다고 하므로 다른 분야에 비해 연구 역사가 그리 길지 않은 편이다(三好 2007). 宮部(2008)은 초등학교 사회 교과서에서 확인되는 연어가 이질적임을 발견하고, 비일본어권 초등학생 학습자를 위한 연어 교육의 필요성을 제시하고 있다. 초등학교 교육용 연어 목록을 집필하면 일본어 학습자가 학교

---

3) 김선효(2009)에서는 학습 환경에 따라 학습자들의 오류 발생 양상이 차이가 있음을 제시하고 있다. 국내 학습환경에서 발생하는 오류와 국외 학습환경에서 발생하는 오류가 편차가 있음을 밝히면서 국외 한국어 학습자에게 유익한 교수 방안에 초점을 두고 있다.

수업 과정을 이해하는데 크게 도움이 될 것이다. 三好(2007)는 학습자가 연어를 효율적으로 학습하기 위해서는 심리적 연상 작용을 이용하여 학습할 것을 제시하였다. 예를 들어, '約束をはたす'(약속을 지키다)을 기억하기 위해서는 '약속'과 '지키다'의 의미 관계를 파악하면 유용할 것으로 보았으나 수많은 연어의 의미 관계를 어떻게 파악할 것인가는 한계가 있을 수밖에 없다.[4]

3. 어휘적 연어와 한·일 대조 분석

한국어와 일본어는 유사한 어휘·통사적 특성을 가지고 있으므로 대조언어학적 관점에서 연어를 학습하면 학습량이나 학습 부담감을 줄일 수 있을 것으로 추정된다. 이 장에서는 한국어의 연어 구조와 대역 일본어 구조가 어떠한 구조적 차이를 보이는지 그리고 어떠한 학습 방법이 효율적인지 살펴보고자 한다.

3.1. 한국어의 어휘적 연어 유형 분류

초·중급 한국어 학습자를 위한 어휘적 연어 유형은 문금현(2002 : 224-5)에서 제시한 연어 목록을 참고하고자 한다.[5] 다만 연어 목록 중에서 '맛이 나쁘다'는 연어로 판단하기 어렵고 '밤을 새우다'는 '밤을 새다'의 잘못된 표현이므로 이들을 제외한 총 151개에 대해 살펴보고자

---

4) 일본어교육에서의 연어 연구도 최근에 형성된 것으로 판단되며 본고에서 제시한 것 외에 많은 연구 성과가 있을 것으로 기대된다. 연구 환경 상 살펴보지 못하였으므로 구체적인 연구 자료 검토는 차기 연구에서 자세히 다룰 수 있을 것으로 기대된다.

5) 이 목록은 『한국어』1권~4권(서울대학교), 『출발! 한국어』중·고급편(보고사), 『한국어』1권~6권(연세대학교)에서 추출한 것이다.

한다.6) 물론 목록 중에는 '모를 내다, 메주를 쑤다, 등불을 밝히다, 눈썹이 세다, 실을 꿰다'와 같은 중·고급 연어도 포함되어 있으나 교재에 등재되어 있는 목록이므로 일단 수용하여 논의하고자 한다.

연어는 '감기에 걸리다, 사진을 찍다' 등과 같이 기본적 구조가 두 항으로 형성되어 있으므로 각 구조의 앞 항목을 '제1항', 뒤 항목을 '제2항'이라 임시적으로 명하고,7) 한국어의 연어와 이에 대응되는 대역 일본어와의 어휘·의미·통사 구조에 근거하여 다음과 같은 유형으로 나누고자 한다.

> (5) 가. 1유형 : 제1항과 제2항의 어휘·의미·통사 구조가 1 : 1로
> 대응하는 경우8)
> 나. 2유형 : 제1항의 체언이 다르게 대응되는 경우
> 다. 3유형 : 제2항의 용언이 다르게 대응되는 경우
> 라. 4유형 : 제1항과 제2항이 모두 다르게 대응되는 경우
> ① 4ㄱ유형 : 제1항과 제2항의 어휘·의미가 다르게 대응되
> 는 경우
> ② 4ㄴ유형 : 용언으로 대역되는 경우
> 마. 5유형 : 한국어 고유의 개념이거나 특별한 지시 대상으로 인
> 하여 일본어의 대역이 어색하거나 어려운 경우

한국어의 연어 구조 중에는 1유형처럼 일본어의 어휘·의미·통사 구조와 일치하는 경우가 있다. 예를 들어, '눈이 내리다'와 '雪が降る'는 제1항 '눈 : 雪'뿐 아니라 제2항 '내리다 : 降る'도 원형의미(prototypical

---

6) 151개의 연어 목록은 (6)의 한·일 대역 목록에서 제시된 연어와 일치한다.
7) 제1항과 제2항의 용어는 연어핵과 연어변과는 무관하며 설명의 편의를 위해 임시적으로 사용한다.
8) 1 : 1로 대응된다는 것은, 체언은 '학교 : 學校'와 같은 완전 일치하거나 동음어인 경우이며 용언은 '좋아하다 : 好きだ'와 같이 각 용언이 해당 언어의 원형 의미로 쓰이는 경우를 말한다.

meaning)가 일치한다.9)

2유형과 3유형은 제1항이나 제2항의 어휘가 대응 관계를 형성하지 못하는 경우이다. '감기에 걸리다'의 경우, '걸리다'의 대표적 어휘가 'かかる'이지만 '風邪(감기)'와 결합하면 '引く(끌다)'를 사용하는 제약성을 보인다. 이처럼 대역어의 제1항이나 제2항의 어휘가 원형의미를 지니지 못하면 2유형과 3유형에 포함된다. 즉 체언이 원형의미를 지니지 못하면 2유형이 되고 용언이 그런 경우이면 3유형에 포함된다.

4유형은 연어핵과 연어변의 대역어가 모두 원형의미와 관련이 없는 것이다. '원수를 갚다'의 경우, '敵を討つ、怨みを晴らす'로 대역되는데 '원수 : 敵, 怨み'와 '갚다 : 討つ, 晴らす'가 1 : 1의 대응 관계를 가지지 못한다. '敵'는 '싸움·경쟁의 상대'이며 '怨み'는 '원망 내지 원한'의 뜻이므로 '원수'가 원형의미가 아니다. 또 '討つ'는 '공격하다, 쓰러뜨리다, (칼로)베다' 등의 의미이며 '晴らす'는 '개게 하다, 마음속의 응어리를 풀다' 등의 의미를 지니므로 '갚다'가 원형의미가 아닌 것이다(『동아 프라임 일한 사전』(1996/2003) 참조). 따라서 '敵を討つ, 怨みを晴らす'를 직역한다면 '적을 베다, 원한을 풀다'가 되어 '원수를 갚다'와 의미는 유사하지만 적확한 표현이 아니다. 이처럼 연어핵과 연어변이 완전한 의미적인 대응 관계를 형성하지 못하면 4유형에 속한다. 심지어 '값을 깎다'처럼 대역 일본어가 연어 구조가 아니라 용언 '値切る'에 대응되는 4ㄴ유형도 있다.

5유형은 한국어의 전통 문화나 음식과 관련되는 고유어가 많고 일본어로 번역하면 어색하거나 다른 의미를 지녀 구체적인 설명이 필요한 유형이다. 예를 들어 '김치'는 대역어 'キムチ'가 일반화되어 모든 일본인이 알고 있는 어휘이지만 '김장'은 'キムザン'이라 하더라도 부연 설

---

9) 원형의미에 대한 구체적 논의는 임지룡(2009 : 198) 각주 6 참조.

명이 필요하다. 그리고 '몸살이 나다'와 같은 연어는 일본어로 번역할 수 없는 표현이다. '몸살'의 현상과 뜻을 설명해 주더라도 일본인은 대략 추측만 할 수 있을 뿐 구체적인 상태를 파악하기 어려워한다.

　이상과 같은 기준에 입각하여 한국어의 연어를 일본어로 번역한 뒤, 한국어와 대역 일본어의 대응 관계에 따라 (5)에서 제시한 유형으로 분류하면 아래와 같다.

　(6) 한국어 연어와 대역 일본어의 구조10)

한국어	대역 일본어	유형
감기에 걸리다	風邪を引く	3
값을 깎다	値切る	4ㄴ
값이 비싸다	値段が高い	3
값이 싸다	値段が安い	3
겁이 나다	怖がる	4ㄴ
계획을 세우다	計畫を立る	1
고사를 지내다	[ゴサを行う]	5
고통을 겪다	辛酸をなめる	3
구두를 닦다	靴を磨く	1
군침이 돌다	よだれが出る	4ㄱ
그림을 그리다	繪を描く	1
길을 닦다	道を作る	3
길이 막히다	澁滯する	4ㄴ
길이 밀리다	澁滯する	4ㄴ
김장을 담그다	[キムザンを漬ける]	5
김치를 담그다	キムチを漬ける	3
껌을 씹다	ガムをかむ	1
꽃이 피다	花が咲く	1
꾸중을 듣다	叱られる	4ㄴ
꿈을 꾸다	夢を見る	3

---

10) 일본어의 대역 점검은 일본어 모어 화자 2명(일본인 1명과 재일 교포 1명)이 담당하였으며 공시 일본어에 준하여 판단하였음을 명시한다. 『동아 프라임 한일사전』(1994/2000), 『동아 프라임 일한 사전』(1996/2003)의 해석도 참고하였지만 공시적 일본어에 적합하지 않을 때에는 현지 일본어 중심으로 수정하여 제시하였다.

한국어	대역 일본어	유형
나무를 심다	木を植える	3
나물을 무치다	ナムルを和える11)	5
나이가 들다	年をとる	4ㄱ
날이 새다	夜が明ける	4ㄱ
노래를 부르다	歌をうたう	1
농사를 짓다	農業をする	3
누명을 벗다	うたがいが晴れる	4ㄱ
눈살을 찌푸리다	眉をひそめる	2
눈썹이 세다	[眉が白くなる]	5
눈이 내리다	雪が降る	1
눈이 오다	雪が降る	3
단풍이 들다	紅葉する	4ㄴ
담배를 피우다	たばこを吸う	3
더위를 타다	暑さに弱い	3
덕을 쌓다	徳を積む	5
도장을 찍다	はんこを押す	3
돈을 갚다	金を返す	3
돈을 벌다	金を稼ぐ	1
돈을 빌리다	金を借りる	1
돈을 쓰다	金を使う	1
등기를 부치다	書留で送る	4ㄱ
등불을 밝히다	灯火を明るくする	3
땀이 나다	汗が出る	1
뜸을 들이다	ご飯を蒸らす	4ㄱ
마늘을 다지다	ニンニクを磨り潰す	3
맛이 없다	美味しくない	4ㄴ
맛이 있다	美味しい	4ㄴ
매를 맞다	鞭で打たれる	3
머리를 감다	髪を洗う	3
머리를 깎다	髪を切る	3
메주를 쑤다	[メズを作る]	5
명복을 빌다	冥福を祈る	1
모를 내다	苗を出す	1
모자를 쓰다	帽子をかぶる	3
몸살이 나다	[モムサルにかかる]	5
바둑을 두다	囲碁をする	3

한국어	대역 일본어	유형
바람이 불다	風が吹く	1
밤을 새다	徹夜する	4ㄴ
밤을 새우다	–	–
배가 고프다	お腹が空く	3
배가 부르다	お腹がいっぱい	3
배탈이 나다	腹を壊す	4ㄱ
번개가 치다	雷が光る	4ㄱ
벌을 받다	罰を受ける	1
보험에 들다	保険に入る	3
부도가 나다	破産する	4ㄴ
북을 치다	太鼓を{打つ/たたく}	1
비밀이 새다	秘密が漏れる	3
빚을 갚다	借金を返す	4ㄱ
뿔뿔이 흩어지다	バラバラになる	3
사진을 찍다	寫眞を撮る	1
살이 빠지다	やせる	4ㄴ
살이 찌다	太る	4ㄴ
상을 당하다	喪に服する	3
상을 차리다	食事をしたくする	4ㄱ
상을 타다	賞狀をもらう	4ㄱ
선을 보다	お見合いをする	3
설움에 잠기다	悲しみに浸る	3
소금에 절이다	塩付けにする	4ㄱ
소리를 지르다	大聲で叫ぶ	3
손톱을 깎다	爪を切る	1
송편을 빚다	[ソンピョンを作る]	5
수다를 떨다	おしゃべりをする	4ㄱ
수줍음을 타다	恥ずかしがる	4ㄴ
스키를 타다	スキーをする	3
스트레스가 쌓이다	ストレスが溜まる	3
시비를 걸다	喧嘩をうる	4ㄱ
시중을 들다	世話をする	4ㄱ
신경을 쓰다	氣を使う	4ㄱ
신경질을 부리다	苛つく	4ㄴ
신세를 면하다	厄介を免れる	4ㄱ
신중을 가하다	愼重になる	3

한국어	대역 일본어	유형
실을 꿰다	いとを通す	3
싫증이 나다	嫌氣が刺す	4ㄱ
아양을 떨다	こびる	4ㄴ
아우성을 치다	喚き立てる	4ㄴ
야단을 맞다	叱られる	4ㄴ
야단을 치다	叱る	4ㄴ
양복을 맞추다	洋服をあつらえる	3
엉덩방아를 찧다	しりもちをつく	3
오해를 풀다	誤解を解く	1
용기를 잃다	勇氣をなくす	1
원수를 갚다	敵を討つ、怨みを晴らす	4ㄱ
은혜를 갚다	恩を返す	2
입맛에 맞다	口に合う	2
자연의 섭리	自然の攝理	1
잠을 깨다	目が覺める	4ㄱ
잠을 자다	寝る	4ㄴ
장갑을 끼다	手袋をはめる	3
장기를 두다	將棋をする	3
장난을 치다	いたずらをする	3
장을 담그다	[醬油、味噌などを作る]	5
재수가 나쁘다	運が惡い	1
재수가 좋다	運がよい	1
전화를 걸다	電話をかける	3
전화를 받다	電話に出る	3
전화를 하다	電話をする	1
정신을 차리다	氣を引き締める/氣を取り戻す	4ㄱ
제기를 차다	[チェギをする]	5
제사를 지내다	法事を行う	4ㄱ
주문을 받다	注文を受ける	3
주사를 맞다	注射をする	3
줄을 서다	並ぶ	4ㄴ
짐을 싣다	荷物を積む	3
짜증이 나다	いらいらする	4ㄴ
차가 막히다	澁滯する	4ㄴ
차례를 지내다	[チャレを行う]	5
총에 맞다	銃で打たれる	3

한국어	대역 일본어	유형
추위를 타다	寒さに弱い	3
춤을 추다	踊る	4ㄴ
커피를 타다	コーヒーを{つくる/入れる}	3
코를 풀다	鼻をかむ	3
탁구를 치다	卓球をする	3
테니스를 치다	テニスをする	3
편지를 부치다	手紙をおくる	3
폐를 끼치다	迷惑をかける	4ㄱ
피로가 쌓이다	疲れが溜まる	3
피아노를 치다	ピアノを弾く	3
한을 품다	恨みを抱く	3
해가 뜨다	日が昇る	3
해가 지다	日が沈む	3
향수를 달래다	ホームシックを慰める	4ㄱ
향을 피우다	香を焚く	3
허탕을 치다	無駄に終わる、徒勢に終わる	4ㄱ
호통을 치다	怒鳴る	4ㄴ
화가 나다	イラッとする、むっとする、腹が立つ	4ㄴ
화를 내다	怒る	4ㄴ
화를 면하다	危機を免れる	2
회포를 풀다	[ヒェポを晴らす]	5
흉내를 내다	眞似をする	4ㄱ
흉년이 들다	凶年になる	3
힘이 들다	疲れる	4ㄴ

* 5유형 중에서 [ ]는 일본어로 번역은 할 수 있지만 별도의 설명이 요구되는 항목이다.

3.2 한국어의 어휘적 연어 유형 분석

앞 절에서 한국어의 어휘적 연어를 다섯 가지 유형으로 분류하였는데 각 연어들을 유형별로 묶어 제시하면 (7)과 같다.

---

11) '나물'은 한류와 더불어 일본 사회에서 보편적으로 쓰이기 시작한 어휘이다. 그러나 '김치'처럼 정착된 단어가 아니므로 5유형에 포함시켰다.

(7) 유형별 어휘적 연어

1유형	계획을 세우다, 구두를 닦다, 그림을 그리다, 껌을 씹다, 꽃이 피다, 노래를 부르다, 눈이 내리다, 돈을 벌다, 돈을 빌리다, 돈을 쓰다, 땀이 나다, 명복을 빌다, 모를 내다, 바람이 불다, 벌을 받다, 북을 치다, 사진을 찍다, 손톱을 깎다, 오해를 풀다, 용기를 잃다, 자연의 섭리, 재수가 나쁘다, 재수가 좋다, 전화를 하다
2유형	눈살을 찌푸리다, 은혜를 갚다, 입맛에 맞다, 화를 면하다
3유형	감기에 걸리다, 값이 비싸다, 값이 싸다, 고통을 겪다, 김치를 담그다, 길을 닦다, 꿈을 꾸다, 나무를 심다, 농사를 짓다, 눈이 오다, 담배를 피우다, 더위를 타다, 도장을 찍다, 돈을 갚다, 등불을 밝히다, 마늘을 다지다, 매를 맞다, 머리를 감다, 머리를 깎다, 모자를 쓰다, 바둑을 두다, 배가 고프다, 배가 부르다, 보험에 들다, 뿔뿔이 흩어지다, 비밀이 새다, 상을 당하다, 선을 보다, 설움에 잠기다, 소리를 지르다, 스키를 타다, 스트레스가 쌓이다, 신중을 가하다, 실을 꿰다, 양복을 맞추다, 엉덩방아를 찧다, 장갑을 끼다, 장기를 두다, 장난을 치다, 전화를 걸다, 전화를 받다, 주문을 받다, 주사를 맞다, 짐을 싣다, 총에 맞다, 추위를 타다, 커피를 타다, 코를 풀다, 탁구를 치다, 테니스를 치다, 편지를 부치다, 피로가 쌓이다, 피아노를 치다, 한을 품다, 해가 뜨다, 해가 지다, 향을 피우다, 흉년이 들다
4유형	

4 유 형	4 ㄱ	군침이 돌다, 나이가 들다, 날이 새다, 누명을 벗다, 등기를 부치다, 뜸을 들이다, 배탈이 나다, 번개가 치다, 빚을 갚다, 상을 차리다, 상을 타다, 소금에 절이다, 수다를 떨다, 시비를 걸다, 시중을 들다, 신경을 쓰다, 신세를 면하다, 싫증이 나다, 원수를 갚다, 잠을 깨다, 제사를 지내다, 정신을 차리다, 폐를 끼치다, 향수를 달래다, 허탕을 치다, 흉내를 내다
	4 ㄴ	값을 깎다, 겁이 나다, 길이 막히다, 길이 밀리다, 꾸중을 듣다, 단풍이 들다, 맛이 없다, 맛이 있다, 밤을 새다, 부도가 나다, 살이 빠지다, 살이 찌다, 수줍음을 타다, 신경질을 부리다, 아양을 떨다, 아우성을 치다, 야단을 맞다, 야단을 치다, 잠을 자다, 줄을 서다, 짜증이 나다, 차가 막히다, 춤을 추다, 호통을 치다, 화가 나다, 화를 내다, 힘이 들다
5유형		고사를 지내다, 김장을 담그다, 나물을 무치다, 눈썹이 세다, 덕을 쌓다(?), 메주를 쑤다, 몸살이 나다, 송편을 빚다, 장을 담그다, 제기를 차다, 차례를 지내다, 회포를 풀다

(7)의 연어 중에서 1유형, 2유형, 3유형은 일본어와 비슷하여 어휘나 조사를 주의하여 사용하면 의사소통에 문제가 없을 것이다. 그러나 일부 연어에서는 의미적 속성이나 의미장 분포가 달라서 동일한 어휘를 사용

하면 오히려 의미소통에 장애가 발생할 수도 있다. 원활한 의사소통을
위해 의미 속성을 반드시 숙지해야 할 연어를 제시하면 다음과 같다.

(8) 3유형

가. 배가 부르다 : 일본어 표현으로는 'お腹がいっぱい、お腹が張
る'가 모두 허용되지만 의미 분포가 서로 다르다. 전자는 많이
먹어서 배가 부르다는 의미이며 후자는 위장이 좋지 않아서 안
먹었는데도 배가 부른 상태를 의미한다.

나. 주사를 맞다 : '注射をしてもらう'로 번역하면 정확할 것 같지만
현대 일본어에서는 '注射をする'를 일반적으로 사용한다. 다만
'注射をする'가 '주사를 놓다'의 의미로도 통용되고 있다는 것이
특징적이다.

(9) 4유형

가. 등기를 부치다 : 일상생활에서 많이 쓰이는 한국어의 '등기(登
記)'는 일본어로 '書留(kakitome)[書留郵便의 약어]'이다. 일본어의
'登記(touki)'는 세무서에서 쓰이는 어휘이므로 주의가 요구된다.

나. 맛이 있다/맛이 없다 : 일본어로 직역하면 '맛이 있다'는 '味があ
る', '맛이 없다'는 '味がない'가 되지만, 일본어에서 전자는 '맛
이 풍부하다' 그리고 후자는 '맛이 밋밋하다'의 의미를 가진다.
한국어의 의미에 가장 근접한 표현은 전자는 '美味しい'이며 후
자는 '美味しくない'이다.

다. 밤을 새다 : 일본어로 '徹夜する'가 적합한 표현이다. 한국어의
'철야'는 업무나 일과 관련되는 경우가 일반적이지만 일본어의
'徹夜'는 한국어의 '철야'보다 의미장이 더 넓다.

라. 번개가 치다 : 엄격하게 번역한다면 '번개'는 '稲妻(inazuma)'이고
'천둥'은 '雷(kaminari)'이지만 일본어 모어 화자는 '雷'가 '번개,
천둥'의 두 의미를 모두 내포한다고 인식하므로 '번개가 치다'
를 '雷が光る'로 표현하는 것이다. 다만 '雷が鳴る'로 쓰이는 경

우에는 '천둥이 치다'로 해석한다.

마. 신경질을 부리다 : 일본어로 번역하기 어려운 연어 중의 하나로서 '苛つく(irazuku)'가 가장 가깝다. 다만 한국어의 '신경질을 부리다'는 일본어의 '苛つく'보다 주체자의 행위가 더 가미되는 경향이 높으므로 '苛つく'만으로는 의미전달이 부족한 면이 있다.

바. 제사를 지내다 : 한국어 '제사'와 일본어 '祭祀(saisi)'는 동일한 한자어를 사용하지만 의미의 함축적 정보가 다르다. '祭祀'는 일본의 신사에서 행하는 행사의 일종이므로 한국의 제사와 그 성격이 다르다. 한국의 제사처럼 조상을 모시는 어휘로는 '法事'가 가장 근접하므로 '제사를 지내다'는 '法事を行う'로 번역하는 것이 가장 적합하다.

(10) 5유형

몸살이 나다 : 『동아 프라임 한일사전』(1994)에 의하면 '극도의 피로로 인해 병적인 증상이 나타나다(極度の疲勞のため病氣にかかる)'로 번역하고 있다. 그러나 사전적 의미는 어떤 병에 걸렸거나 문제가 발생하였다는 것을 의미하므로 병원에 가서 치료를 받아야 하는 것으로 해석된다. 한국어의 '몸살이 나다'는 휴식이 필요한 것이지 치료를 받아야 한다는 의미까지 내포되지 않으므로 일본어권 학습자가 이해하기 어려워하는 연어 중의 하나이다.

어휘적 연어에서 한국어와 일본어의 의미적 차이가 5유형에만 국한되는 것이 아니라 (8)~(10)의 예에서와 같이 해당 어휘의 의미장이나 의미 속성에 따라 전혀 다르게 해석될 수 있음을 확인하였다. 일본어권 학습자가 한국어의 어휘적 연어를 듣고 다의적으로 해석할 수도 있고 잘못 이해할 수도 있으므로 적확한 표현을 학습하는 것이 중요하다.

3.3. 어휘적 연어와 한국어 교육

앞 절에서 살펴본 바와 같이 한국어의 어휘적 연어는 일본어와 다양한 대응 분포 양상을 보였다. 무엇보다 (7)의 연어는 유일 연어(Unique collocations)이거나 강한 연어(Strong collocations)가 대부분이므로 학습 부담이 클 수밖에 없다.12)

모국어와 목표어가 유사한 어휘 정보와 통사 구조를 가지고 있으면 대조언어학적 관점에서 학습하는 것이 효율적이다. Bahns(1993)에서도 독일어권 학습자가 영어의 연어를 효율적으로 학습하기 위해서는 대조언어학적 방법을 사용할 것을 권장하고 있다. 영어의 연어가 7만에서 10만에 이르는데 이들을 단순히 암기하는 것은 한계가 있기 때문이라는 것이다.13)

일본어권 학습자가 한국어의 연어를 학습하는 것도 동일한 맥락에서 해결할 수 있다. (7)과 같은 강한 연어라도 모두 외우는 것은 적절한 학습 방법이라 하기 어렵다. 대조언어학적 관점에서 연어 학습 방안을 해결하기 위해서는 모국어와 목표어의 의미·통사구조를 바탕으로 하여 의역이 필수적인 유형을 중점적으로 학습하는 것이 효율적이다.

---

12) Hill(2000 : 63)에서는 모든 연어를 가르치려는 유혹에서 벗어나 주어진 시간 내에 효율적으로 가르치기 위해서는 '연어적 결속성(collocational strength)'에 따라 구별하면 유익하다고 한다. 결속성이 강한 연어를 우선적으로 학습하는 것이 효율성이 있다는 것이다. 연어는 결속성에 따라 유일성 연어(Unique collocations : foot the bill), 강한 연어(Strong collocations : rancid butter), 약한 연어(Weak collocations : good age), 중간 결속 연어(Medium-strength collocations : He's recovering from a major operations)로 나누었다.

13) 독일어 '명사+동사' 연어의 영어 의역(Bahns 1993 : 60)

독일어	영어 직역	영어 의역
Drohung+wahrmachen	make~true+that	fulfil+threat
Familie+gründen	found+family	start+family
Feuer+legen	lay+fire	set+fire

위의 용례는 2유형이나 3유형에 대당되는 것이 많고 4유형에 속하는 것도 있다. 독일어를 영어로 직역하여도 의미 전달성이 있으면 별도의 학습 과정이 필요없지만 의역해야 하는 경우에는 학습이 요구된다는 것이다.

한국어와 일본어의 대역 관계는 일본어가 한국어로 직역될 수 있는 '직역구조'와 그렇지 않는 '의역 구조'로 나누어 살펴볼 수 있다.

(11) 일본어와 한국어의 연어 구조 관계

	일본어	한국어 직역	한국어 의역
직역구조	花が咲く 寫眞を撮る 爪を切る	꽃이 피다 사진을 찍다 손톱을 깎다	꽃이 피다 사진을 찍다 손톱을 깎다
의역구조	年をとる 夜が明ける 食事をしたくする お見合いをする スキーをする 夢を見る	해를 잡다 밤이 밝아지다 식사를 채비하다 선을 하다 스키를 하다 꿈을 보다	나이가 들다 날이 새다 상을 차리다 선을 보다 스키를 타다 꿈을 꾸다

학습자가 연어를 효율적으로 학습하기 위해서는 (11)의 의역구조 중심으로 하면 학습 부담량도 줄고 시간도 절약될 것이다. 엄격한 기준에 의하면 어휘적 연어의 1유형만 직역구조에 해당되고 나머지는 의역구조에 해당된다. 그렇다면 각 유형별로 어떤 분포를 보이는지 확인해 보자.

(12) 유형별 분포도

	1유형	2유형	3유형	4유형			5유형	총계
				4ㄱ 유형	4ㄴ 유형	계		
개체수	24	4	58	26	27	50	12	151
백분율	15.9	2.6	38.4	17.2	17.8	33.1	7.9	100

(12)에 의하면 유형별 분포도가 '3유형> 4유형> 1유형> 5유형> 2유형' 순서로 나타난다. 직역구조에 해당되는 1유형은 15.9%의 분포만

보이며 나머지는 모두 의역구조이다. 이러한 현상만 보면 일본어권 학습자도 학습 부담감이 결코 낮지 않다는 것을 알 수 있다.

(12)의 유형별 분포도에 의하면 연어 구조가 체언보다 용언에서 큰 편차를 보인다는 것을 알 수 있다. 1유형과 한 항목만 의역되는 2유형과 3유형을 합치면 56.9%이다. 한 항목이라도 일치하면 학습자는 목표어에 대한 학습 부담감이 줄어든다. 1유형은 어휘 학습할 때 연어 학습을 병행할 수 있고 2유형과 3유형은 연어핵이나 연어변 하나만 학습하면 되므로 학습 분량이 줄어든다. 그러므로 일본어권 학습자는 4유형과 5유형을 중점적으로 학습하면 학습 효과가 뛰어날 것이다.

지금까지의 논의를 바탕으로 하여 일본어권 학습자에게 필요한 한국어의 어휘적 연어 학습 방안을 정리하면 다음과 같다.

> (13) 가. 1유형은 한국어와 일본어의 연어가 유사하므로 한국어 어휘
>   학습과 병행하면서 실시하는 것이 효율적이다.
>   나. 2유형은 체언을 중점적으로 학습하고, 3유형은 용언을 중점
>   적으로 학습한다. 이 유형은 한 항목이 원형의미를 지니고
>   있으므로 학습자가 문장의 의미를 추정하여 파악하기 용이
>   한 이점이 있다.
>   다. 4유형은 두 항목 모두 원형 의미를 지니지 못하므로 주의가
>   요구된다. 특히 4ㄴ유형은 일본어에서는 연어 구성이 아니
>   므로 한국어의 연어 표현을 주의하며 학습하도록 한다.
>   라. 5유형은 우선적으로 한국어의 어휘가 지니는 의미를 이해하
>   고 용언과의 결합형을 학습하도록 한다. 일본어에는 존재하
>   지 않는 단어이므로 지시 대상이나 의미를 이해하는 것이
>   우선이라 할 수 있다.

일본어권 학습자가 한국어를 효율적으로 학습하기 위해서는 어휘 학

습과 어휘적 연어 학습을 병행하면 더 효율적일 것이다.[14] 그리고 한국어교육의 미래를 위해서는 국내 학습 환경뿐 아니라 국외 개별 언어권 학습 환경도 더불어 연구되어야 한다. 여러 학습 방법인 교수법을 개발한다면 각 학습 환경에 적합한 방법을 선택하여 가르칠 수 있는 이점이 있기 때문이다.

4. 결론

이 장에서는 일본어권 학습자가 연어의 한 종류인 어휘적 연어를 효율적으로 학습할 수 있도록 대조언어학적 관점에서 학습 방안을 제시하였다. 어휘적 연어는 일본어와의 대역 관계에 따라 직역구조와 의역 구조로 나눌 수 있고, 의미와 통사 구조에 따라 1유형, 2유형, 3유형, 4유형, 5유형으로 나누었다. 학습자는 의역 구조를 중심으로 학습하되 통사 구조가 다른 4유형과 고유 의미를 지닌 5유형을 중점적으로 학습하고, 1유형, 2유형, 3유형은 어휘 학습과 병행하면 효율적일 것이다.

다만 본고에서 다루지 못한 부분, 즉 한국어의 어휘적 연어를 수준별로 분류, 유형별로 분석하는 작업 등을 보완하면 보다 효율적인 학습 방안을 제시할 수 있으리라 보는데, 이에 대한 학습 방안은 추후 연구에서 답을 하고자 한다.

---

14) 양경모(1995)에서는 한국어와 일본어의 기능동사가 구조적으로 어떠한 차이점을 가지고 있는지 제시하고 있으므로 두 언어의 기능동사를 이해하고 사용하는 방법을 파악하는데 유용하다고 할 수 있다.

참고문헌

강현화(1997), 「[체언+용언]꼴의 연어 구성에 대한 연구」, 『사전편찬학』 8, 191-248.

고경태(2009), 「연어 관계를 통한 한국어 성분 부사 선정에 대한 시론」, 『한국어 의미학』 28, 29-48.

김광해(1993), 『국어 어휘론 개설』, 집문당.

김선효(2007), 「한국어 학습자의 관형격조사 "의"의 사용 실태에 관산 소고(小考)-일본어를 모어로 하는 중급 한국어 학습자의 경우」, 『한국어교육』 18(3), 53-74.

_____(2009), 「일본어 모어 화자의 정도부사의 사용과 오류 양상-'아주, 너무'를 중심으로」, 『한국어교육』 20(1), 1-22.

김진해(2000), 『연어 연구』, 한국문화사.

김하수 외(2007), 『한국어교육을 위한 한국어 연어 사전』, 커뮤티케이션북스.

동아출판사 편집국(1994/2000), 『동아 프라임 한일사전』, 두산동아.

두산동아 사서 편집국(1996/2003), 『동아 프라임 일한사전』, 두산동아.

문금현(1996/2002), 『국어의 관용 표현 연구』, 태학사.

_____(1998), 「외국어로서의 한국어 관용표현의 교육」, 『이중언어학』 15, 207-233.

_____(2002), 「한국어 어휘 교육을 위한 연어 학습 방안」, 『국어교육』 109, 217-250.

민현식(2003), 「관용표현의 범위와 유형에 대한 재고」, 『한국어 의미학』 12, 17-50.

양경모(1995), 「동사와 명사의 결합에 관한 대조 고찰」, 『언어학』 17, 한국언어학회, 169-182.

이동혁(2004), 「국어 연어 관계 연구」, 고려대학교 박사학위논문.

이미혜(2002), 「한국어 문법교육에서 '표현항목' 설정에 대한 연구」, 『한국어교육』 13(2), 205-225.

이승연·최은지(2007), 「한국어 학습자의 어휘적 연어 사용 연구」, 『이중언어학』 34, 299-321.

이은경(2005), 「명사를 중심으로 하는 문법적 연어 구성」, 『한국어 의미학』 17, 177-205.

이희자(1995), 「현대 국어 관용구의 결합 관계 고찰」, 『대동문화연구』 30, 성균관대학교 대동문화연구원, 411-444.

임근석(2006/2010), 『한국어 연어 연구』, 월인.

_____(2009), 「문법적 연어와 한국어 교육」, 『한국어교육』 23(3), 161-184.

임지룡(2009), 「다의어의 판정과 의미확장의 분류 기준」, 『한국어 의미학』 28, 193-226.

임홍빈(2002), 「한국어 연어의 개념과 그 통사·의미적 성격」, 『국어학』 39, 279-311.

전혜영(2001), 「한국어 관용표현의 교육 방안」, 『한국어교육』 12(2), 181-199.

조창인(2000), 『가시고기』, 밝은세상.

한송화·강현화(2004), 「연어를 이용한 어휘 교육 방안 연구」, 『한국어교육』 15(3), 295-318.

홍혜란(2007), 「한국어 고급 학습자의 문법적 연어 오류 분석」, 『비교문화연구』, 경희대학교 비교문화연구소, 23-52.

秋元美晴(1993), 語彙教育における連語指導の意義について, Proceedings of the 4th Conference on Second Language Research in Japan, 國際大學.

三好 裕子(2007), 連語による語彙指導の有効性の檢討, 『日本語教育』 134, 日本語教育學會, 80-89.

宮部 眞由美(2008), 小學校社會科教科書の他動詞の使用について-連語論の觀点から, 『文學部紀要』 第22-1, 文教大學文學部, 69-90.

Bahns, J.(1993), Lexical collocations : a contrastive view, *ELT Journal* 47(1), Oxford University Press.

Benson, M., Benson, E. & R. Ilson(1986/1997), *The BBI Dictionary of English Word Combinations,* John Benjamins Publishing Company : Amsterdam/ Philadelphia.

Cowie, A. P.(1981), The Treatment of Collocations and Idioms in Learners' Dictionaries, *Applied Linguistics 2*, 223-235.

Cruse, D. A.(1986), *Lexical Semantics,* Cambridge University.

Firth, J. R.(1957), *Papers in Linguistics 1934-1951*, Oxford University Press.

Hill, J.(2000), Revising priorities : from grammatical failure to collocational success, M. Lewis(*ed.*)(2000), *Teaching Collocation*, Language Teaching Publications.

Howarth, P.(1998), Phraseology and Second Language Proficiency, *Applied Linguistic, 19(1)*, 24-44.

Lewis, M.(1993/2002), *The Lexical Approach*, Thomson Heinle.

Lewis, M.(2000), *Teaching Collocations*, Language Teaching Publications.

Wanner, L.(1995), *Recent Trends in Meaning-Text Theory,* John Benjamins Publishing Co., Amsterdam/Philadelphia.

Willis, D.(2003), *Rules, Patterns and Words*, Cambridge.

제 3 장

정도부사 '아주, 너무'의 오류 양상과 교수법

1. 서론

이 장에서는 일본어 모어 화자인 중급 과정 이상의 한국어 학습자가 한국어 작문 시간에 쓴 학습자 말뭉치를 바탕으로 하여 정도부사 '너무' 와 '아주'의 오류 양상을 분석하고, 한국어 학습자에게 적합한 교수 방안을 제시하는 데 목적을 둔다. 한국어 학습자의 오류 연구는 조철현 외(2002), 이정희(2002)를 비롯하여 많은 연구 성과를 보이고 있는 부분이다. 이들은 국내 한국어 학습자를 대상으로 하여 여러 언어권 화자가 보여주는 오류 양상을 체계적으로 제시하고 있다. 이러한 거시적 연구는 각 언어권별로 나타나는 오류 양상을 분석하여 학습 현장에서 적용할 수 있는 이점이 있고 개별 언어권의 오류 양상을 미시적으로 접근하려고 할 때에도 많은 도움을 준다.

여기에서는 일본에서 한국어를 배우는 학습자의 오류 양상을 미시적으로 살펴보고자 한다. 특히 학습자가 사용하는 데 있어서 혼란스러워하는 정도부사 '아주, 너무'에 중점을 두고 살펴보고자 한다. 그리고 외국에서는 학습자가 교재나 교사에 의존하여 학습하기 때문에 조금 다른 오류 양상을 보일 가능성이 높다. 물론 이러한 상관관계는 거시적으로 먼저 연구되어야 하겠지만 여기에서는 우선 미시적으로 문어에서의 '아주'와 '너무'의 오류 양상, 오류 원인, 적절한 교수 방안에 대해 살펴보고자 한다.

무엇보다 본 연구에서는 중급 과정 이상의 학습자를 대상으로 하기 때문에 정도부사의 기본적인 의미·통사적인 기능보다 학습자가 어려워하는 수식어와 피수식어의 공기 관계(cooccurrence relationship)에 중점을 두고 살펴보고자 한다. 왜냐하면 중급 과정 이상의 학습자는 정도부사의 기본적인 의미·통사적 기능을 초급 과정에서 학습하였지만 후행 성분과의 의미적 긴밀성을 파악하지 못해 생기는 오류가 더 많이 발생하기 때문이다. 이러한 공기 관계에 의한 오류는 Lennon(1991)의 오류 기술 분류 중에서 어휘나 문법과 같은 언어 층위별 분류보다 의사소통 가능성 분류에서 접근이 더 중점적으로 논의되어야 한다.[1]

이 연구에서 사용할 자료는 한국어 말뭉치와 학습자 말뭉치인데, 한국어 말뭉치로는 21세기 세종계획 형태소분석 5백만 어절 말뭉치(이하 세종 말뭉치), 국립국어원 현대 구어 원시 말뭉치 142,930어절을 사용하며, 학습자 말뭉치로는 오사카대학교 외국어학부 조선어과의 중급 과정 학습자 형태소분석 말뭉치 50,328어절(2006~2007년)을 주로 하고 고급 과정 학습자 형태소분석 말뭉치 28,037어절(2007~2008년)을 보조적으로 사용한다.[2] 이때 정도부사와 후행 성분의 공기 관계를 검토하기 위해 학

---

1) Lennon(1991)의 오류 기술에 대한 분류는 일반적인 분류(첨가, 생략, 대치, 어순), 언어층위별 분류(음운 혹은 철자법, 어휘, 문법, 담화), 의사소통 가능성 분류(전반적 오류, 국부적 오류), 오류 측면의 분류(영역, 범위)로 나뉜다.(김정숙·김유정 2002 : 111 참조)
2) 본고에서의 '중급'과 '고급'은 한국어 능력 평가와는 무관하며 '중급'은 오사카대학교의 1학년 학습 과정을 무사히 통과한 수준을 말하며, '고급'은 2학년 과정까지 마치고 거의 대부분 한국에 1년 정도 유학을 한 학생들로서 토론 수업이나 문학 수업 수강이 가능한 수

습자 말뭉치를 국립국어원의 '지능형 형태소 분석기'를 사용하여 형태
소를 분석하고, 분석된 자료는 MonoConc Pro 검색기를 사용하여 빈도
수와 공기 관계를 확인하고자 한다.

2. 오류의 개념과 선행 연구

오류의 개념은 대조분석 가설, 중간언어 가설, 오류분석 가설, 언어전
이 가설 등 다양한 관점에서 논의되어 왔다.[3] 제2언어 습득 과정에서
필연적으로 발생하는 오류를 어떤 관점에서 해석하느냐가 이러한 가설
의 변화라고 할 수 있다. 이러한 오류 개념은 판단 기준에 따라 크게 협
의적 개념과 광의적 개념으로 나눌 수 있는데, Corder(1981)는 전자에,
Lennon(1991)와 Brown(2007)는 후자에 포함된다고 할 수 있다.

협의적 개념의 오류는 오류를 엄격하게 규정한다. Corder(1981 : 35-44)
는 오류와 실수(mistake)의 개념을 구별하고 오류의 개념을 엄격하게 규정
하고 있다. 즉 정확한 표현은 음운·문법·어휘의미론적으로 정형적
(well-formed)인 적합성(acceptability)을 갖추어야 할 뿐 아니라 문맥적으로 적
절성(appropriateness)을 가져야 한다는 것이다. 비록 정형적으로 적합성을
갖춘 완전한 문장이더라도 문맥적으로 적절성을 상실한다면 그것도 오
류가 된다는 것이다.

반면, 광의적 개념의 오류는 오류를 엄격하게 식별하지 않고 문맥에
따라 유연하게 해석한다. Lennon(1991 : 182)은 오류란 동일한 문맥이나
유사한 문장 형성의 조건에서, 원어민 화자라면 그런 표현을 형성할 가

준이다. 1학년과 2학년 학생은 매 학기 주당 7시간 30분의 수업(5강좌, 1강좌당 90분)을
받는다.
3) 오류 개념에 대한 구체적인 설명은 이정희(2002 : 34-88) 참조

능성이 거의 없는 언어 형태 또는 형태들의 결합 양상이라고 정의하고, Brown(2007 : 257-260)에서도 지나친 오류 분석은 오히려 또 다른 오류를 발생할 가능성이 있고 오류와 실수의 경계가 뚜렷하지 않음을 지적하면서 오류에 대해 관용적인 태도를 보이고 있다.[4]

한편 한국어 학습자의 오류 분석에 대한 연구는 1980년대 후반부터 본격적으로 연구되기 시작하여 2000년대에 들어와서는 활발한 연구 성과를 보이고 있다.[5] 이러한 연구들에서도 오류를 협의적 개념보다 광의적 개념으로 해석해서 분석하는 것이 대부분이다. 그것은 기존 연구들에서 오류분석 가설의 문제점이 이미 논의되었고 국내 연구자들도 그러한 관점을 수용한 결과이기 때문으로 추정된다. 물론 이 장에서도 광의적 관점에서 오류를 분석하고자 하되 문어적 특성을 참고하였다.

오류 분석 연구에는 여러 언어권 학습자의 오류 양상을 전체적으로 분석한 조철현 외(2002), 이정희(2002) 등에서 의의를 찾을 수 있고,[6] 부사에 관한 오류 분석 논의로는 강현화(2001), 유현경·서상규(2002), 사와다 히로유키(2004) 등을 들 수 있다. 특히 강현화(2001)은 시간부사와 후행 성분과의 공기성을 제시하고 있고, 유현경·서상규(2002)는 한국어 학습자 말뭉치를 바탕으로 하여 학습자가 사용하는 부사의 양상을 잘 보여주고 있다.

그러나 이러한 오류 분석 연구들은 한국으로 유학을 온 한국어 학습자를 대상으로 한 오류 연구가 대부분이므로 여러 언어권 화자가 동일

---

4) 엄격한 오류 분석은 자유로운 대화의 긍정적인 강화 가치가 감소하며, 생성 데이터를 과잉하게 강조하며, 학습자의 기피 전략(the strategy of avoidance)을 설명하지 못하며, 특별한 소수 언어에만 관심을 가지게 되는 것이 문제라는 것이다. 그리고 학습자가 문법 지식을 알고 있지만 반복적으로 오류를 범한다면 그것을 실수라고 할 수 있느냐는 것이다.

5) 한국어 학습자의 오류 연구 동향에 대한 분석은 강승혜(2003), 김중섭(2005), 김상수·송향근(2006), 김민애(2006) 등 참조.

6) 이외 논의로는 김유미(2000), 김중섭(2002), 한송화(2002), 안경화·양명희(2003), 석주연·안경화(2003), 김선효(2007) 등을 참고할 수 있다.

한 학습 환경에서 어떤 오류 양상을 보이는지 비교하여 분석할 수 있는
연구 방법적 이점을 가지지만 국외의 학습자가 구체적으로 어떤 오류
양상을 보이는지에 대한 논의는 아직 미비하므로 이들의 양상도 고려하
는 것이 필요하다. 물론 일본어 모어 화자만을 대상으로 한 연구들로는
우인혜(1998), 양명희(2004), 김정은(2004), 홍은진(2004), 나카가와 마사오미
(2007), 김중섭·이정희(2008) 등이 있고, 이들은 한국 내 학습 환경에서
나타나는 오류 양상을 대상으로 한 것들이다. 따라서 이 연구에서는 오
류가 발생하는 주요 요인 중의 하나인 학습 환경이 어휘 사용에서 어떠
한 영향을 끼치는지에 대해서 뒤에서 살펴보고자 한다.[7]

3. 중급 과정 일본어 모어 화자 학습자의 정도부사 오류 양상

3.1. 정도부사의 분포와 사전적 개념 정의

국립국어원(2002)에서 공개한 '현대국어 사용 빈도 조사'에서 상위 빈
도수를 보이는 정도부사로는 '가장, 너무, 아주, 참' 등의 순서로 확인되
지만 일본에서의 한국어 학습자는 조금 다른 일면을 보여준다. 오사카
대학교의 중급 과정 학습자 말뭉치 50,328어절에서 부사(mag)를 검색해
보면 총 누적수는 2,109개체이며 그중에서 높은 빈도수를 보이는 예를
제시하면 아래와 같다.

---

7) Hughes & Lascaratou(1982)에서는 영어 모어 화자 영어 교사와 비모어 화자 영어 교사의
오류 판단 차이를 조사해 본 결과 영어 모어 화자 영어 교사가 오류에 대해 관대한 태도
를 보였다. 모어 화자 교사가 폭 넓은 언어 직관을 가지고 학습자의 오류를 판단하였다.
이러한 차이는 Sheorey(1986)에서도 나타났는데, 어떤 것을 오류라고 하고 어디까지 오류
라고 할 것인지는 쉽게 판단하기는 쉽지 않은 일이다.

[표 1] 중급 과정 학습자 말뭉치의 부사 상위 빈도

빈도	확률	어휘	빈도	확률	어휘
305	14.4618%	아주/mag	⋮	⋮	⋮
196	9.2935%	많이/mag	7	0.3793%	매우/mag
110	5.2157%	잘/mag	7	0.3793%	그냥/mag
69	3.2717%	매일/mag	7	0.3319%	없이/mag
68	3.2243%	같이/mag	7	0.3319%	일찍/mag
66	3.1294%	너무/mag	7	0.3319%	오래/mag
64	3.0346%	안/mag	7	0.3319%	아무리/mag
56	2.6553%	지금/mag	7	0.3319%	벌써/mag
49	2.3234%	열심히/mag	6	0.3319%	완전히/mag
45	2.1337%	자주/mag	6	0.3319%	아무쪼록/mag
37	1.7544%	못/mag	6	0.2845%	더욱/mag
33	1.5647%	다시/mag	6	0.2845%	제법/mag
32	1.5173%	거의/mag	6	0.2845%	천천히/mag
30	1.4225%	가장/mag	5	0.2845%	원래/mag
30	1.4225%	요즘/mag	5	0.2845%	반드시/mag
29	1.3751%	가끔/mag	5	0.2371%	정말로/mag
29	1.3751%	정말/mag	5	0.2371%	언젠가/mag
28	1.3276%	좀/mag	5	0.2371%	최근/mag
26	1.2328%	더/mag	5	0.2371%	빨리/mag
25	1.1854%	아직/mag	5	0.2371%	충분히/mag
24	1.1380%	제일/mag	4	0.2371%	꽤/mag
24	1.1380%	언제나/mag	4	0.2371%	당분간/mag
⋮	⋮	⋮	4	0.1897%	무사히/mag
11	0.5216%	얼마나/mag	4	0.1897	주로/mag

[표 1]에 의하면 한국어 학습자가 가장 많이 사용한 부사는 정도부사 '아주'이며 그 다음으로 '많이, 너무, 가장, 정말, 제일, 얼마나, 매우, 완전히, 제법, 꽤'의 빈도순을 보인다.[8) 학습자가 사용한 '아주, 너무'등의 용례에서 문장의 적절성(appropriateness)에서 위배되는 경우가 많으므로 여

---

8) 정도부사에 대한 구체적인 선행 연구는 최홍열(2005 : 23-27), 부사 전반에 대한 것은 임유종(1999 : 3-40) 참조

기에서는 '강조성'이나 '정도의 지나침'의 의미를 가진 '아주, 너무'를 중점적으로 살펴보고자 한다.9)

우선 일본에서의 한국어 학습자가 많이 이용하고 있는『조선어사전』(1983)과 한국어 학습자를 위해 편찬한『외국인을 위한 한국어 학습 사전』(2006) 중에서 '아주'와 '너무'의 의미가 유사한 일부분을 제시하면 다음과 같다.

(1)『조선어사전』(1983 : 1203, 382)
  가. 아주3
    1. とても、たいへん、非常に、おおいに。
    ~ 강한 의지의 소유자다. とても強い意志を持った人だ/ 오늘은 ~ 바쁩니다. 今日はとても忙しいです。
  나. 너무
    度を越して、あまり(言葉では)言い盡くせないほどに、あまりに。
    ~커서 놀랐다. あまり大きいのでびっくりした/ ~심한 추위로 동물이 죽었다. あまりの寒さに動物が死んだ/ ~욕심 부리지 마라. あまり欲張るな/ ~심한 이야기다. ずいぶんひどい話だ/ 애교가 너무 없는 사람이다. 愛嬌がなさ過ぎる人だ/ ~예쁘다. 非常に美しい
(2)『외국인을 위한 한국어 학습 사전』(2006 : 483, 137)
  가. 아주
    1. 정도의 수준이 보통보다 훨씬. ¶이 서점에는 전문서와 잡지가 아주 많습니다. [비] 굉장히, 대단, 매우1, 몹시, 무척,

---

9) 박동근(2007)은 정도부사의 하위 범주로 '강조부사'를 설정하고 그 대표적인 예로 '아주, 너무, 매우'를 설정하고 있다. 물론 '많이'도 세 정도부사와 간혹 대체가 가능한 경우가 있지만 '많이'가 주로 형용사가 아닌 동사를 수식하는 부사이므로 본고에서는 논의하지 않겠다. 세종 말뭉치에서 '많이/mag'를 추출해 본 결과 총 5,184 개체가 검출되었고 그중에서 형용사와 결합한 개체수도 108개가 검출된 것처럼 '많이'가 공시적으로는 두 문법 범주를 넘나들며 사용되고 있는 것을 알 수 있다.

쩨. [참] '아주'는 형용사, 부사, 관형사 또는 정도를 나타내
는 명사 앞에 쓴다. '몹시'는 부정적인 느낌에 쓴다.
　나. 너무
　　1. 지나치게
　　¶이 지갑은 마음에 들지만 너무 비싸요./ 너무 걱정하지 마
　세요./ 구두가 너무 작아서 신을 수가 없어요./ 술 너무 많이
　마시지 마세요.
　　[관] 매우, 심히, 아주, 지나치게
　　2. 아주, 매우
　　¶방 안에만 있으니 너무 답답하다./ 오래간만에 운동을 했더
　니 다리가 너무 아파요./ 너무 피곤해서 시계 소리를 못 들
　었어요.
　　[관] 매우, 심히, 아주

　(1)에서는 '아주'와 '너무'가 의미적 상관성을 전혀 가지지 않고 무엇
보다 'あまり'는 한국어의 '너무'보다 부정적 극성이 더 강하여 유의적
의미관계 성립이 희박하다. 이런 설명은 일본에서의 학습자가 '아주'를
더 많이 사용하게 되는 변인 중 하나가 된다. (2)에서는 '너무'의 정의
항목에 '아주, 매우'가 들어가 있어 개념 이해에 혼란을 야기할 수 있고
긍정적인 의미 자질을 가진 단어와의 공기성이 발견되지 않는다. 이러
한 설명은 학습자가 단어 개념은 이해할 수는 있으나 실제 문장에서 사
용할 때 어려움을 겪게 된다. 특히 일본에서 한국어를 학습하는 학습자
가 '아주'를 많이 사용하는 것은 '너무'의 사전적 의미가 한국어의 개념
보다 국한되어 설명되어 있기 때문에 '너무'를 사용하기보다 '아주'를
사용했을 가능성이 높다. 그렇다면 학습자들이 이들 정도부사에서 어떤
오류 양상을 보이는지 살펴보자.

3.2. 정도부사 '아주'의 오류 양상

3.2.1. 국소적 오류(local error) 현상

정도부사는 형용사나 상태성을 가진 동사와 공기하지만 학습자는 정도성이 높은 것을 표현할 때에는 '아주'를 과잉적으로 사용하는 경향이 있다.

> (3) 가. 저는 그 친구을 아주(√잘) 알아요.
> 나. 얼굴이 아주(√많이) 부었습니다.
> 다. 눈이 아주(√많이) 내렸는데 저는 큰 눈덩어리 만들고 싶었
> 서 자동차에 쌓인은 눈을 모았어요

(3)에서는 한국어의 정도부사는 동사 '알다, 붓다, 내리다'와 결합하지 않는다는 일반적인 통사 규칙을 위배하였기 때문에 비문이 되었고, 정도부사가 아닌 다른 성상부사로 대치해야 한다. (3)과 같은 현상이 빚어진 것은 과일반화(overgeneralization)와 일본어의 간섭(interference)이 모두 영향을 끼친 결과로 볼 수 있다.10) 닛타(仁田, 1983 : 26)에서 제시한 '정도성의 부사'는 형용사와 동사의 범위를 넘나들며 정도성을 표현하고 있는데 (3)과 같은 현상도 그런 영향의 일부분으로 인해 간섭 받은 것으로 볼 수 있다. 그리고 과일반화에 의한 현상도 무시할 수 없는데, 중급 과정 이상의 학습자에게 자주 발견되는 현상이다. 물론 (3)과 같은 국소적 오류는 한국어 정도부사의 문법적 특성을 이해하면 오류를 간단히 교정할 수 있다.

---

10) Brown(2007 : 102-4)에서는 과일반화와 간섭을 구별하고 있는데, 과일반화는 모국어이든 목표어이든 한 언어 내부에서 영향을 받아 부정적인 전이 현상이 나타난 것이고 간섭은 모국어가 목표어에 영향을 미치거나 아니면 그 반대의 경우로 부정적인 전이가 나타난 것으로 본다. 즉 과일반화는 언어 내적 전이(intralingual transfer)의 한 현상인 것이다.

3.2.2. 공기 관계의 특수성에 의한 전반적 오류(global error) 현상

정도부사는 형용사와 결합하는 것이 기본적인 원칙이지만 어떤 정도
부사는 일부 형용사와 공기하지 않거나 꺼리는 경우가 있다.

> (4) 가. 중학교 때는 학교가 아주(√너무) 싫어서 등교 거부를 했어요.
>   나. 그래서 저는 아주(√너무) 피곤해서 스트레스도 많이 있습니다.

(4)의 형용사 '싫다'와 '피곤하다'가 정도부사 '아주'와 결합한 것은
한국어의 통사론적 원리에 전혀 위배되지 않지만 의미론적 상관관계에
의해 비문이 된다. 정도부사는 원칙적으로 동사와 공기하는 것을 꺼리고
형용사와 공기한다. 이런 기본적인 현상에 의한다면 (4)는 오류가 되지
않아야 하지만 한국어 모어 화자는 (4)의 경우에 '아주'를 쓰지 않는다.
(4가)의 경우 '아주'와 '싫다'가 공기성을 꺼리는 이유는 동사 '싫어하
다'가 '아주'와 결합하는 빈도수가 늘어나면서 '싫다'가 쓰여야 할 자리
를 상실한 것으로 보인다. 세종 말뭉치에서 정도부사와 후행하는 성분
과의 공기 관계를 추출해 보면 [표 2]와 같이 검출된다.

[표 2] 정도부사 '아주'와 공기하는 후행성분(세종 말뭉치)

빈도	확률	어휘	빈도	확률	어휘
88	3.0303%	좋/va	15	0.5165%	가끔/mag
87	2.9959%	작/va	15	0.5165%	재미/nng
72	2.4793%	잘/mag	14	0.4821%	조그맣/va
46	1.5840%	크/va	14	0.4821%	빠르/va
45	1.5496%	중요/xr	14	0.4821%	적/va
38	1.3085%	다르/va	13	0.4477%	훌륭/xr
30	1.0331%	멀/va	13	0.4477%	당연/xr
28	0.9642%	간단/xr	13	0.4477%	낮/va
28	0.9642%	어리/va	13	0.4477%	심하/va
27	0.9298%	쉽/va	13	0.4477%	천천히/mag

빈도	확률	어휘	빈도	확률	어휘
27	0.9298%	짧/va	12	0.4132%	심각/xr
25	0.8609%	오래/mag	12	0.4132%	느리/va
23	0.7920%	많/va	11	0.3788%	흔하/va
23	0.7920%	없/va	11	0.3788%	옛날/nng
20	0.6887%	많이/mag	11	0.3788%	싸/va
20	0.6887%	가깝/va	11	0.3788%	오랜/mm
19	0.6543%	멀리/mag	11	0.3788%	예쁘/va
19	0.6543%	자연/nng	11	0.3788%	약하/va
18	0.6198%	드물/va	10	0.3444%	좋아하/vv
17	0.5854%	나쁘/va	10	0.3444%	깊/va
16	0.5510%	어렵/va	9	0.3444%	싫어하/vv
16	0.5510%	높/va	9	0.3099%	편리/nng
16	0.5510%	조금/nng	9	0.3099%	착하/va

'아주'와 공기하는 후행요소는 대부분 형용사이거나 파생 어근이지만 동사 '좋아하다'와 '싫어하다'도 확인된다. 물론 '좋다'와 '좋아하다'는 모두 '아주'와 강한 공기 관계를 형성하여 전혀 문제가 되지 않지만, '싫어하다'는 9 개체수가 추출되고 '싫다'는 하나도 나오지 않았다. 이처럼 '아주'와 '싫다'가 공기성이 없는 것은 예외적 현상으로 보인다. (4나)의 경우는 '아주'와 '피곤하다'가 전혀 공기할 수 없다는 것이 아니라 선행절과 후행절의 의미 관계에 의해서 비문이 되는 전반적 오류이다.

한편 다음 예들은 한국어의 문어적인 기본 문형 구조에서는 공기하기 어려운 예들이다.[11]

(5) 가. 저는 아주(√너무) 아파서 울부짖었습니다.

나. 요즘은 아주 더우니까(√너무 더워서) 연습이 힘들었습니다.

---

11) 구어에서 '아주 아파요' 또는 '아주 더워요.'만 사용할 경우에는 수용성이 높다. 예를 들어, '많이 더워요?, 네 아주 더워요'는 공시적으로 나타난다. 그러나 문어에서는 적절하다고 보기 어렵다.

(5가)의 '아프-'는 '아주'와 공기 관계가 약하여 자연스러운 문장으로 보기 어렵고 (5나)의 '덥-'은 연결어미 '-니까'로 인하여 선·후행절의 긴밀성이 약화되면서 '아주'와 '덥-'의 긴밀성마저 더 약화된 것으로 추정된다. 세종 말뭉치에서는 '아프다'와 '덥다'가 '아주'와 공기한 개체 수가 1개씩 추출되었지만[12] '너무'는 '아프다'가 15개, '덥다'가 11개가 추출되었다.

한편 (6)과 같은 오류는 한국어의 통사 수식 구조와 관련된다.

> (6) 가. 이탈리아에는 아주(√너무) 가고 싶지만 멀러서 같이 갈 언니
>   가 시간이 없습니다.
>   나. 그러니까 저는 바리에 아주(√너무) 가고 싶답니다.

(6)에서는 정도부사 '아주'가 동사 '가-'를 수식하기 때문에 비문이 되는 것이 아니라 '-고 싶-'과 호응 관계를 가지기 때문에 '너무'로 대치해야 하는 경우이다. 즉 한국어 구문에서 '-고 싶다'가 정도부사와 공기할 때에는 '너무'와 결합하는 속성을 가지기 때문이다. 그러므로 (6)과 같은 예는 기본적인 통사 규칙으로 설명하기보다 연어(collocation)의 한 현상으로 교수하는 것이 더 유익하다.

3.3. 정도부사 '너무'의 오류 양상

3.3.1. 국소적 오류에 의한 현상

'너무'는 '아주'와 유사한 의미를 가진 정도부사로서 학습자가 정확하게 쓰기 어려운 것이다.

---

12) 가. 그곳은 <u>아주</u> 더웠고 냄새는 썩은 비웃보다 더 역겨웠다.
   나. "지금 아기가 <u>아주</u> 아파요. 어쩌면 죽을지도 몰라요."

(7) 가. 주스든지 술든지 너무(√많이) 드세요.

　　나. 저는 책을 너무(√별로) 좋아하지 않는데 "육 번째 사요코"
　　　　는 재미있어서 이틀 동안에 독파해 버렸습니다.

(7가)에서는 동사 '들다'와 '너무'는 결합하지 못하며[13] (7나)에서도 부정 표현 '-지 않다'와 호응 관계를 갖는 '별로'로 교정해야 한다. (7)과 같은 현상은 정도의 높음을 표현하고자 할 때 과일반화한 사례이다. 물론 이러한 과일반화 현상은 중간 언어에서 나타나는 보편적 현상이므로 지속적인 수정 학습을 통해 적절한 표현을 사용할 수 있게 된다.

3.3.2. 공기 관계의 특수성에 의한 전반적 오류 현상

이제 정도부사와 용언의 공기 관계에 의한 오류 현상을 살펴보자.

(8) 가. 야구를 좋아하는 여자는 너무(√아주, 매우) 드문데, 저는 프로야구팀 중에서 "요미우리 자이안츠"를 열심히 응원하고 있습니다.

　　나. 오빠가 여동생을 너무(√아주, 매우) 소중하게 키웠습니다.

(8가)는 '너무'와 형용사 '드물다'의 공기 관계가 약하고, 무엇보다 연결어미 '-는데'가 문장 전체의 응집성을 떨어뜨려 오류가 발생한 것이다. (8나)의 경우는 '너무'와 '소중하다'의 문제가 아니다. '너무 소중하다'는 공기 관계가 자연스럽지만 '소중하게 키우-'와 '너무'가 공기 관계를 형성하지 못하였기 때문에 자연스럽지 않은 것이다. 임규홍(2002,

---

13) (7가)의 '너무 드세요'는 비문이지만 '너무 드시지 마세요'는 허용된다. 그것은 '너무'의 기본적인 의미가 '정도의 지나침'이라는 부정적 의미를 함의하고 있기 때문이다. 이러한 부정적 의미의 '너무'를 청자에게 청유문으로 제시하지 못하지만 평서문이나 의문문, 부정 청유문 등에서는 허용된다. 홍사만(2002)은 평서문의 '너무 드세요'는 '너무 (많이) 드세요'의 '많이'를 함축적으로 가진다고 본다.

2004)에 의하면 '너무'는 '정도의 지나침'의 의미 자질을 가지고 있고 기본적인 의미 기능이 '부정 강조'를 함의하고 있으나 공시적 언어 현상에서는 '긍정 강조'의 화용론적 기능이 더욱 활발하게 나타난다고 있다. 예를 들어, '너무 소중하다'의 '너무'가 이러한 긍정 강조의 예가 될 것이다. 그러나 '너무 소중하게 키우다'처럼 서술어 '키우다'의 정도의 강화 수식어로 '소중하게'와 '너무'가 나타나면 '너무'는 부정적인 정도의 지나침으로 해석되어 문장 수용성이 떨어지는 것이다.

(9) 집 둘레에는 산이 너무(√아주, 매우) 많이 있습니다.

(9)도 동일한 문장 구조로서 한국어 모어 화자가 '너무'를 사용하면 정도의 지나침을 부정적으로 해석할 수 있다. 그리하여 '많이 있다'를 좀더 강조하기 위해서는 부정적인 의미를 함의하고 있는 '너무'보다 무표적인 '아주'와 '매우'를 사용하는 것이 적절하다.[14] 즉 (8나)의 경우에도 부정적인 의미 자질을 가진 '너무'보다 무표적인 '아주'나 '매우'가 더 적절한 것이다.

'너무'와 공기하는 피수식어를 세종 말뭉치에서 추출해 보면 '너무'는 4,136개체수가 발견되었고 그중 상위 공기 빈도수를 보이는 성분을 제시하면 다음과 같다.

---

14) '그날 영희가 정장을 <u>너무 너무 예쁘게</u> 차려 입고 왔던데 무슨 특별한 날이었니?'에서 '너무 너무 예쁘게'는 긍정적인 의미로 해석이 가능하다. 이러한 현상은 구어적 상황과 문어적 상황이 다르기 때문일 수도 있다. 구어적 상황에서는 문어에서 수용하기 힘든 '아주 아주 싫어'도 가능하기 때문이다. 본 연구는 문어에 중점을 둔 것으로 구어에서의 정도부사 사용에 대한 것은 다음으로 미루기로 한다.

[표 3] 정도부사 '너무'와 공기하는 후행성분(세종 말뭉치)

빈도	확률	어휘	빈도	확률	어휘
242	5.8511%	많/va	22	0.5319%	멀리/mag
137	3.3124%	많이/mag	22	0.5319%	높/va
103	2.4903%	크/va	21	0.5077%	기쁘/va
68	1.6441%	늦/va	19	0.4594%	바쁘/va
51	1.2331%	심하/va	17	0.4110%	어렵/va
44	1.0638%	좋/va	17	0.4110%	비싸/va
42	1.0155%	오래/mag	16	0.3868%	춥/va
41	0.9913%	길/va	16	0.3868%	어리/va
38	0.9188%	잘/mag	15	0.3627%	복잡/xr
30	0.7253%	작/va	15	0.3627%	아프/va
30	0.7253%	쉽/va	15	0.3627%	약하/va
29	0.7012%	힘들/va	14	0.3385%	넓/va
28	0.6770%	일찍/mag	13	0.3143%	아깝/va
28	0.6770%	걱정/nng	13	0.3143%	이르/va
27	0.6528%	짧/va	13	0.3143%	좁/va
27	0.6528%	빨리/mag	12	0.2901%	아름답/va
27	0.6528%	적/va	12	0.2901%	모르/vv
27	0.6528%	지나치/va	12	0.2901%	어둡/va
26	0.6286%	놀라/vv	12	0.2901%	피곤/nng
25	0.6044%	빠르/va	11	0.2660%	맑/va
24	0.5803%	멀/va	11	0.2660%	흥분/nng
24	0.5803%	오랫동안/nng	11	0.2660%	덥/va
23	0.5561%	강하/va	11	0.2660%	심각/xr
23	0.5561%	자주/mag	11	0.2660%	가볍/va
22	0.5319%	하/vv	11	0.2660%	성급/xr
22	0.5319%	무겁/va	…	…	…

[표 3]을 [표 2]와 비교해 보면, '너무'와 공기성이 강한 형용사로는 '늦-, 심하-, 힘들-, 지나치-' 등이 상위 빈도 형용사에 포함된다. 이것은 '너무'의 부정적인 강조 의미 기능과 무관하지는 않다고 본다. 그러나 '너무'는 '좋다, 기쁘다, 아름답다, 맑다' 등과 같은 긍정적인 의미 자질을 가진 형용사와도 결합할 수 있는데, 그것은 '너무'의 의미 기능이 '부정 강조'에서 '긍정 강조'로 의미가 확대되어 쓰이고 있기 때문이다.

4. 정도부사 '아주, 너무'의 오류 원인과 교수 방안

4.1. 정도부사 '아주, 너무'의 오류 원인

일본어 모어 화자가 정도부사 '아주, 너무'를 사용하는 데 있어서 오류가 발생하는 것은 두 가지의 요인이 작용한 것으로 볼 수 있다. 첫째, 부사 '아주, 너무'의 어휘적 의미·통사적 기능 학습이다. 학습자가 정도부사의 기본적인 의미·통사 기능을 학습하지 못했을 때에는 대개 국소적 오류 양상으로 나타난다. 그러나 부사는 후행 성분과 의미적 긴밀성을 가지고 있으므로 중급 과정 이상의 학습자가 이들의 공기 관계를 학습하지 않으면 오류가 발생하게 된다. 그러므로 중급 과정 이상의 학습자에게는 빈도수가 높은 어휘를 중심으로 하여 반복 학습하는 것이 필요하다.[15]

둘째, 학습 환경과 밀접한 관련성을 가진다.[16] 학습 환경은 교재나 교사와 같은 직접 학습 환경과, 미디어나 국내 또는 국외에서의 학습과 같은 간접 학습 환경으로 나눌 수 있다. 직접 학습 환경과 간접 학습 환경의 상관성은 아직 연구가 구체적으로 나오지 않아 알 수 없지만 오사카대학의 학습자의 정도부사 분포인 [표 1]과 서상규·유현경(2002 : 223)에서 제시한 연세 학습자 말뭉치의 부사 분포를 비교해 보면 뚜렷한 차이점을 확인할 수 있다.

우선 직접 학습 환경의 요소가 정도부사 분포와 사용에 미치는 영향을 살펴보자. 각 대학별 초급 학습 교재에서 정도부사가 나타나는 단원을 제시하면 다음과 같다.

---

15) 말뭉치와 어휘 교육의 상관관계에 대한 논의는 한영균(2007) 참조.
16) 오류의 원인 중 하나로 Corder(1981)에서는 '학습의 장'과 Brown(2007 : 266)에서는 '학습 환경(context of learning)'을 제시하고 있다. 여기에서는 후자의 용어를 수용하여 사용하고 있다.

[표 4] 초급 학습자 교재에서의 정도부사 출현

대학 및 출판사	교재	아주	너무	매우	제시 예문
서울대	한국어1	○ (9과)			음악이 아주 좋았어요(대화)
이화여대	말이 트이는 한국어1	○ (3과)	○ (3과)		회사 앞은 너무 복잡해요.(대화) 경치가 아주 아름답습니다(읽기)
연세대	한국어1		○ (4,5과)	○ (7과)	지하철은 너무 빨랐습니다(유형연습) 너무 낮습니다(유형연습) 매우 빠른데요(유형연습)
성균관대	한국어1	○ (5과)			날씨가 아주 춥습니다(본문 대화)
가나다	한국어초급1	○ (16과)			아주 가깝습니다(유형 연습)

[표 4]에 의하면 초급 학습자 교재에서는 대부분 '아주'가 먼저 나오고, 『말이 트이는 한국어1』에서는 대화 본문에서 '너무'가 언급되고 있다. 반면, 연세대학교 『한국어1』은 유형 연습에서 각각 '너무'와 '매우'를 제시하고 있고 '아주'는 보이지 않는다.

이 연구가 학습자 원시말뭉치를 구축한 시기(2006년~2007년)에는 서울대학교의 『한국어1』과 성균관대학교 『한국어1』를 교재로 사용하였다. 이들 교재는 '아주'만 제시되고 있으므로 선행 학습한 어휘를 우선적으로 사용하게 되고, 또 일본에서 학습자들이 많이 사용하는 사전 정의가 영향을 끼쳐 [표 1]과 같은 결과가 도출되었다고 추정된다. 그러나 서상규·유현경(2002 : 223)에서 제시한 연세 학습자 말뭉치 결과는 사뭇 다른 양상을 보인다. 즉, 연세 초급 학습자 말뭉치에서 정도부사의 빈도수가 '너무(151), 아주(66), 되게(26)' 등의 순서로 나타난다. 물론 빈도수가 오류와 직접적 관련성을 가진다고 볼 수 없지만 학습 교재의 영향을 무시할 수 없다.

다음으로 간접 학습 환경이 미친 영향을 살펴보자. 간접 학습 환경은 미디어, 국내 또는 국외, 학습 공간 등이 학습 활동에 간접적으로 영향을 끼치는 것이다. 간접 학습 환경을 유용하게 이용한다면 좀더 정확한 표현을 구사하는데 일조하리라 본다. 연세 학습자 말뭉치에서 유의미한 현상을 보이는 것으로는 부사 '되게'를 들 수 있다. '되게'라는 구어적 정도부사가 초급 학습자 말뭉치에서 높은 빈도수를 보인다는 것은 간접 학습 환경이 얼마나 중요한 역할을 하는지 입증해 준다. 국외 한국어 학습자에게는 '되게'는 고급 과정에 가서야 겨우 배울 수 있는 구어체 정도부사이기 때문이다. 안주호(2003 : 155)에 의하면 구어 말뭉치에서는 정도부사 중에서 '되게'가 가장 높은 빈도를 보이며 그 다음이 '너무'로 나타났고 국립국어원 현대 구어 원시 말뭉치에서도 동일한 결과가 도출되었다. 총 142,930어절 중에서 '되게' 371개, '너무' 276개, 아주 32개, 엄청 28개, 매우 3개가 추출되었다.

4.2. 정도부사의 교수 방안

앞에서 정도부사 '아주'와 '너무'의 오류 양상과 그 원인을 살펴보았다. 지금까지 논의한 것을 바탕으로 하여 정도부사에 관한 교수 방안을 제시하고자 한다.

첫째, 정도부사의 기본적 문법 사항과 '아주'와 '너무'의 개별적 의미 사항을 교수한다.

> (10) 가. 정도부사의 정의
> 정도부사는 상태성을 가진 형용사나 동사 및 명사 앞에 놓여 그 정도를 표현하면서 수식하는 부사이다.(단, '있다, 없다, 같다'와는 결합하지 않는다.)

(예) 너무 예쁘다, 아주 크다, 매우 착하다 ; 너무 싫어하다,
아주 말랐다 ; 매우 부자이다 등

나. 정도부사의 종류

① 정도의 높음 : 너무, 아주, 매우, 가장, 정말, 제일 등

② 정도의 중간 : 꽤, 제법 등

③ 정도의 낮음 : 조금, 좀, 약간 등; 거의, 별로(부정 표현과
호응)

(11) 아주[17]

가. (형용사 또는 상태의 뜻을 나타내는 일부 동사나 명사, 부사
앞에 쓰여) 보통 정도보다 훨씬 더 넘어선 상태로

나. 이번 시험 문제는 아주 쉽다./ 그는 노래를 아주 잘 부른다./
이 서점에는 전문서와 잡지가 아주 많습니다.

다. 문어체에서 결합을 꺼리는 형용사 : 외롭다, 싫다, 아프다 등.

(12) 너무

가. 일정한 정도나 한계에 지나치게

나. 이 지갑은 마음에 들지만 너무 비싸요./ 너무 걱정하지 마세
요./ 구두가 너무 작아서 신을 수가 없어요./ 술 너무 많이
마시지 마세요./ 방 안에만 있으니 너무 답답하다./ 오래간
만에 운동을 했더니 다리가 너무 아파요./ 너무 피곤해서
시계 소리를 못 들었어요.

다. 대개는 형용사와 결합하지만 양적 의미를 강조하고자 할 때
동사와 결합할 수 있다.(너무 먹다, 너무 자다 등)

라. '너무'는 기본적으로 부정적 의미를 가진 형용사와 결합하
여 '정도의 지나침'을 표현하지만 현대어에 와서는 긍정적
의미를 가진 형용사와 결합하여 '정도의 높음'을 표현하는
긍정적 의미로도 사용된다.(너무 예쁘다, 너무 좋다 등)

---

17) (11)과 (12)의 개념과 예는 『표준국어대사전』(1999)과 『외국어로서의 한국어 학습 사전』
(2006)을 참고하였고, 거기에 문법적 특성을 첨가하였다.

둘째, '정도의 지나침'을 가지는 정도부사 '아주, 너무, 매우, 되게'의 개별적 속성을 교수한다. '너무'는 기본적으로 부정적 의미를 함의하고 있는 부사이지만 공시적으로는 긍정적으로 표현하기도 한다. '매우'는 문어체에서 주로 사용하며, '되게'는 구어체에서 사용한다. 특히 '되게' 는 구어적 환경에서 가장 높은 빈도수를 보이는 어휘이므로 고급 과정 이나 구어적 학습 환경에서는 반드시 교수한다. 그리고 의미 범위가 가 장 넓은 '너무'를 먼저 교수하고 '아주', '매우', '되게' 순서로 교수하는 것이 효율적이다.

셋째, '아주, 너무, 매우'는 공기하는 피수식어에 따라 적절성의 정도 가 다르므로 그 공기성이 예외적인 어휘는 중·고급 과정 학습자에게 제시한다.[18] 그리고 '너무'는 동사와도 결합할 수 있음을 제시한다.

[표 5] 형용사와 정도부사의 공기 관계

의미분류	형용사	너무	아주	매우	의미분류	형용사	너무	아주	매우
정서	기쁘다	0	0	0		크다	0	0	0
	슬프다	0	0	0		작다	0	0	0
	외롭다	0	△	△		길다	0	0	0
	무섭다	0	0	0/△		짧다	0	0	0
	좋다	0	0	0		넓다	0	0	0
	싫다	0	×	△		좁다	0	0	0
	두렵다	0	0	0	빈도	드물다	△	0	0
	재미있다	0	0	0	소재/소유	있다	×	×	×
감각	아프다	0	△	0/△		없다	×	×	×
	춥다	0	0	0	수량/분포	없다	0	×	×
	덥다	0	0	0		많다	0	0	0
	맛있다	0	0	0/△	비교	같다	×	×	×
	짜다	0	0	0/△		다르다	0	0	0
	맵다	0	0	0/△		멀다	0	0	0

---

18) 정도부사와 피한정어의 공기 조건에 대한 것은 홍사만(2002)를 참고하기 바란다.

의미분류	형용사	너무	아주	매우	의미분류	형용사	너무	아주	매우
형상	날씬하다	O	O	O		가깝다	O	O	O
	뚱뚱하다	O	O	O		똑같다	O	O	△

* O : 자연스러움, △ : 부자연스러움, × : 수용되지 않음,
O/△ : 한국어 모어 화자의 직관에 따라 각각 다름

[표 5]의 형용사 분류는 김정남(1998/2005 : 113)과 유현경(1998 : 368)의 형용사 분류 체계를 참고하고, 『외국인을 위한 한국어 학습사전』에서 기본 어휘로 표시된 형용사를 바탕으로 하여 '너무, 아주, 매우'의 공기 관계의 정도를 표시한 것이다. '너무'는 '소재'나 '소유'의 '있다, 없다', '같다'를 제외하고 모두 공기성이 강한 반면, '아주'는 '싫다, 아프다, 있다, 없다, 같다'와 공기를 꺼린다. '매우'는 문어체적 정도부사이므로 구어체에서 사용하면 공기 관계가 부자연스럽고 문어체에서는 '너무'와 비슷한 양상을 보인다.

5. 결론

지금까지 일본어 모어 화자인 중급 이상의 한국어 학습자가 사용하는 정도부사 '아주'와 '너무'의 사용 양상을 중점적으로 살펴보았다. 우선 외국어 교육에서 사용하는 오류의 개념을 협의적 관점과 광의적 관점으로 구별하고, 이 장에서는 후자의 관점을 수용하여 정도부사의 오류를 국소적 오류와 전반적 오류로 나누어 양상을 살펴본 뒤 적합한 교수 방안을 제시하였다. 부사는 그 의미와 쓰임에 있어서 복합적인 특성을 가지고 있으므로 '아주'와 '너무' 외에도 다른 정도부사에 대해서도 연구가 필요하리라 본다.

참고문헌

가나다 한국어학원(2004), 『가나다 Korean1 초급』, Language Plus.

강승혜(2003), 「한국어 교육의 학문적 정체성 정립을 위한 한국어교육 연구 분석」, 『한국어 교육』 14(1), 국제한국어교육학회, 1-27.

강현화(2001), 「빈도를 나타내는 시간부사의 어휘 교육 방안 연구」, 『한국어교육』 12(1), 1-17.

국립국어연구원(1999), 『표준국어대사전』, 두산동아.

국립국어원(2002), 「현대국어 사용빈도 조사-한국어 학습용 어휘 선정을 위한 기초 조사」, 국립국어원 연구 보고서.

김경훈(1977), 「국어의 부사 수식 연구」, 서울대학교 석사학위논문.

김민애(2006), 「한국어 학습자 오류의 분석 방법 고찰」, 『한국어교육』 17(2), 21-43.

김상수·송향근(2006), 「한국어 교육의 오류 분석 연구 동향 분석」, 『이중언어학』 31, 1-33.

김선효(2007), 「한국어 학습자의 관형격조사 '의'의 사용 실태에 관한 소고」, 『한국어교육』 18(3), 53-74.

김유미(2000), 「학습자 말뭉치를 이용한 한국어 학습자 오류 분석 연구」, 연세대학교 석사학위논문.

김정남(2003), 『국어 형용사의 연구』, 역락.

김정숙·김유정(2002), 「한국어 학습자 말뭉치 구축을 위한 기초 연구」, 『이중언어학』 21, 이중언어학회, 98-120.

김정은(2004), 「일본어권 학습자의 조사 오류 양상」, 『한국어교육』 15(1), 1-31.

김중섭(2002), 「한국어 학습자의 연결 어미 오류 양상에 관한 연구」, 『한국어 교육』 13(2), 87-109.

_____(2005), 「외국인을 위한 한국 문화 교육 연구의 현황 및 과제」, 『이중언어학』 27, 59-85.

김중섭·이정희(2008), 「일본인 한국어 학습자의 작문에 나타난 주격조사 오류 연구」, 『이중언어학』 36, 69-91.

나카가와 마사오미(2007), 「일본어권 학습자를 위한 한국어 경어법 교육 연구」, 『한국어교육』 18(1), 101-124.

박동근(2007), 「현대국어 강조부사 범주의 설정과 기능적 분석」, 『한글』 275, 129-163.

박미선(2008), 「중국인 학습자의 정도부사 '너무'의 사용 경향 연구」, 『이중언어학』 37, 이중언어학회, 85-112.

박선자(1996), 『한국어 어찌말의 통어의미론』, 세종출판사.

사와다 히로유키(2004), 「일본어권 한국어 학습자 작문에 나타난 접속부사의 사용과 오용 양상」, 『국어교육연구』 14, 147-182.

서상규 외(2006), 『외국인을 위한 한국어 학습 사전』, 신원프라임.

서울대학교 언어교육원(2000), 『한국어1』, 문진미디어.

서정수(1975), 「국어 부사류어의 구문론적 연구」, 『현대국어문법』(남기심·고영근·이익섭 편저), 계명대학교출판부, 67-98.

석주연·안경화(2003), 「한국어 학습자 표현 오류분석의 몇 가지 문제」, 『한국어교육』 14(3), 189-215.

성균어학원(2004), 『배우기 쉬운 한국어1』, 성균관대학교출판부.

손남익(1995), 『국어 부사 연구』, 박이정.

안경화·양명희(2003), 「중간언어 의미 체계 정립을 위한 오류 분석의 실제」, 『어문연구』 31, 403-426.

안주호(2003), 「한국어 구어에서 정도부사 '되게'에 대하여」, 『언어과학연구』 4, 149-166.

양명희(2004), 「일본어권 고급 학습자의 오류」, 『한국어 의미학』 15, 329-352.

연세대학교 한국어학당(1992), 『한국어1』, 연세대학교 출판부.

우인혜(1998), 「일본인 한국어 학습자의 오류 연구」, 『새국어교육』 56, 47-71.

유현경(1998), 『국어 형용사 연구』, 한국문화사.

유현경·서상규(2002), 「한국어 학습자 말뭉치에 나타난 부사 사용에 대한 연구」, 『이중언어학』 20, 215-236.

이규호(2008), 「체언 수식 부사」, 『국어학』 51, 3-28.

이정희(2002), 「한국어 학습자의 표현 오류 연구」, 경희대학교 박사학위논문.

이충우(1986), 「국어 정도부사의 동사 수식에 대하여」, 서울대학교 석사학위논문.

이화여자대학교 언어교육원(1998), 『말이 트이는 한국어1』, 이화여자대학교출판부.

임규홍(2002), 「국어 정도 부사 '너무'의 화용론적 의미」, 『배달말』 30, 1-22.

_____(2004), 「정도부사 '너무'의 어형성과 공기 특성」, 『우리말글』 32, 1-24.

임유종(1999), 『한국어 부사 연구』, 한국문화사.

조철현 외(2002), 한국어 학습자의 오류 유형 조사 연구, 2002년도 국어정책 공모과제 연구보고서, 문화관광부.

최홍열(1997/2005), 『정도부사의 유의어 연구』, 역락.

한국어문화연수부(1992), 『한국어 회화1』, 고려대학교 민족문화연구소.

한송화(2002), 「한국어 학습자의 오류 분석-전성 어미에서의 오류」, 『외국어로서의 한국어 교육』(구, 말) 27, 571-608.

한영균(2007), 「한국어 어휘 교육과 어휘 통계 정보」, 『한국어 교육』18(3), 249-272.

홍사만(2002), 「국어 정도 부사의 피한정어 연구」, 『어문학』76, 153-174.

홍은진(2004), 「일본인 한국어 학습자의 어휘 오류 분석」, 『사회언어학』12(1), 271-299.

淺野百合子(1984), 程度副詞の分析―ずいぶん、だいぶ、なかなか、かなり、相当、『日本語敎育』52, 日本語敎育學會, 47-54.

工藤浩(1983), 程度副詞をめぐって, 『副用語の研究』(渡辺實編), 明治書院.

坂口和寛(1996), 副詞の語彙的意味が統語的現狀に与える影響, 『日本語敎育』96, 日本語敎育學會, 1-12.

佐野由紀子(1998ㄱ), 程度副詞と主体変化動詞との共起, 『日本語科學』3, 7-22.

_____(1998ㄴ), 比較に關わる程度副詞について, 『國語學』195, 國語學會, 99-112.

小學館・韓國金星出版社(1983), 『朝鮮語辭典』, 小學館.

仁田義雄(1983), 動詞に係る副詞的修飾成分の諸相, 『日本語學』2(10), 18-29.

Brown, H. D.(2007), *Principles of Language Learning and Teaching*, 5th *Ed.*, Longman.

Corder, S. P.(1981), *Error Analysis and Interlanguage*, Oxford University Press.

Hughes, A & C. Lascaratou(1982), Competing criteria for error gravity, *ELT Journal,* 36(3), Oxford University Press, 175-182.

Lennon, P.(1991), Error : Some Problems of Definition, Identification, and Distinction, *Applied Linguistics* 12(2), Oxford University Press, 180-196.

Sheorey, R.(1986), Error perceptions of native-speaking and non-native-speaking teachers of ESL, *ELT Journal 40(4),* Oxford University Press, 306-312.

제4부
학문 목적 한국어의 글쓰기와
동료 튜터링(peer tutoring)

제 1 장

학문 목적 한국어의 글쓰기 현황과 방향

1. 서론

이 장의 목적은 각 대학의 교양 필수과목으로 개설되어 있는 특수 학문목적 글쓰기 강좌들의 현황을 살펴본 뒤에 특수 학문목적 글쓰기의 교육 목표 및 교육 내용, 운영 체계를 제시하는 데 있다. 법무부의 출입국·외국인 정책 본부의 2012년 6월 보고에 의하면, 현재 국내 체류 외국인 학생은 유학생이 64,844명이며 한국어 연수생이 19,636명으로 총 84,480명이 체류하고 있다.[1] 국내 체류 외국인 학생이 이렇게 급증한 이유는 정부가 2004년부터 'Study Korea Project'라는 외국인 유학생 유

---

[1] 출입국·외국인정책본부(http://www.immigration.go.kr)의 보고(2012. 6. 30)에 의하면, 2000년 이후 외국인 유학생이 급속도로 증가하다가 2012년에는 소폭 감소하였음을 알 수 있다.

연 도	2007	2008	2009	2010	2011	'11년 6월	'12년 6월
합 계	56,006	71,531	80,985	87,480	88,468	86,971	84,480
유 학 (D-2)	41,780	52,631	62,451	69,600	68,039	68,280	64,844
한국어연수 (D-4·1)	14,226	18,900	18,534	17,880	20,429	18,691	19,636
전년대비 증감률	-	27.7%	13.2%	8.0%	1.1%	-	-2.9%

치 프로젝트를 실시하면서 국내 대학들이 내외적 필요에 의해 적극적으로 유치 활동을 하였기 때문이다.[2] 그러나 외국인 유학생의 수적 증가에 비해 그들의 교육환경 내지 복지는 상대적으로 미흡하여 유학생들이 불편을 겪고 있는 실정이다. 특히 학습자들의 한국어 실력은 대학의 교육 과정을 원활히 이수하기에 부족한 경우가 많으므로 학습자뿐 아니라 교수자들도 힘들어 한다.[3] 여러 대학이 제시하고 있는 입학 조건은 한국어 능력 4급 이상이지만 이것은 일상생활을 위한 한국어 실력이지 대학의 교과과정을 이수할 수 있는 조건이라고는 할 수 없다.[4]

이러한 상황을 고려하여 대학들은 외국인 학습자를 고려한 교양과목 글쓰기 관련 강좌를 개설하고 있다. 이 중에서 교양필수과목 글쓰기 강좌는 특수 학문목적 한국어(Korean for Specific Academic Purposes, KSAP)의 범주에 속하는 것으로서 다양한 관점에서 교수법과 교육 내용을 연구하고 있다(강현화 2007 : 12). 여기서 말하는 특수 학문목적 한국어는 학문목적 한국어(Korean for Academic Purposes, KAP)의 하위 영역으로 외국인 학습자가 대학에 입학한 후에 사용하는 한국어를 말한다.[5]

한국인 학생을 대상으로 한 대학 글쓰기나 외국인 학습자를 대상으로

---

2) 이 프로젝트는 2010년까지 연간 5만 명을 유치하는 것이 목표였으나 2007년에 달성하자 2012년까지 연간 10만 명 유치로 상향 조정하였다.

3) 유해준(2007 : 25)의 설문조사에 의하면, 외국인 학습자의 80% 이상이 발표하기나 보고서 쓰기를 어려워하고 있다.

4) 외국인 유학생의 대학 입학 자격은 대체로 한국어능력시험 4급 이상이거나 대학 자체 부설 한국어교육기관 4급 수료 이상이므로, 이들의 수준이 한국의 대학 교과과정을 이수하기는 쉽지 않다. 수도권소재 대학의 외국인 학생 입학 조건은 박새암(2008 : 27) 참조 바람.

5) 한국어 교육은 Dudley-Evans & ST John(1998) 등의 영어교육 분류법을 참고하여, 교육 내용에 따라 일반목적 한국어(Korean for General Purpose, KGP)와 특수목적 한국어(Korean for Specific Purpose, KSP)로 나누고, 특수목적 한국어는 학문목적 한국어(Korean for Academic Purpose, KAP)와 직업목적 한국어(Korean for Occupational Purpose, KOP)로 나눌 수 있다. 그리고 학문목적 한국어는 교과 과정의 단계에 따라 일반학문목적 한국어(Korean for General Academic Purposes, KGAP)와 특수 학문목적 한국어(Korean for Specific Academic Purposes, KSAP)로 구별할 수 있다(최정순 2006 : 282, 강현화 2007 : 12 참조).

한 학문목적 한국어는 2000년대에 들어선 후 교육내용, 교육방법, 교육 평가 등 여러 관점에서 논의되어 왔다. 다만, 특수 학문목적 한국어는 일반 학문목적 한국어의 연구가 어느 정도 진행된 뒤에 관심을 가질 수 밖에 없는 영역이므로 아직 초기 단계라 할 수 있다(강현화 2007, 신필여 2008, 박새암 2008, 박석준 2008, 최은규 2009, 홍혜준 2009, 양태영 2009, 한송화 2010, 강희숙 2011 등 참조). 학문목적 글쓰기에 관한 선행연구는 적극적으로 진행되어 왔지만 특수 학문적 글쓰기에 대한 현황이나 방향성은 지금까지 자세히 논의되지 못하였다. 그리하여 본고에서는 교양 필수과목으로 개설된 특수 학문목적 한국어 글쓰기 강좌의 현황을 파악하고 그 방향성을 살펴보고자 한다. 조사 대상은 2011년 수도권 소재 대학교의 특수 학문목적 한국어 글쓰기 강좌이며 조사 방법은 해당 대학의 인터넷 홈페이지, 글쓰기 담당 교수자와의 전화 인터뷰를 병용하고자 한다.

2. 국내의 대학 글쓰기 교육

국내 대학의 글쓰기 교과목은 '대학 국어'나 '작문'과 같은 강좌에서 비롯되었으며 본격적인 글쓰기 교과목의 체계는 21세기에 들어서서야 틀을 형성하였다. 그 이전까지는 대학의 국어 교과목의 상위 목표가 고등학교 국어 교과와 같았고 수업 방식도 고등학교 국어의 연장선에 불과하였다. 그리하여 송현호(1995 : 496-498)에서는 대학의 문제점을 해결하기 위해서 고등학교와 구별된 전문적이고 고급화된 강좌가 개설되어야 하고 교육 환경 및 평가 기준의 개선이 필요하다고 주장하고 있다. 비록 구체적인 개선 방안이 제시되어 있지는 않으나 대학의 국어 교과에 대한 문제의식을 명시적으로 드러낸 바가 있다.

대학의 국어 교과에 대한 이러한 변화 욕구는 학술적 글쓰기에 대한 필요성으로 전환되었다. 대학이 요구하는 글은 신변잡기적이거나 문학적인 장르보다 전문적이면서 학술적인 글을 요구하므로, 전형적인 형식과 규칙 그리고 표현력 등을 골고루 갖추어야 한다. 즉 대학이 요구하는 형식과 내용을 갖추어야 전문적인 좋은 글이 될 수 있는 것이다.

이처럼 대학에서 필요로 하는 글은 형식과 내용이 모두 충족되어야 하는 것이므로 학술적 글쓰기 강좌들도 이에 준하는 교육 목표를 설정하고 있다. 다만 학술적 글쓰기의 교육 목표를 어떻게 명시적으로 할 것인가 하는 것은 대학마다 입장이 다르다. 글쓰기의 기능적 측면에 중점을 두기도 하고 다양한 문식성 또는 논리적 사고력 향상에 중점을 두기도 한다. 그리고 글쓰기가 글 읽기와 완전히 분리될 수도 없을 뿐만 아니라 글쓰기를 통해 사고력과 논리력이 향상되는 것도 익히 알려진 사실이므로 글쓰기가 도구적 기능만 하는 것은 아니다(정희모 2005 : 120-123). 그것은 한두 학기만으로 수강생들의 글쓰기 능력이 뚜렷하게 향상되지 않는다는 점에서도 알 수 있다.

글쓰기의 목표는 전문적인 글을 쓸 수 있는 능력을 함양하는 1차적 목표와, 사고력과 다양한 문식성을 갖출 수 있도록 하는 2차적 목표로 나눌 수 있다.6) 물론 글쓰기의 거시적 목표는 두 성격을 모두 아우르는 것이지만, 한 학기 안에 이들의 목표를 모두 달성한다는 것은 불가능하므로 1차적 목표를 바탕으로 하되 2차적 목표와 조화를 이루어 교육 목표를 설정하고, 목표 달성을 위해 다양한 글쓰기 프로그램을 개발하는 것이 필요하다.7) 그리하여 글쓰기 교육의 목표와 방향을 어떻게 설정할

---

6) 학술적 글쓰기의 목표와 내용에 대해서는 4장에서 자세히 다루게 된다.

7) 정희모(2004), 김신정(2007), 김명환(2008), 김성숙(2008), 이상혁(2009), 백미숙(2010) 등에서는 미국의 여러 대학에서 실시하고 있는 글쓰기 프로그램을 소개하고 있는데, 가장 야심차게 글쓰기 교육을 실시하고 있는 대학으로는 스탠포드 대학과 MIT를 들 수 있다. 스탠포드 대학은 2001년부터 새로운 글쓰기 교과과정인 Program in Writing and Rhetoric(PWR)을 개설하여 1단계(글쓰기 중심), 2단계(글쓰기, 말하기), 3단계(전공 글쓰기)

것이며 전공별 글쓰기를 어떻게 특성화시킬 것인지, 교육 방법 및 교육 평가 등을 어떻게 고안하여 실시할 것인지 등을 논의하면서 발전시켜 나가야 한다.[8] 이러한 관점은 특수 학문목적 한국어 글쓰기에도 해당되므로 지속적으로 이들을 연구해야 한다.

3. 특수학문목적 글쓰기의 교육 현황

대학 글쓰기 교과목이 공통 필수과목으로 개설되어 있으면 외국인이나 재외국민도 반드시 이수해야 한다. 여러 대학들은 외국인 학습자의 이러한 학습 환경을 고려하여 외국인반을 별도로 개설하여 운영하기도 한다.[9] 그러나 어떤 대학에서 어떤 교육과정으로 가르치고 있는지는 정확히 논의되지 못하고 있다. 물론 박석준(2008), 최은규(2009), 강희숙(2011) 등을 통해 학문목적 한국어, 즉 대학 입학하기 전의 교육 현황이나 내용은 확인할 수 있으나 교양 필수과목으로 개설되어 있는 특수 학문목

의 구성으로 교양과정과 전공과정에 모두 글쓰기를 이수하도록 의무화하고 있다. 다음으로 MIT는 일반 교양 글쓰기와 전공 글쓰기를 각각 두 개로 나누어 총 4개의 필수 과목을 이수해야 하며 각 단계에서 글쓰기와 구술발표법을 모두 가르치고 있다. 이들 대학들은 공통적으로 교양 과정과 전공 과정에 글쓰기를 실시하고 있는데, 이러한 교과 과정이 효율성을 거두기 위해서는 각 대학의 실정에 적합한 구체적인 교육 과정을 제시할 수 있어야 한다. 한편 양승국(2012)의 '한국어글쓰기 능력 강화 프로그램'에서는 서울대학교 '대학국어' 수강생을 대상으로 글쓰기 능력 모의시험을 실시하였다. 무엇보다 평가 항목을 세분화하여 단대별 또는 개인별 특징을 파악하였고 주관적인 글쓰기를 객관적으로 평가하였다는 것에 의의가 있다.

8) 대학 글쓰기의 교육 목표와 방향에 대한 연구는 정희모(2001, 2005, 2006), 김진해(2008), 최시한(2009) 등이 있으며, 전공별 교육 방안에 대해서는 신선경(2006), 이황직(2006), 강명구 외(2008), 이수곤(2009) 등을 참고할 수 있고, 교육 방법 및 교육 평가는 석주연(2005), 박기영(2008), 정희모·이재성(2008), 염민호·김현정(2009), 배식한(2010), 진정일(2011) 등을, 작문 이론의 변화에 대한 연구는 이재승(2010) 등을 참고할 수 있다.

9) '외국인반'은 외국인이나 재외국민이 글쓰기 강좌를 이수하는 반이며 '일반반'은 한국에서 정규 과정을 받은 한국인이 강좌를 이수하는 반이다. 대학마다 차이가 있지만 대부분 '외국인반'은 외국인과 재외국민을 모두 포함하며 소수 대학은 순수 외국인만을 지칭하기도 한다.

적 글쓰기 강좌에 대한 현황 조사는 아직 논의되지 못하였다. 그리하여 이 장에서는 국내 대학교에서 교양 필수과목으로 개설된 특수 학문 목적 한국어 글쓰기, 즉 외국인반 학술적 글쓰기의 현황을 검토해 보고자 한다.

조사 대상은 수도권에 소재한 일부 대학교로 한정하며 조사 항목은 글쓰기 교과목 담당 기관, 학점 및 주당 시간, 정원, 강좌명, 외국인 및 재외국민 분반 여부, 개설 강좌수이며 조사 방법은 인터넷 홈페이지를 참고하면서 담당 교수와의 전화 인터뷰에 중점을 두었다. 외국인반 강좌는 일반반보다 강의의 목표나 방향이 변동이 있을 가능성이 높으므로 인터넷 홈페이지보다 담당 교수자와의 인터뷰를 통해 현황을 파악하고자 하였다. 이제 각 대학교의 외국인반 운영 현황이 어떠한지 살펴보자.

가톨릭대학교는 한국어교육센터와 연계하여 외국인반을 탄력적으로 실시하고 있다. 1학년은 한국어교육센터에서 '외국인을 위한 한국어' 강좌를 개설하고 2학년은 교양교육원에서 학술적인 글쓰기에 중점을 둔 '외국인을 위한 CAP' 강좌를 개설하고 있다. 일반반은 교양교육원에서 개설한 '분석과 비판의 기초'(1학년)와 '인문학 글쓰기'(2학년)를 이수해야 하며 2학년부터는 전공별 글쓰기에 중점을 두고 있다.

경희대학교는 2011년도부터 학부대학을 '후마니타스 칼리지'로 개명하면서 글쓰기의 체계도 수정하였다. 글쓰기 교과목으로는 1학년을 대상으로 하는 개론적인 글쓰기 '글쓰기1'과 2학년을 대상으로 하는 학술적인 글쓰기 '글쓰기2'가 있으며 정원은 20명으로 제한하고 있다. 이때 외국인반은 '글쓰기1'에만 개설되어 있고 한 학기에 약 10개의 강좌가 개설된다.

고려대학교는 교양교육원에서 관장하고 있으며 '사고와 표현' 강좌명으로 개설되어 있다. 다른 대학교와 가장 큰 차이점을 보이는 것은 외국인반 강좌를 전임교수나 글쓰기 담당 교수가 가르치는 것이 아니라 국제어학원의 한국어문화교육센터에 위촉하여 강좌를 진행하고 있다는 것이다. 강좌는 학습자의 수준에 따라 초급반, 외국인반, 교포반(재외국민반)으로 구분하여 실시하고 있다.

서울대학교는 기초교육원에서 관장하고 있으며 교양교육과정의 한 영역인 '학문의 기초'의 하위 부류로 '글쓰기의 기초' 강좌명이 있다.10) 학술적 글쓰기는 '글쓰기의 기초'에서 시행하고 있으며 외국인반과 재외국민반을 분반하여 개설하고 있다. 그리고 외국인반을 효율적으로 운영하기 위해 2010년 2학기부터 '피어튜터링'(peer tutoring)과 같은 보조 교육 프로그램을 활용하고 있다.11)

서울시립대학교는 교양교직부 글쓰기센터에서 '기초글쓰기', '발표와 토론', '한자와 언어생활'(인문사회계열)을 운영하고 있으며 2012년 2학기부터 모든 글쓰기 강좌에 외국인반이 별도로 개설된다.

숙명여자대학교는 의사소통센터에서 '글쓰기와 읽기', '발표와 토론'을 개설하고 있다. 전자의 경우는 순수외국인반만 개설되어 있어서 재외국민은 한국에서 교육을 받은 한국인 학생과 동일한 환경에서 교육을 받고 있었으며 후자의 경우는 한국인반만 개설되어 있다.

연세대학교는 학부대학에서 관장하고 있으며 '글쓰기' 강좌에서 학술적 글쓰기를 실시하고 있다. 그러나 외국인이나 재외국인의 한국어 실력이 한국어 6급 이하이면 '글쓰기' 강좌 이전에 '기초한국어 글쓰기'라

---

10) 서울대학교는 2014년 2학기부터 강좌명이 '대학국어'에서 '글쓰기의 기초'로 변경되었으며 체계도 교양 필수에서 단대별 교양 선택으로 바뀌었다.

11) 피어튜터링은 서울대학교 기초교육원에서 외국인 및 재외국민 학생을 위해 만든 프로그램으로 외국인 2명과 한국인 1명을 한 조로 구성하여 한국인 학생이 외국인 학생의 작문이나 과제를 점검하고 도와준다. 일주일에 2회(각 1시간) 만나는 것을 원칙으로 하며 이에 필요한 재정은 기초교육원에서 부담하고 있다. 피어튜터링의 효과와 한계에 대해서는 김지현(2011)을 참조할 수 있다.

는 선이수 과목을 이수해야 한다. 이러한 교육 체계는 외국인이나 재외 국민이 한국의 교육 과정에 쉽게 적응할 수 있도록 도와주는 모범적 체계라고 할 수 있다.

한양대학교는 '말과 글'의 강좌명 아래 외국인반이 개설되어 있다. 일반반은 '말이 힘이다, 삶이 문화다'와 '창조적 사고와 글쓰기' 강좌를 매주 각 2시간씩 수강하고 외국인반은 '외국인을 위한 글쓰기'가 별도로 개설되어 있다.

지금까지 검토한 수도권 소재 일부 대학교의 2012년도 학술적 글쓰기 강좌 현황을 요약하여 제시하면 [표 1]과 같다.

[표 1] 수도권 일부 대학들의 특수 학문목적 한국어 글쓰기 강좌 현황

	담당기관	학점/시간	인원	강좌명	재외국민/외국인 강좌
가톨릭대	교양교육원	2학점/2시간	25~30	외국인을 위한 한국어 (1학년)	외국인반(1강좌) 한국어교육센터
				외국인을 위한 CAP (2학년)	학술적 글쓰기 지도 외국인반(1강좌)
경희대	학부대학 (후마니타스 칼리지)	2학점/3시간	20	글쓰기1 (1학년)	외국인반(10강좌) 개론적 글쓰기
				글쓰기2 (2학년)	학술적인 글쓰기 외국인반 없음
고려대	교양교육원	2학점/3시간	30	사고와 표현	초급반 외국인반(4강좌) 재외국민반
서울대	기초교육원	3학점/4시간	30	대학국어	재외국민반(2~4 강좌) 외국인반(1강좌)
서울시립대	교양교직부 글쓰기센터	2학점/3시간	30	기초글쓰기	외국인반 개설 (2011년도 개설)
				발표와 토론	외국인반 개설

	담당기관	학점/시간	인원	강좌명	재외국민/외국인 강좌
					(2012년 2학기 개설)
				한자와 언어생활	인문사회계열 필수 외국인반 개설 (2012년 2학기 개설)
숙명여대	의사소통센터	2학점/2시간	30	글쓰기와 읽기	순수외국인반(1~2강좌)
				발표와 토론	외국인반 없음.
연세대	학부대학	2학점/2시간	20	기초한국어 글쓰기	선이수 과목(4강좌) 한국어 6급 이하
		3학점/4시간	20	글쓰기	특례반(외국인반 명칭)
한양대	학부대학 교양국어	3학점/4시간	45	말과 글	외국인반(1~2강좌)

[표 1]을 통해 확인할 수 있는 바와 같이 대학마다 주관하는 기관도 다르고 학점이나 시간, 외국인과 재외국민의 분반 여부 등 다르게 실시되고 있음을 알 수 있다. 교육 여건이 이렇게 다양한 것은 각 대학의 현황과 밀접할 것이다. 특수 학문목적 글쓰기 담당자와의 전화 인터뷰에 의하면, 교수자들이 어려워하는 것 중 하나는 매 학기 수강생의 분포가 다르고 학습자의 한국어 수준도 편차가 심하여 학술적 글쓰기의 교육 목표와 교육 내용을 명시화하기 어렵다는 것이다. 이러한 교육 환경의 제약은 어느 대학에서나 발생할 수 있는 문제이다.

4. 특수 학문목적 한국어 글쓰기의 방향성

국내 대학에서 실시하고 있는 외국인반 글쓰기 강좌에 대해 담당 교수자와 인터뷰를 실시해 본 결과, 학교마다 편차가 많았으며 이러한 문

제점을 해결하기 위해서는 교육 방법이나 교육 내용을 지속적으로 재검
토하는 것이 필요하다. 이해영(2004), 김정숙(2007), 김지영(2007), 장향실·
김서형(2009), 한송화(2010), 이인영(2011) 등에서는 대학입학 전후 과정의
한국어교육에 관한 여러 지도 방안과 수업 모형을 구체적으로 제시하고
있으나 이러한 교수 방안을 논하기 전에 외국인반 글쓰기의 교육 목표
를 어떻게 설정할 것인가도 심도 있게 논의되어야 한다고 본다. 교양
필수과목의 특성상 외국인뿐 아니라 한국인도 학술적 글쓰기를 학습하
므로 일반반과 외국인반의 목표를 차별화하는 것이 필요한지 아니면 동
등한 목표로 접근하는 것이 유익한지 검토되어야 한다. 지금까지 특수
학문목적 한국어 글쓰기에 대한 교육 목표와 체계는 거의 검토되지 않
았으므로, 이 장에서는 외국인반 글쓰기 교육의 목표와 내용, 운영 체계
등을 살펴보고자 한다.

4.1. 외국인반 학술적 글쓰기 강좌의 교육 목표

외국인반의 학술적 글쓰기 교육의 목표를 논함에 있어서 가장 핵심적
인 논의는 교육 목표를 일반반과 구별할 필요가 있는가 하는 것일 것이
다. 결론부터 말하자면, 외국인반과 일반반의 학술적 글쓰기의 거시적
목표를 구별할 필요는 없다는 것이다. 물론 미시적 목표나 교과 내용,
교육 방법은 달리해야 하겠지만 학술적 글쓰기의 거시적 목표는 같아야
한다는 것이다.

일반반과 외국인반의 교육 목표가 동일해야 하는 이유는 외국인도 한
국의 대학교에서 정규 과정을 이수해야 하기 때문이다. 다시 말해, 한국
의 대학교에서 정규 과정을 받고 있는 외국인 학생이라면 한국인과 동
일하게 모든 과정을 이수해야 하는 것이 현실이다. 한국인 학생들이 학

술적 글쓰기 강좌를 통해 대학이 요구하는 학술적인 쓰기 방법을 터득하고 그것을 이용하여 과제를 제출함으로써 자신들의 노력에 부합하는 결과를 얻는 것에 반해, 외국인 학생들이 학술적 글쓰기를 글쓰기 강좌에서 학습하지 않는다면 대학이 요구하는 비판적 문식성(critical literacy)[12]을 기대하기도 어려울 뿐만 아니라 한국인 수강생과 격차가 더 심하게 발생할 가능성이 높다. 그러므로 외국인반의 학술적 글쓰기 교육의 거시적 목표를 일반반과 동궤를 이루는 것이 필요하다.

　학술적 글쓰기는 어휘력, 텍스트 이해력, 표현력, 사고력 등이 총체적으로 작용해야 하는 고급 글쓰기에 해당된다. 대학마다 글쓰기 교육의 목표가 다르겠지만 궁극적으로는 비판적 문식성의 신장과 '학습을 위한 쓰기'(writing to learn)[13]의 방법론이 대두될 수밖에 없다(정희모 2001 : 197-200). 이러한 목표 설정은 대학의 글쓰기가 추구하는 것이 학술적 글쓰기이기 때문에 더욱 그러하다. 주제와 관련된 텍스트를 읽으면서 배경 지식을 확장하고 더불어 비판적 안목까지 가져야 자신이 말하고자 하는 바를 정확히 기술할 수 있다. 그러나 외국인 및 재외국민은 한국어 텍스트 이해력과 표현력에서 한계를 가질 수밖에 없다. 학술적 글쓰기의 목표가 도구적 성격, 즉 표현력에만 치중한다면 학술적 글쓰기의 방법을 터득하기 어려울 수도 있다. 올바른 글을 쓰기 위해 언어규범이나 문장만을 강조할 수 없다는 것이다. 그러므로 외국인반 학술적 글쓰기의 목표도 일반반과 동일한 교육 목표 아래에 실행되어야 한다.

---

12) 비판적 문식성(critical literacy) 개념은 Gee(1990)에서 'Multi-literacy' 개념과 함께 등장한 용어이다. 이것은 고전적 개념의 문식성이 아니라 정보가 넘쳐나는 환경 속에서 정보를 찾고 걸러내고 분석하고 종합하고 평가할 수 있는 종합적인 비판 능력을 말한다고 할 수 있다. 자본주의 경제 질서와 민주적 사회 질서를 유지 발전시켜 나가는데 비판적 문식성은 매우 중요한 능력이라 할 수 있다. 문식성에 대한 구체적 논의는 이병민(2005), 정혜승(2008) 등 참조.
13) 'writing to learn'의 중요성은 Emig(1977), 배식한(2010 : 194) 참조.

그렇다면 학술적 글쓰기의 목표는 무엇으로 상정하는 것이 적절한가. 글쓰기의 목표는 이론과 실제가 균형을 이루도록 하는 것이 필요하다. 한 학기 동안 이론과 실제를 균형 있게 교수하기 위해서는 교육 내용의 범위를 국한하는 것이 유용하다. 교육 내용이 너무 광범위하거나 많으면 교수자와 학습자가 모두 부담을 가질 수밖에 없기 때문이다. 그러므로 학술적 글쓰기의 목표는 글쓰기에 대한 기본적 이론과 지식, 글쓰기 실습, 첨삭 지도 등의 1차적 목표와, 어휘력과 사고력을 함양하는 2차적 목표를 아우르는 것이 필요하다.[14] 학술적 글쓰기 교과는 학술적 글쓰기에 중점을 두는 것이 바람직하므로 외국인반 학술적 글쓰기도 이러한 관점에서 목표를 설정해야 한다.

---

14) 서울대학교 '대학국어'의 교육 목표는 양승국(2011 : 44), 연세대학교 '글쓰기' 강좌의 목표는 정희모(2001 : 190)를 참고할 수 있다. 그리고 아래 표는 서울대학교 2011년에 실시한 외국인반의 강의계획서이다. 글쓰기에 중점을 두되 발표와 토론도 중요한 하위영역에 포함시키고 있다. 다만, 순수외국인반은 학생들의 실력 차이를 고려하여 개별 발표한 뒤에 논문을 제출하도록 하고 있으며 재외국민반은 조별 중심으로 논문 발표를 하도록 하고 있다.

주	강의 내용
1	자기소개(3분 발표)-소주제
2	문장 쓰기, 단락쓰기
3	인용 및 주석
4	요약하기, 서면 첨삭 지도
5	주제·개요 짜기, 자료 검색, 조별 토론하기
6	한자어시험1차, 서면 첨삭 지도
7	글쓰기 방법 : 정의 및 분류, 글쓰기 실습
8	글쓰기 방법 : 비교, 글쓰기 실습
9	글쓰기 방법 : 논증, 글쓰기 실습
10	실용적 글쓰기(이메일, 편지 등), 감상문(미술관)
11	한자어시험2차, 대면 첨삭 지도
12	개별발표(조별 발표) 및 토론
13	개별발표(조별 발표) 및 토론
14	개별발표(조별 발표) 및 토론
15	기말고사

(1) 외국인반의 학술적 글쓰기 교육 목표

학술적 글쓰기의 목표는 학생들이 대학 과정을 원활하게 이수할 수 있도록 대학에서 요구하는 학술적인 글쓰기 능력을 함양하며, 교양인으로서 갖추어야 할 사고력, 표현력, 어휘력을 함양하는 데 있다. 이를 위해 필요한 구체적 목표는 다음과 같다.

첫째, 글쓰기 이론과 실습, 담당 교수의 첨삭 및 대면 지도를 통해 정확한 글쓰기 능력을 함양한다.

둘째, 고급 한자어나 전문 용어 학습을 통해 어휘력을 함양한다.

셋째, 텍스트 분석 및 자료 읽기를 통해 사고력을 함양한다.

넷째, 보고서 발표 및 토론, 조별 활동 등을 통해 의사소통능력을 함양한다.

(1)의 교육 목표는 글쓰기의 이론(인용, 주석, 글의 구성 등)을 학습하여 자신의 생각을 글로 표현할 수 있는 능력을 함양하는 1차적 목표와, 어휘력, 사고력, 의사소통능력을 함양하는 2차적 목표를 아우른다. 1차적 목표가 글쓰기 강좌의 핵심적 요소임은 두말할 필요는 없으나 글쓰기는 종합적인 능력을 요구하므로 2차적 목표도 병행되어야 효율적이다. 그러므로 학술적 글쓰기의 거시적 목표는 글쓰기 능력, 어휘력, 사고력, 의사소통능력을 향상시키는 것이며 일반반과 외국인반에 공통적으로 요구된다. 물론 구체적인 교과 내용에 있어서는 일반반과 외국인반이 부분적인 차이를 보일 수 있으나 교육 목표에 차이를 두는 것은 적절하지 않다.

4.2. 외국인반의 학술적 글쓰기의 교육 내용

학문목적 글쓰기의 교육 내용으로 Richards(2002), Jordan(2003 : 7)은 '노트 필기하기, 학위논문 작성하기, 보고서 작성하기, 시험답안 작성하기, 발표문 작성하기' 등을 포괄적으로 제시하고 있다. 이러한 학습 내용은 외국인 학습자가 대학 생활을 영위하기 위한 필수적 요소이지만 외국인반의 학술적 글쓰기 강좌, 즉 특수 학문목적 글쓰기에서는 논문 또는 보고서 작성하기에 중점을 두는 것이 더 적절하며 노트 필기나 시험답안 작성하는 방법은 한국어 교육기관이나 선수 교육과정에서 교육하는 것이 더 적절하다고 판단된다. 그렇다면 특수 학문목적 글쓰기에서는 구체적으로 어떠한 교육 내용과 교수법이 필요한지 살펴보자.

첫째, 글쓰기 능력 함양을 위해 학술적 글쓰기와 관련된 이론과 실습을 학습한다. 학술적 글쓰기는 교양과정에 적합한 논문이나 보고서를 쓰는 것이 목표이므로 (2)와 같은 항목 중심으로 교육 체계를 정하는 것이 필요하다.

> (2) 가. 격식적인 문장 쓰기
> 나. 문단 쓰기 및 짧은 글쓰기(정의, 분류, 비교/대조, 논증 등)
> 다. 인용 및 주석, 참고문헌 작성
> 라. 주제 잡기
> 마. 자료 수집
> 바. 개요 및 목차 쓰기

특수 학문목적 글쓰기에서는 문장 단위의 미시구조보다 문단 단위의 거시구조나 글 단위의 최상위 구조 연습에 더 중점을 두는 것이 필요하지만, (2가)와 같은 미시구조, 즉 격식적 문체나 고급 어휘를 사용하는 방법을 학습하는 것도 필요하다.15) 일반학문 글쓰기에서는 비격식적 표현을 주로 학습하므로 학습자들은 비격식적 표현에 익숙해진 경향이 많아 격식적인 문체나 어휘를 연습하는 것이 필요한 것이다. 그리고 (2다)의 인용, 주석 및 참고문헌 등은 논문 작성의 중요한 형식적 요소이며 특히 간접인용은 표절을 방지할 수 있는 중요한 학습 내용이다.16)

(2라)의 주제 잡기는 논문에서 가장 어려우면서 중요한 영역이라 할 수 있다. 학습자가 적절한 주제를 선정할 수 있도록 지도하기 위해서는 학습자가 무엇에 관심을 가지고 있고 어떤 분야를 알고 싶어 하는가를 파악하는 것이 중요하다. 예를 들어, 2011년도 2학기 서울대학교의 경우 외국인반 학습자의 연구 주제는 '사회 형태의 현재와 미래 : 공산주의와 자본주의', '한국 배달 문화의 연구 : 중국 음식점과 피자 배달을 중심으로', 'K-리그의 활성화 방안', '카자흐어와 한국어의 비교' 등과 같이 한국과 학습자의 출생 국가를 비교하거나 한국의 특성에 대해 연구하는 주제가 많았고, 재외국민반의 경우에는 '장애인 인권 침해의 문제점과 해결방안', '국제결혼 이주여성들이 직면하는 어려움과 해결방안', '반값 등록금의 쟁점 논의 및 대안' 등 한국 사회의 현실적 문제점에 관심이 많았다. 이처럼 학술적인 글에서는 어떠한 주제를 선정하든지 간에 학습자가 관심을 가지고 연구할 수 있는 주제를 설정할 수 있도록 지도하는 것이 중요하다.

(2마)는 주제와 관련된 자료를 학술적 정보 홈페이지나 논문 등을 통해 수집하는 방법을 학습하는 것이다.17) 자료 수집 과정에서 학습자가

---

15) 텍스트의 구조에 대한 논의는 양태영(2009)을 참조하고 한국어교육의 격식적 표현에 대한 연구는 김정숙(2000 : 16) 참조.

16) 학술적 글쓰기에서도 논증 접근법, 각주 작성법, 문체 등을 기술하는 방법이 나라마다 차이점이 있음을 Hyland(2003 : 45-47)에서 밝히고 있다. 그러므로 학습자는 목표 언어의 언어 표현 방법이나 학술적 체계 등을 고려할 필요가 있다.

17) 논문검색사이트로는 한국학술정보(http://kiss.kstudy.com), 누리미디어(www.dbpia.co.kr), 한

가장 혼란스러워하는 것은 수많은 자료들을 어떻게 선별하여 찾을 수 있는가 하는 것이다. 학습자가 주제에 적합한 자료를 찾기 위해서는 먼저 핵심어을 중심으로 검색하고, 최근 논문이나 책부터 살펴보고, 학습자가 이해할 수 있는 자료를 수집하는 것이 유용하다. 가장 최근 자료부터 찾아야 시간을 덜 낭비하고, 어려운 텍스트나 자료는 원본을 왜곡하여 이해할 수도 있고 잘못 인용할 수 있기 때문에 학습자가 정확하게 이해할 수 있는 자료 범위 내에서 사용해야 한다.

(2바)의 개요 짜기나 목차 쓰기는 논문이나 보고서의 전체적 흐름을 제시하므로 매우 중요한 부분이다. 개요나 목차를 객관적으로 살펴보기 위해서는 조별 또는 개인별로 발표 및 토론을 하는 것도 유익하다. 예를 들어, 주제와 개요, 참고문헌을 각 조별로 10분 내외로 발표한 뒤에 다른 학생들의 의견을 들으면 자신들의 주제를 객관화할 수 있는 이점이 있다. 또 개요나 목차 작성법을 학습한 뒤이므로 학습자들은 형식 또는 내용상의 문제점을 서로 지적할 수도 있다.

둘째, 대학 교육 과정에 필요한 어휘력 함양을 위해 고급 어휘 및 전공 어휘를 학습한다. 이것은 외국인반에서는 중요한 항목이다. 학술적 글에 자주 쓰이는 고급 어휘나 전공 어휘는 대부분 한자어이므로 이 어휘들의 문맥을 파악하여 정확하게 쓸 수 있도록 지도하는 것이 필요하다.[18] 다만 여기에서 주의해야 할 사항은 '한자'가 아니라 '한자어'에 중점을 두어야 한다는 것이다.[19] 학습자에게 한자를 외워서 쓰게 하는 것보다 해당 한자어가 어떤 문맥에서 쓰이는지를 학습자가 정확하게 이해

국교육학술정보원(www.riss.kr) 등 참조.

[18] 한국어교육과 관련되는 어휘 목록 및 교육은 조남호(2003), 김낭예(2005), 신명선(2006), 방성희(2007), 유해준(2007), 강지현(2007), 김유미·강현화(2008), 서울대학교 대학국어 편찬위원회(2009)의 '한자어 익히기' 목록 등 참고.

[19] '한자' 교육 자체를 부정하기보다는 학술적 글쓰기 교과 과정에 포함시키기에는 무리가 따른다는 의미이다.

하고 사용하는 것이 더 중요하기 때문이다. 외국인 학습자가 한자어를
학습할 때에는 첫째, 사전을 이용하여 해당 한자어의 사전적 정의를 이
해하고 둘째, 해당 단어를 이용한 짧은 문장 만들기를 한 다음에 셋째,
한국어 원어민 화자에게 문장의 적절성을 점검받아야 한다. 왜냐하면
학습자가 한자어의 사전적 정의를 이해하였다고 하더라도 작문한 문장
이 비문이거나 어색한 문장일 경우가 있기 때문이다. 다음은 외국인반
학습자가 작성한 문장 만들기의 용례이다.

(3) 조정(調整)
　가.「표준국어대사전」어떤 기준이나 실정에 맞게 정돈함.
　나. 학습자 작문 : 동대문에 뭘 살 때 말을 잘하면 조정해 줄 수
　　있다.
(4) 성찰(省察)
　가.「표준국어대사전」자기의 마음을 반성하고 살핌.
　나. 학습자 작문 : 책이 인간의 불의와 사악함에 대해 성찰해서
　　사람들이 사회봉사를 하기는 마음을 갖는다.

(3나)의 '조정(調整)'과 (4나)의 '성찰(省察)'은 각 단어의 사전적 정의를
참고하여 학습자가 작성한 예문이다. 위의 예문에 의하면 학습자가 사
전적 개념을 이해하는 것과 그것을 활용하여 문장을 작성하는 것은 다
른 것임을 입증한다. 학습자에게 필요한 것은 개념을 이해한 뒤에 그것
을 정확하게 사용할 수 있는가 하는 것이다. 그리고 단어는 어느 환경
에서나 독립적으로 쓰이기보다 연어 관계를 보이는 구성이 더 일반적이
므로 이러한 구성을 우선적으로 학습하도록 지도하는 것이 필요하다.[20]

20) 김선효(2010)에서는 외국인 학습자를 위한 어휘적 연어 학습의 필요성을 설명하고 있다.
모든 단어는 어휘망(word-net)을 형성하고 있으므로 결합성이 높은 단어와 같이 학습하
는 것이 효율적이다.

셋째, 한국어의 텍스트 이해력을 향상시키기 위해 글 읽기를 병행한다.21)22) 학술적 글쓰기 강좌는 글 읽기에만 중점을 두지 않고 읽기와 쓰기를 병행하여 실시하는 것이 일반적이므로 텍스트 이해력 향상을 위해서는 '읽기-쓰기(reading-to-write)' 모형 학습을 동시에 진행하는 것이 적절하다(Flower 1990 : 5, 정희모 2005 : 125 참조). 특히 여러 교재에서 실시하고 있는 다양한 읽기 후 활동은 이러한 양상을 잘 보여주는 것이라 할 수 있다(박효훈 2011 참조). 특히 '요약하기'는 읽기, 텍스트 이해력 점검과 더불어 간접 인용의 능력도 향상시킬 수 있는 유용한 항목이다. 요약하기를 처음 실시할 때에는 긴 텍스트보다 짧은 텍스트가 더 효율적이며, '문단 줄이기> 문장 줄이기> 핵심 문장 쓰기'와 같은 단계를 거치면 학습자의 부담을 줄일 수 있다. 단계별 요약하기는 첫째, 주어진 텍스트에서 중심 문장 찾기를 하고 둘째, 각 문단의 중심문장들을 사용하여 한 문단으로 써 보기를 실시한 다음에 셋째, 한 문단을 한 문장으로 쓰기 등의 순서를 통해 요약하기를 학습할 수 있다. 읽기와 쓰기는 글쓰기에서 완전히 구별되는 범주가 아니라 읽기를 통해 쓰기가 향상되므로 이들을 상호보완적으로 활용하는 것이 효율적이다.

넷째, 의사소통능력을 함양하기 위해 발표와 토론 능력을 향상시키는 것이다. 발표나 토론과 관련된 화법의 방법은 학술적 글쓰기 강좌에서 핵심적 영역이 아닌 보조적 영역이므로 이와 관련된 지도는 개별 발표나 조별 발표의 내용에 대해 질의하는 방식으로 전개되는 것이 유익하

---

21) Mauranen(1996)에서는 외국어 학습자가 모국어 학습자에 비해 담화 기술에서 차이가 있음을 밝히면서 외국어 학습자가 텍스트를 이해할 때에 bottom-up 독해 전략을 사용하는 경향이 높다고 한다. 이러한 현상이 발생하는 원인 중 하나는 학습자가 목표 언어의 개별 문장이나 표현에 의존하는 경향이 높기 때문이다.

22) 학습자의 수준에 따라 중학교 또는 고등학교『국어』교과서,『유학생을 위한 대학 한국어 2 : 읽기 · 쓰기』(2008) 등의 읽기 관련 교재, '네이버캐스트(http://navercast.naver.com/)' 등의 인터넷 사이트 등을 참고하면 유용하게 가르칠 수 있다.

다. 또 발표의 기본적인 지식(자세, 목소리 크기, 시선, 시간 엄수, 사전 준비 등)을 제공함으로써 공적 말하기에 적합한 지식을 가지도록 하고, 토론할 때에는 발표 내용을 중심으로 하되 평가 항목을 참고하여 토론할 수 있도록 내용의 범위를 확대시켜주는 것도 유익하다. 학습자들이 토론에 적극적으로 참여할 수 있도록 [표 2]와 같은 평가항목을 나눠주고 학습자들이 한 학기 동안 학습한 내용을 점검할 수 있도록 보조한다.

[표 2] 발표와 토론의 평가 항목

	평가 항목	낮음 ↔ 높음
내용	글의 주제가 적합한가	1 2 3 4 5
	제목은 글의 내용을 잘 표현하였는가	1 2 3 4 5
	목차와 내용이 맞는가	1 2 3 4 5
	표나 그림을 적절하게 반영하였는가	1 2 3 4 5
	내용에 필요한 참고자료를 적절하게 참고하였는가	1 2 3 4 5
문장 및 어휘	문장이 정확한가	1 2 3 4 5
	어휘 선택은 적절한가	1 2 3 4 5
	구어적 표현은 없는가	1 2 3 4 5
형식	목차의 배열과 순서가 적합한가	1 2 3 4 5
	문단이 적절하게 나누었는가	1 2 3 4 5
	참고문헌이 잘 되었는가	1 2 3 4 5
	각주가 잘 되었는가	1 2 3 4 5
	들여쓰기가 잘 되었는가	1 2 3 4 5
	표나 그림을 잘 처리하였는가	1 2 3 4 5
기타	조원들은 각자의 몫을 잘 담당하였는가	1 2 3 4 5
	발표 시간을 잘 지켰는가	1 2 3 4 5
	참고자료를 적절하게 잘 찾아서 반영하였는가	1 2 3 4 5
	질문에 적합한 답변을 하는가	1 2 3 4 5

모든 교육의 방향성은 교육 목표와 상통한다. 외국인반의 교육 내용도 교육 목표에 따라 학습자가 효율적으로 학습할 수 있도록 지도해야

한다. 다만, 이러한 목표와 내용이 성과를 보기 위해서는 운영 체계를 보완할 필요가 있다. 그러면 교육 목표와 내용을 원활히 이루기 위해 필요한 운영 체계에는 어떠한 것이 필요한지 살펴보자.

4.3. 외국인반 학술적 글쓰기 운영 체계의 개선 방안

외국인반 글쓰기 교육을 효율적으로 운영하기 위해서는 교육 환경이 잘 조성되어야 한다. 외국인반 강좌가 효율적으로 진행되기 위해서는 다음과 같은 것이 요구된다.

첫째, 외국인반 후속 과정을 개발하는 것이다. [표 1]의 교육 현황에서 알 수 있듯이, 국내 대학교의 교양 교육 과정에서 외국인반을 위한 글쓰기의 후속 교과목이나 말하기 교과목들이 거의 개설되어 있지 않다. 외국인반 수강생은 기초적인 학술적 글쓰기 과정만 받을 수 있고 후속 과정은 수강하기 어려운 실정이므로 후속 과정 개발이 필요하다. 예를 들어, 서울대학교의 경우에도 일반반의 학술적 글쓰기의 후속 과정으로 '인문학 글쓰기, 사회과학 글쓰기, 과학과 기술 글쓰기, 창의적 사고와 표현' 등이 개설되어 있으나 외국인 학습자를 고려하지 않으므로 외국인 학습자가 그런 강좌를 수강하기는 쉽지 않다. 외국인반 수강생은 일반반 수강생에 비해 글쓰기 능력뿐 아니라 텍스트 이해력에서 급격한 실력 차이가 발생하기 때문이다.[23] 그러므로 후속 과정의 글쓰기 강좌로 '외국인을 위한 고급 글쓰기'와 같은 과목을 개설하여 학습자들을 돕는 것이 필요하다. 물론 학교의 상황에 따라 인문계열, 자연계열, 공학계열 등으로 세분화할 수 있다.

---

23) 글쓰기 후속과정 담당 교수자와 면담한 바에 의하면, 외국인 및 재외국민 학습자가 한국인 수강생과 동일 강좌를 수강하면 현저한 실력 차이로 인하여 교수자가 효율적인 수업을 진행하기 어려울 뿐 아니라 학습자에게도 학습 효과가 낮다고 하였다.

둘째, 학술적 글쓰기의 체계를 보완할 수 있는 프로그램을 개발하는 것이다. 현재 실시하고 있는 타 대학의 보조 프로그램을 참고하는 것도 좋은 방법 중 하나인데 외국인반 선이수 과목을 개설하거나 한국어학습센터와 연계하거나 보조 교육프로그램을 이용하는 것이다. 예를 들어, 연세대학교의 '기초 한국어 글쓰기'는 '글쓰기'의 선이수 과목으로 한국어 6급 이하의 외국인 및 재외국민을 위해 개설한 강좌로서 외국인반 학습자가 학술적인 글쓰기를 학습할 수 있도록 보조해 주는 유익한 과정이라 할 수 있다. 선이수 과목이 개설되어 있지 않으면 한국어센터와 연계하는 것도 차선의 방책이라 판단되는데, 대표적으로 가톨릭대학교와 고려대학교를 들 수 있다.24) 가톨릭대학교는 1학년 필수 과목인 '외국인을 위한 한국어'은 한국어교육센터에서 별도로 진행하고 2학년 '외국인을 위한 CAP'은 교양교육원에서 본격적으로 배우며, 고려대학교는 국제어학원 한국어문화교육센터에 위촉하여 교육을 실시하고 있다. 서울대학교는 '피어튜터링(peer tutoring)'과 같은 보조 교육 프로그램을 활용하여 수업 외 시간에 한국어를 학습할 수 있도록 도와준다. 피어튜터링과 같은 보조 프로그램은 교수자가 학습자에게 시간을 많이 투자하지 않으면서 지도할 수 있는 이점이 있다. 외국인반 글쓰기 강좌가 학술적인 글쓰기에 중점을 두기 위해서는 이러한 보조 프로그램이 필수적으로 병행되어야 효율적으로 운영될 수 있다.

셋째, 외국인반 수강생의 정원을 최소화하는 것이다. 외국인반 학술적 글쓰기의 가장 큰 문제점은 수강생의 정원이다. [표 1]에서 확인할 수 있는 바와 같이 교수자들은 외국인반의 정원이 많아서 효율적으로

---

24) 미국 대학들의 학문목적 영어 교육은 별도의 교양교과목으로 개설되지 않고 영어교육기관에서 모두 실시하고 있다. 만약 외국인의 영어가 대학 교육과정을 이수하기에 부족하다고 판단되면, 담당 교수가 해당 영어교육기관에 맡긴다. 교육행정적 측면에서 영어교육기관과 원활한 연계성을 가지고 있다.

강의를 진행하기 어렵다고 한다. 일반반의 정원이 30명이어도 교수자는 모든 수강생의 글을 꼼꼼히 지도해 주기 어려운데 외국인반이 30명이면 교수자에게 심리적·육체적 부담을 더 가중시킨다. 이러한 측면에서 경희대학교나 연세대학교의 20명 정원은 매우 고무적인 일이라 할 수 있다. 하버드대학은 Expo 10(글쓰기 선이수 과목)은 10명, Expo 20(글쓰기 과목)은 15명을 정원으로 하고 있다. 여러 사례를 참고해 볼 때 글쓰기 강좌는 수강 정원의 최소화가 요구된다는 것을 알 수 있다(김명환 2008 : 7).

이상에서 외국인반의 학술적 글쓰기 운영 체계 개선 방안에 대해 논의해 보았다. 위의 세 가지 방안은 각 대학의 교육 환경에 따라 편차를 보이겠지만 한국의 대학이 점진적으로 국제화되고 있는 현 시점에서 반드시 검토되어야 할 영역으로 판단된다.

5. 결론

지금까지 특수 학문목적 글쓰기 교육의 현황과 방향성을 제시하였다. 대학의 글쓰기 교과목은 공통 필수 과목이어서 외국인 학생들도 이수해야 하므로 각 대학도 이들을 위한 강좌를 별도로 개설하고 있다. 외국인반 학술적 글쓰기의 목표는 일반반과 동일하게 설정하되, 교육 내용에서 차이를 주는 것이 필요하다. 즉, 교육 목표는 1차적 목표인 글쓰기 능력 함양을 바탕으로 하여 2차적 목표인 어휘력, 사고력, 의사소통능력을 함양하는 것이다. 외국인반 학술적 글쓰기를 효율적으로 운영하기 위해서는 학술적 글쓰기 이후의 후속 과정을 개설하고, 다양한 보조 교육 프로그램을 개발하며, 수강생의 정원을 최소화하는 것이 필요하다.

본고에서 국내 수도권 대학들의 외국인반 학술적 글쓰기의 현황을 모두 조사하고자 하였으나 여러 여건상 수도권 소재 일부 대학에 국한된 점이 아쉽다. 그리고 여기에서는 검토하지 못하였으나 유익한 프로그램을 사용하는 대학도 있을 것으로 부족한 부분은 후속 연구에서 보완하고자 하는 바이다.

참고문헌

강명구·김희준·정윤석 외(2008), 『과학기술 글쓰기』, 서울대학교출판부.

강지현(2007), 「학문목적 한국어 학습자를 위한 상경계열 학문용 기본어휘 선정」, 이화여자대학교 석사학위논문.

강현화(2007), 「경영학 학문목적 학습자를 위한 교재개발방안」, 『비교문화연구』 11(1), 3-23.

강희숙(2011), 「학문 목적 한국어 교육 현황 및 대책 : 광주, 전남지역 소재 4년제 대학을 중심으로」, 『한국어교육』 22(2), 1-25.

김낭예(2005), 「학문목적 한국어 어휘 교육 방안 연구 : 인문계열 학습자를 중심으로」, 경희대학교 석사학위논문.

김명환(2008), 「미국 대학의 글쓰기 관련 프로그램 연구」, 서울대학교 대학영어 연구 보고서.

김선효(2010), 「일본어권 한국어 학습자를 위한 어휘적 연어 학습 방안」, 『이중언어학』 44, 이중언어학회, 25-47.

김성숙(2008), 「미국의 학술적 글쓰기 교육과정과 평가」, 『작문연구』 6, 한국작문학회, 99-125.

김신정(2007), 「학술적 글쓰기 교육에서 글쓰기 센터(Writing Center)의 역할」, 『작문연구』 4, 117-142.

김유미·강현화(2008), 「학문목적 학습자를 위한 학술 전문어휘 선정 연구」, 『한국어교육』 19(3), 국제한국어교육학회, 1-24.

김정숙(2000), 「학문적 목적의 한국어 교육과정 설계를 위한 기초 연구」, 『한국어교육』 11(2), 국제한국어교육학회, 1-19.

_____(2007), 「읽기·쓰기 활동을 통합한 학술 보고서 쓰기 지도 방안」, 『이중언어학』 33, 35-54.

김지영(2007), 「보고서 쓰기와 발표하기를 통합한 한국어 고급 단계의 프로젝트 수업 연구」, 『한국어교육』 18, 49-79.

김지현(2011), 「대학생 튜터가 피어튜터링(peer tutoring)에서 체험하는 교육적 난점」, 『교육원리연구』 16(2), 117-164.

김진해(2008), 「교양 글쓰기와 전공 글쓰기의 연계성 연구」, 『인문학연구』 13, 경희대학교 인문학연구소, 27-50.

박기영(2008), 「외국인 유학생의 학문 목적 글쓰기에 대한 일고찰」, 『언어와 문화』 4(3), 한국언어문화교육학회, 103-126.

박새암(2008), 「학문 목적 한국어 쓰기 교육 방향 연구」, 한성대학교 석사학위논문.

박석준(2008), 「국내 대학의 학문 목적 한국어 교육 현황 분석 : 입학 후 과정을 중심으로」, 『한국어교육』 19(3), 1-32.

박효훈(2011), 「학문 목적 한국어 읽기 교재의 읽기 후 활동 분석 연구」, 『새국어교육』 88, 한국국어교육학회, 171-192.

방성희(2007), 「대학 수학 목적의 한국어 기본 어휘 선정 연구 : 인문계열 명사 어휘를 중심으로」, 고려대학교 석사학위논문.

배식한(2010), 「학술적 글쓰기를 위한 읽기, 생각하기, 글쓰기 수업 모듈」, 『작문연구』 10, 193-223.

백미숙(2010), 『스탠포드 대학의 '연구 중심 글쓰기'교육 : PWR 글쓰기 교과과정을 중심으로』, 한국교양학회 추계학술대회 자료집.

서울대학교 대학국어편찬위원회 편(2004, 2009), 『대학국어』, 서울대학교출판부.

석주연(2005), 「학술적 글쓰기의 평가에 대한 일고찰」, 『어문연구』 33(1), 한국어문교육연구회.

송현호(1995), 「대학 교양 국어국문학 교육의 현황과 개선 방안」, 『국어국문학』 114, 481-500.

신명선(2006), 「학문목적의 한국어 학습자를 위한 어휘 교육의 내용 연구」, 『한국어교육』 17(1), 국제한국어교육학회.

신선경(2006), 「의과대학생을 위한 글쓰기 교육의 필요성과 방향」, 『작문연구』 2, 한국작문학회.

신필여(2008), 「학문 목적 한국어 학습자를 위한 설명적 쓰기 교육 내용 연구」, 서울대학교 석사학위논문.

양승국(2011), 「학문의 기초 영역 글쓰기·말하기 교육 체계 정립에 대한 연구」, 2011년 기초교육원 연구과제 보고서, 서울대학교 기초교육원.

_____(2012), 「한국어 글쓰기 능력강화 프로그램」, 2011년 대학 교육역량강화사업 실적보고서.

양태영(2009), 「설명텍스트 분석을 활용한 한국어 쓰기 교육 연구」, 상명대학교 박사학위논문.

염민호·김현정(2009), 「대학 '글쓰기' 교과에 활용 가능한 피드백의 특성과 방법」, 『새국어교육』 83, 한국국어교육학회, 311-336.

유해준(2007), 「학문 목적 한국어 교육을 위한 기본 어휘 선정에 관한 연구 : 인문·사회 영역을 중심으로」, 고려대학교 석사학위논문.

이병민(2005), 「리터러시 개념의 변화와 미국의 리터러시 교육」, 『국어교육』 117, 133-172.

이상혁(2009), 「학술적 글쓰기에서 학습자 수준을 고려한 교육과정에 대하여」, 『우리 어문연구』 33, 우리어문학회, 525-546.

이수곤(2009), 「자연과학 논문 쓰기에 대한 인식 전환과 효율적 교육을 위한 제언」, 『시 학과 언어학』 16, 시학과언어학회, 141-158.

이인영(2011), 「외국인 대학생의 학술적 글쓰기에 나타난 오류 양상 연구」, 『현대문학 의 연구』 44, 494-523.

이재승(2010), 「작문 이론의 변화와 작문 교육에서의 수용」, 『국어교육』 131, 499-520.

이해영(2004), 「학문목적 한국어 교과과정 설계 연구」, 『한국어교육』 15(1), 국제한국 어교육학회, 137-164.

이화여자대학교 언어교육원(2008), 『유학생을 위한 대학 한국어 2』, 이화여자대학교 출판부.

이황직(2006), 「사회과학 글쓰기의 논리와 과제」, 『작문연구』 2, 한국작문학회, 9-36.

장향실·김서형(2009), 「외국인 대학생을 위한 교양 한국어 쓰기 수업 모형 개발 연구」, 『한국어교육』 20(2), 국제한국어교육학회, 255-279.

정혜승(2008), 「문식성 교육의 쟁점 탐구」, 『교육과정평가연구』 11(1), 161-185.

정희모(2001), 「'글쓰기' 과목의 목표 설정과 학습 방안」, 『현대문학의 연구』 17, 한국 문학연구학회, 181-204.

_____(2004), 「MIT 학술적 글쓰기 교육 시스템에 관한 연구」, 『독서연구』 11, 327-356.

_____(2005), 「학술적 글쓰기 교육의 현황과 방향」, 『작문연구』 창간호, 한국작문학 회, 111-132.

_____(2006), 「학술적 글쓰기 교육과 과정 중심 방법의 적용」, 『현대문학의 연구』 29, 한국문학연구학회, 483-509.

정희모·이재성(2008), 「대학생 글쓰기의 수정 방법에 관한 실험 연구」, 『국어교육학 연구』 33, 657-684.

조남호(2003), 「한국어 학습자용 어휘 선정 결과 보고서」, 국립국어원.

진정일(2011), 「학술적 글쓰기 교육에 대한 비판적 고찰」, 『범한철학』 62, 385-406.

최시한(2009), 「학술적 글쓰기 교육의 방향」, 『시학과 언어학』 16, 시학과언어학회, 7-28.

최은규(2009), 「국내 학문 목적 한국어 교육의 현황과 과제」, 『어문연구』 141, 한국어 문교육연구회, 333-358.

최정순(2006), 「학문 목적 한국어 교육의 교육 과정과 평가」, 『이중언어학』 31, 277-313.

한송화(2010), 「학문목적 한국어 교육과정 설계의 실제 : 대학 입학 전 한국어 교육 과 정을 중심으로」, 『한국어교육』 21(1), 국제한국어교육학회, 225-248.

홍혜준(2009), 「학문 목적 한국어 쓰기 교육 연구 : 한국어 논증적 글쓰기를 중심으로」, 서울대학교 박사학위논문.

Dudley-Evans, J. & St John, M. J.(1998), *Developments in English Specific Purposes*, Cambridge University Press.

Emig, J.(1977), Writing as a Mode of Learning, *College Com-position and Communication* 28, 122-128.

Flower, L.(1990), *Reading-to-Write : Exploring a Cognitive and Social Process*, Oxford University Press, New York.

Gee, J.(1990), *Social Linguistics and Literacies*, The Falmer Press, London.

Hyland, Ken(2003), *Second Language Writing*, Cambridge Uni-versity Press.

Jordan, R. R.(2003), *English for Academic Purposes*, Cambridge University Press.

Mauranen, Anna(1996), Discourse Competence-Evidence from Thematic Development in Native and Non-Native Texts, Ventola Eija & Anna Mauranen(*ed.*), *Academic Writing : Intercultural and Textual Issues*, John Benjamins B.V.

Richards, J. C.(2001), *Curriculum Development in Language Teaching*, Cambridge University Press.

제 2 장

대학 글쓰기에서의 한국어 동료 튜터링의 과정과 방법

1. 서론

이 장에서는 외국인 및 재외국민 학습자를 대상으로 하는 대학 글쓰기에 활용할 수 있는 한국어 동료 튜터링의 과정을 제시하고 이에 적합한 튜터링 방법을 모색하는 데 목적을 둔다. 동료 튜터링은 선행 학습을 한 동료가 학습자의 부족한 영역을 도와주는 학습 보조 활동으로서 가르치는 자를 '튜터(tutors)'라 하고 배우는 자를 '학습자(tutees)'라 하며 원래 1 : 1로 진행되었으나 동료 튜터링의 대상과 영역이 다양해지면서 그룹별로 진행되기도 한다.1)

동료 튜터링은 1970년대 미국 대학생들의 글쓰기 능력을 향상시키기 위해 만들어진 것이지만 '전공 연계 글쓰기(Writing Across the Curriculum, 이하 WAC)'가 발전하면서 더욱 활발해진 학습 보조 활동이다.2) 특히 1980

---

1) 동료 튜터링은 '피어 튜터링, 동료 멘토링, 공동 학습, 학생 주도형 학습, 또래 지도 학습' 등 다양한 용어로 사용되고 있으며 '튜터' 또는 '학습자'의 용어에 대한 논의는 다음 연구들을 참고할 수 있다. Cohen(1986 : 175), Colvin(2007 : 167), Falchikov(2001 : 7-60) 등 참조

년대 이후 미국 및 영국의 대학을 중심으로 동료 튜터링이 긍정적인 호응을 얻으면서 모국어 대상의 대학 글쓰기뿐 아니라 제2언어 학습자를 대상으로 하는 글쓰기로까지 확대되었고, 요즘에는 글쓰기뿐 아니라 모든 학문 영역으로 확대 및 발전하고 있다.[3] 반면 국내에서는 교육학, 공학, 의학 등의 분야에서 일찍이 동료 튜터링을 수용하여 꾸준히 실시하고 있으나 대학 글쓰기 영역에서는 아직 생소한 영역이라 할 수 있다. 이런 현상은 국내의 글쓰기 교육이 21세기에 접어들어 활성화되었기에 해외 대학과 다른 양상을 보인다고 할 수 있다.

글쓰기 교육과 아울러 21세기 이후 주목을 받고 있는 것이 한국어 교육이다. 각 대학이 외국인 유학생을 적극 수용하면서 이들을 위한 대학 글쓰기 강좌도 적극 개설되고 있는 실정이다(김선효 2012 : 431-455). 그러나 이러한 강좌의 개설이 반드시 긍정적인 효과만을 도출하는 것은 아니다. 학습자 간의 편차가 심하여 강의 목표 및 내용을 구체적으로 설정하기 어렵고 강의를 효율적으로 진행하기 어려운 한계에 부딪힌다. 이러한 문제점을 해결하기 위해서는 다양한 학습 보조 프로그램을 개발하거나 각 대학에 특별한 지원책을 요구할 수밖에 없다. 여기에서 논하고자 하는 동료 튜터링도 제한된 이런 학습 환경을 보완할 수 있는 한 방편이라 할 수 있다. 다만 아직 생소한 학습 보조 활동이므로 어떠한 과정을 거쳐 진행되는지 자세히 언급된 바가 없으므로 이 연구에서는 동료 튜터링이 무엇이며 어떤 방법론적 관점이 있고, 외국인 및 재외국민을 대상으로 하는 한국어 동료 튜터링은 어떤 과정으로 진행되며 무엇이 적합한 방법인지를 검토해 보고자 한다.[4]

---

2) Gillespie & Lerner(2000), 원만희(2010 : 191-216), 배식한(2012 : 591-626) 등.

3) Kiedaisch & Dinitz(1993 : 63-74/2001), Gillespie & Lerner(2000 : 10-25) 등 참조

4) 서울대학교에서 제시한 '재외국민'(在外國民)은 대한민국의 국적을 가지고 있으면서 초·중·고등 교육과정 12년을 해외에서 이수한 학생을 지칭한다.

2. 지시적 튜터링과 비지시적 튜터링

동료 튜터링은 1972년 미국 브루클린 대학(Brooklyn College)의 브루피(K. Bruffee) 교수 지도 하에 학부생 글쓰기 능력 향상을 위해 처음 시도되었고 이 프로그램의 목적은 향후 WAC의 형성에 지대한 영향을 끼쳤다.5)6) 동료 튜터링은 상호 협력적 활동을 바탕으로 하기에 학습자뿐 아니라 튜터에게도 유익한 활동이라 평가된다. 왜냐하면 동료 튜터링이 궁극적으로는 학습자를 위한 활동이지만 튜터도 글쓰기 능력 향상과 지식 습득에 도움을 받기 때문이다.7)

WAC의 활동이 1980년대 이후 점진적으로 확대되면서, 동료 튜터링은 기존의 일반 동료 튜터링과 '교과기반 동료 튜터링(Curriculum based peer tutoring, 이하 CBPT)'으로 분화된다.8) 일반 동료 튜터링은 교양 글쓰기를 중심으로 실시되므로 튜터와 학습자의 전공이 일치하지 않아도 무관하지만, CBPT는 전공 글쓰기 튜터링이기 때문에 튜터와 학습자의 전공이 일치해야 튜터가 학습자의 형식과 내용을 모두 튜터링을 할 수 있기 때문이다. 물론 각 튜터링이 효율적으로 진행되기 위해서는 튜터의 역할

---

5) 이것은 일명 '브루클린 계획(Brooklyn Plan)'이라고 하며 같은 해에 캘리포니아 주립대학에서도 유사한 프로그램이 개발되었다. 그리고 동료 튜터링, WAC, 글쓰기센터의 형성과 발전을 통시적으로 관망할 수 있는 연구는 다음과 같다. Russell(1994 : 12), Carino(2003 : 96-113), Topping(1996 : 321-345), 배식한(2012 : 591-626) 등 참조.

6) 동료 튜터링의 '동료(peer)'는 엄격하게 누구를 지칭하는지 논의된 바 있다. '동료'가 순수한 의미의 친구나 선후배 개념으로 국한할 것인지 아니면 대학원생 이상의 전문 인력까지 포함할 것인지 모호하다는 것이다. 그리하여 Whitman(1988)은 튜터를 대학원생과 같은 '유사동료(near-peer)'와 학부생인 '순수동료(co-peer)'로 구별하여 지칭하기도 하였다. 현재 일반적으로 통용되는 동료 튜터링의 '동료' 범주는 교수자와 학생의 중간자로서 유사동료와 순수동료를 포괄하는 광의적 개념으로 쓰이고 있다. Whitman(1988 : 14)

7) Bruffee(1978 : 447-68), Beasley(1997 : 21-30), Annis(1983 : 39-47), Lundstrom & Baker (2009 : 30-43) 등 참조.

8) CBPT는 주로 브라운대학교(Brown University)의 글쓰기 프로그램을 모델로 하고 있는데, 이에 대한 연구는 다음 연구를 참조할 수 있다. Soven(2001 : 201) 참조.

이 매우 중요하다. 특히 CBPT는 전공 글쓰기 튜터링이므로 튜터의 전문성이 더욱 요구되는 영역이다. 왜냐하면 튜터와 학습자 간의 친밀도가 높더라도 튜터의 전문성이 부족하면 CBPT에서는 그 튜터링의 효과가 상쇄되는 현상을 보이기 때문이다.9)

동료 튜터링에 관한 논의에서 가장 큰 쟁점은 지시적 튜터링(directive tutoring)과 비지시적 튜터링(nondirective tutoring)이라 할 수 있다. 지시적 튜터링은 튜터가 학습자의 문제를 직접 해결해 주거나 방안을 제시하며 또 모방적 글쓰기에 대해 긍정적으로 해석하는 반면, 비지시적 튜터링은 튜터가 직접 개입하는 것이 아니라 학습자 스스로 자신의 문제를 해결할 수 있도록 하는 것이다. 비지시적 튜터링이 형성된 동기는 지시적 튜터링의 문제점, 즉 학습자의 문법 오류나 부정확한 문장을 튜터가 직접 수정하거나 첨삭함으로써 튜터에게 너무 많은 힘과 권위가 점진적으로 부여되었기 때문이다. 튜터의 권위 자체가 문제시된다기보다는 튜터의 권위가 상승되면서 동료 튜터링의 근본 취지가 약화되었다는 것이다. Trimbur이 지적한 바와 같이 튜터가 지시적 튜터링을 실시하면 할수록 진정한 의미의 동료성(peerness)은 상실되고 튜터와 학습자 간에 불평등이 야기된다는 것이다(Trimbur 1987 : 21-28). 튜터가 더 이상 동료가 아닌 교수자의 입장이 되기 때문에 학습자를 위축 들게 하고 진정한 동료 튜터링을 방해한다는 것이다.

지시적 튜터링의 이러한 한계가 점점 부각되자 상반된 개념의 비지시적 튜터링이 대두하게 된다. 비지시적 튜터링은 지시적 튜터링의 반성, 즉 튜터링의 평등 의식에서 시작되었다고 할 수 있다.10) 진정한 동료

---

9) 전문 튜터의 문제점으로는 과정보다 결과를 중시하고 옳고 그름에 중점을 두는 경향이 있어 튜터링의 목적을 전복시킬 수 있는 위험 요소가 있다고 지적한 연구는 다음과 같다. Hubbuch(1988 : 23-30), Haring-Smith(1992), Kiedaisch & Dinitz(1993/2001 : 65) 등 참조.
10) Clark & Healy(1996 : 32-38), Brooks(1991 : 1-4), Gillam etl.(1994 : 161-98), Grimm(1999),

튜터링이 진행되기 위해서는 튜터와 학습자가 동료적 위치를 유지해야 하고, 직접적 첨삭보다 학습자 스스로 방법이나 답을 찾을 수 있도록 유도해야 한다는 것이다. 심지어 극단적인 튜터링의 경우에는 튜터가 학습자의 글을 직접 첨삭하지 말고 모든 것을 대화로써 진행하여 학습자가 스스로 해결할 수 있도록 권장하기도 한다. 이처럼 비지시적 튜터링은 튜터와 학습자 간의 동료성에 중점을 두고 있다.

비지시적 튜터링에서 거론된 또 다른 안건은 모방적 글쓰기 및 표절 문제이다. 비지시적 튜터링에서는 만약 튜터가 초급 글쓰기 학습자에게 모방적 글쓰기를 실시하면 그것은 학습자를 표절의 위험성으로 몰아넣는 것으로 보았다(Clark & Healy 1996 : 32-38). 즉, 모방적 글쓰기는 학습자의 글쓰기 능력을 향상시키는 것이 아니라 표절을 가르치는 것으로 본다는 것이다. 심지어 튜터가 학습자의 문장을 직접 고쳐주는 것도 표절로 해석하기도 한다(Brooks 1991 : 1-4). 그러므로 비지시적 튜터링이 강조하는 바는 튜터가 무언가를 미리 보여 주거나 작성하지 말고 학습자 스스로 해결할 수 있도록 유도하라는 것이다.

그러나 과연 비지시적 튜터링만이 적절한 방법이라 할 수 있는가. 비록 비지시적 튜터링이 과정 중심적이고 학습자 중심적인 방법이지만 튜터와 학습자를 모두 만족시키기에는 현실적 한계가 있을 수밖에 없다. 이러한 대립 구조에서 지시적 튜터링과 비지시적 튜터링을 겸용해야 한다는 중립적 관점의 대두는 어떻게 보면 당연한 귀결이라 할 수 있다.[11] 동료 튜터링은 동등한 관계에서 대화를 통해 학습자 중심 활동으로 진행되어야 하는 것이 타당하지만 모든 환경에서 비지시적 튜터링이 성공하는 것이 아니며, '관찰하기-모방하기-연습하기'와 같은 모방적 글쓰기

Falchikov(2001) 등.

11) Shamoon(1995 : 134-151), Cogie(2001), Carino(1995 : 96-113) 등.

도 기초 글쓰기 학습자에게는 유익한 튜터링 활동이 된다는 것이다.

한편 국내에서는 글쓰기에 중점을 둔 동료 튜터링 연구가 아직 초기 단계라 할 수 있다. 그러나 초기 단계인 것에 비해 일반 동료 튜터링보다 전공 연계 글쓰기에서 유의미한 글쓰기 교육을 시도하고 있는 것이 특징이다.[12) 교수자와 연구자가 전문 튜터가 되어 고급 교양 강좌의 학습자들에게 글쓰기 교육을 보조하기도 하고, 일반 튜터가 고급 글쓰기 교양 강좌의 글쓰기 지도를 어떻게 효율적으로 할 것인가를 논의하기도 한다. 이들 연구가 전공 연계 글쓰기와 관련되어 있다 보니 튜터링도 교과 기반 동료 튜터링(CBPT)에 근접하게 진행되고 있다.[13) 국내의 이러한 연구 성향은 국내의 글쓰기 교육과정이 전문화되면서 발생한 고무적 현상이라 볼 수 있다.

3. 대학 글쓰기에서의 한국어 동료 튜터링의 과정

앞 장에서 살펴본 바와 같이 동료 튜터링은 튜터링의 방법에 따라 지시적 튜터링과 비지시적 튜터링으로 나눌 수 있었다. 지시적 튜터링은 튜터가 튜터링 과정에 직접 개입하지만 비지시적 튜터링은 학습자 스스로 모든 문제를 해결하도록 유도하는 방법이다. 이 장에서는 한 학기 동안 한국어 동료 튜터링(이하 한국어 튜터링)이 어떻게 진행되며, 지시적 튜터링과 비지시적 튜터링 중에서 외국인 및 재외국민 학습자에게 적합한 튜터링 방법이 무엇인지를 검토하고자 한다.[14) 연구 대상은 2012년

---

12) 김병길(2008), 이재성·김은영(2010), 정한데로(2012), 김남미·정재현(2013) 등.
13) 해당 과목의 전공 지식과 관련된 피드백이 부족한 것은 튜터의 전문성 미흡과도 관련되는데, 이러한 현상은 고급 교양 강좌에서는 전문 튜터를 배정하는 것이 더욱 효율적임을 다음 연구에서도 시사하고 있다. 정한데로(2012 : 336 각주13) 참조.
14) 서울대학교 기초교육원에서는 외국인 및 재외국민 학생을 위해 2010년 2학기부터 한국

수도권 A대학교의 '대학국어' 수강생 중 외국인 학습자와 재외국민 학습자 각각 1명, 그리고 이들의 튜터 1명이며, 이 절에서는 그들의 튜터링 과정을 중점적으로 살펴보고자 한다. 모든 수강생의 활동을 검토할 수도 있으나 동료 튜터링이 개별적으로 진행되고 활동 내용은 비슷하므로 한 그룹을 선택하여 구체적으로 제시하는 것이 더 효율적이라 판단되어 전체를 살펴보지 않는다. 그리고 튜터링 과정에서 발생할 수 있는 편차를 최소화하기 위하여 한 명의 튜터가 외국인과 재외국민 학습자를 가르친 그룹을 선정하고자 한다.

3.1. 대학 글쓰기의 학습 과정과 한국어 동료 튜터링

우선 학습자가 한 학기 동안 실시할 글쓰기 활동은 문장 만들기, 짧은 글쓰기, 소논문 작성 등이 있다. 문장 만들기는 매주 제공되는 고급 단어를 활용하여 문장을 작성하는 것으로, 이때 외국인반은 10~15개

어 동료 튜터링(피어튜터링, peer tutoring) 프로그램을 실시하고 있다. 이 프로그램은 교양 필수 과목 '대학국어'와 교양 선택 과목 '한국어(초급, 중급, 고급)' 그리고 한국어로 진행하는 모든 강좌에 어려움을 느끼는 외국인 및 재외국민 학습자를 대상으로 실시하고 있다. 학기제로 운영되는 동료 튜터링은 주2회 총 60시간의 활동 시간을 기본으로 하고 있으며 '피어튜터링 운영 본부'(http://gepeertutoring.snu.ac.kr)가 한국어 튜터와 한국어 학습자의 선발 및 운영을 책임지고 있다. 한국어 튜터는 학부 3~4학년생으로 '대학국어' 학점 A- 이상, 교수 추천서, 우수 과제 포상 경험, 지원 동기 등을 종합적으로 고려하여 우수한 학생을 선발하며, 주요 활동은 외국인 학생의 한국어 글쓰기 교과목 학습 지원과 대학 생활 적응을 지원하는 것이다. 또 매주 튜터링 일지를 작성하여 홈페이지에 게재해야 하며 상대가 그것을 승인하여야 튜터링 활동 시간으로 인정된다. 활동일지에는 활동 내용, 활동 평가, 향후 계획, 사용 자료를 기재한다. 한국어 동료 튜터링은 한 학기 동안에 오리엔테이션, 한국어 튜터 워크숍, 담당 교수와의 중간 간담회, 최종 평가회 및 우수 모둠 시상을 통해 프로그램이 운영되며, 운영 본부는 튜터링 활동 일지를 통해 튜터와 학습자의 모든 활동을 관할한다. 한국어 튜터의 주된 역할은 학업 보조 역할이지만 학교 안내, 한국 문화 체험, 대학 생활 적응 등의 부수적 역할도 병행하도록 권장한다. 그리고 학업 보조 역할은 수업 관련 활동뿐만 아니라 신문이나 전공 서적 읽기, 문화 체험 등의 수업 외 활동도 가능하다. 다만 문법 중심 튜터링이나 과제를 대행해 주는 행위는 지양하도록 주의를 주고 있다. 서울대학교 피어튜터링에 관한 구체적인 평가나 활동은 김지현(2011)을 참조할 수 있다.

정도의 단어가 제시되고 재외국민반은 30개 이상의 단어가 제시된다.15) 짧은 글쓰기로는 자기소개서, 요약, 정의, 분류, 비교, 논증, 감상 등 800~1,500자 가량의 글쓰기가 있으며, 소논문은 논문의 기본 형식, 즉 제목, 목차, 각주 및 참고문헌, 인용법 등을 준수하여 독창적이고 타당성 있는 글을 제출하도록 한다. 소논문은 장기간에 걸쳐 진행되는 것으로 5주차에 주제와 목차를 발표하고 11~14주차에 논문을 발표한 뒤 16주차에 최종 자료를 제출한다. 단, 외국인반의 학습자는 학습자마다 한국어 능력 편차가 심하여 2,400자 내외의 개별 보고서를 제출하고 재외국민반의 학습자는 조별로 A4 10페이지 이상의 최종 보고서를 제출하는 차이가 있다. 한 학기 동안 진행되는 핵심적 글쓰기에 대한 구체적인 정보를 제시하면 다음과 같다.

[표 1]에서와 같이 튜터는 학습자의 모든 글을 튜터링하게 된다. 튜터링의 과정을 살펴보면, 우선 학습자가 초고를 완성한 뒤에 튜터에게 메일을 보내면 튜터는 학습자의 글을 튜터링 시간 전에 미리 첨삭할 부분을 준비한다. 모국어 화자라 하더라도 오류를 정확하게 설명하기 위해서는 미리 살펴보는 것이 필요하다. 튜터와 학습자가 직접 대면하여 튜터링을 한 후 학습자는 담당 강좌 교수자에게 초고와 수정본을 동시에 제출한다. 교수자가 그 수정본을 첨삭하여 학습자에게 전달해 주면 학습자는 튜터와 2차 튜터링을 실시한 뒤에 최종본을 제출한다. 지금까지의 튜터링 과정을 간략히 제시하면 [표 2]와 같다.

---

15) 외국인반과 재외국민반의 구별 기준은 한국어 능력에 따라 편성되는데, 전자는 한국어 능력 시험 4급 내외이며 후자는 한국어의 문법 구조에 대한 직관을 가지고 있으면서 중등과정 『국어』의 텍스트를 이해하는 수준이다. 그러므로 본고에서 논의되는 외국인 학습자는 외국인반에서 학습하는 외국인을 지칭하며 재외국민 학습자는 재외국민반에서 학습하는 재외국민을 지칭함을 밝혀두는 바이다.

[표 1] 글쓰기 단계별 유형

| 유형 | 자기
소개서 | 초기 단계 | | 중간 단계 | | 최종 단계 | |
		문장	정의· 분류	비교· 대조	논증	감상	소논문
작성	1주	매주	4주	6주	8주	10주	15주
최종 제출	16주	16주	16주	16주	16주	16주	16주
주제	자유	단어	제시	제시	제시	자유	자유
글자 수	800자	자유	800자	800자	1,500자	1,000자	2,400자
튜터링	×	○	○	○	○	○	형식 중심

[표 2] 한국어 튜터링 과정

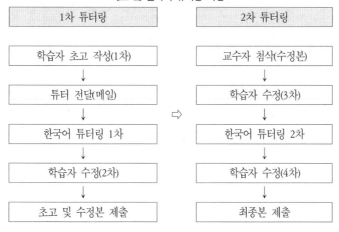

한국어 튜터링은 두 차례의 과정을 거쳐 최종본을 제출하게 되는데, 초기 단계의 문장 만들기를 제외하고는 모두 2차 튜터링까지 실시하도록 한다. 그리고 교수자는 학습자의 능력을 정확히 파악하기 위해 초고와 수정본을 동시에 제출하도록 하고 있다. 만약 학습자의 수정본만 참고한다면 교수자가 학습자의 능력을 상향평가할 가능성이 높으므로, 교

수자는 학습자의 초고와 수정본을 동시에 수령하여 학습자의 실력을 정확히 파악하는 것이 중요하다.

3.2. 외국인 및 재외국민의 한국어 동료 튜터링

이 절에서는 외국인 및 재외국민 학습자의 자료를 바탕으로 하여 튜터링 과정 중 어떤 제약이 발생하며 적합한 튜터링은 무엇인지를 살펴보고자 한다. 여기에서 논의할 대상은 튜터 P, 외국인 학습자 A, 재외국민 학습자 B이며 이들의 활동을 구체적으로 검토하기 위해 수업 과제물, 첨삭지, 튜터링 일지16), 개별 인터뷰(40분 내외)을 참고하고자 한다.

튜터 P(농업경제학 사회학부, 3학년, 남자)는 처음 동료 튜터링에 참여하였으며 외국인 학생에게 관심이 많고 다양한 경험을 축적하기 위해 신청하였다. 외국인 학습자 A(농업경제학 사회학부, 2학년, 남자, 잠비아 출신)는 한국어능력시험 3급 정도의 수준으로 말하기, 듣기보다 쓰기가 부족한 학생이며 한국어 학습에 큰 흥미를 보이지 않으며 비자발적으로 한국어 튜터링에 참여한 경우이다. 반면 재외국민 학습자 B(의예과, 1학년, 여자, 미국 12년)는 듣기나 말하기는 능숙하지만 글쓰기 능력이 부족한 전형적인 재외국민 학생으로 한국어 능력 향상에 열의를 가지고 있으며 자발적으로 한국어 튜터링에 참여하였다. 이처럼 두 학습자는 한국어 능력, 튜터링 참여 동기 등에서 큰 편차를 보이므로 튜터 P는 개별적으로 매주 한 시간씩 만나 튜터링하였다.

---

16) 튜터링 일지는 매주 작성하는 것으로 튜터가 작성하고 학습자가 인증하는 절차를 가진다. 그 예를 제시하면 아래 표와 같다.

3.2.1. 초기 단계

초기 단계는 튜터와 학습자 간에 긴장감이 있을 수 있고 서로 친밀감이 형성되기 전이므로 학습자는 튜터에게 자신의 부족한 실력을 그대로 보여주기를 꺼려하는 경향이 있다. 그리고 이 시기는 어휘를 활용한 문장 만들기가 주를 이루고 본격적인 글쓰기 과제가 없으므로 튜터가 학습자의 실력을 정확히 파악하기에는 조금 이르다.

문장 만들기의 학습 목표는 정확한 문장 작성이라기보다 단어의 개념이해 및 활용에 두고 있다. 학습자들은 단어의 개념을 자신의 모국어로이해한 뒤에 한국어에 적용하므로 본래의 뜻과 다르게 사용하기도 한다. 다음은 학습자의 원본과 수정본으로서 이것을 참고하여 튜터링의양상을 살펴보도록 하자.

    (1) 문장 만들기

	단어	학습자 원본	1차 튜터링 수정본
학습자A (외국인)	인지하다	be aware (예) 제 물건을 인지하다.	인지(認知)하다 (예) 클린턴이 대통령 후보로서 부적격하다는 사실을 국민들이 인지했다.
	수용하다	accept (예) 난 이제 한국에 변화를 수용하다	수용(受容)하다 (예) 좋은 리더는 타인의 의견을 수용할 수 있어야 한다.
학습자B (재외국민)	억압 抑壓	그는 지금까지 억압한 감정들을 쏟아내었다.	그는 지금까지 억압된 감정들을 쏟아내었다.
	대립 對立	룸메이트들 사이의 큰 대립 때문에 그들은 방을 바꾸기로 결정하였다	룸메이트와의 큰 대립 때문에 그는 방을 바꾸기로 결정하였다.

(1)의 예문은 문장 만들기와 같은 학습 활동이 왜 필요한지를 단적으로 보여준다. 학습자 A는 단어의 개념을 영어로 이해한 뒤에 작문하였으므로 예문이 비문이 되었고 학습자 B는 문법 지식의 부족과 영어의

간섭으로 인해 비문이 되었다. 그렇다면 이런 경우 지시적 튜터링과 비지시적 튜터링 중 어떤 방법이 더 적절한가 하는 것이다.

(1)을 통해 알 수 있듯이 먼저 학습자 A처럼 어휘, 문법, 작문 능력이 전체적으로 부족한 경우를 살펴보면, 비지시적 튜터링을 실시하기에는 많은 시간이 소요되고 튜터의 전문적 지식이 요구되는 현실적 문제가 발생한다. 이러한 한계에 부딪힐 때에는 지시적 튜터링도 하나의 방법이 될 수 있다. 그러나 학습자 B의 경우는 다르다. 학습자 B는 한국어 직관이 있을 뿐 아니라 고급 텍스트를 읽고 이해할 수 있으므로 비지시적 튜터링을 실시하는 데 무리가 없다. 해당 단어가 사용된 다양한 문장을 예시로 제시하고 피동문과 능동문을 연습하면서 적합한 표현을 구사하도록 지도할 수 있다. 다만 여기에서 주의해야 할 것은 학습자 A이든지 학습자 B이든지 하나의 튜터링 방법만 실시하는 것보다 두 튜터링 방법을 병행하는 것이 필요하다. 두 튜터링 방법을 병행하되 학습자 A에게는 지시적 튜터링을, 학습자 B에게는 비지시적 튜터링을 중점적으로 실시하는 것이 더 효율적이다.

한편 (1)의 수정본은 또 다른 측면의 문제점을 시사하고 있다. 튜터 P는 학습자 A의 한국어 능력을 파악하지 못하였을 뿐 아니라 학습자의 비문에 적절하게 대응하지 못하였음을 보여 준다. 수정본에 한자가 추가되고 예문이 수정되었으나 이것은 학습자 A의 한국어 수준을 고려하지 못한 수정본이기 때문이다. 학습자 B의 경우에도 '대립'과 '갈등'의 차이점을 구별하여 설명하고 있지 않다. 이러한 현상은 튜터 P가 한국어 학습자를 대상으로 한 튜터 경험이 없고 한국어 튜터링도 처음 참여하였기 때문에 나타난 현상으로 볼 수 있다. 튜터 P와 인터뷰해 본 결과, 한국어 튜터링 경험이 없으므로 초기 단계에는 어떻게 진행해야 할지 몰라 지시적 튜터링 중심으로만 실시하였다고 하였다.

3.2.2. 중간 단계

중간 단계는 문단 이상의 글쓰기를 통해 학습자의 글쓰기 능력이 점진적으로 드러나며 다양한 학습 활동을 통해 튜터와 학습자의 관계가 발전되는 시기이다. 이 시기에는 정의·분류, 비교·대조, 논증, 감상 등 글쓰기 유형에 따라 600~1,500자 내외 짧은 글도 작성하고, 한국 문화 탐방과 같은 다양한 학습 외 활동도 실시하기도 한다. 그러면 이 단계에는 한국어 튜터링이 어떻게 진행되는지 살펴보자.

우선 (2)은 학습자 A가 '종교'에 관한 글을 쓴 것이다. (2가)의 원본을 살펴보면 문단의 구조, 문장의 연결성, 어휘의 적합성 등에서 복합적인 오류 양상을 보이며 튜터 P는 학습자와 만나기 전에 이미 첨삭 및 수정을 실시하였다. 이런 첨삭은 전형적인 지시적 튜터링 방법이며 튜터는 학습자의 문제점을 직접 제시하고 그것에 대한 해결 방안까지 제시하였다.

(2) 가. 원본

나. 수정본

우리나라에서는 모든 사람들이 기독교, 힌두교, 이슬람, 아프리카 전통 신앙 중 하나의 종교를 믿습니다. 힌두교와 이슬람 종교는 주로 잠비아에 있는 외국인이 믿고 내국인들은 90%가 기독교를 믿습니다. 잠비아의 기독교는 모든 잠비아 사람들을 포용하고 일상생활에 큰 영향력을 가지고 있습니다.(…중략…)

(2가)의 원본과 (2나)의 수정본을 비교해 보면, 학습자는 튜터의 첨삭

내용을 그대로 수용하고 있다. 학습자 A와 인터뷰를 해 본 결과, 학습자가 글을 쓸 때에는 영어로 우선 작성한 뒤, 번역 프로그램을 활용하여 번역하고, 그 다음에 본인의 능력 한도 내에서 재수정하거나 친한 친구에게 물어본 뒤에 튜터를 만난다고 하였다. 이에 의하면 (2가)의 원본도 학습자 A에게는 여러 단계를 거쳐서 형성된 것이므로 (2나)와 같은 적극적 수용 현상은 당연한 결과라 할 수 있다.

2차 튜터링에서 교수자는 (3가)와 같이 수정되어야 할 부분을 거시적으로 지도하였다. 교수자는 미시적으로 오류를 지시하기보다는 학술적 글에 적합한 형식과 내용을 보완하도록 지도하고 있다. 학습자는 교수자의 지도 내용을 참고하여 보완하기도 하고 튜터와 상의하여 수정 방향을 세워나가기도 한다. 학습자 A는 후자의 관점에서 튜터 P와 직접 만나 수정 방향을 정립하였다. 이때에 튜터 P는 교수자의 지도 내용을 바탕으로 하여 제목은 무엇으로 수정하면 좋은지, '하다'체와 '합니다'체의 차이는 무엇인지, 문단은 어떤 기준으로 나누는지 등을 의논하며 진행하였다. 이처럼 2차 튜터링에서는 비지시적 튜터링 방법을 적용하여 학습자가 스스로 의견을 제시하고 수정할 수 있도록 보조하여 (3나)의 최종 수정본을 제출하도록 하였다.

(3) 가. 교수자 첨삭

세계 종교   김: 제목을 수정해 보세요

우리나라에서는 모든 사람들이 기독교, 힌두교, 이슬람, 아프리카 전통 신앙 중 하나의 종교를 믿습니다. 힌두교와 이슬람 종교는 주로 잠비아에 있는 외국인이 믿고 내국인들은 90%가 기독교를 믿습니다. 잠비아의 기독교는 모든 잠비아 사람들을 포용하고 일상생활에 큰 영향력을 가지고 있습니다.

김: 1. '합니다'체가 아닌 '하다'체로 수정해 보세요.
2. 최대한 짧고 간단한 문장으로 작성해 보세요.
3. 문단에 대해 튜터에게 질문하세요.

나. 최종 수정본

<잠비아의 종교>

잠비아에서는 모든 사람들이 기독교, 힌두교, 이슬람, 아프리카 전통 신앙 중 하나의 종교를 믿는다. 힌두교와 이슬람 종교는 주로 잠비아에 있는 외국인이 믿고 내국인들은 90%가 기독교를 믿는다. 잠비아의 기독교는 모든 잠비아 사람들을 포용하고 일상생활에 큰 영향력을 가지고 있다.

이상과 같이 튜터는 외국인 학습자 A에게 1차 튜터링에서는 지시적 튜터링을, 2차 튜터링에서는 비지시적 튜터링을 중점적으로 진행하였다.

다음은 재외국민 학습자 B의 튜터링 과정을 살펴보자. (4)는 학습자 B가 '플루트와 오보에의 비교'라는 제목으로 작성한 비교 글이다. (4가)의 원본을 통해 알 수 있듯이 학습자 B는 한국어 직관은 있으나 문장의 긴밀성과 연결성이 부족함을 알 수 있다. 그리고 1차 튜터링에서 튜터는 학습자의 글을 직접 수정하는 지시적 튜터링 방법을 실시하고 있고 학습자 B는 튜터의 의견을 적극 수용하여 (4나)와 같이 수정하고 있다. 학습자 B가 왜 이렇게 적극적으로 수용하였는가를 인터뷰해 본 결과, 학습자는 국어의 문형 구조에 대한 지식이 부족하여 새로운 문장으로 수정하는 것에 부담감을 느끼기 때문이라 하며, 튜터 P의 경우도 학습자가 스스로 적절한 문장 구조를 판단하지 못하므로 오히려 적합한 문장으로 수정하여 제시하는 것이 더 효율적이라 판단하였다고 한다.

(4) 가. 원본

나. 수정본

<u>플루트는 원래 나무로 만들어진 악기였다.</u> 하지만 시간이 지나고, <u>더욱 좋은 소리를 내려는 음악인들의 끊임없는 연구와 노력을 통해</u> 오늘날의 쇠(금속)로 만들어진 플루트들이 사용되고 있다. 플루트는 약 65cm로 크게 3부분으로, 윗관, 본관, 아랫관이 있다. (밑줄 필자)

2차 튜터링에서 교수자는 (5가)와 같이 글의 거시적인 문제점을 제시하고 있다. 미시적 문제는 1차 튜터링에서 수정 및 보완되었으므로 2차 튜터링에서는 글의 구조나 내용의 통일성 등 거시적 문제에 중점을 두도록 지도하였다. 학습자 B는 (5가)의 첨삭 내용을 튜터와 상의하면서 전체적인 체계를 재구성한 뒤, (5나)의 최종 수정본을 제출하였다. 최종본을 자세히 살펴보면 글의 구조나 내용이 완성도가 높게 수정 및 변경되었음을 알 수 있다. 서론이 보충되고 본론이 대상별 비교에 적합한 구조로 변경되었으며 필요한 내용을 보충하였음을 알 수 있다. 최종본을 제출하기 전까지 튜터 P와 학습자 B는 좋은 글에 적합한 형식과 내용을 갖추기 위해 의논하였고, 이 과정에서 튜터는 비지시적 튜터링 방법을 중점적으로 실시하였다고 하였다. 짧은 글에서는 어떻게 서론, 본론, 결론을 갖출 수 있는가, 대상별 비교가 무엇이며 어떻게 작성하는 것이 좋은가, 문장의 연결성이 부족한 부분은 어디이며 어떻게 수정하는 것이 좋은가 등 글의 완성도를 높이기 위해 의논하면서 진행하였다고 한다.

(5) 가. 교수자 첨삭

> 김: 1. 글의 구성(서본결)을 튜터와 의논해보세요.
> 2. 대상별 비교이므로 두 대상의 문단을 비슷한 구조로 수
> 플루트와 오보에의 비교 정해 보세요.
> 3. 앞으로 문장의 연결성에 대해 튜터와의논해보세요.
>
> 플루트는 원래 나무로 만들어진 악기였다. 하지만 시간이 지나고, 더욱 좋은 소리를 내려는
> 음악인들의 끊임없는 연구와 노력을 통해 오늘날의 쇠(금속)로 만들어진 플루트들이 사용되고
> 있다. 플루트는 약 65cm로 크게 3부분으로, 윗관, 본관, 아랫관이 있다.

나. 최종 수정본

<u>현대 오케스트라에서 없어서는 안 되는 두 악기는 바로 플루트와 오보에다. 비전문적인 시선으로 보면 각 악기는 생긴 것도 비슷하고 나오는 소리도 비슷하게 들릴 수 있지만, 사실은 그렇지 않다. 플루트와 오보에는 서로 다른 점이 많고 매력 있는 그 악기만의 특유의 소리도 있다. 세부적인 요소들이 플루트와 오보에를 분류한다.</u>

플루트는 원래 나무로 만들어진 악기였다. 하지만 시간이 지나고, 더욱 좋은 소리를 내려는 음악인들의 끊임없는 연구와 노력을 통해 오늘날의 쇠(금속)로 만들어진 플루트들이 사용되고 있다. <u>플루트의 음색은 청아하고 맑다. 공기같이 가벼운 느낌이 들 때도 있지만, 굵고 힘있는 소리도 낼 수 있다. 하지만 플루트 소리의 매력은 음색에서 전달되는 우아함이다. 이렇기 때문에 연주 곡의 독주는 플루트가 한다.</u> 플루트는 약 65cm로 크게 3부분으로, 윗관, 본관, 아랫관이 있다.(…중략…)(밑줄 필자)

이상과 같이 재외국민 학습자에게도 튜터는 1차 튜터링에서는 지시적 튜터링을, 2차 튜터링에서는 비지시적 튜터링을 중점적으로 실시하였다. 1차 튜터링에서 지시적 튜터링 방법을 실시한 것은 학습자가 스스로 글의 오류를 해결할 능력이 없고 수정하더라도 그 문장에 대한 적절성을 신뢰하지 못하기 때문이다. 그러나 2차 튜터링에서는 문장이나 단어보다 글의 구조, 내용의 일관성 등을 중점적으로 살펴보므로 비지

시적 튜터링을 실시하는 것이 더 긍정적인 효과를 내는 것으로 보인다.

3.2.3. 최종 단계

최종 단계는 한 학기 동안 실시한 글쓰기를 총체적으로 점검한다. 특히 이 시기는 학술적 논문을 제출해야 하므로 튜터가 주제 선정 과정부터 집필 단계까지 모두 관여할 수 있다. 다만 학습자 A는 논문을 개별적으로 제출하지만 학습자 B는 조별로 제출하므로 여기에서는 논의의 편의상 학습자 A에 중점을 두고 검토하고자 한다.

학습자 A의 경우, 주제는 평소 관심을 가졌던 '영어 강좌의 문제점과 개선 방안'을 주제로 삼고자 하였으나 튜터 P와 의논하면서 설문 조사, 행정 기관 방문 등 연구 방법에 여러 제약이 있음을 발견하고 '아프리카에 대한 오해'로 변경하였다. 이 글에는 아프리카에 대한 한국인의 편견에 중점을 두고 있으며 학습자는 영어로 글을 작성한 뒤 번역 프로그램을 활용하여 초고 (6)을 완성하였다.

    (6) 학습자 원본

제목 : 아프리카 대한 오해

아프리카 한 나라입니다
  대부분의 사람들은 아프리카 대륙으로 한 국가가 아닌 생각합니다.(…중략…)
아프리카는 매우 위험하고 폭력적
  국제 미디어은 항상 전쟁, 정치 혁명, 해적, 반군과 아동 병사가 아프리를 보여줍니다.(…중략…)
야생 동물이 지유롭게 거리를 돌아 다니다
  아프리카에 살았던 적이 없는 많은 사람들이 들어, 아프리카 자유롭게 주위에 로밍 야생 동물이 많은 정글입니다.(…중략…)
아프리카 사람들 원시아르
  대부분의 컴퓨터, 손 전화, 비디오 게임 또는 전자 무슨 일이 있을 경우 시간이 그런 부탁해요 아르 수 있습니다.(…중략…)

아프리카에서 항상 매우 덥다
  아프리카의 날씨는 항상 매우 덥고 생활이 아주 힘들고 기래서 아프리카 사
람들의 매우 검은 피부를 있다 많이 사람들이 오해입니다.(…중략…)
아프리카 한 언어를 사용
  사람들은 모두 아프리카 사람들이 하나 이상한 언어 사용 생각합니다.(…중
략…)
결론

(6)은 글의 구성, 기계식 번역문, 내용 체계 등 복합적 문제를 안고 있다. 튜터 P는 이 글의 문제점을 학습자 B와 8시간 이상 토의하면서 형식적 측면과 내용적 측면에 따라 내용을 수정 및 보충하였다. 우선 형식적 측면에서는 글을 어떻게 서론, 본론, 결론으로 구성할 것인가, 문단을 무슨 기준으로 구분할 것인가, 목차는 왜 필요하며 어떻게 할 것인가, 참고문헌은 어떻게 검색하고 무엇을 참고할 것인가, 논문이 요구하는 문체는 무엇인가 등을 논하였고 내용적 측면에서는 소주제들을 어떻게 범주화할 것인가, 상위범주들을 무엇으로 설정할 것인가 등을 중점적으로 논하였다. 튜터 P의 인터뷰에 의하면, 이러한 문제점을 개선하는 과정에서 튜터는 학습자의 의견을 최대한 존중하면서 글의 구조나 내용의 문제점을 스스로 발견할 수 있도록 비지시적 튜터링 중심으로 진행하였으나 문장 오류는 문법적 설명의 한계에 부딪쳐 지시적 튜터링 중심으로 진행하였다고 한다.

학습자 A는 형식적 오류와 내용적 오류를 수정한 뒤 (7)과 같은 수정본을 제출하였다. (7)은 구성이나 표현에서 어색한 부분이 일부분 있으나 전체적으로 목차, 구성, 문단, 문장, 문체 등에서 큰 변화를 보였다.

(7) 수정본

아프리카에 대한 오해

I. 서론
세계 어디를 가더라도 많은 사람들이 다양한 국가에 대해 여러 가지 오해를 갖고 있는 것을 알 수 있다. 그리고 한국에 유학을 와서 아프리카에 대한 잘못된 '편견'들을 많이 듣게 되었다.(…중략…)
II. 본론
1. 지리학적 관점
대부분의 사람들은 아프리카가 하나의 국가라고 생각한다. 그러나 아프리카는 세계에서 두 번째로 큰 대륙이며 54개의 독립된 개별 국가로 구성되어 있다.
(…중략…)
2. 문화적 관점
국제 미디어는 항상 전쟁, 혁명, 해적, 반군과 아동병사로 가득한 아프리카를 보여준다. 이러한 보도 때문에 사람들이 아프리카가 위험하고 폭력적 대륙이라고 오해를 할 수 있다. 그러나 아프리카에 항상 전쟁, 혁명, 해적, 반군 등이 있는 것은 아니다.(…중략…)
III. 결론
많은 사람들이 아프리카에 대해 다양한 오해를 하고 있다. (…중략…) 그러나 이러한 오해들은 모두 잘못된 미디어 때문이다.(…중략…)
참고문헌

---

(7)의 수정본은 논문이 요구하는 형식과 구성을 갖추었다. 그러나 좀 더 좋은 글이 되기 위해 교수자는 참고문헌 및 인용의 중요성, '본론' 대신 다른 명사구로 수정할 것 등 부수적인 내용을 수정하도록 지시하였다. 특히 인용이 명시적으로 제시하지 않으면 표절과 관련되므로 반드시 수정할 것을 요구하였다. 2차 튜터링 과정에서 튜터는 학습자 스스로 해결할 수 있도록 비지시적 튜터링 중심으로 진행하였다. 1차 튜터링에서는 지시적 튜터링을 중점적으로 진행하였지만 2차 튜터링에서는 비지시적 튜터링 방법 중심으로 진행하여 학술적 글에 적합한 형식을 갖추도록 하였다.

이상과 같이 한국어 튜터링의 과정을 초기 단계, 중간 단계, 최종 단계로 나누어 살펴보았다. 초기 단계는 튜터와 학습자가 처음 대면하는 시기로서 학습자의 글쓰기 능력을 정확히 파악하기 어려운 시기이므로 문법이나 어휘 등 국소적 오류(local errors)를 중심으로 튜터링을 실시하였다. 이때에 지시적 튜터링과 비지시적 튜터링을 병행하여 진행하되 학습자 A에게는 지시적 튜터링을, 학습자 B에게는 비지시적 튜터링을 중심으로 진행하는 것이 더 효율적임을 알 수 있었다.

중간 단계는 짧은 글을 통해 글쓰기 능력을 향상시키는 데 있었다. 단순한 문법이나 어휘 오류, 즉 국소적 오류는 지시적 튜터링 중심으로 진행하였고 문단 구성, 글의 구조 등 전국적 오류(global errors)는 비지시적 튜터링 방법을 활용하였다. 그리고 1차 튜터링이든 2차 튜터링이든 지시적 튜터링과 비지시적 튜터링을 구분 지어 진행하는 것이 아니라 오류의 유형과 학습자의 능력에 따라 병행하여 실시하도록 하였다. 다만 1차 튜터링에는 지시적 튜터링 중심으로 진행하게 되었고 2차 튜터링에는 비지시적 튜터링 중심으로 진행하게 되었다.

최종 단계는 완성된 한 편의 논문을 제출하는 것이므로 글의 구성, 내용의 일관성, 체계의 통일성 등을 비지시적 튜터링 방법 중심으로 진행하였다. 학습자는 튜터와 상하관계가 아니라 동료성을 지닐 때 튜터링에 적극적이며 지시적 튜터링보다 비지시적 튜터링에 더 적극성을 보였다.

3.3. 한국어 동료 튜터링의 한계와 방안

한국어 동료 튜터링은 국내 대학에서 아직 보편화되지 않은 학습 보조 활동이다. 동료 튜터링이 활성화되기 위해서는 무엇보다 대학의 행정적 지원과 경제적 지원이 필수적으로 요구되며 이러한 인프라가 형성되었다 하더라도 동료 튜터링을 진행해 나가는 데 있어서 여러 한계에 부딪힌다. 이 절에서는 한국어 튜터링을 진행하는 가운데 부딪히는 한계와 그 방안을 제시하고자 한다.

첫째, 튜터와 학습자 간의 관계성에 관한 것이다. 동료 튜터링은 대부분 학습 의욕과 봉사 의지를 가진 사람들이 신청하므로 튜터나 학습자 간의 관계로 인한 문제가 발생하지 않을 것으로 생각한다. 그러나 동료 튜터링도 항상 성공하는 학습 활동이 아니다. 튜터와 학습자가 모두 적극적으로 임하면 튜터링 과정에서 문제가 발생하지 않으나 두 사람 중 한 명이라도 소극적으로 임하면 튜터링이 위기에 처하기 쉽다. 튜터의 경우는 동료성보다 교수자적 태도를 보일 때이며, 학습자의 경우는 과제를 이행하지 않거나 약속을 지키지 않는 등 불성실한 태도가 주된 원인이었다. 그러나 극단적인 문제를 제외하고 대부분 서로 노력하면 해결될 수 있다. 예를 들어, 학습자 A는 한국의 대학 생활에 만족하지 못하고 있고, 같은 과 선배인 튜터 P에게 자신의 작문을 보여주어야 하는 심리적 부담감을 안고 있었으며, 한국어 튜터링도 자발적으로 참여하지 않았으므로 매우 소극적인 태도를 보였다. 그러나 튜터 P가 학습 활동만 보조하는 것이 아니라 SNS 활용, 식사하기 등 적극적 관계를 유도하였을 때 학습자 A가 서서히 적극적인 태도로 변하기 시작하였다. 이처럼 동료 튜터링은 튜터와 학습자가 서로 좋은 관계를 형성하기 위해 노력해야 한다. 그렇지 않으면 한 학기 동안 비효율적 튜터링을 하게 되거나 도중에 취소하는 경우가 발생하기도 한다.

둘째, 학습자의 학습 의욕이 저조한 경우이다. 학습 의욕이 관계성과 관련될 때에는 관계성을 회복하여 학습 의욕을 향상시킬 수 있으나 그러지 않은 경우에는 운영 본부나 행정 기관에서 빠른 조치를 취해주는 것이 필요하다. 아무리 유능한 튜터가 배정되더라도 학습자가 학습 의욕을 전혀 보이지 않으면 발전적인 단계로 나아가기 어렵기 때문이다.17) 이런 경우는 학습에 중점을 두기보다 문화 탐방이나 한국 영화 및 드라마 토론하기 등 학습 외 활동 중심으로 진행하는 것이 좋다. 사실 학습자의 학습 의욕이 튜터링의 효과에 미치는 영향은 크다. 튜터 P의 경우, 학습자 A보다 B에게 더 긍정적인 평가를 내렸는데 그 주요인이 학습자의 학습 의욕이라고 하였다. 학습자 B는 한국어 튜터링에 자원하였고 한국어 능력을 향상시키고자 하는 의욕이 강하였으므로 초기 단계부터 매우 적극적으로 참여하여 더 높은 긍정적인 효과를 얻은 반면, 학습자 A는 비자발적으로 참여하여 중간 단계까지 적극성을 보이지 않다가 다양한 학습 외 활동을 통해 튜터와 친밀도가 향상되면서 적극적으로 참여하였다는 것이다.

셋째, 교수자가 어느 정도 개입하는 것이 적절한가 하는 것이다. 동료 튜터링은 원칙적으로 튜터와 학습자 간의 활동이므로 교수자의 개입을 부적절하게 볼 수도 있다. 그러나 교수자의 개입은 직접적이지는 않더라도 필요하다. 앞의 (1)에서와 같이 튜터 P의 실수를 빨리 해결하기 위해서는 교수자가 개입하는 것이 더 적절하리라 본다. 본고에서는 중간 단계부터 교수자 활동을 포함시키고 있지만 튜터가 한국어를 가르쳐 본 경험이 없다면 초기 단계부터 개입하는 것도 적절하다. 다만 교수자의

---

17) Leidenfrost *et al.*(2011)는 튜터의 역할에만 의존해 왔던 기존 논의를 반박하면서 튜터와 튜티의 상호 역할을 중시하고 있다. 예를 들어, 적극적인 튜터와 소극적인 튜티가 짝을 이룬 적극적인 튜터링(motivating master mentoring)과, 소극적인 튜터와 적극적인 튜티가 짝을 이룬 소극적인 튜터링(negative minimalist mentoring)의 학업 성과를 연구해 본 결과, 적극적인 튜터링은 긍정적인 영향을 뚜렷하게 가져오지만 소극적인 튜터링도 반드시 부정적인 영향을 가져온 것은 아니라는 것이다. 물론 튜터링은 적극적인 튜터와 적극적인 튜티가 서로 짝을 이루었을 때에 가장 뚜렷한 성과를 보이겠지만 그렇지 않은 경우에도 학습 성과가 있다는 것이다. 그러므로 튜터링은 정도의 차이는 있으나 효율적인 프로그램이라는 것을 알 수 있다.

역할은 튜터의 오류를 보완하고 도와주는 것이지 튜터의 활동을 구체적으로 지시하는 데 있지 않다는 것을 주의할 필요가 있다. 교수자가 너무 많이 개입하면 튜터의 지도력 향상을 저해할 수도 있기 때문이다.

지금까지 한국어 튜터링에 대해 전체적으로 살펴본 결과, 한국어 튜터링은 특별한 경우를 제외하면 전체적으로 학습자의 한국어 능력 향상에 긍정적인 효과가 있음을 확인할 수 있었다. 교수자는 튜터와 학습자가 효율적으로 튜터링을 진행할 수 있도록 보조해 줄 따름이며 튜터링의 주축은 튜터와 학습자인 것이다.

[그림 1] 성공적 한국어 튜터링의 역할

효율적인 한국어 튜터링이 지속되기 위해서는 [그림 1]과 같이 튜터와 학습자가 동료성을 바탕으로 서로 적극적으로 참여하는 것이 중요하다. 비록 학습자가 소극적인 태도를 보이더라도 튜터가 다양한 학습 외 활동을 실시하면 관계가 향상되어 학습자가 적극성을 보이는 경향이 높다. 그리고 한국어 튜터링은 지시적 튜터링과 비지시적 튜터링을 병용하는 중립적 튜터링이 가장 효율적임을 알 수 있었다.

4. 결론

지금까지 대학 글쓰기의 학습 보조 활동으로 활용할 수 있는 동료 튜터링의 과정을 살펴보고 외국인 및 재외국민에게 적합한 튜터링 방법을 모색하였다. 동료 튜터링의 방법으로는 지시적 튜터링과 비지시적 튜터링이 있으며 단계별, 즉 초기 단계, 중간 단계, 최종 단계로 동료 튜터링의 과정과 방법에 대해 살펴보았다. 어느 단계에서든지 지시적 튜터링과 비지시적 튜터링을 구분하여 진행하는 것이 아니라 학습자의 능력에 따라 중립적 튜터링을 실시하는 것이 적절한 것임을 알 수 있다. 그리고 성공적인 한국어 튜터링을 위해서는 튜터와 학습자가 동료성을 바탕으로 하여 서로 주축이 되어 진행하는 것이 필요하며 교수자는 보조적인 역할만 담당할 뿐이다.

국내 대학이 외국인 유학생을 적극적으로 유치하고 있는 현 시점에서 이들을 위한 학습 보조 프로그램이나 체계가 절실하다. 이런 측면에서 동료 튜터링은 매우 유익한 프로그램이며 한국어 학습자가 대학 생활에 적응하는 데에 용이하다고 할 수 있다. 이 분야가 아직 초기 단계이므로 효율적인 튜터링을 진행하기 위해 다양한 관점의 연구가 요구된다고 할 수 있다.

참고문헌

김남미·정재현(2013), 「專攻글쓰기 能力 啓發을 위한 WAC 협력 과정」, 『어문연구』 41(1), 한국어문교육연구회, 447-504.

김병길(2008), 「교과과정 연계방안으로서 WAC 프로그램 도입사례 연구」, 『새국어교육』 80, 한국국어교육학회, 49-71.

김선효(2012), 「학문목적 한국어의 글쓰기 현황과 방향성」, 『어문연구』 155호, 한국어문교육연구회, 431-455.

김지현(2011), 「대학생 튜터가 피어튜터링에서 체험하는 교육적 난점」, 『교육원리연구』 16(2), 한국교육원리학회, 117-164.

배식한(2012), 「전공연계글쓰기(WAC)의 국내 적용을 위한 전제 조건 : 미국 WAC 프로그램의 역사적 고찰을 통해」, 『교양교육연구』 6(3), 교양교육연구회, 591-626.

원만희(2010), 「전공연계 글쓰기(WAC)를 위한 교육 기획」, 『수사학』 13, 191-216.

이재성·김은영(2010), 「범교과적 글쓰기(WAC : Writing Across the Curriculum) 프로그램의 적용 및 효과 연구」, 『국어교육연구』 47, 국어교육학회, 117-140.

정한데로(2012), 「글쓰기 튜터의 역할과 자세」, 『시학과 언어학』 22, 시학과언어학회, 323-349.

Annis, L.F., "The processes and effects of peer tutoring", *Human Learning : Journal of Practical Research & Applications*, 2(1), 1983, 39-47.

Barnett, R.W. & Blumner, J.S.(eds.), *The Allyn and Bacon Guide to Writing Center Theory and Practice*, Allyn and Bacon, 2001.

Beasley, C.J., "Students as teachers : the benefits of peer tutoring", Pospisil, R. & Willcoxson, L.(eds.), *Learning Through Teaching*, 1997, 21-30.

Brooks, J., Minimalist Tutoring : Making the Student Do all the Work, *Writing Lab Newsletter* 15(6), 1991, 1-4; Barnett, R.W. & Blumner, J.S.(eds.), *The Allyn and Bacon Guide to Writing Center Theory and Practice*, Allyn and Bacon, 2001.

Bruffee, K.A., "The Brooklyn Plan : Attaining Intellectual Growth through

Peer-Group Tutoring", *Liberal Education* 64(4), 1978, 447-468.

Bruffee, K.A.(1984), "Peer tutoring and the Conversation of Mankind", Gary A. Olsan.(*ed.*), *Writing Center : Theory and Adminstration*, NCTE.

Carino, P., "power and authority in peer tutoring", Pemberton, M. & Kinkead, J.A.(*eds.*), T*he Center Will Hold : Critical Perspectives on Writing Center Scholarship*. Logan, UT : Utah State UP, 2003, 96-113.

Carino, P., "Early Writing Centers : Toward a History", *The Writing Center Journal* 15(2), 1995, 103-115; Barnett, R.W. & Blumner, J.S.(*eds.*), *The Allyn and Bacon Guide to Writing Center Theory and Practice*, Allyn and Bacon, 2001.

Clark, I.L. & Healy, D., "Are Writing Center Ethical?", *WPA : Writing Program Administration*, 20(1/2), 1996, 32-38; Barnett, R.W. & Blumner, J.S.(*eds.*), *The Allyn and Bacon Guide to Writing Center Theory and Practice*, Allyn and Bacon, 2001.

Cogie, J., "Peer tutoring : Keeping the contradiction productive", *the Politics of Writing Centers*, Nelson, J. & Evertz, K. (*eds.*) Portsmouth NH : Boyton/Cook, 2001.

Cohen, J., "Theoretical Considerations of Peer Tutoring", *Psychology in the Schools* 23, 1986, 175-186.

Colvin, J.W., "Peer tutoring and social dynamics in higher education", *Mentoring & Tutoring* 15(2), 2007, 165-181.

Falchikov, N., *Learning Together; Peer tutoring in higher education*, London and New York, 2001.

Gillam, A., Callaway, S. & Winkoff, K.H., "The role of Authority and the Authority of Roles in Peer Writing Tutorials", *Journal of Teaching Writing* 12(2), 1994, 161-198.

Gillespie, P. & Lerner, N., *The Allyn and Bacon guide to peer tutoring*, the 2nd edition, Pearson Longman, 2000.

Grimm, N.M., *Good Intentions : Writing Center Work for Post-Modern Times*, Boynton/ Cook, 1999.

Haring-Smith, T., "Changing Students' Attitudes : Writing Fellows Programs", Susan H. M. & M. Soven(*eds.*), *Writing Accross the Curriculum : A Guide to Developing Programs*, Academic, 1992.

Harris, M., "Talking in the Middle : Why writers need writing tutors", *College English* 57(1), 1995, 27-42.

Harris, M., "Collaboration Is Not collaboration is not collaboration : Writing center Tutorials vs. Peer-Response Groups", *College Composition and communication* 43(3), 1992, 369-383; Barnett, R.W. & Blumner, J.S.(*eds.*), *The Allyn and Bacon Guide to Writing Center Theory and Practice*, Allyn and Bacon, 2001.

Hubbuch, S.M., "A Tutor Needs to Knnow the Subject Matter to Help a Student with a Peer : _Agree_Disagree_Not Sure", *Writing Center Journal* 8(2), 1988, 23-30.

Kiedaisch, J. & Dinitz, Sue, "Look Back and Say 'So What' : The Limitations of the Generalist Tutor", *The Writing Center Journal* 14(1), 1993, 63-74; Barnett, R.W. & Blumner, J.S.(*eds.*), *The Allyn and Bacon Guide to Writing Center Theory and Practice*, Allyn and Bacon, 2001.

Leidenfrost, B., B. Strassnig, A. Schabmann & C. Spiel, "Peer Mentoring Styles and Their Contribution to Academic Success Among Mentees : A Person-Oreinted Study in Higher Education", *Mentoring & Tutoring :Partnership in Learing* 19(3), 2011, 347-364.

Lundstrom, K. & W. Baker, "To give is better than to receive : The benefits of peer review to the reviewer's own writing", *Journal of Second Language Writing* 18, 2009, 30-43.

Matsuhashi, A., Gillam, A., Conley, R. & Moss, B., "A theoretical framework for studying peer tutoring as response". In C. M. Anson (*ed.*), *Writing and response :Theory, practice, and research*, Urbana, IL : National Council of Teachers of English, 1989, 293-316.

Moore, R.H., "The Writing Clinic and the Writing Laboratory", *College English* 11, , 1950, 388-393; Barnett, R.W. & Blumner, J.S.(*eds.*), *The Allyn and Bacon Guide to Writing Center Theory and Practice*, Allyn and Bacon, 2001.

Russell, D.R., "American Origins of the Writing across the Curriculum Movement", Bazelman, C. & Russell, D. R.(*eds.*), *Landmark Essays on the Writing Across the Curriculum*, MLA, 1994.

Shamoon, L.K. & Burns, D.H., "A Critique of Pure Tutoring", *The Writing Center Journal* 15(2), 1995, 134-151; Barnett, R.W. & Blumner, J.S.(*eds.*), *The Allyn and Bacon Guide to Writing Center Theory and Practice*, Allyn and Bacon, 2001.

Soven, M., "Curriculum-Based Peer Tutors and WAC", *WAC for the New Millennium :*

Strategies for Continuing Writing-Across-the-Curriculum Programs, National Council of Teachers of English, 2001.

Topping, K.J., "The Effectiveness of peer tutoring in further and higher education : A typology and review of the literature", *Higher Education* 32, 1996, 321-345.

Trimbur, J., "Peer Tutoring : A Contradiction in Terms?", *The Writing Center Journal* 7(2), 1987, 21-28; Barnett, R.W. & Blumner, J.S.(*eds.*), *The Allyn and Bacon Guide to Writing Center Theory and Practice*, Allyn and Bacon, 2001.

Whitman, Neal A., *Peer Teaching :To teach is the learn twice*, ASHE-ERIC Higher Education Reports, The George Washington University, 1988.

제 3 장

한국어 동료 튜터링의 성과와 방향성

1. 서론

이 장의 목적은 서울대학교 <글쓰기의 기초> 강좌와 연계하여 진행된 한국어 동료 튜터링(peer tutoring)의 성과를 살펴봄으로써 외국인과 재외국민이 각각 어떤 영역에서 도움을 얻었으며 향후 어떤 영역을 선호하는지 그리고 한국어 동료 튜터링이 나아가야 할 방향은 무엇인지를 살펴보는 데 있다.[1][2]

'한국어 동료 튜터링'(이하 한국어 튜터링)은 학습자의 한국어 학습 향상을 목적으로 하는 학습 보조 활동으로서 모어 화자인 튜터(tutor)가 학습자인 튜티(tutee)의 학습 활동을 보조해 준다. 한국어 튜터링은 21세기 이

---

1) 서울대학교의 교양 필수 과목이었던 '대학국어'가 2014년 1학기부터 <글쓰기의 기초>로 변경되었다. 두 강좌명의 가장 큰 차이점은 '대학국어'는 교양 필수 과목이었으나 <글쓰기의 기초>는 단과대학별로 글쓰기 강좌를 선택할 수 있는 교양 선택 과목이다. 2014년도에는 강좌명만 변경되었고 강의 내용과 목표는 기존 강좌와 별 차이가 없으므로 본고에서는 수정된 강좌명을 사용하고자 한다.
2) 서울대학교에서 제시하는 '재외국민(在外國民)'은 대한민국의 국적을 가지고 있으면서 초·중·고등 교육과정 12년을 해외에서 이수한 학생을 지칭한다.

후 한국어의 세계화 현상과 대학 글쓰기 교육의 활성화에 힘입어 적극 도입된 학습 활동으로서 국내 대학의 외국인 학생 증가와 밀접한 상관성을 가진다. 2004년부터 국내 대학들이 정부의 외국인 유학생 유치 프로젝트를 적극 수용하면서 외국인 유학생이 급증하였고 이들을 위한 다양한 프로그램도 고안되었다. 한국어 튜터링은 이러한 과정 중에 도입된 새로운 학습 보조 활동으로서 국내 대학에서도 긍정적인 평가를 얻고 있다(김선효 2013, 김남미 2014).

서울대학교의 동료 튜터링은 자연과학 및 공학 계열을 중심으로 일찍이 실시되어 왔으나 인문 계열, 특히 외국인 유학생을 위한 한국어 튜터링은 2010년부터 실시되어 아직 초기 단계라 할 수 있다.[3] <글쓰기의 기초>는 한국어 학습자들이 학술적 글쓰기를 배울 수 있는 유일한 강좌이다. 그러나 이 강좌는 수강생의 한국어 실력 편차가 매우 심하고 개개인의 요구 사항이 다양하여 담당 교수가 혼자서 수강생을 지도하는 데에는 한계가 있다. 외국인 학생을 위한 특별한 보조 프로그램이 제시되지 않는 한 글쓰기 강좌가 대학의 교과과정을 원활히 수행하기 어려운 실정이다. 이런 당혹스런 학습 환경은 국내 여러 대학이 동일하게 당면하고 있는 문제이며 지금도 고심하고 있는 부분이다.

외국인 유학생을 위한 글쓰기 강좌의 가장 큰 문제점은 학습자의 한국어 수준 편차가 심하다는 것이다. 학습자의 수준이 동일하지 않으므로 학습자에게 맞는 교과과정이 나오기 어렵고, 학습자들은 그들에게

---

3) 국내 한국어교육 담당 기관에서도 튜터링 프로그램을 실시하고 있으나 전문적 지식을 갖춘 자가 시간제 유료로 실시하고 있으므로 본 연구에서 다루고자 하는 동료 튜터링과는 성격이 다르다. 본고에서 논의하는 한국어 튜터링은 비슷한 또래의 튜터가 튜티에게 목표 언어를 중점적으로 도와주는 프로그램으로서 지원 본부로부터 행정 및 재정 지원을 받는다. 다시 말해, 한국어 교육기관의 튜터링 프로그램(예, peer buddy program)은 1 : 1 수업과 유사한 반면, 순수 동료 프로그램은 학습과 친목 도모를 동시에 추구하며, 개인 수업료를 지불하지 않는다.

적합한 강의가 아니므로 불만이 제기되는 악순환의 연속인 셈이다. 글쓰기 강좌의 이러한 부적합한 학습 환경을 개선하기 위해 <글쓰기의 기초> 강좌는 한국어 동료 튜터링과 연계하여 수업을 진행해 보고자 하였다. 한국보다 일찍이 이러한 상황을 경험한 해외 대학들이 동료 튜터링을 적극 활용하여 긍정적인 결과를 얻은 바 있기에 한국어 튜터링에도 유의미한 결과가 도출될 것으로 기대되기 때문이다(Russell 1994 : 12, Topping 1996, Carino 2003 : 96-113 등).

그리하여 이 장에서는 한국어 튜터링에 참여한 한국어 학습자(외국인 및 재외국민)를 대상으로 하여 한국어 튜터링을 점검하고 그 방향성을 정립해 보고자 한다. 이 연구는 김선효(2013)의 후속 연구로서, 선행 연구가 한국어 튜터링의 과정과 방법에 중점을 두었다면 여기에서는 한국어 튜터링의 성과를 전체적으로 평가하고 앞으로의 진행 방향을 제시하는 데 중점을 두고자 한다. 연구 대상은 2012년 1학기부터 2014년 1학기까지 <글쓰기의 기초>를 수강한 외국인 54명과 재외국민 26명 총 80명과, 2012년 2학기부터 2014년 1학기까지 활동한 튜터 56명이다. 연구 방법은 설문조사를 중점적으로 실시하되 개별 면담을 병행하여 진행하며 일부 통계 자료에서는 SPSS 21을 활용한다. 2장에서는 선행 연구의 흐름을 간략히 제시하고 3장에서는 한국어 튜터링에 대한 전체적 성과를 살펴보며 4장에서는 그 방향성을 제시한 뒤 5장에서 마무리를 하고자 한다.

2. 선행 연구

동료 튜터링은 선행 지식을 먼저 학습한 동료가 그렇지 못한 동료를 도와주는 학습 보조 활동으로서 그 형성 동기는 1970년대 미국과 영국 대학에서 학부생의 글쓰기 능력을 향상시키기 위해 개발하였으며 미국 브루클린대학(Brooklyn college)의 '브루클린계획(Brooklyn plan)'이 동료 튜터링의 원형이라 할 수 있다(Bruffee 1978, Topping 1996, Carino 2003 등). 1980년대 이후 구미를 중심으로 글쓰기에 관한 교수법과 연구가 집중적으로 논의되면서 WAC(writing across curriculum)와 같은 전공 연계 글쓰기가 개발되었고 이때에도 동료 튜터링의 영향이 컸었다. 그 이후 동료 튜터링은 WAC의 활발한 활동에 힘입어 교양 중심의 '일반 동료 튜터링'과, 전공 영역의 글쓰기와 연계한 '교과기반 동료 튜터링(curriculum based peer tutoring, CBPT)'으로 세분화되면서 더욱 발전하였다(Kiedaisch & Dinitz 1993 : 63-74, Gillespie & Lerner 2000 : 10-25, Soven 2001, 배식한 2012, 박윤호 2012, 정한데로 2012, 김남미 · 정재현 2013 등).

국내의 동료 튜터링은 이공계열에서 일찍이 수용하여 실시하였고(김인수 2010, 이은준 · 김태형 2011, 이정아 외 2012, 배성아 · 노수림 2014 등) 글쓰기 영역은 21세기 초 글쓰기센터를 중심으로 진행되어 오다가 최근에는 한국어 학습자를 위한 학습 보조 프로그램으로까지 확대하면서 연구 성과도 급격히 증가하고 있다(김병길 2008, 원만희 2010, 이재성 · 김은영 2010, 배식한 2012, 김선효 2013, 김치헌 2013, 김남미 · 정재현 2013, 김남미 2014 등). 서강대학교 글쓰기센터처럼 한국인 학생의 글을 중점적으로 지도하다가 한국어 학습자를 위한 튜터링 지도까지 확대한 것은 고무적인 일이라 할 수 있다(김남미 2014). 반면, 서울대학교는 글쓰기센터와 연계하지 않고 독립적인 동료 튜터링 운영 본부를 두면서 외국인 학생의 대학생활과 한국어 강좌를 도와주고 있다(김지현 2011, 김선효 2013, 박정희 2013). 국내의 동료 튜터링 활용 영역은 글쓰기뿐 아니라 외국어 학습 과정에서도 사용하고 있음을 알 수 있고(박윤호 2012), 온라인 학습 환경에도 매우 활발히 사용되고 있다(주영주 외 2003, 임걸 2010, 이정아 외 2012 등). 그러나 국내 글쓰기 관련 동료 튜터링의 연구는 글쓰기센터 중심의 활동이 주를 이루고 있어 순수 동료의 튜터링 결과에 대해서는 구체적으로 논의되지 않았다. 한국어 튜터링을 실시하였을 때에 어떤 결과가 도출되었는지, 학습자 유형별로 어떠한 튜터링을 실시해야 효율적인지 등 이에 대해 구체적으로 논의되지 않은 것이다.4) 그리하여 이 연구에서는 이 부분에 중점을 두고 논의해 보고자 한다.

동료 튜터링에는 튜터의 역할이 중요하다. 튜터는 동료 튜터링을 관리하는 기관이나 단체의 성격에 따라 다르다. 글쓰기센터와 같은 기관에서는 전문적 지식을 갖춘 튜터를 선발하지만 타 기관에서는 또래 집단, 즉 순수 동료를 튜터로 선발하기도 한다. 전문적 튜터는 목표 언어에 대한 정확한 지식을 갖추고 있어 학습 능률 향상에 긍정적으로 작용하는 반면,5) 비슷한 연령대인 순수 동료 튜터는 튜티와 유대 관계를 형성하기 쉽고 모르는 내용도 부담 없이 질의할 수 있으며 학습 이외의 다양한 보조적 활동을 하기에 유리하다. 전문적 튜터와 순수 동료 튜터는 각각 장점을 지니고 있으므로 각 기관은 기관의 목적에 따라 튜터를 선발하면 된다.

---

4) 글쓰기와 관련된 동료 튜터링은 유사동료(near-peer)가 대부분을 차지하고 순수동료(co-peer)는 적어 동료성(peerness)이 부족할 수도 있다. 유사동료 및 순수동료에 대한 개념은 Whitman(1988) 참조.

5) 동료 튜터링의 과정에서 중시하는 의사소통 및 피드백과 관련된 연구로는 Pica(1988), Mackey *et al*.(2003), Thonus(2004), Williams(2004), 김현진(2005), Truscott & Hsu(2008), Sasaki & Takeuchi(2010) 등을 참고할 수 있다. 다만, Thonus(2004)나 Williams(2004)에서는 글쓰기센터와 학습자 간의 상호작용을 중점적으로 검토한 점에서 본고의 논의 관점과 차이가 있다.

3. 글쓰기 강좌와 연계한 한국어 튜터링에 대한 검토

3.1. 한국어 튜터링의 과정

서울대학교 <글쓰기의 기초> 강좌와 연계하여 진행하는 한국어 튜터링의 과정과 방법에 대해서는 김선효(2013)에서 상술되어 있으므로 여기에서는 핵심적인 과정을 간략히 제시하고 거기서 논의하지 못한 부분을 보충하는 것으로 갈음하고자 한다.

한국어 튜터링은 한국어 학습에 중점을 두는 '학습 활동'과, 대학 생활의 적응, 선후배 간의 친목 도모, 한국 문화의 이해 등의 '비학습 활동'을 병행한다. 한국어 튜터링은 모어 화자인 튜터(tutor)와 한국어 학습자인 튜티(tutee)로 구성되며 한 학기 동안 매주 2시간씩 총 30시간을 한다. 튜터는 엄격한 기준에 따라 우수한 학부생을 선발하며 튜티는 한국어 관련 교과과정을 수강하는 학부생을 대상으로 한다.6) 한국어 튜터링은 아래 [표 1]과 같이 튜터와 튜티 간의 활동이 주를 이루는 제1튜터링과, 교수자의 첨삭 활동이 포함되는 제2튜터링으로 나눌 수 있다. 제1튜터링은 동료 튜터링의 전형적인 과정으로 튜터가 튜티를 도와주는 과정이며, 제2튜터링은 담당 교수자가 학습자의 과제를 재점검하여 문제점을 제시하면 튜터와 튜티가 다시 그 부분을 보완하는 과정이다. 다시 말해, 교수자는 제1튜터링에서 수령한 학습자의 원본과 수정본을 비교 및 검토한 뒤, 튜터가 정확한 지식을 갖추고 설명하였는지 첨삭이 정확하게 실시되었는지 보충 지도해야 할 부분은 없는지 등을 파악하여 순수 동료 튜터의 약점을 최대한 보완하고자 하는 과정인 것이다.7)

---

6) 한국어 튜터링에 관한 구체적 정보는 김지현(2011), 김선효(2013 : 205 각주20), 피어튜터링 운영 본부 홈페이지(http://gepeertutoring.snu.ac.kr) 등을 참조한다.
7) 튜터 교육은 학기 초에 오리엔테이션을 통해 전체적인 방향을 제시하고 학기 중간에 워크숍과 간담회 등을 통해 한국어 문법, 튜터링 방법, 피드백 방향 등을 지도한다.

[표 1] 한국어 튜터링의 과정8)

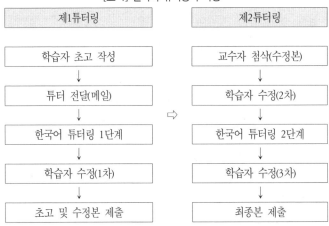

한국어 튜터링은 외국인이든 재외국민이든 그 진행 과정은 크게 차이가 없다. 튜터는 <글쓰기의 기초> 강좌에서 제시하는 과제나 첨삭을 우선 도와주되 튜티의 한국어 능력과 요구를 참조하여 진행한다. <글쓰기의 기초> 강좌는 학술적 글쓰기에 목적을 두고 있으므로 한국어의 문법이나 어휘를 수업 시간에 별도로 가르치지 않는다. 한국어의 문법이나 어휘는 학습자의 수준이 동일하지 않으므로 이 부분은 튜터링 시간을 최대한 활용하여 개별적으로 학습하도록 지도하고, 해당 강좌에서는 논문 또는 리포트를 적절한 형식과 내용에 맞춰 정확하게 작성할 수 있도록 하는 데 목적을 두고 있다.9)

---

8) [표 1]은 김선효(2013 : 207)에서 제시한 것을 참조하여 수정한 것이다. 혼란스러울 수 있는 용어만 수정하였고 체계나 틀은 동일하다.

9) 매 학기 튜터를 대상으로 하여 설문조사를 해 보면, 튜터들이 한국어 영역에서 한국어 문법을 가장 어려워함을 알 수 있다. 특히 튜터가 한국어교육에 관한 경험과 지식이 없을수록 한국어 문법을 정확하게 설명하지 못한다. 심사가가 염려한 바와 같이, 이것은 한국어 튜터링, 즉 순수 동료 튜터를 활용하는 튜터링의 최대 약점이라 할 수 있다. 그러나 전문적 튜터와 순수 동료 튜터는 한국어 튜터링의 목적을 어떻게 설정할 것인가에 따라 그 가치가 다른 것일 뿐이다. 전문적 튜터는 한국어 학습 향상에는 매우 긍정적인 결과를 보이겠지만 비학습활동에는 적극적으로 참여할 수 없다.

그러면 실제로 한국어 튜터링이 어떻게 진행되는지 재외국민 튜티의 사례를 통해 살펴보자. 재외국민 튜티 P는 자연과학대학 생명공학부 1년생으로 인도네시아 국제학교에서 12년 간 영어로만 학습하였고 한국어 작문 경험이 없다. 튜터 B는 공과대학 산업공학과 4년생으로 튜터 경험이 풍부하며 튜터링을 원활하게 진행한다는 평을 받는다. 이들은 매주 2시간씩 면대면 튜터링을 진행하였으며 튜티의 요구에 따라 문법과 쓰기를 중심으로 진행하였다. 이들의 튜터링 과정은 다음과 같다. 먼저 튜티 P는 수업 시간에 작성한 '사형제도의 불필요성에 대한 논의'라는 논증글을 튜터에게 메일로 보낸다. 그러면 (1)과 같이 튜터가 지면과 구두로 피드백을 실시한다. 이것이 튜터링 1단계이다. 이때 피드백은 반드시 튜터링 시간 전에 마무리되어야 하며, 튜터링 시간에는 그 문제점을 논의하는 것에 중점을 둔다.

(1) 제1튜터링

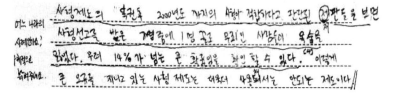

(1)의 글을 통해 확인할 수 있듯이 1단계에서는 튜터가 튜티의 문장, 표현, 형식 등을 우선적으로 점검한 뒤에 총체적 의견을 제시하고 있다.

서울대학교에서 실시하고 있는 한국어 튜터링은 한국어 학습에만 중점을 두는 것이 아니라 비학습 활동(대학 생활 안내, 한국 문화 소개, 문화지 탐방, 영화 감상 및 토론 등)도 적극적으로 권장하기 때문이다. 순수 동료 튜터의 한계점은 제2튜터링, 즉 담당 교수자가 튜터의 수정 사항을 점검하고 글의 문제점을 제시하므로 순수 동료 튜터로 인해 발생할 수 있는 문제점을 최소화하고 있다. 학술적인 글은 한국어 문법을 정확하게 알고 있다고 하여 잘 쓸 수 있는 것은 아니다. 한국어 문법도 정확히 알아야겠지만, 학술적인 글이 요구하는 형식과 내용을 모두 갖추어야 학술적인 글이라고 할 수 있기 때문이다.

재외국민 튜티는 기초 문법 오류보다 학술적 글쓰기에 적합한 어휘나 표현이 부족한 편이므로 이를 중심으로 튜터링하였다. 튜티는 튜터의 의견을 참고하여 1차 수정한 후 담당 교수자에게 초고와 수정본을 동시에 제출한다.

제1튜터링에서는 단어, 문장, 문단 등의 국소적 오류(local errors) 중심으로 검토된다면 제2튜터링에서는 (2)에서와 같이 튜터가 간과할 수 있는 부분, 특히 전국적 오류(global errors) 중심으로 의견을 제시한다. 제2튜터링에서는 문단이나 글의 구조, 글의 통일성 등 거시적인 의견을 제시하는 편이다. 학습자는 이것을 바탕으로 하여 튜터와 다시 의논한 후 최종본 (3)을 제출하게 된다.

(2) 제2튜터링

> 사형제도를 재도입한 후부터 2000년도까지 몇 미국주의 사형판결을 내린 재판들을 보면, 사형선고를 받은 7명 중에 1명 꼴로 무죄인 사람들이 목숨을 잃었다. 이는 무려 14%가 넘는 큰 확률이다.[6]
>
> 이미 많은 결백한 사람들이 목숨을 잃었고, 그 사람들의 가족들은 더욱 불행해졌다. 더 이상의 결백한 사람을 세상에서 사라지게 하는 일이 있어서는 안 된다. 결국 사형제도는 그 효과가 불확실하고, 집행과정에서 일어날 수 있는 오판의 대가가 너무도 크기 때문에 나라들은 다른 처벌 방식을 추구해야 한다.

메모 [u5]: 문장이 틀린 것은 아니지만 어색하므로 간단하게 고쳐보세요.

(3) 최종본

> 미국이 1976년 사형제도를 재도입한 이후 2000년도까지 사형 판결을 한 재판을 보면, 7명 중 1명이 무죄였지만 목숨을 잃었다. 이는 무려 14%가 넘는 높은 확률이다.[4]
>
> ---
> [4]Russ Feingold, "National Death Penalty Moratorium Act of 2000," 2000년 4월 26일 (http://deathpenalty.procon.org/view.resource.php?resourceID=002000, 2013.4.23)

<글쓰기의 기초> 강좌는 학기 말에 한 편의 완성된 논문을 제출해야 하므로 주제 정하기, 자료 찾기, 개요 작성, 초고 작성, 인용법, 각주 및 참고문헌 작성법 등을 모두 한 학기 내에 완성해야 한다. 튜티는 이

러한 일련의 과정을 튜터와 함께 진행하는 것이다. 튜터는 주제가 적합한가, 적절한 자료를 찾았는가, 글의 개요가 적절한가, 초고의 문장이나 구조가 적절한가, 인용법이 잘 갖추어져 작성되어 있는가, 각주나 참고문헌을 바르게 사용하였는가 등 학습자의 학술적 글에 의견을 제시하면서 방향을 이끌어주도록 하고 있다.

그러나 튜터가 주동적으로 글쓰기 과정을 진행하지 못하도록 지도하고 있다. 튜터가 너무 강하게 의견을 제시하거나 글을 주도적으로 진행하게 되면 튜티는 자신의 의견을 제시하지 않고 튜터의 의견에 끌려가기 때문이다. 한 편의 글이 완성되기까지는 많은 시간과 노고가 동반된다. 외국인이든 재외국민이든 혼자서는 학술적 글쓰기를 완성하기 어려우므로 한국어 튜터링을 통해 조금씩 진전되는 것이다.

3.2 한국어 튜터링에 대한 설문 조사

이 절에서는 앞에서 제시된 한국어 튜터링 과정에 참여한 외국인 및 재외국민 한국어 튜티가 한국어 튜터링을 어떻게 평가하는지 설문 조사를 통해 확인해 보고자 한다. 2012년 1학기부터 2014년 1학기까지 <글쓰기의 기초>를 수강한 한국어 학습자 외국인 54명과 재외국민 26명 총 80명을 대상으로 하며, 설문 시기는 매 학기 두 번(학기 초와 학기 말)에 걸쳐 시행하였다.10) 설문조사를 매 학기 두 번 실시한 것은 학기 초의 기대도와 학기 말의 만족도가 어떤 차이를 보이는가를 확인하기 위해서이다. 외국인과 재외국민을 구별한 이유는 우선, 한국어 직관이 없

---

10) 설문 조사 대상에서 외국인과 재외국민이 동일한 분포를 보이지 않은 것은 매 학기 외국인반은 필수적으로 참여해야 하지만 재외국민반은 선택적으로 참여하기 때문이다. 연도에 따라 소수의 재외국민 학습자만 한국어 튜터링 설문에 응하는 경우도 있다. 비록 설문 참여 인원수는 동일하지 않으나 한국어 튜터링을 평가하는 데에는 크게 문제가 되지 않는다고 판단하여 인원수를 인위적으로 조절하지는 않았다.

는 외국인과 직관이 있는 재외국민이 한국어 튜터링 참여에 있어서 어떠한 차이를 보이며, 향후 어떤 방향으로 한국어 튜터링을 진행할 것인지를 파악하기 위함이며, 둘째는 서울대학교 <글쓰기의 기초> 강좌가 외국인반과 재외국민반으로 구별하여 진행하고 있으므로 그 적절성을 파악하는 데 참조하기 위해서이다.

그러면 학습자들이 한국어 튜터링을 어떻게 평가하는지 확인해 보자. 설문 조사의 내용은 한국어 튜터링에 대한 기대도와 만족도, 도움 영역, 희망 영역, 향후 참여도로 나누어 진행하였다. 각 부분에 대한 학습자들의 평가를 살펴보자.

첫째, 한국어 튜터링에 대한 기대도와 만족도이다. 기대도는 한국어 튜터링에 참여하기 전에 실시하였고 만족도는 참여 후에 실시한 것으로 한국어 튜터링이 얼마나 유용한 활동이었는가를 수치로 확인할 수 있다. 이들을 각각 조사해 본 결과, [표 2]와 같이 기대도 73%, 만족도 84.9%로 기대도보다 만족도가 더 높게 나왔다.

[표 2] 한국어 튜터링의 기대도와 만족도[11]

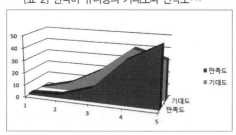

기대도보다 만족도가 더 긍정적인 평가를 받았다는 것은 매우 고무적인 현상이다. 다만 특이한 것은 외국인과 재외국민이 만족도 분포에서

11) [표 2]의 x축은 정도성을 5점 척도 기준으로 1(매우 그렇지 않다), 2(조금 그렇지 않다), 3(보통이다), 4(조금 그렇다), 5(매우 그렇다)로 제시하며, y축은 인원수를 표시한 것이다. 그러므로 기대도의 최고점이 4.2 정도라면 만족도는 5.0인 것을 확인할 수 있다.

조금의 차이를 보였다는 점이다. [표 3]에서 확인할 수 있듯이 외국인의 만족도 분포 양상이 재외국민보다 더 긍정적으로 나타난다. 수업의 특성상 외국인 튜티는 한국어 튜터링에 필수적으로 참여해야 하므로 만족도가 더 낮을 것으로 예상하였으나 더 긍정적으로 답변하였다는 것은 의외의 결과라 할 수 있다. 재외국민도 긍정적인 평가가 주를 이루지만 외국인이 더 긍정적인 분포를 보이고 있다는 특징이 있다.

[표 3] 외국인과 재외국민의 만족도

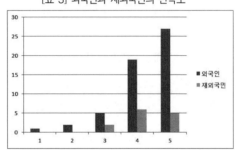

둘째, 한국어 튜터링을 통해 도움이 되었던 영역을 확인해 보자. 한국어 튜터링은 한국어 학습 보조가 주된 활동이지만 대학 생활 안내, 친구 또는 선후배 사귀기, 한국 문화 이해 등의 비학습 활동도 포함된다. 한국어 튜터링을 통해 어휘 학습, 글쓰기, 말하기, 읽기 등의 학습 활동과, 대학생활의 적응, 친구 사귀기 등의 비학습 활동 중에서 어떤 활동이 튜티에게 더 도움이 되었는지를 확인해 보고자 하였다. 이것은 학습 활동과 비학습 활동을 겸하여 실시하는 한국어 튜터링에 대한 평가로서 그 가치를 확인할 수 있는 통로라 할 수 있다. 한국어 튜터링의 도움 영역을 조사해 본 결과, [표 4]와 같이 재외국민은 학습 활동, 특히 쓰기 영역이 도움이 되었다고 하였고, 외국인은 학습활동과 비학습활동이 골고루 도움이 되었다고 하였다.12)

[표 4] 한국어 튜터링의 도움 영역

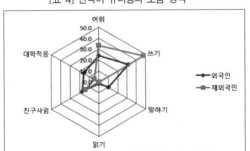

셋째, 한국어 튜터링의 희망 영역에 대해 알아보자. 희망 영역도 도움 영역과 동일한 항목으로 질의하였다. 동일 항목으로 조사해 보면 희망 영역과 도움 영역이 어떠한 차이를 보이는지 확인할 수 있다. 만약 도움 영역과 희망 영역이 동일한 분포를 보인다면 현 한국어 튜터링의 활

12) 외국인과 재외국민의 학습활동 향상 인식도는 튜터링 시간에 주로 다루는 어휘, 소논문 (주제, 개요, 각주 및 참고문헌 등), 문법, 요약, 구어와 문어를 중심으로 나누어 조사해 보았다. 그 결과, 아래 표와 같이 재외국민이 모든 영역에서 외국인보다 높은 평균을 보였다.

		N	평균	표준편차	평균의 표준오차
향상도_어휘	외국인	54	2.67	1.971	.268
	재외국민	26	3.42	.789	.176
향상도_소논문	외국인	54	2.70	2.015	.274
	재외국민	26	3.95	.780	.179
향상도_문법	외국인	54	2.15	1.687	.230
	재외국민	26	3.11	1.100	.252
향상도_요약	외국인	54	2.41	1.868	.254
	재외국민	26	2.89	1.100	.252
향상도_구어문어	외국인	54	2.48	1.881	.256
	재외국민	26	3.05	.848	.195

향상도 인식 조사는 학습자들이 한 학기 동안 한국어 튜터링을 통해 어느 정도 향상된 것 같은가에 대한 인식 조사이므로 객관적인 평가라 할 수 없다. 그러나 학습자에게 실시한 학기 초 평가, 중간고사, 기말고사 등의 평가와 비교해 보면, 향상도 인식 조사의 결과와 크게 다르지 않았다. 시험의 주된 분류는 어휘 평가, 문장 완성, 구어와 문어, 요약, 인용, 700자 글쓰기로 구성되며 한국어능력시험(TOPIK)의 5급 수준의 문제를 출제한다. 향상도 인식 조사에서 재외국민이 전체적으로 더 긍정적인 결과를 보인 것은 재외국민 학습자가 한국어 직관을 지니고 있기 때문에 단기간에 글쓰기가 향상될 수 있었을 것으로 추정된다. 이것은 실제 기말 보고서에서도 뚜렷한 향상도를 확인할 수 있기 때문이다.

동이 성공적으로 진행되고 있음을 입증할 것이며 그렇지 않으면 어떤 영역을 더 보충해야 할 것인지를 파악할 수 있게 할 것이다. 튜터의 희망 영역을 조사해 본 결과, [표 5]와 같이 외국인과 재외국민 모두 글쓰기를 가장 중요한 항목으로 표시하였다. 이런 현상은 대학의 교과 과정을 이수하는 데 글쓰기가 매우 긴요하며 한편으로 가장 부담이 되는 영역임을 시사한다. 외국인과 재외국민이 모두 글쓰기를 가장 주요 항목으로 선택한 점은 동일하지만, 외국인은 다른 영역도 골고루 희망한다는 점에서 재외국민과 차이를 보인다.

[표 5] 한국어 튜터링의 희망 영역

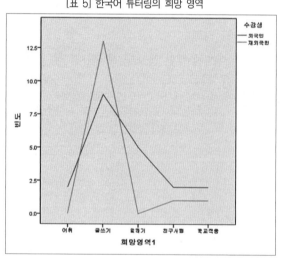

도움 영역과 희망 영역을 비교해 보면, 두 영역의 분포가 매우 유사하다. 학습자들은 글쓰기 영역이 좀더 중점적으로 진행되기를 바라는 부분에서 조금의 차이를 보이나 전체적으로 살펴보면 도움 영역과 희망 영역의 차이가 큰 편차를 보이지 않는다. 이것은 현 한국어 튜터링이 학습자들의 요구에 충족되고 있으며 성공적으로 진행되고 있음을 입증

한다.

넷째, 한국어 튜터링에 대한 향후 참여도를 알아보자. 참여도는 한국어 튜터링에 참여했던 튜티가 다시 참여할 의사가 있는가를 물어보는 것이다. 참여도 조사는 한국어 튜터링의 효율성을 간접적으로 평가할 수 있는 잣대로서, 효율적인 활동이었다면 다시 참여할 의사가 있겠지만 비효율적 활동이었다면 참여하지 않을 것이라 예상되기 때문이다. 이에 대해 [표 6]과 같이 '예' 90.4%, '아니오' 9.6%로 참여도가 매우 높게 나왔으며 '아니오'를 답한 튜티도 '다음 학기에 졸업하기 때문입니다' 또는 '아르바이트 때문에 시간을 낼 수 없습니다' 등의 개인적인 요인이 주를 이루었다.13)

[표 6] 향후 한국어 튜터링 참여 여부

지금까지 한국어 튜터링에 참여한 외국인과 재외국민을 대상으로 기대도와 만족도, 글쓰기 영역별 향상도, 도움 영역, 희망 영역, 참여도를 비교해 본 결과, 한국어 튜터링이 외국인 및 재외국민에게 유의미한 학습 활동임을 알 수 있었다.

---

13) '아니오'를 답하면 한국어 튜터링의 한계를 파악할 수 있으리라 기대하였으나 학습자들은 개인적 사정 외에는 별도로 의견을 제시하지 않았다.

4. 한국어 튜터링의 방향성

앞 장에 의하면 한국어 튜터링은 매우 긍정적인 결과를 도출하는 활동임에는 틀림없다. 그러나 튜터 및 튜티와 개별적 면담을 해 보면 각조의 활동이 수월하게 진행된 것만은 아니다. 이 장에서는 튜터 및 튜티의 개별 면담, 중간 평가회, 설문조사를 바탕으로 하여 한국어 튜터링의 방향성을 외적 체계와 내적 체계로 나누어 살펴보고자 한다.[14] 외적체계는 한국어 튜터링의 운영 체계와 관련되는 것이며, 내적 체계는 한국어 튜터링의 내용이나 방법과 관련된다.

4.1. 한국어 튜터링의 외적 체계

4.1.1. 한국어 튜터링의 운영 체계

한국어 튜터링은 튜터와 튜티가 핵심적인 대상이지만 이들의 활동을관리하는 운영 본부와 이들을 지도하는 교수자도 한국어 튜터링을 운영하는 데 중점적인 역할을 한다. 튜터와 튜티가 한국어 튜터링을 직접실시하는 역할이라면 운영 본부와 담당 교수자는 한국어 튜터링의 방향과 흐름을 제시하고 관리하는 역할을 한다.

매 학기 튜터링을 진행하다 보면 예상치 못한 다양한 문제점에 봉착한다. 튜티의 과도한 부탁, 튜티의 과제 대행 요구, 튜터나 튜티의 성격이나 문화 차이, 튜터나 튜티의 불성실한 태도 등으로 인해 튜터링 활동이 종종 제약을 받기도 한다. 가장 문제가 되는 유형은 튜터나 튜티

---

14) 개별 면담은 적극적인 조와 소극적인 조의 튜터와 튜티를 한 명씩 개별적으로 약 30분내외 실시하였다. 중간 평가회는 학기 후반에 튜터를 대상으로 한국어 튜터링을 평가하는 시간으로 튜터들의 의견을 전체적으로 파악할 수 있는 오프라인 활동이다. 설문조사는 튜터를 대상으로 한 것으로 2012년 2학기부터 2014년까지 총 56명이 참여하였으며설문문항은 한국어 튜터링의 장`단점에 대한 문항들이다.

의 불성실한 태도로 인하여 튜터링 활동이 취소되는 경우이다. 물론 이런 경우는 극히 드문 현상이지만 튜터이든 튜티이든 한 쪽이라도 불성실하면 원활한 활동이 어렵기 때문에 성실한 학생이 피해를 입는다.

이러한 현안들을 해결하고 한국어 튜터링을 원활히 진행하기 위해서는 가장 우선적으로 동료 튜터링 운영 본부, 담당 교수, 튜터 간의 원활한 상호 교류가 필요하다. [그림 1]과 같이 세 요소가 원활히 상호 교류될 때 한국어 튜터링이 긍정적인 효과를 발휘할 것이라는 것은 매우 원론적이면서도 핵심적인 것이다.

운영 본부는 튜터와 튜티의 관리, 행정적 업무, 담당 교수와의 교류 등을 중점적으로 한다. 튜터와 튜티의 조를 편성하고 튜터링 활동에 필요한 행정적 업무를 담당한다. 담당 교수에게 한국어 튜터링의 일정과, 튜터 및 튜티에게 발생하는 문제를 전달하여 튜터링이 원활하게 진행할 수 있도록 돕는다.

[그림 1] 한국어 튜터링의 상호 관계 ㅣ

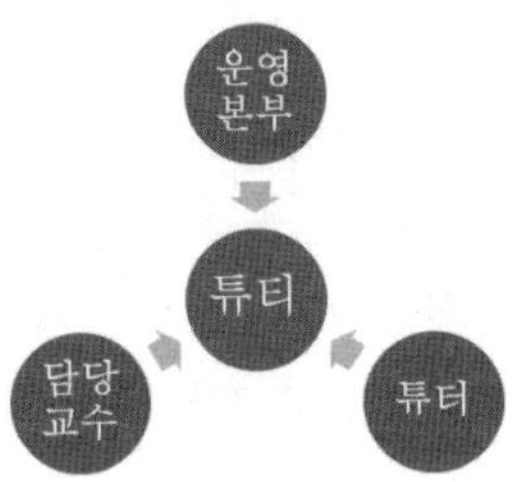

교수자는 한 학기 동안 진행할 튜터링 활동 방향을 운영 본부와 의논하고 튜터에게 강의 목표와 내용, 과제, 첨삭 방법 등을 공지한다. 특히 서울대학교 한국어 튜터링은 글쓰기 강좌와 연계하여 진행하고 있으므로 담당 교수와 튜터 간의 의사소통은 매우 중요하다. 강좌의 목표나 내용은 담당 교수에 따라 차이가 있으므로 학기 초 담당 교수와 튜터의

소통은 필수적이다. 튜터가 해당 강좌의 수업 목표와 학습 내용을 알지 못하면 수업 보조 역할을 효율적으로 할 수 없고 튜터 개인만의 튜터링 활동으로는 한계가 있기 때문이다.

튜터는 담당 교수에게 정기적으로 튜터링 과정과 문제점을 보고할 필요가 있다. 튜티가 수업을 어느 정도 이해하는지, 과제가 튜티의 학습 능력에 적합한지 등을 전달해 주면 해당 강좌를 더욱 원활히 진행할 수 있다. 튜티는 수업 시간에는 내용을 잘 이해한 것처럼 반응하지만 실제로는 잘못 이해하거나 이해를 못한 경우가 잦기 때문이다. 이상과 같이 운영 본부, 담당 교수, 튜터가 서로 원활한 의사소통을 이루면 튜터링 과정에서 발생할 수 있는 문제를 사전에 방지할 수 있고 효과적으로 진행할 수 있다.

4.1.2. 오프라인과 온라인의 상호성

앞 절의 운영 체계는 매우 이상적인 체계이다. 한국어 튜터링은 매 학기 오리엔테이션, 중간 워크숍, 중간 평가회(담당 교수와 튜터의 만남), 학기 말 평가회, 홈페이지 등 다양한 방법으로 교류하여 이상적인 한국어 튜터링이 진행되도록 노력하였다. 그 결과, 튜터는 한국어 튜터링에 대해 '만족' 46%, '매우 만족' 38%로 매우 긍정적으로 평가하였다.[15] 이러한 긍정적인 평가에도 불구하고 한국어 튜터링이 좀더 나은 방향으로 나아가기 위해서는 부족한 부분을 찾고 개선해야 한다. 그래서 중간 평가회와 설문조사를 통해 튜터들의 건의사항을 (4)와 같이 수렴해 보았다.

---

15) 튜터의 만족도 조사는 5점 척도 기준으로 '1(전혀 그렇지 않다), 2(별로 그렇지 않다), 3(보통이다), 4(대개 그렇다), 5(매우 그렇다)'이다. 튜터들이 긍정적으로 평가한 항목은 '외국인 친구를 사귄다', '한국어를 가르칠 수 있는 경험을 가진다', '용돈을 벌 수 있다' 순서이었으며, 가장 힘든 점으로는 '필수 이수 시간인 60시간을 완수한다', '튜티가 불성실하다' 등이 나왔다.

(4) 가. 튜티가 학업에 대한 열정과 프로그램의 중요성을 인식하였으면 좋겠다.

　　나. 한국어 튜터링에 학점 이수를 부여하여 불성실한 튜티를 예방하면 좋겠다.

　　다. 재외국민 학생은 한국어 말하기는 뛰어나지만 작문이나 전공 서적 읽기 능력이 부족하므로 비슷한 학과의 튜터와 편성되면 좋겠다.

　　라. 작문 첨삭에 대한 구체적인 기준을 정해주면 좋겠다.

　　마. 한국어 문법 설명이 어렵다. 참고 자료를 많이 보내주면 좋겠다.

　　바. 한국 관광 명소 자료를 제공해 주면 좋겠다.

　　사. 튜터의 업무에 비해 튜터비가 너무 적다.

(4가)와 (4나)는 튜터들이 문제점과 해결안을 동시에 제시한 경우이다. 설문조사에 의하면 불성실한 튜티로 인해 튜터링 활동 자체가 제약을 받는 경우가 종종 있었다. 학교의 사정에 따라 (4나)와 같은 대안을 수렴할 수도 있다고 본다. (4다)는 차후 한국어 튜터링 조 편성 시에 매우 유용한 정보로 사용된 사례이다. 튜터와 튜티의 실질적인 필요가 튜터링 조 편성에 직접 영향을 끼친 것이다.

(4라)와 (4마)는 튜터가 비전문가이기에 나타나는 당연한 현상이다. 어떻게 그리고 얼마나 첨삭 지도를 해 줘야 하는지, 한국어 문법을 어떻게 설명해야 할 것인지를 전문적으로 습득하지 못한 튜터들은 순수 동료를 바탕으로 하는 한국어 튜터링의 취약점이다. 이러한 문제를 해결하기 위해 오리엔테이션, 워크숍, 홈페이지 등으로 튜터의 비전문성을 보완하고자 노력하고 있다. 다만 한국어 튜터링의 목적이 한국어 능력 향상에만 두지 않고 원활한 대학 생활에도 두고 있기에, 한국어의 전문적 지식을 갖춘 전문적 튜터가 아니라 튜티의 대학 생활을 도와주

고 한국어 학습을 보조하는 동료 튜터라도 순수 동료로서의 기능이 탁
월하다면 충분히 상쇄되는 것으로 판단된다. 물론 이 취약점을 가장 쉽
고 신속하게 해결할 수 있는 가장 좋은 방법은 전문적 튜터를 따로 배
정하는 것이다. 전문 튜터를 한두 명이라도 배정한다면 한국어 튜터링
의 약점을 보완하는 데 도움이 되리라 본다.16) (4바)는 튜터링이 한국어
학습에만 취중하지 않고 한국 문화까지 확대되어 실시하므로 제시된 항
목이며 (4사)는 60시간으로 책정되어 있는 튜터의 필수 시간이 과한 부
담으로 다가간 경우이다.17)

한국어 튜터링이 매우 긍정적인 평가를 받았으나 (4)와 같은 건의사
항도 무시할 수 없다. (4)와 같은 건의사항에 의하면 한국어 튜터링이
좀더 원활한 활동이 되기 위해서는 담당 교수와 튜터 간의 쌍방향적 의
사소통이 도움이 될 것으로 보인다. 기존의 면담, 중간 평가회와 같은
오프라인 활동도 중요하다. 그러나 이러한 오프라인 활동은 두 가지의
한계점을 가지고 있다. 첫째, 모든 튜터가 필수적으로 참여해야 함에도
불구하고 개인 사정상 불참할 때에는 담당 교수와 튜터 간의 상호 의사
소통이 불가능하다는 것이다. 오프라인 모임에 참여하는 튜터는 담당
교수와의 면담으로 각 조의 문제가 대부분 해결되는 편이지만, 불참할
때에는 그 조의 문제를 운영 본부나 담당 교수가 파악할 수 없다. 둘째,
대부분의 오프라인 활동이 비정기적으로 진행되다보니 담당 교수와 튜

---

16) 현재 서울대학교 글쓰기센터에서는 피어튜터링 본부와 연계되어 있지 않아 한국인 학생
   들을 대상으로 하는 전문 튜터(박사과정 이상)만 배정되어 있고 외국인 및 재외국민 학생
   을 위한 전문 튜터는 없다. 외국인 학생이 자신의 글을 전문적으로 지도 받고 싶어도 기
   존 전문 튜터는 외국인의 작품에 익숙하지 않으므로 제대로 된 의견을 주지 못하는 것이
   현실이다. 그러므로 글쓰기센터와 같은 곳에서 외국인 학생을 위한 전문 튜터를 배정하
   는 것이 시급하다.
17) 이것은 이공계열 튜터가 제안하였을 것으로 추정된다. 인문사회계열에 비해 이공계열에
   서는 학부생이더라도 튜터와 같은 조교 업무를 수행하는 사례가 많아, 이공계열의 업무
   에 비해 튜터 업무가 많다고 건의한 것으로 보인다.

터 간의 소통이 일시적인 상황으로 끝나는 경우가 잦다. 워크숍이나 평가회 등을 통해 제시된 안건이 구체적으로 어떤 방향으로 해결되기를 원하는지, 수정한 안건이 튜터들에게 유익한지 등을 파악하기 어려운 것이다.18) 특히 (4가)와 같은 튜터링 활동 자체에 대한 문제나 (4다), (4라), (4마)에서 제기한 한국어의 전문적 지도는 일회성으로 끝날 수 있는 것이 아니기 때문이다.

담당 교수와 튜터 간의 쌍방향적 의사소통을 위해서는 SNS와 같은 온라인 매체를 적극 활용하는 것도 좋은 대안이 될 수 있다.19) SNS와 같은 온라인 매체는 우선 튜터가 튜터링 활동의 문제나 한국어 관련 질문을 신속하게 그리고 편하게 질의할 수 있다는 것과, 담당 교수와 튜터의 수의적 만남을 강화할 수 있다는 장점이 있다.

한국어 튜터링의 외적 체계가 원활히 진행되기 위해서는 오프라인 소통과 온라인 소통을 조화롭게 진행할 필요가 있다. 담당 교수와 튜터의 오프라인 소통은 한국어 튜터링을 이해하고 진행하는 데에 긴요한 역할을 하며, 온라인 소통은 오프라인 소통의 한계를 극복하고 원활한 튜터링이 될 수 있도록 보조한다. 그러므로 (4)와 같은 한계점을 최소화하기 위해서는 오프라인뿐 아니라 온라인 소통 방법도 적극 병행할 필요가 있다.

---

18) 실제 '담당 교수와 튜터의 만남'과 같은 중간 평가회에서 튜터들은 튜티와의 문제점, 한국어 문법의 어려움, 튜티의 곤란한 부탁이나 질문, 튜티의 게으름 등 당면한 문제점들을 매우 구체적으로 제시한다. 그러나 이러한 중간 보고회가 오프라인에서 일회성으로만 끝나고 해결 방안이 실제로 적용되는 데까지는 시간이 많이 요구된다. 오프라인을 통해 튜터들의 실질적인 문제를 파악한다는 것은 매우 유의미한 일이었으나 재정과 인력이 턱없이 부족한 것이 현실이다.

19) 주영주·김지연(2003)에서는 e-learning 환경에서 튜터의 역할을 중점적으로 논하고 있으나 운영 본부나 담당자의 역할과의 관계가 제시되어 있지 않다. 이정아 외 (2012)에서는 페이스북과 e-class를 활용한 온라인과 스터디룸을 활용한 오프라인을 동시에 진행할 수 있는 SNS 중심적 튜터링 활동을 소개하고 있으나 그 주체가 운영 본부와 튜터 중심의 온라인 활동이므로 본고에서 말하고자 하는 담당 교수와 튜터의 상호 교류가 적극적으로 제시되어 있지 않다. 이러한 프로그램 개발이 향후 연구에서 제시될 필요가 있다.

4.2. 한국어 튜터링의 내적 체계

한국어 튜터링의 내적 체계는 전적으로 튜터와 튜티 간의 활동에 중점을 둔 것이다. 튜티는 한국어 직관이 없어 한국어 튜터에 대한 의존도가 높으므로 한국어 튜터는 튜터의 교수적 역할과 사회적 역할을 잘 감당해야 할 책임이 있다.[20] 튜터의 교수적 역할은 튜터의 가장 핵심적 역할로서 튜티의 한국어 학습 능력을 향상시키는 것이다. 그러나 실질적으로 교수자의 역할이 무엇인지 제대로 이해하면서 활동하기는 쉽지 않다. 예를 들어, 수업 시간에 제시된 과제만 점검하여 첨삭하는가 아니면 새로운 과제를 제시하여 평가까지 해 주어야 하는가, 첨삭 시 전체를 꼼꼼히 해야 하는가 아니면 취약한 부분 중심으로 해야 하는가, 선생님처럼 강하게 가르쳐야 하는가 아니면 동료로서 전체 맥락만 제시해야 하는가 등 튜터의 교수적 역할을 혼란스러워한다. 튜터가 교수자의 역할을 너무 적극적으로 실시하면 튜티는 자아 존중감을 상실하여 불만을 표시할 것이고 너무 소극적으로 실시하면 관심이 없다고 할 것이기 때문이다.[21]

튜터의 사회적 역할은 튜터와 튜티의 우호적 관계를 유지하기 위한 모든 활동을 지칭한다(Freeman 1997, 주영주·김지연 2003, 최성희·오인경 2002 : 164, 한안나 2011, 배성아 외 2014 등). 튜티가 튜터링을 하는 근본적인 이

---

20) 튜터의 역할은 학습자 중심 학습 유형에서 주로 논의된 것으로 Berge(1995), 최성희·오인경(2001), 한안나(2011) 등을 참고할 수 있다. 튜터의 기본적 역할은 교수적 역할, 사회적 역할, 관리적 역할로 나누며 학습자의 학습 능력 향상을 위한 교수적 역할, 교수자와 학습자의 중재자 입장에서 학습자와 원활한 소통을 해야 하는 사회적 역할, 웹기반 학습 환경이나 튜티가 많은 경우에는 학습자들을 관리해야 하는 관리적 역할로 대별할 수 있다. 그러나 서울대학교의 한국어 튜터링은 웹기반 환경이 아니라 면대면 프로그램이며 운영 본부가 관리자 역할을 대행하고 있으므로 교수적 역할과 사회적 역할이 주를 이룬다.
21) 한국어 튜터링에서 실시하는 튜터의 교수적 역할에 대해서는 김지현(2011), 김선효(2013)를 참고할 수 있다.

유는 해당 교과에 대한 지식 습득이겠으나 원활한 학습을 유지하기 위해서는 튜터와 튜티 간의 의사소통 및 상호 작용이 중요한 몫을 차지한다. 이렇듯 튜터가 교수적 역할과 사회적 역할을 균형 있게 진행해야 긍정적인 효과를 가져 올 수 있다(김지현 2011, 김선효 2013 참조). 그렇다면 한국어 튜터링이 긍정적인 결과를 가져오기 위해서는 내적 체계가 어떻게 구성되어야 하는가.

첫째, 튜터링 활동 시 외국인 튜터에게는 학습활동과 비학습활동을 둘 다 중시하되, 재외국민 튜티에게는 글쓰기 학습활동을 중점적으로 실시하고 외국인은 학습활동과 비학습활동을 적절히 조화를 이루어 진행하는 것이 좋다. 실제 몇몇 외국인 튜티는 학기 초 한국의 대학 생활에 적응하는 데 많은 애로점이 있었으나 한국어 튜터의 도움으로 상당 부분 해결되었다고 하였다. 재외국민은 말하기가 능숙한 편이고 한국 친구를 사귀는 데 큰 불편을 느끼지 않는 편이므로 글쓰기에 중점을 두기를 선호한다. 특히 글쓰기 능력 향상에는 반드시 어휘력이 수반되므로 고급 어휘를 정확히 이해하고 사용하는 능력도 병행하는 것이 필요하다.

둘째, 한국어 튜터링의 방법은 중립적 튜터링(neutral tutoring) 중심으로 진행하되 학습자의 수준에 따라 외국인은 지시적 튜터링(directive tutoring)을, 재외국민은 비지시적 튜터링(nondirective tutoring)을 병행하는 것이 더 적절하다.[22) 동료 튜터링은 튜터와 튜티의 나이가 비슷하여 튜티의 입

---

22) 동료 튜터링은 방법론에 따라 지시적 튜터링(Harris 1983 등), 비지시적 튜터링(Trimbur 1987, Clark & Healy 1996, Brooks 1991, Shamoon & Burns 1995 등), 중립적 튜터링(Gillam et al. 1994, Cogie 2001, Leidenfrost et al 2011, 김선효 2013 등)으로 나눈다. 지시적 튜터링은 튜터가 튜티의 오류를 직접 수정하거나 첨삭하며 튜티의 문제를 직접 해결해주는 방법이며, 비지시적 튜터링은 지시적 튜터링에 대한 반성의 관점에서 형성된 것으로 튜터와 튜티의 평등한 관계를 중시하며 튜티 스스로 문제를 해결할 수 있도록 권장한다. 중립적 튜터링은 지시적 튜터링과 비지시적 튜터링의 한계를 모두 극복하기 위해 두 방법을 겸용해야 한다는 관점이다.

장을 고려한 중립적 튜터링이 가장 적절하지만 외국인과 재외국민의 차이를 둔다면, 외국인의 경우는 한국어 직관이 없어 튜터가 오류를 직접 수정하는 지시적 튜터링을 중점적으로 진행하고 재외국민의 경우는 학습자 스스로 해결할 수 있도록 도와주는 비지시적 튜터링을 중점적으로 진행하는 것이 효율적이다. 물론 동료 튜터링은 개별적 학습활동이므로 튜티의 개인적 필요가 가장 우선되며, 튜터와 튜티의 상호 협조가 매우 중요한 요인으로 작용한다는 것은 두말할 필요가 없다.

　지금까지 한국어 튜터링의 방향성을 외적 체계와 내적 체계에서 살펴보았다. 이것을 전체적으로 요약하면 [그림 2]와 같이 운영 본부, 담당 교수, 튜터, 튜티가 서로 적극적으로 교류하는 것이 필요하다.

[그림 2] 한국어 튜터링의 상호 관계 2

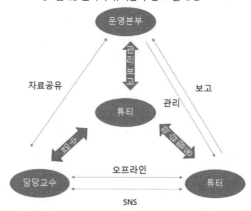

　[그림 1]에서는 운영 본부, 담당 교수, 튜터가 튜티에게 일방적 관계를 유지하였다면 [그림 2]에서는 네 요인이 상호 교류하며, 담당 교수와 튜터 간에는 직접적인 오프라인 소통과 SNS와 같은 온라인 소통을 병행하여 진행할 필요가 있다.

5. 결론

지금까지 서울대학교 <글쓰기의 기초> 강좌와 연계하여 진행한 한국어 튜터링의 성과와 그 방향성을 살펴보았다. 한국어 튜터링에 참여한 학습자들의 설문 조사를 바탕으로 하여 한국어 튜터링에 대한 기대도와 만족도, 도움 영역, 희망 영역, 향후 참여도를 조사하였다. 그 결과, 기대도보다 만족도가 높았으며, 도움 영역과 희망 영역에서는 두 영역이 거의 유사한 분포도를 보여 현 한국어 튜터링의 성과를 입증하였고, 향후 참여도도 매우 높게 나왔다. 이러한 결과에 의하면 현 한국어 튜터링은 한국어 튜티들에게 매우 유익한 활동이며 그 방향도 적절하다는 것을 알 수 있다. 그리고 외국인반과 재외국민반을 분반하여 글쓰기 강좌를 실시하는 서울대학교 편성 방향도 긍정적임을 알 수 있었다. 다만, 한국어 튜터링이 더욱 활성적으로 작용하기 위해서는 운영 본부, 담당 교수, 튜터, 튜티가 상호 적극적으로 교류하고 외적 체계와 내적 체계가 원활히 교류되어야 한다.

이 연구는 서울대학교에서 진행한 활동이므로 연구 성과의 일반화를 꾀하기에는 아직 이르다는 한계가 있다. 그러나 국내 여러 대학에서 이와 유사한 학습 활동을 실시하고 있거나 실시하려고 할 때에는 그 방향성을 정립하는 데 일조할 수 있으리라 본다. 향후 서울대학교와 타 대학의 한국어 튜터링과 비교 및 검토하면 한국어 튜터링에 대한 더욱 유의미한 결과가 도출되리라 본다.

참고문헌

김남미(2014), 「외국인 대학생을 위한 한국어 글쓰기 튜터링 방안」, 『반교어문연구』 36, 반교어문학회, 131-159.

김남미·정재현(2013), 「專攻글쓰기 能力 啓發을 위한 WAC 협력 과정」, 『어문연구』 41(1), 한국어문교육연구회, 447-504.

김병길(2008), 「교과과정 연계방안으로서 WAC 프로그램 도입사례 연구」, 『새국어교육』 80, 한국국어교육학회, 49-71.

김선효(2012), 「학문목적 한국어의 글쓰기 현황과 방향성」, 『어문연구』 155호, 한국어문교육연구회, 431-455.

김선효(2013), 「대학 글쓰기에서의 한국어 동료 튜터링(peer tutoring)의 과정과 방법」, 『교양교육연구』 7(5), 한국교양교육학회, 197-228.

김인수(2010), 「학습 공동체 운영사례 연구 : K대학교 동료 튜터링을 중심으로」, *Interdisciplinary Journal of Adult & Continuing Education* 13(3), 한국성인교육학회, 1-32.

김지현(2011), 「대학생 튜터가 피어튜터링에서 체험하는 교육적 난점」, 『교육원리연구』 16(2), 한국교육원리학회, 117-164.

김치헌(2013), 「효과적인 글쓰기 클리닉 운영 방안 연구 : 성균관대학교 사례를 중심으로」, 『사고와 표현』 6(2), 한국사고와표현학회, 57-81.

김현진(2005), 「NS-NNS, NNS-NNS 2인 상호작용에서 개정 입력의 제공과 혜택 : 한국 EFL 학습자를 중심으로」, 『신영어영문학』 32, 신영어영문학회, 197-219.

박윤호(2012), 「대학 교양일본어교육의 한계와 동료 튜터링 설계 및 운영 사례의 연구」, 『일본어교육』 59, 일본어교육학회, 9-22.

박정희(2013), 「서울대학교 글쓰기교실(AWL) 글쓰기 지도 프로그램과 지도 방법 : 과정 중심적 글쓰기 지도 '리포트 튜터링'의 경우를 중심으로」, 『사고와 표현』 6(2), 한국사고와표현학회, 85-114.

배성아·노수림(2014), 「대학의 동료 튜터링 프로그램 운영 사례 연구 : 튜터의 경험과 인식을 중심으로」, 『학습자중심교과교육연구』 14(3), 학습자중심교과교육학회, 247-277.

배식한(2012), 「전공연계글쓰기(WAC)의 국내 적용을 위한 전제 조건 : 미국 WAC 프로그램의 역사적 고찰을 통해」, 『교양교육연구』 6(3), 교양교육연구회, 591-626.

원만희(2010), 「전공연계 글쓰기(WAC)를 위한 교육 기획」, 『수사학』 13, 한국수사학회, 191-216.

이은준・김태형(2011), 「대학생들의 학습 양식에 따른 튜터링 프로그램에 대한 만족도와 효과의 관계에 관한 연구」, 『교육과학연구』 42(2), 235-262.

이재성・김은영(2010), 「범교과적 글쓰기(WAC : Writing Across the Curriculum) 프로그램의 적용 및 효과 연구」, 『국어교육연구』 47, 국어교육학회, 117-140.

이정아・서상범・하병주・변기찬(2012), 「SNS를 활용한 대학 튜터링 프로그램 개발」, 『교양교육연구』 6(3), 한국교양교육연구회, 191-219.

임 걸(2010), 「스마트폰기반 사회네트워크 서비스 활용 수업 사례연구 : 의사소통 내용 및 도구적 특성 분석을 주심으로」, 『교육방법연구』 22(4), 91-114.

정한데로(2012), 「글쓰기 튜터의 역할과 자세」, 『시학과 언어학』 22, 시학과언어학회, 323-349.

주영주・김지연(2003), 「e-learning 환경에서 교수-학습 지원체제로서 튜터의 역할 및 역량에 관한 탐색」, 『교육과학연구』 34(1), 19-39.

최성희・오인경(2002), 「e-learning에서 온라인 튜터의 역할 규명 : 사례를 중심으로」, 『기업교육연구』 4(1), 한국기업교육학회, 157-173.

한안나(2011), 「대학의 동료 튜터링 프로그램에서 인식된 튜터의 역할이 만족도와 학습 성과판단에 미치는 영향」, 『학습자중심교과교육연구』 11(4), 학습자중심교과교육학회, 467-494.

Berge, Z. L. (1995), Facilitating Computer Conferencing : Recommendations From the Field, *Educational Technology* 35(1), 22-30.

Brooks, J.(1991/2001), Minimalist Tutoring : Making the Student Do all the Work, *Writing Lab Newsletter* 15(6), Barnett, R.W. & Blumner, J.S.(eds.), *The Allyn and Bacon Guide to Writing Center Theory and Practice,* Allyn and Bacon.

Bruffee, K.A.(1978), The Brooklyn Plan : Attaining Intellectual Growth through Peer-Group Tutoring, *Liberal Education* 64(4), 447-468.

Carino, P.(2003), Power and authority in peer tutoring, Pemberton, M. & Kinkead, J.A.(eds.), *The Center Will Hold : Critical Perspectives on Writing Center Scholarship.* Logan, UT : Utah State UP, 96-113.

Clark, I.L. & Healy, D.(1996/2001), Are Writing Center Ethical?, *WPA : Writing Program Administration,* 20(1/2), 32-38; Barnett, R.W. & Blumner,

J.S.(*eds.*), *The Allyn and Bacon Guide to Writing Center Theory and Practice*, Allyn and Bacon.

Cogie, J.(2001), *Peer tutoring : Keeping the contradiction productive, The Politics of Writing Centers*, Nelson, J. & Evertz, K.(*eds.*), Portsmouth NH : Boyton/Cook.

Colvin, J.W.(2007), Peer tutoring and social dynamics in higher education, *Mentoring & Tutoring* 15(2), 165-181.

Freeman, M.(1997), *Managing Open Systems*, London : Kogan Page.

Gillam, A., Callaway, S. & Winkoff, K.H.(1994), The role of Authority and the Authority of Roles in Peer Writing Tutorials, *Journal of Teaching Writing* 12(2), 161-198.

Gillespie, P. & Lerner, N.(2000), *The Allyn and Bacon guide to peer tutoring*, the 2nd edition, Pearson Longman.

Kiedaisch, J. & Dinitz, Sue(1993/2001), Look Back and Say 'So What' : The Limitations of the Generalist Tuto", *The Writing Center Journal* 14(1), 63-74; Barnett, R.W. & Blumner, J.S.(*eds.*), *The Allyn and Bacon Guide to Writing Center Theory and Practice,* Allyn and Bacon.

Leidenfrost, B., B. Strassnig, A. Schabmann & C. Spiel(2011), Peer Mentoring Styles and Their Contribution to Academic Success Among Mentees : A Person-Oreinted Study in Higher Education, *Mentoring & Tutoring : Partnership in Learing* 19(3), 347-364.

Lundstrom, K. & W. Baker(2009), To give is better than to receive : The benefits of peer review to the reviewer's own writing, *Journal of Second Language Writing* 18, 30-43.

Mackey, Alison, Oliver, R. & J. Leeman(2003), Interactional input and the incorporation of feedback : an exploration of NS-NNS and NNS-NNS adult and child dyads, *Language learning* 53(1), 35-66.

Pica, T.(1988), Interlanguage adjustments as an outcome of NS-NNS negotiated interaction, *Language learning* 38(1), 45-73.

Russell, D.R.(1994), American Origins of the Writing across the Curriculum Movement, Bazelman, C. & Russell, D. R.(*eds.*), *Landmark Essays on the Writing Across the Curriculum*, MLA.

Sasaki, A. & O. Takeuchi(2010), EFL students' vocabulary learning in NS-NNS e-mail interactions : Do they learn new words by imitation?, *ReCALL* 22(1), European Association for computer assisted language learning, 709-782.

Shamoon, L.K. & Burns, D.H.(1995/2001), A Critique of Pure Tutoring, *The Writing Center Journal* 15(2), 134-151; Barnett, R.W. & Blumner, J.S.*(eds.)*, *The Allyn and Bacon Guide to Writing Center Theory and Practice*, Allyn and Bacon.

Soven, M.(2001), *Curriculum-Based Peer Tutors and WAC, WAC for the New Millennium : Strategies for Continuing Writing-Across- the-Curriculum Programs*, National Council of Teachers of English.

Thonus, T.(2004), What are the differences? Tutor interactions with first-and second-language writers, *Journal of Second Language Writing* 13, 227-242.

Topping, K.J.(1996), The Effectiveness of peer tutoring in further and higher education : A typology and review of the literature, *Higher Education* 32, 321-345.

Trimbur, J.(1987/2001), Peer Tutoring : A Contradiction in Terms?, *The Writing Center Journal* 7(2), 21-28; Barnett, R.W. & Blumner, J.S.*(eds.)*, *The Allyn and Bacon Guide to Writing Center Theory and Practice*, Allyn and Bacon.

Truscott, John & Angela Yi-ping Hsu(2008), Error correction, revision, and learning, *Journal of second language writing* 17, 292-305.

Whitman, Neal A.(1988), *Peer Teaching :To teach is the learn twice*, ASHE-ERIC Higher Education Reports, The George Washington University.

Williams, jessica(2004), Tutoring and revision : second language writers in the writing center, *Journal of Second Language Writing* 13, 173-201.

제5부
朝鮮語の助詞結合と通時統語論

朝鮮語の助詞結合と通時統語論*

1. はじめに

本稿は朝鮮語の冠形格助詞句における助詞結合の通時的な変遷過程と
その要因について考察するものである。現代朝鮮語の助詞結合につい
ては、남윤진(1997 : 174-177)において全般的な議論がなされているが、
その中から、冠形格助詞に先行する助詞の類型を整理して提示すれば、
以下のとおりである。1)

> (1) a. 格助詞との結合形
>   　서의, 에서의, 에의, 와의, 으로써의, 으로의, 하고의
>   b. 補助詞との結合形
>   　만의 : 까지의, 부터의, 대로의, 마다의, 만치의, 만큼의, 뿐의;
>   　가량의, 께의(어림), 끼리의, 들의, 씩의, 짜리의, 째의, 쯤의

(1)に見られるように、現代朝鮮語では冠形格助詞의に先行する格助

---

* これは김선효(2009a, 2009b, 2010, 2011)を中心として参考にして書いたものだ。
1) 現代朝鮮語の助詞結合様相については임홍빈(1987)、황화상(2003)、임동훈(2004) などを参照。

詞と補助詞がよく使用される。それらの內、(1a)の에의は、심재기(1979：109-110)において「疑似冠形構造」とされ、1950年頃に朝鮮語の統語構造に現れたとの推測がなされてきたものであるが、김선효(2009a、2009b)により、實は、それは、1920年頃の朝鮮語の文獻においても確認できる構造であること、またそのとき朝鮮語に新たにもたらされた構造ではなく、中世朝鮮語においても活發に用いられていた統語構造であることが明らかとなった。本稿では、それら從前の研究を踏まえつつ、今までの研究において未だ明確に示されていない結合形の変化要因を明らかにしようと思う。現代朝鮮語において高い頻度を示す結合形の類型を中心に調査することとするが、「21世紀世宗計畵500万語節形態素分析コーパス」から高頻度の結合形類型を抽出してみた結果、(2)の類型が檢出された。

> (2) a. 에서의, 으로의, 으로써의, 에게의, 와의
> 　　 b. 부터의, 까지의, 만의, 마다의

これらの助詞結合形を中心として、助詞の結合の樣相を通時的に檢討すれば、朝鮮語の冠形格助詞の変化の樣相を明らかにすることができると考えられる。

2. 冠形格助詞句における朝鮮語の助詞結合樣相の通時的変遷

2.1. 前期中世朝鮮語

前期中世朝鮮語の助詞結合形に對する研究は、이건식(1996)において全般的な檢討がなされているほか、남풍현(1977、1999)、김영욱(1997)、박진

호(1998)、황선엽(2006)等でも部分的に論議がなされている。こうした研究や文献によると、前期中世朝鮮語では助詞結合形が現代朝鮮語に比してさほど多くないことが分かる。[2] それは、その助詞結合形がまだ文法化の途上にあり、各助詞が實質形態素の機能を保持していたこと等に原因があるものと推測される。とくに、(1b)の補助詞の類は、まだ文法化する以前の段階であるものが多い。

前期中世朝鮮語の助詞結合形の類型はさほど多くなかったため、前期中世朝鮮語の冠形格助詞七(ㅅ)と結合する助詞は、副詞格助詞氵(애/에)、接續格助詞人(와/과)、補助詞ケ(마)に限定されていた。

(3) a. 皆七 {是}刂乛 假誑丷乛矢 空中氵七花 {如}丨丷ナ乛刂罒 (舊譯仁王經 上 14：12-13)

b. 十住菩薩人諸亠乛 佛人七五眼乃幻諦乙 {如}𢀳 而灬 見亠卜乛刂ナ丨(舊譯仁王經 上 14：13)

c. 若 諸 有智丷乛 同梵行者刂 見聞疑乚 由氵 惑 其罪乚 擧丷ㅎ 惑 憶念丷 [令]刂ㅎ 惑 隨學丷 [令]刂ㅎ丷厷乛 [於]彌所ケ七時亠十議論乚堪忍丷ㅎ丷尒 (瑜伽師地論 6：17-7：2)

(3a)は副詞格助詞氵(애/에)と冠形格助詞七(ㅅ)の結合形で、後期中世朝鮮語の助詞結合形앳/엣の遡及形である。前期中世朝鮮語の副詞格助詞には十(긔)、氵(아)、氵十(아긔)などが存在したが、冠形格助詞七(ㅅ)と結合しえたのは氵(애/에)に限られていた。(3b)は接續助詞人(와/과)が冠形格助詞七(ㅅ)と結合したものである。前期中世朝鮮語の名詞句の接續助詞には人(와/과)、ㆍ/亠(여)があったが、冠形格助詞七(ㅅ)との結合が許されたの

2) 前期中世朝鮮語では、資料の不足のため、そのような類型が發見されていない可能性もある。懸吐口訣含め、口訣資料のデータベースがさらに構築されていけば、明確な研究結果が出る可能性が高い。

は ㅅ(와/과)のみである。ミ/ㅗ(여)は一般的に動詞 ㅄ(ᄒ)-とともに用いら
れたため、冠形格助詞ㅌ(ㅅ)との結合において制約が生じたものと推測
される。[3] (3c)は補助詞ケ(마)と結合したものである。[4] このように、前
期中世朝鮮語の冠形格助詞ㅌ(ㅅ)と結合する類型は少ないが、その分布
は活發な樣相を呈していることが確認される。

2.2. 後期中世朝鮮語

後期中世朝鮮語の助詞結合は、前期中世朝鮮語より多樣な類型が見ら
れる。また、補助詞との結合も、前期中世朝鮮語より高頻度で現れる。

(4) a. 언제사 世俗앳 쩌롤 쩌러 ᄇ리고(杜詩諺解 初刊本 6 : 20뒤)
    b. ᄯ 하눌 우흿 諸 天香올 마타(釋譜詳節 19 : 18앞)
(5) a. 이런 緣은 곧 根과 識과이 緣ᄒᄂ 여러 가짓 法이라(楞嚴經諺解
       2 : 17)
    b. 善과 惡괏 魔ㅣ 오거돈 저티 말며 깃디 마롤디어다(蒙山法語
       水鉢庵 11앞)

(4a)は副詞格助詞애/에/예と冠形格助詞ㅅとの結合形であり、(4b)は特
異處格助詞의/이との結合形である。とくに、結合形앳/엣は、前期中世
朝鮮語においてもよく用いられたが、後期中世朝鮮語でも活發に用い
られたようすが觀察される。(5)は接續助詞との結合形で、(5a)の結合形
과이、(5b)の結合形괏ともによく使われた類型である。ただし、과이が

---

3) 中世朝鮮語の名詞句の接續については이현희(1994 : 29-54)、前期朝鮮語の接續については
   박진호(1998 : 61-2)參照。
4) 이건식(1996 : 205)は補助詞として處理したが、하귀녀(2005 : 77-81)は異なった見解を示
   している。この問題の解決については後考にゆだねられている。『釋讀口訣事典』(2009)で
   は、(3)の類型は冠形格助詞として處理している。

16世紀初までしか用いられなかったのに對し、곳はその後も用いられたうえ、その頻度も高かった。

　一方で、後期中世朝鮮語の애셔、ᄋ로뻐、이손디/이그에/이게が、文法化した一つの助詞なのか、それとも助詞結合形なのかについては、觀点によって見解の相違があるが、　冠形格助詞との結合の如何について言えば、それらの助詞との結合形は發見されていない。5) それは、それらの助詞がまだ文法化の途上にあり、 定着の期間が短かったため、 冠形格助詞との結合が活潑でなかったことを物語るものと思われる。

　また、冠形格助詞と結合する補助詞としては、(6)のように、만、브터、마다がある。

> (6) a. 알픽 ᄒ오사 ᄆᅀᆞ몰 볼기시고 이에 境을 조쳐 볼기시니 心境萬
>   法이 다 本來 괴외흔 體 잇ᄂ니 本ᄋ로브텃 밧ᄀ 다 客塵이 ᄃ
>   외얫ᄂ디 소니 펴락 쥐락ᄒ며 머리 搖動호미 ᄀᇀᄒ니라(楞嚴經
>   諺解 1：113 앞)
>   b. 이 經 니ᄅ샨 마론 곧 사룸마닷 妙性이니(法華經諺解 2：162 앞)
>   c. 무틔 술윗바회맛 青蓮花ㅣ 나며(月印釋譜 2：31 앞)
>
>   (권용경 2001：76-7 引用)

中世朝鮮語の만は「程度，限定」などの意味があるが、「限定」の意味は16世紀に形成された。브터も後期中世朝鮮語から「出發」の意味で使われるようになった。브터は블다(由、自、從、付)の活用形で、多樣な意味機能を有していたが、「出發」の意味の助詞として定着した。(6a)に見られる冠形格助詞と結合形브텃の出現は、　この時期브터の文法化の程度が相當

---

5) 허웅(1975：376)、이숭녕(1981：205-219)、안병희・이광호(1990：178, 198)では副詞格助詞と補助詞が結合した形態として處理したが、고영근(1996：101)では 애셔、ᄋ로뻐は副詞格助詞、이그에は冠形格助詞と依存名詞が結合した形態として處理した。

進んでいたことを示すものと考えられる。

なお、この時期に出現した補助詞として、以上の３つのほかに、브터と反意的意味を持つ까지があるが、この助詞は、その出現時期に關しては브터と類似しているものの、冠形格助詞との結合に關しては브터よりも後代に出現した点が特徴的である。6)

2.3. 近代朝鮮語

近代朝鮮語では、冠形格助詞句において助詞結合が急激に減退し、小數の例文しか見受けられない。代表的な結合形としては、앳/엣, 읫があり、その以外に、接續助詞와/과に의が結合した과의/와의類型が、18世紀~19世紀に入ってごく小數見られるようになる。

(7) a. 좌우엣 사룸이 권ᄒᆞ여 피ᄒᆞ라 ᄒᆞ거늘(東國新續三綱行實圖 충신 1：38뒤)

 b. 이제 本註를 依거ᄒᆞ야 아직 小宗앳 法으로뻐 볼키노니(家禮諺解 1：18뒤)

 c. 五世오 或 祖를 繼ᄒᆞᄂᆞᆫ 者ᄂᆞᆫ 同堂읫 兄弟로 더브러 宗을 삼아 (家禮諺解 1：16뒤)

(8) a. 아의 아들과 아들의 사돈과 겨레며 아의 사돈과의 겨레를 입으로 극진이 칭찬치 아니리 업스니(明義卷首下 존현각일긔：58앞)

 b. 帝國과 締盟ᄒᆞᆫ 列國과의 交際ᄂᆞᆫ 和親益厚를 加ᄒᆞ고(大朝鮮獨立協會會報)

---

6) 까지는「ᄭᆞ+ᄆᆞᆺ」の遡及形であり、16世紀に文法化したとされている。詳細については신윤희(2005)を參照。

　近代朝鮮語では、(7a)の엣が主に確認できるが、(7b)の앳や(7c)の읫も見える。[7]　(7)の앳/엣/읫は、二つの助詞結合形として處理するのか、一つの助詞として處理するのか、觀点によって見解が異なる。すなわち、通説では、人の意味的機能が近代朝鮮語ですでに喪失していたことから、앳/엣/읫は文法化した一つの形態素であったとする(조재형 2008, 이승희 2009, 이선영 2006)。しかし、김선효(2009a)では、近代朝鮮語の엣の用例をつぶさに檢討した結果、文法化した用例が大勢を占めるものの、なおも一部の例文においては、副詞格助詞と冠形格助詞との意味機能を保持している例文も確認できることを指摘した。

　(8)の接續助詞と冠形格助詞の結合形과의/와의は、16世紀～17世紀の後期中世朝鮮語にも存在していた類型である。この結合形は、近代朝鮮語の18世紀のコーパスでは發見できず、いったん姿を消すが、19世紀末に再び現れる。

　一方、補助詞との結合に關しては変化が見られる。近代朝鮮語では、補助詞と冠形格助詞との結合形が現れていない。後期中世朝鮮語では、低い頻度ながらも出現していたが、近代朝鮮語では全く出現していない。[8]

2.4.　開化期以後[9]

　助詞結合形の大きな変化は、開化期以後に現れる。17世紀には、少數

---

7) 近代朝鮮語の格助詞の分布は홍윤표(1994)、이지연・김민국・윤정원(2008)参照。
8) また、同じ形態が出現したとしても、その機能も同じであるかどうかは卽斷できない。たとえば、과의は、後期朝鮮語と近代朝鮮語の双方に同じ形態で出現するが、その機能も同じであるかどうかは分明ではない。
9) 開化期以後のコーパスは、小説コーパス795,279語節と文語コーパス1,495,493語節である。データベースの利用にあたっては、<朝鮮日報>(http://srchdb1.chosun.com)と國史編纂委員會(http://db.history.go.kr)を参考にした。

ながらも助詞結合形が出現するのに反して、19世紀から1900年代まで
は現れなくなる。助詞結合形は朝鮮語の典型的な統語構造であるので、
この時期にこの構造が朝鮮語から消えてしまったとは思われないが、
用例が出現しないということは極めて興味深い現象である。むろん、
その後1910年代に入れば、助詞結合の用例は、ごく少數の例文が現れ、
1920年代では様々な結合形を確認できる。

　まず、格助詞と冠形格助詞の結合の様相を見よう。

(9) a. 네 누의를 니가 낫치만 안이 횟지 <u>뎌와의</u> 모녀를 뎡흔 이후로
　　　 나를 친어미로 알고(김용준, 「月下佳人」, 1911)

　　 b. 今日 中流 이상의 <u>계급에서의</u> 보는 것과 생각하는 것과 당하
　　　 는 것과는 판이합니다.(『開闢』제5호, 1920년 11월 01일, 農村
　　　 改善의 緊急動議, 金起瀍)

　　 c. 외국에 遊하여 新文明을 배워 <u>앞으로의</u> 문명이 朝鮮에서 發源
　　　 되도록 하라(朝鮮日報 1921. 9. 27, 4면)

　　 d. <u>물질로써의</u> 평등, <u>정신으로써의</u> 자유를 그들에게 許與하는 眞
　　　 釰한 新思想家의 指導 下에 在할 뿐이니(『開闢』제43호, 1924
　　　 년 01월 01일, 癸亥와 甲子)

　　 e. <u>君에게의</u> 答 (『開闢』제7호, 1921년 01월 01일 , 注文치 아니한
　　　 詩의 定義를 일러주겠다는 玄哲君에게, 黃錫禹)

　(9a)の結合形は中世朝鮮語でよく現れた表現であり、近代朝鮮語でも
ごく少數の例文が現れ、助詞の結合形の中で最も強い結合關係を示す類
型である。

　次に、補助詞と冠形格助詞の結合形を提示しよう。補助詞は格助詞よ
りも消極的な様相を呈している。

　(10) a. 安東으로 奉天까지의 歷路에는 별로 여쭐 것이 업사온 중 다
　　　 만 高麗門이라는 대서 異感을 가지엇섯고(『開闢』제1호, 1920
　　　 년 06월 25일, 京城 P兄에게, ㅅㅎ生 ㅅㅎ생)

　　 b. 조선인만의 변영회. 포항 유지가 조직(朝鮮日報 1925. 07. 09, 1
　　　 면)

　　 c. 아아- 쓸쓸한 소위 세상의 儀節이라는 것- 사람이 나기 전부
　　　 터의 儀節인가(『開闢』 제1호, 1920년 06월 25일, 儀式의 拘束보
　　　 다도 愛情- 그대로, 金起瀍)

　　 d. 때때로 곳곳마다의 바든 靈感이 그네들 종교에 그네들 철학에
　　　 그네들 예술에 얼마나 영향을 주엇습닛가(『開闢』 제25호,
　　　 1922년 07월 10일, 文學과 靈感, 江戸學人)

　(10)の中で、助詞結合で積極性を帯びるものは까지であり、次は부터
である。しかし、만、마다はまだ數少ない。もちろん、そのような結
合形の頻度は、1920年代ではごく少數の例文が現れるのみでまだ低く、
1930年代に入ってから徐々に高まっていったと思われる。1920年代に
『朝鮮日報』、『開闢』、『東亞日報』などの新聞や雜誌が出版され、助詞結
合形がそのような文語体の文章の資料で使われ始めることにより、 朝
鮮語の統語構造に再び定着するようになったのであろう。

　これまで、 冠形格助詞句においての助詞結合の樣相を觀察した結果、
前期中世朝鮮語から後期中世朝鮮語になるにつれ活性化の傾向が見られ、
近代朝鮮語になると減少に轉じ、 1900年頃に底を打ちほとんど出現し
なくなるが、1920年前後に至り、一轉して再活性化のきざしが見え、
副詞格助詞と冠形格助詞との結合形が現れ、 1930年代では様々な結合形
が現れるという流れが確認された。 このような助詞結合の通時的変遷
を要約すれば、[表1]のとおりである。

[표1] 冠形格助詞の助詞結合の通時的変遷(김선효 2009b：116)[10]

		格助詞						補助詞			
		에서의	에의	와의	으로의	으로써의	에게의	까지의	만의	부터의	마다의
前期 中世國語		×	ᄌᆞᆺ	ㅅᆺ	×	×	×	×	ᄀᆡᆺ	×	×
後期 中世國語		×	엣	왓/와이	×	×	×	×	맛	브텃	마닷
近代國語	17世紀	×	엣/옛/ ᄋᆡᆺ(748) 잇(30)[11] ᄋᆡᆺ(30)[12]	와의(4) 왓(14) 와이(2)	×	×	×	×	×	×	×
	18世紀	×	ᄋᆡᆺ(111) 엣(15) 잇(66)	×	×	×	×	×	×	×	×
	19世紀	×	엣(3) ᄋᆡᆺ(1)[13] 잇(1)	과의(1)[14]	×	×	×	×	×	×	×
開化期以後	1900~19 10年代	×	엣 (26)	와의 (2)	×	×	×	×	×	×	×
	1920年代	에서의 (6)	엣(10) 에의(1)	와의 (18)	으로의 (13)	으로 써의 (4)	×	까지의 (36)	만의 (1)	부터의 (4)	×
	1930년대	에서의 (9)	엣(1) 에의(2)	와의 (16)	으로의 (13)	으로 써의 (1)	×	까지의 (5) 까지의 (4)	만의 (2)	부터의 (8)	마다의 (1)

*（　　　）の數字は各時代別のコーパスから抽出した頻度數である

　[표1]のように、　副詞格助詞에と冠形格助詞ㅅの結合形엣は機能の変

---

10) 近代朝鮮語のコーパスは國語史資料室が構築したeon.zip ファイルで、17世紀457,443語節、18世紀664,733語節、19世紀1,824,973語說である。開化期以後のコーパスは、小說コーパス795,279語節と文語コーパス1,495,493語節である。コーパスが膨大であることから、変異形は除外して抽出した。
11) 잇と冠形格의との意味が明確ではない場合もある。
12) 全部 'ᄆᆞ잇＋名詞句'の例文が檢出された。
13) 19世紀の엣, 잇の例文
　가. 시냇 가온대 긔특ᄒᆞᆯ 곳과 보빅엣실과롤니ᄅᆞ긔록디못ᄒᆞᆯ러라 <태평광기 47ㄴ>
　나. 내 주근 후의 엇디 신션잇존관을범ᄒᆞ야<태평광기 52ㄱ>
14) 本文の(8b)の例文參照。

化はあるものの、形態は開化期に至るまで持續した。接續助詞と冠形格
助詞の結合形においては、中世朝鮮語では助詞ㅅに結合した앳/옛だっ
たが、近代朝鮮語ではㅅに代わりに의に結合するようになった。ただ、
왓/와의は後期朝鮮語でも用いられた結合形であるため、　他の結合形よ
り早く發見することになったと思われる。[15]

　以上、助詞結合の通時的変遷の實態を確認したが、以下には、そのよ
うな変化が起った原因、すなわち、どうして後期中世朝鮮語で活發な結
合樣相を呈していたものが、近代朝鮮語で急激に減少するようになっ
たのか、また、1920年代に至り再び活性化するようになったのか、そ
の原因について、檢討・考察をおこなうこととする。

3. 朝鮮語の助詞結合樣相の弱化と再活性化

　朝鮮語の助詞結合は助詞によってその樣相は異なるものの、　概して
近代朝鮮語以後から急激に減少する傾向を示す。こうした減少の現象は
朝鮮語の內的要因によって起こったと考えられる。

3.1. 助詞結合形の弱化と朝鮮語內的原因

　前期中世朝鮮語の冠形格助詞にはㄷ(ㅅ)とㅎ(ㅅ)があり、後期中世朝鮮

---

15) 이현희(1994 : 45)にようと、中世朝鮮語では、'어울면 法과 法 아닌 두 相이오 열면 有와
無와 中괏 세 相이니(금상 5 : 30)'のように、冠形格助詞ㅅが'有와 無와 中'과と'세 相'を同
格的な關係で結び付けることもあるし、'見과 修와 無學과 세 位예 들에 하ᄂ시니라(월석
14 : 31)'のように、同格的な關係であるものの、ㅅがない構造もあるが、開化期以後では、
そのような機能がなくなり、修飾する機能だけ擔當するようになった。それで、中世朝鮮
語の擴張名詞句の構造ㅅは先行名詞句と後行名詞句との同格的な關係を作る機能であるた
め、괏/왓の結合形が無くなったように思われる。

語の冠形格助詞には入と의/이が存在したが、 助詞の結合形に用いられたのは七(入)と入のみであった。後期中世朝鮮語の冠形格助詞入、의/이の意味的資質は、 16世紀から少しずつ変化することになるが、 そのような意味・機能の変化は、当然、格助詞の結合様相にも影響を及ぼしたと考えられる。

　このような現象を通じて予想されるのは、 冠形格助詞入が近代朝鮮語において機能が弱まれば、入に代わりに冠形格助詞의が用いられたり、 もしくは、他の構造で代替されたりするべきだろうということである。 しかしながら、こうした期待される現象は、 名詞と名詞の構造には現れたが、助詞の結合形には現れなかったのである。このように、近代朝鮮語において冠形格助詞의が後期中世朝鮮語において入が担っていた機能を代替できなかった理由としては、近代朝鮮語における冠形格助詞と副詞格助詞の中和が考えられる。

　近代朝鮮語の冠形格助詞と副詞格助詞の形態は、以下のとおりである。

(11) a. 冠形格助詞：入、의/이、에
　　 b. 副詞格助詞：에、예、의/이

　의系の冠形格助詞には、의、이、에の形態があるが、これらはすべて副詞格助詞の形態でもあった。すなわち、副詞格助詞の예を除いて、의系の冠形格助詞と副詞格助詞は全く同じ形態であったのである。冠形格助詞에 の形態は17世紀初に登場し始めたものであり(홍윤표 1994：431)、副詞格助詞의の形態は中世朝鮮語から存在したものが近代朝鮮語に至りさらに分布を擴張したものである。

(12) a. 도치롤 알 안는 <u>닭의</u> 둥주리 아래 드라두면(諺解胎産集要 11
　　　　ㄴ)

　　 b. 효도와 공손한 거와 튱셩과 밋분 거슨 <u>사롬에</u> 근본이오(關聖
　　　　帝君明聖經諺解 22ㄴ)

(13) a. 인싱이 <u>세샹에</u> 잇으믜(過火存神 3ㄴ)

　　 b. 母親이 <u>집의</u> 계셔(伍倫全備諺解 1：13ㄱ)

(홍윤표 1994より引用)

　(12)は冠形格助詞として用いられたもの、 (13)は副詞格助詞として用
いられたものである。 (12a)では、 冠形格助詞의/이が音韻論的に條件づ
けられた異形態이ではないほうの形態의を用いており、(12b)では、에
が冠形格助詞として用いられている。16)　(13a)は母音調和に從わないも
ので、(13b)は의が副詞格助詞として使われた例文である。

　このような混亂した現象は、 近代朝鮮語で冠形格助詞에が新たに登場
し、また、副詞格助詞의の分布が擴張することによって、二つの格助詞
の統語論的中和が起っていたことを物語るものと解釋される。 そして、
この二つの格助詞の中和が原因となって、 近代朝鮮語で副詞格と冠形格
の結合が阻止される結果を將來したのではないかと推測される。

　副詞格助詞と冠形格助詞が近代朝鮮語でいかなる分布を示すのかを確
認するために、次のような諺解書を相互に比較しながら調べてみよう。

(14) a. 老乞大類：『老乞大諺解』(1670)、『重刊老乞大諺解』(1795)

　　 b. 朴通事類：『朴通事諺解』(1677)、『朴通事新釋諺解』(1765)

　　 c. 捷解新語類：『捷解新語』(1676)、『改修捷解新語』(1748)

---

16) 近代朝鮮語の冠形格助詞에は、朝鮮語の助詞類型の中で特異な現象を示し、その形成過程に
　ついて樣々な疑問が存するけれども、 冠形格助詞에は中世朝鮮語의と深い關係があるもの
　と見られる。 なお、 홍윤표(1994)は冠形格助詞의の發音が實際には[에 e]と發音されるた
　め、에が出現することになったとの推測をおこなっている。

(14)は同じ文献を時代によって諺解されたため、朝鮮語の変化を明らかに確認できる。各文献で冠形格助詞と副詞格助詞の様相を見よう。

(15) a. 아히야 네 사발 덥시 탕권 가져 <u>집의</u> 가라(老乞上 41b)
     b. 아흥아 네 사발 접시와 탕관 가져 <u>집의</u> 도라가라(重老乞上 42b)

(16) a. 또 送使다히셔는 엇디 녀길디 <u>므음의</u> 걸리오니(捷解初1∶5 a)
     b. 또 送使들의게셔는 엇지 너길지 <u>므음의</u> 걸리오니(改捷1∶7a)

(17) a. 이제 張黑子의 <u>집의</u> 가쟈(朴通上16a)
     b. 내 또 너와 흔가지로 張黑子의 <u>집의</u> 가쟈 (朴新1∶19a)

(15)から(17)までは、副詞格助詞として의が用いられた例文である。これらの資料においても의の形態が冠形格助詞としてだけではなく、副詞格助詞としても用いられていた事実を確認することができる。

次に、各資料において、冠形格助詞および副詞格助詞として用いられる에と의の形態がどのように分布しているのかについて確認してみよう。

[表 2] 冠形格助詞と副詞格助詞との頻度調査(김선효 2011∶38)

	冠形格助詞		副詞格助詞	
	의	에	의	에
『老乞大諺解』(1670)	53	0	84	162
『重刊老乞大諺解』(1795)	58	0	15	359
『捷解新語』(1676)	80	0	73	39
『改修捷解新語』(1748)[17]	67	0	39	71
『朴通事諺解』(1677)	145	0	66	531
『朴通事新釋諺解』(1765)	120	10[18]	34	551

---

17) 『改修捷解新語』券９の日本の各道と州とを説明した最後の部分と、券10の全部は、『捷解新

　　[表2]のように、冠形格助詞の代表形が의であることは明らかである
が、副詞格助詞の代表形については에と의のいずれであるのか判然と
しない。もちろん全体的には에の頻度が高いが의も相当の頻度を示す。
とくに『捷解新語』の場合は、의の頻度が高い傾向が認められる。この
ような頻度の傾向は、김선효(2010)で提示したように、その後19世紀に
至るまで継續した。筆者は、かかる의と에の混用が、冠形格と副詞格の
結合を不可能にした主たる要因であったと推測する。すなわち、近代
朝鮮語の時期に、冠形格助詞의の機能と副詞格助詞의の機能の衝突が
起ったが、そのことによって、二つの結合形の形成が許されなくなっ
たものと考える。それは他の助詞句の結合形にも影響を及ぼす可能性
が高い。冠形格助詞と副詞格助詞の形態・統語的な混用が他の助詞句の
結合も妨害させるを思う。すなわち、의が冠形格助詞の機能のみ用い
られなら、接續助詞や文法化になった補助詞などと의の結合が、もっ
と早く確認されると思われる。

　　中世朝鮮語から用いられている엣の形態が近代朝鮮語にかけて使用
されているし、中世朝鮮語の冠形格入の形態的な保守性も續けていた

語』との統一性のため、頻度調査の對象に含めなかった。
18)『朴通事新釋諺解』の冠形格助詞は、中國語の原文に基づいて最終判斷した。冠形格助詞에は
　小數の例文においてだけ確認できる。
　가. 田禾ㅣ 다 줌겨 못치엿고 村座 人家에 房屋 墻壁이 太半 다 믈에 질리엿ᄂᆞ니라(朴新
　　　1：09b)
　나. 닐러시되 前世에 因果롤 알려 홀진대(朴新1：31a)
　다. 보쟈 여슷 猠皮에 每張에 서 돈 식 ᄒᆞ면(朴新1：33a)
　라. 金 탕관 쇠 즈른에 속에 白沙蜜 담은 거시여(朴新1：40b)
　마. 큰 형아 네 일즉 듯보앗ᄂᆞᆫ냐 京都에 聖駕ㅣ 어늬 째에 起行홀ᄂᆞ뇨(朴新1：51b)
　바. 民間에 田禾롤 다 거두어 븨기롤 기드려(朴新1：52a)
　사. 샹시 音食에 쉰 것 돈 것 비린 것 믜온 것들을 먹지(朴新1：54b)
　아. 모러 또 衙門에 同寅老爺들을 쳥ᄒᆞ여 술 먹으려 ᄒᆞ여(朴新2：03a)
　자. 驛站에 人役들이 어더 잇ᄂᆞ뇨(朴新2：15b)
　차. 져기 변사를 비저 내 먹기롤 預備ᄒᆞ라 驛에 經丞을 불러오라(朴新2：17a)

ので、冠形格助詞句の助詞結合が弱化することになったと思われる。

3.2. 助詞結合形の再活性化と外的要因

3.2.1. 再活性化と朝鮮語の外的要因

§.2で檢討したように、 近代朝鮮語における冠形格助詞の結合形の弱化、 および潜在は、 朝鮮語の內的要因で起こったことが分かる。 しかし、1920年代以降に起った助詞の再活性化は、 朝鮮語の內的要因のみでは説明しがたく、 外的要因との複合作用によって起こったと推測される。その外的要因とは日本語の干渉である。 開化期以後朝鮮語に影響を与えた外國語には、西洋諸語、日本語、そして中國語などがある。 その中で에의, 에게의のような助詞結合形の生成に影響を与えたのは日本語であった可能性が高い。 では、 日本語の干渉について詳しく見てみよう。

まず、助詞結合形の出現の時期が1920年前後であるという点が注目される。 1920年に新聞や雜誌の出版が朝鮮總督府によって許可され、その年の內に様々な出版物が刊行され、新しい表現や語彙が溢れるようになった。 その時、에의, 에게의等の表現も時事的な文章の文語体として徐々に出現するようになった。 황찬호(1988), 김정우(2003)などは英語からの翻譯体として助詞結合形が出現したとするが、英語が朝鮮語の文体に影響を与え始めた時期は1950年代以後であるため、 英語からの影響の可能性は低いと考えられる。一方、송민(1979)、김광해(1995)、정광(1995)、 김영민(2004, 2006)などは、 日本に遊學した人によって助詞結合形が普及したとする。 果たしてそうであろうか。 以下、 具体的に、日本語の干渉の経緯について論議することとする。

　まず、冠形格助詞句においての助詞の結合形の現れる時期について
であるが、1920年前後に新聞や雑誌でまず現れ、朝鮮語小説では1940
年代以後に登場し始める。疑似冠形構造에의が小説に登場したのは1940
年中盤である(김선효 2009b：120)。もしも、助詞の結合形が日本語からの
翻訳体から廣まったのだとすれば、助詞結合形は聖書翻譯書や翻案小説
にまず出現したであろう。しかしながら、事實はそうではなく、時事
的な文章である新聞や雑誌のようなジャンルにまず出現したのである。

　そして、韓國の聖書翻譯は19世紀末から開化期にかけて日本語の干渉
が最も少なく及ぼした分野だ。最初の朝鮮語譯聖書『예수셩교젼셔』(1887)
は中國で發行した中國語本に基づいて、滿州や봉천でハングル本が刊
行された。『셩경젼셔』(1911)は様々な翻譯本を參考して重譯した國漢文
混用体であり、日本語の干渉が最も少なかった分野だと思われる。[19]
改譯ハングル版『셩경젼셔』(1961)でも、冠形格助詞句においての助詞結
合形がただ에서의3個、와의/과의11個のみで、他の結合形が發見できな
い。[20]　聖書が日本語で影響に及ぼしたら、もっと多い例が發見できる
はずだが、その可能性が低いため、聖書では助詞結合形の頻度が少な
くなったと推定する。[21]

3.2.2. 日本語の助詞結合形の通時的変化

　日本語の格助詞の結合形に關する研究によると、日本語の冠形格助詞

---

19)　유창균(1967：6)は、中國語聖書と『셩경젼셔』の語彙および統語構造を對照した結果、『셩
　　경젼셔』が中國語聖書に大きな影響を受けたものであることを明らかにした。その他の初
　　期聖書翻譯については、한미경(1999：203)を參照。
20)　聖書句節の檢索は大韓聖書公會(http://www.bskorea.or.kr)參照。
21)　聖書と日本語の關係は김선효(2010)で提示するように、日本の横浜で出版された李樹廷の
　　翻譯の『신약마가젼 복음셔언희』(1884)は、他の聖書と違う助詞の分布が確認できる。冠形
　　格助詞의と副詞格助詞의が大体同じ分布が見える。その具体的な關係については次の研究
　　で答える予定である。

「の」に先行する助詞は「へ、から、で、より、と」などがある。橋本(1969：96、149、157、167)によれば、日本語の「の」と「へ、から、より」が結合する現象は鎌倉時代から現れ始め、「で」と結合するのは室町時代からだと言う。22)

> (18) a. 鳥羽殿への御幸
> 　　 b. 鎌倉よりの使
> 　　 c. 內からの御使
> 　　 d. かの國での事ども
>
> 　　　　　　　　　　　　　　　(橋本 1969：96, 167 인용)

　(18)のような助詞の結合は鎌倉時代から徐々に使われるようになり、現代では積極的に使われるに至っている。23)　そのような場合、朝鮮語の冠形格助詞句において助詞結合現象が潜在していた19世紀末や開化期初において、日本語の助詞結合はどのような様相を示していたのかについて確認する必要がある。当時の日本語の様相を見るため、日本の代表的な近代雑誌『太陽』のコーパスを檢索してみよう。

> (19) a. 京と東への街道とはなりぬれど(前田曙山「富士の麓」, 1895)
> 　　 b. 是れは太陽から我地球への距離に遠近があるから(寺崎留吉「季節の話」, 1909)
>
> (20) a. 習つて居る人の手からの響きであるか(江見水蔭「朝顔」, 1895)

---

22) 石垣謙二(1955：76–79)は、'への'の結合形の出現を室町時代とするが、鎌倉時代から出現したことが確認されている。

23) 森野(1973：121)は、日本語の格助詞の結合は論理的なものではなく、「副詞語＋述語」の構文が心理的に形成した後、それが短縮することになって用いられているものであると言う。例えば、「昔よりありしこと」から「昔よりのこと」に短縮されたのだとする。しかしながら、そのような解析は、構文の意味を任意に解析する結果をまねき、その對應關係が1：1ではなく、1：多になるため、ここでの解析方法としては適合ではない。

  b.　今日は園遊會<u>からの</u>歸途御近所まで用達し(川上眉山 「左卷(承前)」，1901)

(21) a. 本編は同地<u>よりの</u>通報に係る(松田學鷗「南征漫錄」，1895)

  b. 卽ち外界<u>よりの</u>剌戟は絶えず襲來し(高比良英雄「斷食の生物學的考察」，1925)

(22) a. 今日の聽衆<u>での</u>美形の頭(巖谷小波「興醒草」，1895)

  b.　自分の成長した寺<u>での</u>出來事とは知らず(田山花袋 「ある僧の奇蹟」，1917)

(23) a. 論ずれば彼明國<u>との</u>和睦の如き(小倉秀貫「石田三成」，1895)

  b. 陸羽街道と舊街道<u>との</u>兩線より(坪谷水哉「大演習陪觀記」，1909)

(19)の「への」、(20)の「からの」、(21)の「よりの」、(22)の「での」、(23)の「との」は冠形格助詞句の結合形で、日本語では19世紀においても使われていることが分かる。それらの類型がどのくらい使われているのかを確認するために『太陽コーパス』を檢索したところ、次のような頻度數を得た。24)

[表3] 日本語の年度別の格助詞結合樣相の比較(김선효 2009b：123)

	への	からの	よりの	での	との
1895年	42	26	100	10	1344
1901年	42	37	77	7	1490
1909年	31	81	58	16	1339
1917年	50	105	58	24	1462
1925年	84	178	18	38	957

[表3]で確認したように、日本語の格助詞の結合樣相は13世紀に形成

---

24)『太陽コーパス』(2005)は、日本國立國語研究所より刊行されたもので、1895年、1901年、1909年、1917年、1925年のものがある。

された後に少しずつ使われ始め、頻度が少なかったものの、明治時代まで使い續けられたことが分かる。助詞の中で最も活潑な結合形を示すのは接續助詞「と」である。[表3]の中で、最も興味深い結果は「より、から」である。「より、から」は相反する分布の樣相を示し、「より」は次第に減っていき、「から」は次第に增えていった。

　もともと、「より」は「比較の基準、出發点、經由の場所、手段」などの廣義的な機能を持っていたが、　室町時代から「から」が「より」の意味も持ち、勢力を擴張することになったという。(橋本：150、156) このことが要因となり、「の」の結合にも影響を及ぼすことになったものと思われる。「より」以外の助詞は「の」との結合の頻度が少しずつ上昇していることが確認できる。

4. おわりに

　以上、本稿においては、朝鮮語の冠形格助詞句における助詞結合の通時的な變遷過程とその要因について考察した。現代朝鮮語の冠形格助詞句において觀察される助詞結合は、中世朝鮮語では活潑に用いられていたが、近代朝鮮語に至って徐々に消失していった。前期中世朝鮮語では、ㅅㅎ，ㅅㅎ などが、また、後期中世朝鮮語では、앳、닷 などが積極的に使用されていたが、17世紀から冠形格助詞ㅅの形態・機能的な弱化、　冠形格助詞의/에と副詞格助詞에/의の形態的な混用によって、　冠形格助詞句において助詞の結合が阻止され、　次第に弱化していった。　ところが、1920年代になると、　冠形格助詞句の助詞結合は、　ふたたび活性化する傾向を示しはじめる。その再活性化の要因として、朝鮮語の助

詞結合の固有の特性による內的要因と、日本語の助詞結合の干渉による外的要因が想定され、兩者が相互に影響を及ぼしたものと推測される。

　近代朝鮮語の助詞の分布には、中世朝鮮語の特異處格助詞が深く關わっているものと思われるので、今後はその方面をさらに調査・檢討する必要があろう。中世朝鮮語において特異處格助詞と結合する名詞と、近代朝鮮語において의と結合する名詞とを比較・檢討すれば、中世朝鮮語から近代朝鮮語にかけての助詞結合の通時的変化の要因が一層明らかになるものと思われる。さらにそのことが、開化期以後のその後の変化の要因についても、さらなる解明の基礎を提供すると信じられる。

参考文獻

고영근(1996), 『표준중세국어문법론』, 집문당.

권용경(2001), 「국어 사이시옷에 대한 연구」, 서울대학교 박사학위논문.

김광해(1995), 「조망-국어에 대한 일본어의 간섭」, 『새국어생활』 5(2), 3-86.

김선효(2002), 「현대국어의 관형어 연구」, 서울대학교 박사학위논문.

김선효(2004), 「어휘화한 관형사의 유형과 그 특성」, 『형태론』 6(2), 형태론연구회, 339-354.

김선효(2005), 「관형격조사 '의'의 격 지위와 기능」, 『우리말연구 서른아홉마당』, 태학사, 65-84.

김선효(2009a), 「의사관형구조 '에의'의 형성 과정과 요인」, 『國語學』 55, 국어학회, 105-124.

김선효(2009b), 「관형격 조사구의 조사 결합 양상과 변천」, 『語文研究』 37(3), 한국어문교육연구회, 105-127.

김선효(2010), 「<교린수지>에서의 조사 '의'와 '에'의 분포와 특성」, 『改新語文研究』, 改新語文學會, 33-54.

김선효(2011), 「근대국어의 조사 '의'의 분포와 기능」, 『語文論集』 46, 중앙어문학회, 141-162.

김영민(2004), 「근대계몽기 신문의 문체와 한글 소설의 정착 과정」, 『현대문학의 연구』 22, 한국문학연구학회, 47-88.

김영민(2006), 「한국의 근대신문과 근대소설」, 『현대소설연구』 29, 한국현대소설학회, 9-29.

김영욱(1997), 「14세기 문법형태 '-거/ㅌ(의/ㅅ)'의 교체에 대하여」, 『口訣研究』 2, 구결학회, 243-264.

김정우(2003), 「국어 교과서의 외국어 번역투에 대한 종합적 고찰」, 『배달말』 33, 143-166.

김진형(1995), 「중세국어 보조사에 대한 연구」, 『國語研究』 136, 서울대학교 국어연구회.

남윤진(1997), 「현대국어의 계량언어학적 연구」, 서울대학교 박사학위논문.

남풍현(1977), 「국어 처격조사의 발달」, 『이숭녕선생 고희기념 국어국문학논총』, 탑출

　　　　판사.

남풍현(1999), 『國語史를 위한 口訣 研究』, 태학사.

박진호(1998), 「고대문법」, 『국어의 시대별 변천 연구3』, 국립국어원, 121-205.

송　민(1979), 「언어의 접촉과 간섭 유형에 대하여-현대 한국어와 일본어의 경우」, 『성심여자대학 논문집』 10, 29-62.

신윤희(2005), 「보조사 '조차, 까지, 마저'에 대한 통시적 연구」, 서울대학교 석사학위논문.

심재기(1979), 「관형화의 의미 기능」, 『語學研究』 15권 2호, 서울대학교 어학연구소, 109-121.

안병희(1968/1993), 「중세국어의 속격어미 'ㅅ'」, 『國語史 研究』, 문학과 지성사.

안병희・이광호(1990), 『중세국어문법론』, 학연사.

유창균(1968), 「국역성서가 국어의 발달에 끼친 영향」, 『동서문화』 1, 3-20.

이건식(1996), 「고려시대 석독구결의 조사에 대한 研究」, 단국대학교 박사학위논문.

이광호(1991), 「중세국어 복합격조사의 研究」, 『진단학보』 70・71 합병호, 진단학회 (이광호 2001, 169-190에 다시 실림)

이광호(2001), 『국어문법의 이해 1』, 태학사.

이기문(1972/1998), 『신정판 국어사 개설』, 태학사.

이선영(2006), 「한국어의 'NP$_1$+엣+NP$_2$' 구성과 'NP$_1$+ㅅ+NP$_2$' 구성」, 『형태론』 8(2), 295-312.

이숭녕(1981), 『중세국어문법』, 을유문화사.

이승희(2009), 「중세국어 'NP$_1$엣NP$_2$' 구성의 의미 유형에 대한 고찰」, 『국어학』 54, 197-223.

이지양(2003), 「문법화의 이론과 국어의 문법화」, 『정신문화연구』 26(3), 211-39.

이지연・김민국・윤정원(2008), 「근대 계몽기의 격조사 목록과 기능 연구」, 『국제어문』 44, 국제어문학회, 107-141.

이현희(1994), 『중세국어 구문 연구』, 신구문화사.

임동훈(2004), 「한국어 조사의 하위 부류와 결합 유형」, 『國語學』 43, 국어학회, 119-154.

임홍빈(1987), 「국어의 명사구 확장 규칙에 대하여」, 『國語學』 16, 국어학회, 379-430.

정　광(1995), 「일본어투 문장표현」, 『새국어생활』 5(2), 국립국어원, 87-107.

조재형(2008), 「소위 복합격조사 '엣'의 통시적 고찰」, 『語文研究』 36(2), 한국어문회, 193-216.

하귀녀(1997), 「중세국어의 '(ㅇ/으)롯'과 '(ㅇ/으)록'」, 『冠岳語文研究』 29, 서울대학교 국어국문학과, 383-404.

하귀녀(2005), 「국어 보조사의 역사적 연구」, 서울대학교 박사학위논문.

한미경(1999), 「초기 성서번역과 관련연구의 제문제 고찰」, 『서지학연구』 15, 197-224.
허웅(1975), 『우리 옛말본 : 15세기 국어 형태론』, 샘 문화사.
황찬호(1988), 「외국어식 구문」, 『국어생활』 14, 국어연구소.
홍윤표(1994), 『近代國語研究(Ⅰ)』, 태학사.
황선엽(2006), 「고대국어의 처격 조사」, 『한말연구』 18, 305-328.
황선엽・이전경・하귀녀(2009), 『釋讀口訣事典』, 박문사.
황화상(2003), 「조사의 작용역과 조사 중첩」, 『國語學』 42, 국어학회, 115-141.
石垣謙二(1955), 『助詞の歴史的変遷』, 岩波書店.
日本國立國語研究所(2005), 『太陽コーパス』, 博文館新社.
橋本進吉(1969), 『助詞・助動詞の研究』, 岩波書店.
森野宗明(1973), 「格助詞」, 『品詞別 日本文法講座』, 明治書院.
Bybee, L., W. Pagliuca, & Revere D. Perkins(1994), *The Evolution of Grammar; Tense, Aspect and Modality in the Languages of the World,* Chicago : Chicago Press.
Cabrera, J. C. M.(1998), On the relationships between grammaticalization and lexicalization, Anna Giacalone Ramat & Paul J. Hoer(*ed.*), *The Limits of Grammaticalization*, John Benjamins, 211-227.
Denison, D.(2003), Log(ist)ic and simplisitic S-curves, R. Hickey(*ed.*), *Motives of Language Change,* Cambridge University Press.
Harris, M.(1988), The 'Past Simple' and 'Present Perfect' in Romance, *The Romance Languages*, 42-70.
Hoer, P. J. & E. C. Traugott(1993), *Grammaticalization*, Cambridge.
Kroch, A. S.(1989), Reflexes of grammar in patterns of language change, *Language Variation and Change 1,* 199-244.
Ramat, T.(1992), Thoughts on degrammaticalization, *Linguistics* 30, 540-60.
Roberts, Ian(2007), *Diachronic Syntax,* Oxford Linguistics.

논문출처

1. 의사관형구조 '에의'의 형성 과정과 요인, 『국어학』 55권, 2009, 국어학회, 105-124.
2. 관형격조사구에서의 조사 결합과 변천 양상, 『어문연구』 37권 3호, 2009, 한국어문교육연구회, 105-127.
3. <교린수지>에서의 조사 '의'와 '에'의 분포와 특성, 『개신어문연구』 31권, 개신어문학회, 2010, 33-54.
4. 근대국어의 조사 '의'의 분포와 기능, 『語文論集』 46권, 중앙어문학회, 2011, 141-162.
5. 근대국어의 특이처격어의 변천 양상과 특성, 『우리어문연구』 44권, 우리어문학회, 2012, 307-331.
6. 일본 근대 한어 자료에서의 부사격 '의'의 과잉 양상과 그 요인, 『국어학』 67권, 국어학회, 2013, 223-250.
7. 관형격조사 '의'의 격 기능과 지위, 『우리말 연구 서른아홉마당』, 태학사, 65-84.
8. 문장부사 설정에 대한 재고, 『언어와 정보사회』 6권, 서강대학교 언어정보연구소, 2005, 36-54.
9. 국어 분류사와 문법화, 『한국어학』 27호, 한국어학회, 2005, 107-123.
10. <월인천강지곡>의 텍스트 분석 : 기425-기429를 중심으로, 『한국텍스트과학의 제과제』, 고영근 외, 역락, 2001.
11. 한국어 학습자의 관형격조사 '의'의 사용 실태에 관한 소고, 『한국어교육』 18권 3호, 국제한국어교육학회, 2007, 53-74.
12. 일본어권 한국어 학습자를 위한 어휘적 연어 학습 방안, 『이중언어학』 44호, 이중언어학회, 2010, 25-47.
13. 일본어 모어 화자의 정도부사의 사용과 오류 양상, 『한국어교육』 20권 1호, 국제한국어교육학회, 2009, 1-22.
14. 학문 목적 한국어의 글쓰기 현황과 방향성, 『어문연구』 40권 3호, 한국어문교육연구회, 2012, 431-455.
15. 대학 글쓰기에서의 한국어 동료 튜터링의 과정과 방법, 『교양교육』 7권5호, 한국교양교육학회, 2013, 197-227.
16. 한국어 학습자를 위한 한국어 동료 튜터링의 성과와 방향성, 『한국어의미학』 47호, 한국어의미학회, 2015, 27-53.
17. 朝鮮語の助詞結合と通時統語論, 『朝鮮學報』 218號, 朝鮮學會, 2011, 1-22.

저자 **김선효(金善孝)**

　　창원대학교 국어국문학과 및 동 대학원 졸업
　　서울대학교 국어국문학과 대학원 졸업
　　일본 오사카대학교 조선어학과 초빙교수 역임
　　서울대학교 기초교육원 강의교수 역임
　　대만 중국문화대학교 한국어문학과 조교수

주요 논저

　　『한국어 관형어 연구』(2011)
　　「의사관형구조 '에의'의 형성 과정과 요인」(2009)
　　「日本 近代 韓語 資料에서의 副詞格 '의'의 過剩 樣相과 그 要因」(2014)
　　「朝鮮語の助詞結合と通時統語論」(2011)
　　「일본어권 한국어 학습자를 위한 어휘적 연어 학습 방안」(2010)
　　「대학 글쓰기에서의 한국어 동료 튜터링의 과정과 방법」(2013) 외 다수

한국어와 한국어교육 연구

초판 인쇄　2016년 11월 23일
초판 발행　2016년 11월 30일

저　자　김선효
펴낸이　이대현
편　집　권분옥 홍혜정 고나희
디자인　이홍주
펴낸곳　도서출판 역락
　　　　　서울 서초구 동광로46길 6-6 문창빌딩 2층
　　　　　전화 02-3409-2058(영업부), 2060(편집부)
　　　　　팩시밀리 02-3409-2059
　　　　　이메일 youkrack@hanmail.net
　　　　　등록 1999년 4월 19일 제303-2002-000014호
I S B N　979-11-5686-713-5 93710
정　가　30,000원